집잃은 개를
찾아서

1

**지은이**

**진경환**(秦京煥, Gyoung-hwan Jin) : 고려대학교 국어국문학과를 졸업하고 동 대학원에서 문학박사 학위를 받았다. 주요 저역서로 『고전의 타작』, 『이야기의 세계 1』, 『백마강, 한시로 읊다』, 『서울 · 세시 · 한시』 등이 있다. 현재 국립 한국전통문화대학교 교양학부 교수로 재직 중이다.

집 잃은 개를 찾아서 1
리링, 다산, 오규 소라이, 난화이진과 함께 떠나는 진경환의 『논어』 여행

**초판 인쇄** 2015년 9월 10일 **초판 발행** 2015년 9월 25일
**지은이** 진경환 **펴낸이** 박성모 **펴낸곳** 소명출판 **출판등록** 제13-522호
**주소** 서울시 서초구 서초중앙로6길 15, 1층
**전화** 02-585-7840 **팩스** 02-585-7848 **전자우편** somyong@korea.com **홈페이지** www.somyong.co.kr

값 35,000원  ⓒ 진경환, 2015
ISBN 979-11-86356-86-9  04100
ISBN 979-11-86356-85-2 (전2권)

# 집 잃은 개를 찾아서 1

리링, 다산, 오규 소라이, 난화이진과
함께 떠나는 진경환의 『논어』 여행

진경환

소명출판

그리운
아버님, 어머님

 오래 전부터 논리와 형식에 얽매이지 않는, 자유로운 글쓰기를 꿈꿔왔
다. 자유롭다고 말했지만, 사실은 이 눈치 저 눈치 보지 않고 제멋대로 써보
고 싶었다. 그런데 그런 첫 글의 대상이 하필이면『논어』다. 한편으로는 오
히려 잘 되었다는 생각이 들기도 한다. 애당초 잘 모르는 분야일 뿐 아니라,
그래서 실증적이고 체계적인 서술은 언감생심인바, 생각나는 대로 마구 써
보자고 생각했다.

 이 책은 2012년 8월 4일에 시작해서 2013년 11월 9일에 끝을 냈다.
아시는 분은 아시겠지만, 페이스북facebook에 하루에 한 장씩 줄곧 연재를
한 결과가 이 책이다. 며칠간의 외유를 제외하고는 하루도 빠짐없이 이어
나갔다. 애당초 출간을 목표로 삼은 것은 아니었고, 더 늦기 전에『논어』
를 차분히 다시 읽어보자는 심산에서 시작한 일이었다. 그런 마음에 불을
당겨 준 것이 베이징대 중문학과 리링李零 교수의『집 잃은 개 : 내가 읽은
논어喪家狗 : 我讀論語』글항아리, 2012였다. 부제인 '『논어』읽기, 새로운 시선의 출
현'에 걸맞게, 이 책을 만난 것은 신선하고도 충격적인 사건이었다.

 연전에 리링은,『논어, 세 번 찢다』글항아리, 2011라는 과격한 제목으로 번
역되어 나온 바 있는『성현의 이미지를 벗겨내야 진짜 공자가 보인다去聖乃得

眞孔子』를 펴낸 바 있다. 『집 잃은 개』는 그 연장선상에서 나온 책이다. 흔히 '상갓집 개'로 알고 있는 이 말은, 근래 '공자 붐'이 일었던 중국에서 크게 논란이 되었던 모양이다. 물론 그 핵심은 '신성神聖 모독'이겠다. 그런데 리 링은, 그 말이 공자 스스로 한 것이지, 자신이 일부러 공자를 폄하하고자 해서 붙인 것은 아니라고 말한다. "60세의 공자는 이쪽저쪽으로 흔들리는 마차를 타고 정鄭 나라로 가는 길에 자신의 제자들을 놓쳐 혼자 떨어졌다. 그는 홀로 외성의 동문 밖에 서서 기다리고 있었다. 정 나라의 어떤 사람이 자공에게 말했다. 동문 밖에 서 있는 사람은 …… 상반신은 그런대로 성인 의 기상이 조금 느껴지지만, 하반신은 집 잃은 개처럼 풀죽은 듯 기가 꺾여 있었다는 것이다. (그 말을 들은) 공자는 부정하지 않고, 오히려 겉모습은 결 코 중요하지 않지만, 내가 집 잃은 개 같다는 말은 매우 정확하다고 담담하 게 말했다." 요컨대 리링의 '허상 벗은 진짜 공자 알기'는 그 제목부터 대단 히 문제적이었던 셈이다.

『집 잃은 개』를 저본으로 삼아 미욱한 나도 감히 '인간 공자'를 만나는 여정에 따라 나서기로 했다. 그런데 혼자서 떠나기에는 좀 허전하고 두렵 기도 하여 몇 분의 선학들에게 동행을 부탁드렸다. 일방적인 요청이고, 미 덥지 못한 반려여서 죄송한 마음도 들었지만, 그분들의 내공을 빌리고자 용기를 내어보았다. 함께 해 준 분들은 조선 후기 실학을 집대성한 다산茶山 정약용丁若鏞, 1762~1836과 일본 에도 중기의 유학자 오규 소라이荻生徂徠, 1666~ 1728, 그리고 대만 출신의 동양학자 난화이진南懷瑾, 1928~2012이다. 그리고 주 희朱熹 등 옛 주석가와 배병삼 등 여러 현대 해설가들의 응원이 있었다. 이런 이유에서, 이 책의 제목을 『집 잃은 개를 찾아서』라 했고, '리링, 다산, 오규 소라이, 난화이진과 함께 떠나는『논어』여행'이라는 부제를 달았다.

진작에 다산과 오규 소라이는 비교해 볼 만하다고 여기고 있었지만, 하필 이 세 분으로 제한한 것은 별다른 이유가 있는 것이 아니다. 순전히 과문한 탓이다. 이 분들의 저작을 두루 본 것도 아니다. 각각『논어고금주論語古今註』전5권, 이지형 역주, 사암, 2010, 『논어징論語徵』전3권, 임옥균 외 역, 소명출판, 2010, 『논어별재論語別裁』『논어강의』로 번역 출간, 전2권, 송찬문 번역, 마하연, 2012를 주요 텍스트로 삼았다. 모두 완역이 되어 있어 큰 무리 없이 참고할 수 있었다. 이 자리를 빌어 번역한 선생님들께 머리 숙여 감사를 드린다. 그리고 옛 주석으로는『현토완역 논어집주』성백효 역주, 전통문화연구회, 1990를, 현대 해설로는『한글세대가 본 논어』전2권, 배병삼 주석, 문학동네, 2008를 주로 참고하였다. 기타 여러 책들은 따로 밝히지 않았다. 특별히 주석은 달지 않았는데, 선학들을 거명한 섯은 모두 이 책들을 인용하거나 참고한 것이다.

그리고 김수영. 나의 친애하는 김수영 시인이 아픈 몸을 이끌고 함께 나서 주었다. 이 긴 여행을 떠나면서 그를 빼놓고 가는 것은 그에 대한 배신이다. 동행해 주어 고맙고 눈물겹다. 깊고 어두운 터널에 들어설 때마다 그의 형형한 눈빛이 없었으면 그냥 주저앉고 말았을 것이다. 이 옹색한 책에서 그의 시를 읊을 수 있게 된 것을 잊지 못할 영광이자 추억으로 여긴다.

이 책은 크게 세 부분으로 구성되었다. 먼저『논어』번역문과 원문을 실었고, 다음으로 그것에 대한 리링의 해설, 곧『집 잃은 개』의 내용을 요약, 정리하였다. 이것은 다산과 오규 소라이의 견해, 그리고 나의 소견을 잇기 위한 일종의 다리 역할을 한다. 물론 그 가교架橋로 인한 오해와 곡해는 전적으로 나의 몫이다. 그리고 "내가 보기에~"로 시작하는 부분부터는 내 견해를 덧붙였다. 어떨 때는 간략하게, 또 어떤 곳에서는 장황하게 그리고 어디에서는 거칠고도 신랄하게 말을 이어나갔다. 이 부분에서 다산과 오규 소라이와 난화이진과 주희 등이 거론되었다. 물론 내가 말하고자 하는 바는 기본적으로 모두 여기에 들어있다.

다시 말하지만, 나는 공자나 『논어』를 전공한 동양철학자가 아니다. 이 책은 한국고전문학을 공부한 사람으로서 기존의 패러다임, 특히 지나치거나 일방적인 감계주의鑑戒主義 풍조를 비판하고, 보다 자유롭게 『논어』를 다시 읽어보고 싶어서 시작한 것이다. 그래서 체계도 없이 중구난방이 되기 일쑤이지만, 내 딴에는 '신성神聖을 걷어낸 인간 공자는 누구인가'와 '오늘날 내게 공자와 『논어』는 과연 어떤 의미가 있는가'에 초점을 맞추어 보려고 노력하였다. 『논어』를 통해 나름 법고창신法古刱新을 정신을 실천해 보았다고 하면, 좀 지나친 것일까?

한학과 경전에 밝으신 분들이 보면 참으로 딱하다는 생각도 들겠지만, 문외한의 만용이려니 여기고 바다처럼 너그럽게 받아주시기 바란다. 비슷한 말이 거듭해서 나타날 터인데, 나름 강조하고자 그런 것이니 널리 이해해 주시기 바란다.

이 글을 시작할 처음부터 관심을 가지고 지켜 보아주고 늘 격려를 아끼지 않으신 페이스북의 벗님들, 특히 중요한 부분마다 조언을 해주신 중문학자 김영문 선생님, 부산의 한의사 이창기 선생님, 한국고전번역원의 박헌순 선생님, 리링의 『집 잃은 개』를 출간한 글항아리의 강성민 대표님과 기획위원 노승현 선생님, 그리고 손해 볼 일이 분명한데도 선뜻 출간을 맡아준 소명출판의 박성모 대표님, 빈약한 내용을 그럴 듯하게 꾸며준 편집진에게 감사의 말씀을 전한다. 마지막으로 리링의 『집 잃은 개』를 우리말로 알기 쉽게 옮겨 천학비재로 하여금 감발이 되도록 이끌어주신 김갑수 선생님께 머리 숙여 감사드린다.

2015년 8월
소부리 엿바위에서
진 경 환

## 1권

# 2권

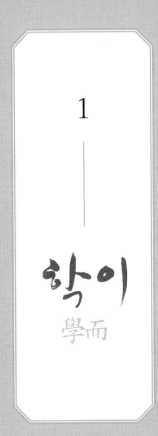

1

학이
學而

스승님께서 말씀하셨다. "배우고 그것을 늘 익히면 기쁘지 않은가? 친구가 먼 데서 찾아오면 즐겁지 않은가? 남이 알아주지 않아도 화를 내지 않으면 군자답지 않은가?"

子曰 : 學而時習之, 不亦說乎? 有朋自遠方來, 不亦樂乎? 人不知而不慍, 不亦君子乎?

❀

춘추 시대에 귀족관료를 부자夫子 혹은 자子라고 불렀다. 공자는 겨우 3년 동안 노 나라 대부를 지냈는데, 그의 제자들은 계속 그렇게 불렀다. 공자는 책을 읽어 관리가 될 것을 강조했다. 이는 관리가 되는 학문만 있던 고대의 전통이었다. 높은 관리는 곧 스승이 된다. 결국 '자'는 스승과 수장首長의 의미를 동시에 갖는다.

❀

시습時習은 정해진 때에 맞춰 복습한다는 뜻과 (배우고 나서 그것을) 때때로 복습한다는 두 설이 있다. 그런데 『국어國語』 「노어 하魯語下」에서는 "선비는 아침에 수업을 받고, 낮에 강습하고, 밤에 복습한다"라고 했다.

❀

붕朋은 학우學友를 말한다. 첫 구절이 공부와 복습이라는 개인적 즐거움을 말한다면, 여기서는 홀로 배울 뿐 아니라 흠모해 찾아온 학우와 함께 거문고 켜고 노래 부르는 동락同樂을 말하고 있다.

❧

　군자君子는 두 가지 층위를 지닌다. 하나는 신분으로서 귀족이고, 다른 하나는 도덕이 고상한 사람이다. 공자가 볼 때, 과거의 귀족은 혈통도 고귀하고 신분상 지위도 높으며 도덕과 학식도 훌륭했는데, 공자 당시의 귀족은 신분상 지위만 높고 군자의 풍도는 갖추지 못한 경우가 많았다. 그래서 군자에 도덕과 학식이라는 의미를 크게 부여했다. 이후 타고난 혈통보다는 오히려 이 후천적 성취가 더욱 중요한 자질이 되었다. 이는 물론 '공자 그룹'의 당대 처지와 관련이 있다.

❧

　내가 보기에, 이 구절은『논어』에서 가장 널리 알려진 말이다.『논어』를 읽어보려는 사람이면 누구나 최소한 여기까지는 신중하고도 착실하게 공부하기 때문이다. 그래서 대개 잘 알고 있는 듯하지만, 결코 이해하기 쉬운 내용은 아니다.

❧

　잘 알려진 대로 습習은 새의 날개羽와 흰 백白이 합쳐진 말이다. 어린 새가 날아 보려고 날갯짓을 할 때 보이는 겨드랑이 안쪽의 흰 털을 묘사한 글자이다. 여기서 나는 '끝없는 안간힘' 같은 것을 느낀다. 그렇게 애쓰지 않고 쉽게 얻어지는 것은 아무 데도 없다. 청말 양무운동洋務運動을 주도했던 좌종당左宗棠, 1812~1885의 "학문은 배를 타고 물을 거슬러 올라가는 것과 같아서 앞으로 나아가지 않으면 곧 밀려난다學問如逆水行舟, 不進則退"라는 말이 떠오른다. 생전에 '왕회장'이 자주 인용했다고 하는데, 자본의 냉혹한 윤리와는 질적으로 다른 차원의 말이다.

❋

외우畏友라는 말이 있다. 힘이 세서 무섭다는 뜻이 아니라, 나를 속속들이 잘 알아서 그이 앞에서는 도대체 헛된 짓을 할 수 없다는 말이다. 그런 친구는 신경 쓰거나 눈치 볼 필요가 없어서 오히려 편안하다. 그런 친구가 멀리서 찾아와 밤새도록 술잔을 나누는 일처럼 즐거운 일도 없을 것이다. 그런데 그런 친구는 대개 가는 길이 나와 같거나 비슷하다. 유유상종이라거나 속 좁다 해도 하는 수 없다. 가는 길이 다르면 교유交遊의 즐거움도 반감한다. 참고로 친구가 멀리서 찾아오니 즐겁다고 해서 즐거움이 밖에서 주어지는 것이라고 생각한 송 나라 유학자들宋儒의 이해는 논할 가치도 없다. 오규 소라이荻生徂徠, 1666~1728의 『논어징論語徵』에 따르면, "기쁨은 도가 항상 저쪽에 있어서 내가 그것을 배우는 것이고, 즐거움은 도가 이미 나에게 있어서 내가 남을 가르치는 것이다."

❋

남이 나를 무시하면 당장 두 팔을 걷어붙인다. 나를 알아주지 않으면 은근히 화가 난다. 이 마음에는 '내가 누군데 감히 나를 ……'이라는 망상 같은 것이 깃들여 있다. 요즘 젊은이들이 '근자감', 곧 '근거 없는 자신감'이라고 하는 것이다. 남이 나를 알아주지 않는다면, 대개는 나에게 문제가 있는 것이 분명하다. 그런데 오랫동안 내 스스로 나를 과대평가해 왔으니, 남이 나를 과소평가한다 해도 크게 밑지는 것은 아니다. 모두가 군자가 될 수 없을 바에는, 서로의 존재를 있는 그대로 인정해 주려고 나름 애써보는 편이 낫다고 말을 하고 싶지만, 그게 그리 간단치만은 않은 문제다.

기쁘다說, 悅를 "마음이 이치에 걸맞아 흡족한 것"이라고 이해한 송유宋儒를 "참으로 빡빡하여 멋이 없다"라고 한 오규 소라이의 지적은 그야말로 적확하다. 『맹자』에서 말하듯이 "이理와 의義가 마음을 기쁘게 하는 것은 고기가 입을 기쁘게 하는 것과 같"은 것이다. 송유의 생각은 마치 '정신건강과 육체건강 중에서 진정 중요한 것은 정신건강이다' 하는 따위의 주장과 다르지 않다. 정신과 육체에 모두 문제가 없어야 진정 건강한 것이다.

유약이 말했다. "효성과 우애가 있으면서 윗사람을 해치는 사람은 거의 없다. 윗사람 해치기를 좋아하지 않으면서 난을 일으킨 사람은 없다. 군자는 근본에 힘쓰는데, 그 근본이 제대로 서 있으면 거기에서 도가 생겨난다. 그러므로 효도와 우애야말로 인의 근본이다."

有子曰 : 其爲人也孝弟, 而好犯上者, 鮮矣; 不好犯上, 而好作亂者, 未之有也. 君子務本, 本立而道生. 孝弟也者, 其爲仁之本與!

유자有子는 공자의 3기 제자 유약有若을 높여 부른 칭호다. 유약은 성실하고 도덕적으로 훌륭했으며, 생긴 것도 공자같이 밋저서 공자 사후 시동尸童, 죽은 자로 분장한 산 사람으로 대개 직계자손이 맡음으로 삼았다. 공자를 대신하여 제자들의 참배를 받았던 사람이다. 그래서 '공자'처럼 '유자'라 불렀다.

효제孝弟에서 효는 아들이 아버지를, 제는 아우가 형을 섬기는 것이다. 옛날에 아버지를 고考라 불렀는데, 허리 굽은 노인을 형상화한 노老에 지팡이를 더한 것이다. 형 중에서도 큰형은 아버지의 합법적 계승자이며 미래의 대가장大家長이었다. 국가라는 말에서 국은 가를 기초로 하고, 가는 남성과 남성의 계승자가 근간이 되는데, 바로 아버지와 큰형이었다. 당시 이치로는, 아버지에게 효도와 공경을 다하고, 큰형을 도와주면 집은 곧 화합했고 만사가 번창했다. 한대漢代 이후 효제를 강조한 것과 달리, 공자 시대에는 가는 국에 포함될 수 없었고, 국은 천자의 가 속에 자리 잡았다. 공자가 효제를 강조한 배경이다.

✤

번지樊遲가 인仁이 무엇이냐고 묻자, 공자는 사람을 사랑하는 것愛人이라 대답했다. 『논어』에는 인仁이 총 109번 나온다. 애인이란 사람을 사람답게 대하는 것이다. 먼저 자기를 사람으로 대하는 것이고, 그 다음은 다른 사람을 사람으로 대하는 것이다.

✤

내가 보기에, 이 구절이야말로 남성중심적 사고요 국가주의적 주장이다. 효제孝悌를 강조하지만, 결국 말하고 싶은 것은 윗자리에 있는 사람의 말에 무조건 순종, 다시 말해 작란作亂하지 말라는 것이다. 박정희가 정권을 잡고 일성으로 내뱉은 말이 충과 효다. 일사불란하게 자기를 따라오라는 지시였다. 그것이 유신독재의 요체다.

✤

부모에게 효도를 하고, 형제간 우애를 돈독히 하라는 요청을 거부하자는 말이 아니다. 단 한 가지는 분명히 해야 하겠다. 박노자가 지적했듯이, 자녀에게 효도를, 여성에게 정절을 일방적으로 강요하여 그들을 개체로서의 권리가 결여된, 가족이라는 절대적인 전체의 일원으로 만드는 유교예절은, 엄격하게 말하면 우리 모두의 전통이라기보다는 성리학이라는 조선 시대 지배계급 이데올로기의 구조라는 점이다.

20

군자는 근본에 힘쓴다는 말은 유사有司는 말단을 힘쓴다는 것과 대對가 된다. 유사는 곧 하급관리를 말한다. 오규 소라이는 이것을 직책의 다름이라 하면서, "윗자리에 있는 사람은 통괄하는 범위가 커서 힘이 두루 미치지 못한다"라고 했다. 본本을 기基로 보는 학자도 있었던 모양인데, 다산 정약용은 『논어고금주論語古今註』에서 "본과 말末은 일체가 되지만, 기는 이것이 (본과는) 서로 연관되지 않은 듯하다. 그래서 주희는 이것을 고쳤다"라고 했다. 주희는 본을 근根, 곧 뿌리라 했다.

주희는, 문학은 어디까지나 도를 표현하기 위한 수단에 불과하다는 도본문말道本文末을 주장한 반면, 오규 소라이는 "근본이 있고 말단이 있는 것은 도가 아닌 것이 없다有本有末, 莫非道夜"라고 하였다. 이치를 근본이라 하고, 일을 말단이라고 한 이원론적 사고가 근본적으로 깨져나가기 시작한 것은 근대에 와서이다.

교묘하게 말을 하고 아부하는 표정을 잘 짓는 사람에게는 인이 드물다.

子曰 : 巧言令色, 鮮矣仁!

---

✿

교묘하게 혀를 놀려 그럴듯하게 꾸며대거나, 능수능란하게 말을 둘러대거나, 말을 이용해서 다른 사람의 환심을 사는 것을 공자는 영佞이라 했다. 색은 겉으로 드러난 낯빛이다. 이런 류의 사람은 눈빛으로 추파를 보내고, 허리 굽혀 공손함을 표하며, 자신의 얼굴 표정 관리를 잘한다.

✿

교묘하게 말을 꾸며대고 아부하는 얼굴 표정을 지으며, 제멋대로 아첨하고 남의 비위를 맞추는 사람을 공자는 인이 드물다고 했는데, 인을 애인愛人이라 했으니, 그런 사람은 남을 사랑하는 마음이 희박하다는 말이 된다.

✿

공자는 교언영색에 반대되는 사람을 눌목訥木이라 했다. 눌訥은 교언과는 달리 말을 잘 못하는 것이고, 목木은 영색의 반대로 얼굴에 특별히 표정이 없는 것이다.

✿

내가 보기에, 교언영색하는 사람은 대개 과공비례過恭非禮의 태도를 지닌다. 과공비례는, 지나친 공손은 예가 아니라는 말이다. 예절은 상대를 하나의 인격체로 인정하는 데서부터 시작된다. 예의 바른 사람이란 사람을 사람답게 대하는 사람이다. 지나치게 공손하게 구는 것을 예가 아니라고 한 이유는, 그런 자는 상대를 자기 이익 실현의 도구로 이용하기 때문이다. 자기 앞에서 '예, 예' 굽신거리는 사람을 만나면 당장 기분이 좋아진다고 하는 사람들은 '건방지게 대하는 자보다 이런 사람이 솔직히 더 낫지 않은가'라고 강변한다. 자기를 좋아해 주는 것을 이익으로 탐낸다는 점에서 그런 사람도 과공비례를 일삼기 일쑤다. 과공비례의 끝은 연옹지치<sup>吮癰舐痔</sup>다. 상관의 엉덩이에 종기가 나면 그 고름을 빨아주고, 그의 똥구멍에 치질이 생기면 핥아준다는 말이다. 이 말처럼 비루하고 역겨운 것은 없다.

❀

그런데 다산에 따르면, "교언영색이 죄악인 것은 아니다. 다만 성인이 사람들을 살펴볼 때, 매양 교언영색하는 자들을 보면 대부분이 인한 모습이 없었기 때문에 여기서 다만 드물다<sup>鮮</sup>고 말한 것이다." 이는, 성인의 말은 박절하지 않기 때문에 드물다고 한 것이지, 사실은 절대로 없다<sup>絶無</sup>를 뜻한 것이라고 한 주희의 견해를 반박한 것이다. 오규 소라이 역시 "옛글에는 대부분 '인하지 않다<sup>不仁</sup>', '아직 인하지 않다<sup>未仁</sup>'고 표현하고, '인이 없다<sup>無仁</sup>'라는 말을 들은 적이 없"다고 했다. 단정의 종결사인 야<sup>也</sup>를 쓰지 않고, 추정의 뜻을 지닌 의<sup>矣</sup>를 쓴 이유가 있는 것이다.

증자가 말했다. "나는 하루에 세 번 나를 반성한다. 다른 사람을 위해 일을 하는 데 성실하지 않았나, 친구들과 사귀는 데 믿음이 없었나, 배운 것을 익히지 않았나 하는 점이다."

曾子曰 : 吾日三省吾身. 爲人謀而不忠乎? 與朋友交而不信乎? 傳不習乎?

---

앞에서 유약有若을 높여 유자有子라 했듯이, 증자曾子는 증삼曾參을 높여 부른 말이다. 증자는 공자의 10대 제자에 들지 못했는데, 송유宋儒가 높인 이후, 공자의 수제자로 아성亞聖이라고 한 안회顔回보다 오히려 더 높였다. 증자는 '송유가 만든 성인'인 것이다.

삼三은 세 번인가, 세 가지인가? 대개 뒤 세 항목과의 관련을 고려해 후자로 해석하는데, '여러 번'의 의미가 더 적절할지 모른다. 참고로 세 항목은 실천하기 어려운, 높고 크고 완전한 도덕이 아니라, 최소한의 도덕이다.

신身은 육체가 아니라 자기己다. 충忠은 대개 마음心이 중심中을 잡은 상태로, 진실한 마음과 성심성의를 말한다. 신信은 말한 것에 책임을 지고, 약속한 것을 성실하게 지키며, 신용을 중시하는 것이다. 함부로 약속하고 나중에 제멋대로 사과하면서도 얼굴을 붉힐 줄 모르는 사람에게는 믿음이 없다. 전불습傳不習은, 스승이 말한 것을 복습하지 않는 것이고, 그것은 결국 스승을 속이는 짓이다.

🌸

춘추전국 시대에 충忠과 신信을 강조한 것은 당시 풍조가 그렇지 않아서이다. 이는 송 나라 이후 간신이 많았기 때문에 관우關羽와 악비岳飛를 존숭한 것과 같다. "예라는 것은 충신이 경시됨을 의미하고 혼란의 시작을 의미한다 夫禮者, 忠信之薄也, 而亂之首也"라는 노자의 말은 이런 맥락에서 이해할 수 있다.

🌸

내가 보기에, 충忠, 신信, 습習은 각기 다른 영역에서의 태도를 말하지만, 결국은 같은 맥락에 있는 말이다. 오규 소라이는 충을 "간절함을 두루두루 다하지 않음이 없는 것"이라 했다. 그럴 때 행동과 말이 서로 어긋나지 않는 믿음이 가능할 터이다. 습習은, 앞에서 새의 날개羽와 흰 백白이 합쳐진 말이라고 했다. 어린 새가 날아 보려고 날갯짓을 할 때 보이는 겨드랑이 안쪽의 흰 털을 묘사한 글자이다. 그 끝없는 안간힘은 간절함과도 통한다.

🌸

반성은 대단히 소중한 덕목이다. 반성할 줄 모르기 때문에 여러 병폐가 생겨난다. 반성할 줄 알아야 진심 어린 사과도 가능하다. 그런데 얼마 전 '한국 사람은 끼어들기를 하고는 금방 손을 들어 사과하는데, 사과할 짓을 왜 하는지 모르겠다'는 외국인의 말을 들은 적이 있다. 진지한 반성이 없이는 사과도 한갓 포우즈에 불과하다.

✧

    나는 1980년대 초 젊은 나이로 교사 생활을 시작했는데, 월요일 아침 이른바 조회 시간에 사복을 입고 늘어선 여학생들이 거수경례를 하면서 일제히 여교장에게 '충효!'를 외치던 풍경을 잊지 못한다. 홉스봄이 『극단의 시대1914~1991』라고 한 그 시절 야만의 풍경이었다.

스승님께서 말씀하셨다. "천 대의 전차를 가진 큰 나라를 잘 이끌어가는 방법은, 일을 경건하게 처리하고 신용이 있으며, 절약하고 사람을 사랑하며, 백성을 때에 맞춰서 부리는 것이다."

子曰 : 道千乘之國, 敬事而信, 節用而愛人, 使民以時.

---

도道는 이끌고 나가는 것이다. 천승지국千乘之國은 대국이다. 국國은 한 나라 고조의 이름을 피해 글자를 고친 것이다. 원래는 방邦이다. 한 나라 고조의 이름은 유방劉邦이다. 군주의 이름을 일컫는 휘諱를 피한다는 의미의 피휘避諱, naming taboo는 군주나 자신의 조상의 이름에 쓰인 글자를 사용하지 않는 관습이다. 때에 따라서는 글자뿐 아니라 음이 비슷한 글자를 모두 피하기도 했다. 이 관습은 고대 중국에서 비롯하여 한국, 일본 등 주변의 한자문화권에 전파되어 오랫동안 행해졌다.

---

경사敬事는 자기가 맡은 일에 충실하고 최선을 다한다는 말이다. 인민人民에서 인은 넓은 의미로는 모든 사람을, 좁은 의미로는 사대부 이상을 가리킨다. 애인愛人이라고 할 때는 후자를 말한다. 민은 하층 대중, 곧 백성이다. 애인愛人은 사민使民과 대조된다. 공자는, 돈 많고 권력 있고 신분이 높은 사람은 안타깝게 생각했다. 신분이 낮은 사람은 나랏일에 동원될 때 그저 좋은 계절과 절기를 바랄 뿐이었다.

내가 보기에, 맨 앞의 도導를 어떻게 풀이하느냐를 둘러싸고 논란이 있었던 모양이다. 리링이나 다산처럼 "이끌어가다, 인도하다"라고 본 것과 오규 소라이처럼 "길을 내다"라고 본 것이 대표적이다. 대부분이 전자의 입장인데, 도導를 도導로 보는 것이다. 오규 소라이는 "송 나라와 위 나라 사이에 길을 내다"라고 한 『전국책戰國策』의 말을 근거로 삼고 있다. 천자가 순행을 하거나 사냥을 할 때에는 반드시 천승의 나라에 길을 내는데, 작은 나라는 인력과 물자를 대는 데 괴로우니, 인민을 아껴야 한다는 것이다.

🌸

이끌어가는 것이든 길을 내는 것이든, 이 구절은 지도자의 자질과 통치 방법을 말하고 있다. 이 구절은 분명 이른바 봉건시대의 산물이지만, 오늘날 '나라님'들의 작태를 보면 거기에도 한참을 못 미친다. 약속은 반드시 지킨다고 하면서 약속 깨기를 다반사로 한다. 절약은커녕 혈세를 털어 자기 뱃속 채우느라 정신이 없다. 클렙토크라시kleptocracy, 곧 도둑정치의 표본이다. 이 말은 도둑klepto이 통치하는 체제cracy라는 말이다.

🌸

인민이라는 말은 아직도 금기어 중 하나이다. 꽤 오랫동안 써 왔던 말인데, 북한에서 선점했으니, 우리는 일본제국주의가 만든 국민을 쓰자고 한 지 이미 오래다. 알다시피 국민은 황국신민을 줄여서 한 말이다. 뒤늦게나마 국민학교를 초등학교로 고친 것은 다행이지만, 국민연금이나 국민투표를 여전히 쓰고 있으니, 참으로 끈질긴 관성이 아닐 수 없다. 하기야 대한민 국 헌법 1조가 "대한민국은 민주공화국이다. 대한민국의 모든 권력은 국민 으로부터 나온다"라고 되어 있으니, 할 말이 없다. 내가 초등학교 다닐 때, 담임선생님이 종례시간이면 이른바 '간첩식별법'을 거듭 알려주었는데, 그중 하나가 상호를 호상이라고 하는 사람은 간첩이라는 것이다. 그러나 호상은 예로부터 써왔던 말이고, 상호는 일본식 조어이다. 동무도 어깨동 무 이외에는 쓸 수 없다. 20~30년 전만 해도 민중은 빨갱이들이나 쓰는 말이었는데, 이제는 아무렇지도 않게 누구나 쓴다. 어찌 보면 말은 쟁취하 는 것인지 모른다.

백성을 사용한다使民는 밀, 이것이야말로 봉선시대의 용어다. 백성을 물 건으로 보니 사용한다고 한 것이다. 그런데 이 봉건 잔재는 쉽사리 없어지 지 않고 있다. 노사勞使라는 말을 보라. 노동자와 사용자! 차마 입에 담기 더 러운 말이다. 이런 의미에서 신동엽 시인의 말마따나, 아직 "이조 500년은 끝나지 않았다."

스승님께서 말씀하셨다. "젊은이는 집에 들어오면 효도를 하고, 집을 나가면 우애로우며, 신중하고 믿음직하게 행동하고, 널리 백성을 사랑하며, 사람을 사랑해야 한다. 이런 것들을 실천하고서도 남은 힘이 있으면, 그때 글을 배운다."

子曰 : 弟子入則孝, 出則弟, 謹而信, 汎愛衆, 而親仁. 行有餘力, 則以學文.

제자弟子는 마을의 젊은이 혹은 학생을 말한다. 근謹은 말을 적게 하는 것이다. 중衆은 민民을 가리킨다. 인仁은 인人으로 읽는다. 행行은 다른 사람을 위해 일을 하는 것으로 도덕을 실천하는 것이다.

문文은 문화를 말한다. 예악禮樂과 관련이 있는 인문 학술로 옛사람들은 그것을 문학文學이라 불렀다. 도덕은 질質, 바탕이고 예악은 문文, 무늬이다. 도덕적 수양을 먼저 강조하고 나서 문화적 소양을 강조했다. 첫째, 나쁜 사람이 되지 말 것, 둘째, 바보가 되지 말 것. 먼저 좋은 사람이 되고 다음으로 교양 있는 지식인이 되어야 한다는 말이다.

내가 보기에, 공부 이전에 먼저 사람이 되라고 하는 주문은 바로 공자의 이 말에서 유래한 것이 아닌가 한다. 오늘날처럼 전공이 세분화되어 이른바 전문가가 될수록 자기 분야밖에 모르는 것을 능사로 여기는 세상에서 공부와 교양과 윤리를 일치시키라고 요구하는 것은 아마 무리일지 모른다. 그렇다고 그것들이 서로 무관한 것은 결코 아니다.

근이신勤而愼을 주희는 "행동에 떳떳함이, 말에 신실함이 있는 것"이라고 풀이했다. 그런데 리링은 "근謹은 말을 적게 하는 것"이라고 이해했다. 그런데 말을 적게 해야 행동에 떳떳함이 생기고, 실수도 적어 좀더 신중하게 될 터이니, 누가 맞고 틀린 것은 아니라고 하겠다. 언행일치야말로 근신勤愼의 요체일 것이다.

주희는 이 구절에 대한 주석에서 "덕행은 근본이고, 문예는 말단이다"라고 했다. 그런데 오규 소라이는, 문이란 "『시詩』, 『서書』, 『예禮』, 『악樂』의 글이며 선왕先王의 가르침"인데, "어떻게 그것을 말단이라고 말할 수 있겠는가"라고 반론을 폈다. 다산 역시 "선유先儒들은 이 말 때문에 문예를 지나치게 배척했으나, 이것은 공자의 본뜻이 아니다"라고 했다.

효제孝悌와 신信, 범애汎愛, 친인親仁을 다하지 못해, 다시 말해 여력이 없어서 학문에 집중하기 어렵다는 핑계거리로 삼는 경우도 없지 않은 모양이서인지, 다산은 "위의 다섯 가지 일도 모두 공부하는 일과에서 채워나갈 수 있는 것"이라고 못을 박았다. 이 구절을 보면, 연암 박지원이 「초정집서楚亭

<sup>集序</sup>」에서 한 말이 생각난다. "옛 사람 중에 글을 잘 읽을 줄 안 사람이 있었으니, 공명선<sup>公明宣</sup>이 바로 그 사람이다 …… 공명선은 증자<sup>曾子</sup>에게 배우러 가서 삼 년 동안 책을 읽지 않았다. 증자가 그 까닭을 물으니, 다음과 같이 대답했다. '저는 선생님께서 가정에 계실 때를 보아 오고, 선생님께서 손님을 접대하실 때를 보아 오고, 선생님께서 조정에 계실 때를 보아 오면서 배워 가고 있으나, 아직 잘 배우지를 못하고 있습니다. 제가 어떻게 감히 배우지도 않으면서 선생님의 문하에 있겠습니까?'"

자하가 말했다. "현인을 현인으로 대접하는 것을 여색 좋아하듯이 하고, 부모를 섬길 때는 제 몸을 모두 바치며, 친구와 사귈 때 말에 믿음이 있으면, 비록 정식으로 공부한 사람이 아니더라도 나는 그런 사람이야말로 진정 학인이라고 할 것이다."

子夏曰:賢賢易色,事父母能竭其力,事君能致其身,與朋友交言而有信. 雖曰未學,吾必謂之學矣.

---

현현賢賢은 현인을 현인으로 대한다는 뜻이다. 뒤의 현賢은 명사, 앞의 현賢은 동사다. 역색易色에서 역易은 여러 가지로 이해하지만, 대체하다는 뜻으로 보는 것이 좋다. 색은 여자가 남자의 눈에 성적인 매력을 가진 외모로 비치는 것, 즉 여색女色을 가리킨다. 예쁜 여자를 좋아하는 것은 잘못이 아니다. 잘못된 것은 속으로는 좋아하면서도 입으로는 천박하다고 말하는 것이다.

현현역색賢賢易色은 남자가 여자를 좋아하듯이, 생기 넘치고 내적인 충동이 일어 감정을 억제할 수 없을 정도로 덕 있는 사람을 좋아할 줄 알아야 한다는 말이다. 이 말은 공자가 이미 두 번이나 한 적이 있다. "나는 여색을 좋아하듯이 덕이 있는 사람을 좋아하는 이를 보지 못했다." 앞의 「학이學而」 편 1-4에서 보았듯이, 자하는 공자를 제대로 전습傳習하고 있는 셈이다.

내가 보기에, 이 짧은 구절에서 세 가지를 생각해 볼 수 있겠다. 첫째, 현인을 현인으로 여긴다는 것은 얼마나 어려운 일인가. 현인은 둘째 치고 나보다 조금이라도 잘난 사람을 보고 대개는 삐죽거리기가 십상이다. 질투나 시기는 속 좁은 여자의 전유물이 아니다. 열등감, 자기 확신 없음, 두려움, 분노, 적의, 결핍, 무기력, 혐오 …… 이런 부정적인 감정들이 은밀히 숨어 있다가 어떤 계기를 만나 하나씩 혹은 뒤섞여 분출되는 상태는 늘 경계해야 한다.

둘째, 현인을 현인으로 대하는 것을 남자가 여자를 좋아하듯이 하라는 말이다. 공자는 눈치 보지 않고 솔직하다. 역색易色을 "어진 이를 존경하는 데 성실히 하는 것誠"으로 본 다산의 견해에 동의한다. 그것을 "색을 경시하는 것"이라고 해석한 후대의 학자에게서는 오히려 도덕적 작위의 냄새가 풍겨난다. 참고로 황간皇侃의 견해를 받아 오규 소라이는 역색에 좋아하다好라는 뜻이 없으니, 글자 그대로 "안색을 바꾸다"라고 보아야 하며, "현명한 사람을 좋아하는 정성이 밖에 드러났다고 보는 것이 더욱 타당한 해석"이라 하였다. 그러나 다산이 지적했듯이, 공자는 "덕을 좋아하기를 여색 좋아하듯 하는 사람을 아직 보지 못했다"라고 거듭 말한 바 있다.

셋째, "비록 못 배웠다고 해도 나는 그런 사람에 대하여 반드시 배웠다고 하리라"는 말이다. '반드시'에서 공자의 확신을 읽을 수 있다. 『몽실언니』와 『강아지똥』을 남긴 권정생 선생의 학력은 국졸이 전부이지만, 그가 죽었을 때 배운 사람들이 무수히 찾아와 그의 죽음을 애도했다. 그는 평생 어머니를 그리워하며 살았고, 벗들과 깊은 우정을 나누었다. 더 무엇이 필요하겠는가. 많이 배웠다는 자들이 남을 짓밟아 대면서 함부로 갑질을 해 대는 이 한심하고도 너절한 세상, 그의 죽음으로 세상은 더욱 깜깜해졌다.

스승님께서 말씀하셨다. "군자가 신중하지 않으면 위엄이 없고, 배워도 그 배움이 굳건하지 못하다. 충과 신을 위주로 하되, 자기보다 못한 사람을 친구로 삼지 말며, 잘못이 있으면 고치는 것을 꺼리지 말아야 한다."

子曰:君子不重則不威, 學則不固. 主忠信, 無友不如己者, 過則勿憚改.

중重은 노련하고 신중하다는 뜻으로, 북경어로 무게 잡다端着点라는 뜻이다. 사람이 무게를 잡지 않으면 위엄이 서지 않고 보기에 위풍당당한 힘이 느껴지지 않는다. 예를 익히고 도덕을 실천하는 목표는 군자가 되기 위함인데, 군자의 풍도가 없다면 장중하지 못하고 경박하다. 그런 자의 배움은 자연히 견고하지 못하다.

충과 신을 위주로 한다主忠信는 말은 일을 도모할 때는 반드시 충실해야 한다는 것, 즉 말을 뱉었으면 반드시 지켜야 한다는 것을 뜻한다.

무우불여기자無友不如己者는 글자 그대로 보면, 자기보다 못한 사람과는 절대로 친구해서는 안 된다는 것이다. 이런 사람은 루신 말마따나 권세나 재물에 따라 이리 붙었다 저리 붙었다 하는 소인배다. 그렇다면 공자의 말로서는 좀 이상하다. 그래서 '어떤 친구도 너만 못한 사람은 없고, 각각은 모두 장점을 가지고 있으며, 그들 모두에겐 네가 배울 점이 있으니, 교만해서는 안 되고 뼛속 깊이 겸손함을 가지라는 뜻'이라는 해석을 통해 공자의 이미지를 보호하고자 했다. 그러나 이는 잘못이다. 공자는 빙빙 돌리지 않고 분명하게 말한다. '도덕이 높고 능력이 뛰어난 사람에게서 배워야 한다'는 것이다.

이에 대해서는 많은 이견異見이 제출되었다. 먼저 양백준楊伯峻은 "적극적으로 나서서主動地"라는 세 글자를 더해서, 자기보다 못한 사람이 찾아오면 사귈 수 있지만, 적극적으로 그를 찾아가서 사귈 수는 없다는 식으로 이해했다가, 나중에 원문대로 직역했다. 진천상陳天祥은 "여如는 낫다勝가 아니라 같다似이며, 불여기不如己는 상대방과 내가 대등하지 않은 것을 말한다. 사람은 ① 나와 같지 않은 사람 ② 나와 같은 사람 ③ 나보다 나은 사람으로 나뉘는데, ③을 스승으로, ②를 친구로 삼고, ①은 친구로 삼을 수 없다"라고 했다. 공자가 하지 않아서 대신 자신이 사람을 나눈다고 했다.

'친구'는 대등한 개념일 뿐 아니라 그런 위계를 둔다면, 자기 쪽에서는 되지만, 그 반대는 안 된다는 것이 문제다. 이렇게 보면 "자기보다 나은 사람과 친구로 사귄다면 자기보다 나은 사람 역시 나와 친구로 사귀려 하지 않을 것이다"라는 소동파의 지적이 적실하다.

내가 보기에, 진정한 벗은 대등한 관계여야 한다. 문제는 과연 대등할 수 있는가, 대등하지 못할 때 어찌해야 하는가, 대등과 차이의 기준은 무엇이고, 무엇이어야 하는가 하는 점이다. 이 점에 대해서는 명말明末 양명좌파陽明左派의 기수였던 탁오卓吾 이지李贄가『분서焚書』에서 한 "스승이면서 친구가 될 수 없다면 진정한 스승이 아니다. 친구이면서 스승이 될 수 없다면, 그 또한 친구가 아니다"라는 말을 되새긴다. 참고로 아리스토텔레스는『니코마코스 윤리학』에서 '동등한 사람들 사이의 친애'와 '동등하지 않은 사람들 사이의 친애'를 나누어 설명하는데, 보다 나은 사람은 보다 못한 사람에게 이득을 나누어주고, 보다 못한 사람은 우월한 사람에게 명예를 줌으로써 친애관계가 성립된다고 했다.

잘못이 있으면 고치는 것을 꺼리지 말아야 한다過則勿憚改는 말에 약간의 사족을 붙인다. 과過는 지나갔(쳤)다는 뜻이니, 어떤 기준 혹은 선을 넘었다는 것이다. 그래서 과오過誤라는 말이 생겼다. 누구나 잘못을 저지를 수 있다. 문제는 그 잘못을 인정하고 고치느냐, 그렇지 않느냐에 있다. 그래서 공자는 앞으로 볼「위령공衛靈公」편 15-30에서 "과이불개, 시위과의過而不改, 是謂過矣"라고 했다. "잘못이 있는데도 고치지 않는 것, 그것을 잘못이라고 한다"라는 것이다. 그런데 왜 이런 일이 생기고, 또 반복되는가? 그것은 자기의 잘못이 잘못인 줄 모르기 때문이고, 그것을 부끄러워하지 않아서일 것이다. 수 나라 때 왕통王通은 그래서 욕막대어부지치辱莫大於不知恥, 곧 부끄러움을 모르는 것보다 더 큰 치욕은 없다고 했다.

✤

군자라면 중후해야지 경박해서야 쓰겠는가, 라고 리링은 이야기하지만, 김수영은 이 한심한 세상에서 어찌 경박하지 않을 수 있느냐고 노래했다. "물에 빠지지 않기 위한 / 생활이 卑怯하다고 輕蔑하지 말아라 / 뮤즈여 / 나는 公利的인 人間이 아니다 / 내가 괴로워하기보다도 / 남이 괴로워하는 양을 보기 위하여서도 / 나에게는 若干의 輕薄性이 必要한 것이다."

「바뀌어진 지평선」 중

증자가 말했다. "죽은 자를 신중하게 모시고 먼 조상까지 추모하면 백성의 덕이 두터워질 것이다."

曾子曰 : 愼終追遠, 民德歸厚矣.

---

신종愼終은 죽은 자를 대우함에 있어서 신중한 것으로 예禮로써 장사지내는 상례喪禮다. 추원追遠은 먼 조상까지 추모한다는 뜻인데, 옛날 사람은 노인을 존중했을 뿐만 아니라 죽은 사람도 공경했고, 금방 죽은 사람을 공경했을 뿐만 아니라 죽은 지 이미 오래된, 자기와는 아주 먼 조상까지 공경했다. 예로써 제사지내는 제례祭禮다.

내가 보기에, 죽은 자에 대한 공경이 산 자에 대한 존중으로 연결되지 않으면 의미가 없다. 이것은 모든 전통 문제를 생각할 때 기본 전제가 되어야 할 것이다. 우리는 지금 왜 전통을 불러내는가? 우리에게 지금 어떤 전통이 왜, 어떤 맥락에서 필요한가? 상례와 제례를 장사해서 밥벌이로 삼는, 글자 그대로 유상儒商*들과는 더불어 전통을 논하기 어렵다.

---

* 원래 '유상'은 유학자 출신의 학자를 말한다. 그런데 여기서는 공부한 유학을 장사치처럼 팔아먹는 '지식상인'을 의미한다. 앞으로 모두 이런 의미로 쓴다.

자금이 자공에게 물었다. "선생님께서 어떤 나라에 이르시면 반드시 그 나라의 정치가 어떤지 들으십니다. 그런데 그것은 선생님께서 요구하신 것입니까, 아니면 그쪽에서 알려주는 것입니까?" 자공이 대답했다. "그것은 선생님께서 온화, 선량, 공경, 절검, 겸양으로써 얻으신 것이지, 다른 사람에게서 요구한 것이 아니라네."

> 子禽問於子貢曰 : 夫子至於是邦也, 必聞其政, 求之與? 抑與之與? 子貢曰 : 夫子溫良恭儉讓以得之, 夫子之求之也, 其諸異乎人之求之與?

자금子禽은 진항陳亢의 자로, 『논어』에 3번 나오는데, 모두 자공에게 묻는 것으로 보아 자공의 제자인 듯하다. 자공子貢은 단목사端沐賜의 자로, 공자 10대 제자의 한 사람이다. 공자가 성인이 된 데에는, 언어와 외교에서 수완을 발휘한 그의 공로가 컸다. 부자夫子는 공자를 말한다. 그러니까 지금 공자의 제자들이 공자에 관해 대화하고 있다.

"반드시 그 나라의 정치에 대해 들었다"라는 필문기정必聞其政에서 문聞은 갑골문에서 귀 이耳와 저녁 혼昏으로 이루어진 글자였는데, 사람이 무릎을 꿇고 손으로 얼굴을 가려서 귀를 기울여 외부의 소리를 듣는 모습을 형상화한 것이다. 눈을 어둡게 하여 귀를 기울인다는 뜻이다. 당시 물을 문問 자는 없었다. 자금이 자공에게 물은 것은, 공자가 정치에 대해 들었는가,

아니면 물었는가 하는 것이다. 이에 대해 자공은 공자의 인품을 흠모하여 다른 사람이 자발적으로 공자에게 알려주었다고 대답했다.

✦

내가 보기에, 이 구절에 대해서는 그동안 다양한 풀이들이 상당히 많이 나온 것으로 아는데, 리링의 해석은 우선 간명해서 좋다. 공자가 온화, 선량, 공경, 절검, 겸양했기 때문에, 굳이 요구하지 않더라도 사람들이 자발적으로 말해준다는 것이다. 공자에게서 성인의 품격 같은 것을 느낄 수 있는 대목이다. 온화, 선량, 공경, 절검, 겸양 중 어느 한 가지라도 빠진 공자의 모습은 상상하기 어렵다. 『논어』를 읽는 이유 중 하나는 아마도 그것이 이러한 자질과 인품에 대해서 성찰할 수 있는 기회를 주기 때문일 것이다.

✦

마지막에 자공이 기저其諸라고 한 말이 인상적이다. 이것은 확실하지 않은 것을 나타내는 말투로 '아마도' 정도의 뜻이다. 이 말에는 자신은 성인이 아니기 때문에 잘 모르지만, 대체로 그렇지 않을까 조심스럽게 짐작해 본다는 뜻이 들어있다. 함부로 단언斷言하는 것을 실력 과시로 여기는 천박한 풍토에서 새겨들어야 할 말이다.

✦

스스로 들으려 하든, 남이 알려주든 정치는 누구에게나 중요한 일이다. 최근 힐링 열풍을 주도한 어느 승려가 "자기 삶의 내용이 풍요롭지 못하면 정치 이야기나 연예인 이야기밖에 할 이야기가 없게 된다"라고 해서 문제를 일으킨 바 있다. 그는 이어 "내 삶의 내용이 알차면 남 일에 거품 물지 않습니다"라고 했다. 정치는, 삶의 내용에 실속이 없는 한심한 이들이 남의 일에 거품을 무는 따위의 것이 아니다.

선생님께서 말씀하셨다. "아버지께서 살아 계실 때는 그 분의 뜻을 살피고, 아버지께서 돌아가신 뒤에는 그 분의 행적을 살피며, 3년 동안 아버지가 하시던 방식을 고치지 않는다면, 효자라 할 수 있을 것이다."

子曰 : 父在, 觀其志; 父沒, 觀其行; 三年無改於父之道, 可謂孝矣.

---

아버지가 살아계실 때는 모든 것은 아버지 말을 들어야 하며, 혼자서는 아무것도 처리할 수 없다. 그저 생각만 할 수 있을 뿐 제 맘대로 처리할 수는 없다. 처리하려고 한다면 반드시 아버지가 돌아가실 때까지 기다려야 하는데, 돌아가신 직후에도 아직 안 된다. 효자는 삼년상을 치러야 하며, 복상 기간에는 아버지의 뜻을 위반해서 별도로 제 방식대로 일을 처리해서는 안 된다.

3년 동안 고쳐서는 안 된다는 이 말은 오늘날 이해하기 어렵다. 그래서 양백준은, 방식을 의미하는 도道는 아버지의 합리적인 부분이라고 했다. 그러나 합리적인 것이면 3년 동안 고쳐서는 안 되고, 3년 이후에는 고쳐도 좋다는 것인가? 우리가 고쳐야 할 것은 아버지의 불합리한 부분이 아니라 합리적인 부분이란 말인가? 현대 중국에서 이 구절은 늘 비판의 대상이었다. 신하가 어리석은 군주를 위해 충성을 다하는 것은 어리석은 충성愚忠이고, 위 구절처럼 하는 것은 어리석은 효도愚孝라는 것이다. 그러나 부모는 부모다. 좋든 나쁘든 역시 자신의 부모다.

🦋

내가 보기에, 리링의 이 설명은 당위와 존재 사이를 매개 없이 넘나드는 것이 아닌가 한다. 오늘날 아버지에 대한 생각은 사람마다 다를 수 있다. 그것을 인정하지 않고, 플라톤 식으로 '아버지-이데아'를 주장하는 것은 무리다.

🦋

이 구절을 읽을 때마다 『삼국유사』「효선孝善」편의 이야기, 그 중에서도 '진정사 효선쌍미眞定師 孝善雙美'가 생각난다. 진정사가 행한 효와 선이 모두 아름답다는 말이다. 여기서 선은 불교의 선행을 말한다. 불가는 부모를 버리고 떠나 효도를 다하지 않는다는 유가 쪽의 비판에 대해, 불가에서 더욱 중시하는 효는 죽은 부모의 극락왕생을 비는 것이라는 주장을 '효선쌍미'라는 개념으로 드러냈다.

유자가 말했다. "예를 실행하는 데는 무엇보다 조화가 중요하다. 선왕의 도에서는 이것을 보배로 여겼다. 큰일이든 작은 일이든 모두 그것을 기준으로 처리했다. 그것만으로 통하지 않을 때도 있었다. 조화를 위한 조화에 그쳤기 때문인데, 예로써 조절하지 않으면 역시 실행할 수 없는 것이다."

有子曰 : 禮之用, 和爲貴. 先王之道斯爲美, 小大由之. 有所不行, 知和而和, 不以禮節之, 亦不可行也.

모든 일은 조화의 도에 입각해 시행해야 하지만, 예외적인 상황이 있다. 조화는 당연히 좋은 것이지만 너무 지나쳐서는 안 되며, 설령 조화라 하더라도 예로서 조절하지 않으면 실행되어서는 안 되는 것이다.

예는 차별을 통해서 질서를 수립한다. 그러므로 질서가 곧 조화이다. 조화는 평등이 아니라 불평등이다. 공자는 "군자는 조화를 이루지만 동화되지 않고, 소인은 동화되지만 조화를 이루지 못한다"라고 했다. 조화의 세계는 대동大同이 아니라 소강小康이다. 사람은 태어나면서부터 자유롭지 못하고 평등하지도 못하다. 그것은 루소가 말하는 것과는 상반된다. 예의 가장 중요한 기능은 바로 적당하게 타협하고 조정하는 것이고, 온갖 방법을 다 동원하여 합리적인 범위 안에서 불평등을 통제함으로써 혼란이 폭발하는 데까지 이르지 않도록 하는 것이다.

꽃

내가 보기에, '예는 차별, 곧 불평등을 통해서 질서를 수립한다'는 말은 귀담아 들어야 한다. 이는 기본적으로 고대와 중세의 도덕을 전제하고 있다. 근대는 자유와 평등을 전면에 내세우면서 열렸다. 기존에 없던 새로운 윤리를 주장하면서 근대가 그 첫발을 내딛은 것이다. 그러나 이념과 현실은 늘 모순되었다. 예컨대 '질서'는 계급적인 것으로 이해되었다. 누구에게는 질서이지만, 어느 쪽에는 무질서였던 것이다. 아나키스트인 크로포트킨이 「질서에 대하여」에서 전개한 논리가 바로 그것이다. 물질에 기반한 무한경쟁의 질서가 지배하는 이 추악한 신자유주의에서 협동과 협력에 의한 공동체의 질서를 강조하는 아나키즘의 이념은 새롭게 주목해야 한다.

꽃

소강小康은 대단히 심각한 논란을 내장하고 있는 개념이다. 중국공산당 제17차 전국대표대회인 이른바 십칠대十七大에서 중국공산당은 중국 특색의 사회주의 건설을 기치로 개혁개방을 견지하고 과학발전을 추진하며, 조화로운 사회건설을 통해 2020년까지 도달하고자 하는 전면적인 소강사회小康社會 건설을 위해 전진할 것을 확인하였다. 소상사회란 의식주를 걱정하지 않는, 물질적으로 안락한 사회, 비교적 잘사는 중산층 사회를 의미한다. 그런데 아직 확언할 단계는 아니지만, 작금 중국에서 자본은 소유의 극심한 불균형을 확대·강화하고 있는 것으로 보인다.

유자가 말했다. "믿음이 의에 가까우면, 말을 실행에 옮길 수 있다. 공손함이 예에 가까우면, 치욕이 멀어진다. 외가 쪽이라 해도 친근함을 잃지 않으면 역시 친척이라 할 수 있다."

有子曰 : 信近於義, 言可復也; 恭近於禮, 遠恥辱也; 因不失其親, 亦可宗也.

복復은 약속한 것을 실천하는 것이다. 자기가 한 말은 반드시 지키는 것, 그것이 믿음信이다. 그런데 믿음에는 큰 믿음과 작은 믿음이 있다. 공자는, 오직 의에 가까운 큰 믿음은 반드시 실천해야 하지만, 의와 관련이 없는 작은 믿음은 깨뜨릴 수도 있다고 생각했다. "군자는 두터운 신망이 있지만 작은 믿음에 얽매이지 않는다"라고 했다. 말이 어떤 것이든 거기에는 반드시 믿음이 있어야 하고, 행동은 그 어떤 것이든 결과가 있어야 한다는 것은 융통성 없는 고집쟁이나 미생의 믿음尾生之信 같은 것으로, 그것은 소인의 믿음이다. 작은 믿음은 적당히 융통성을 발휘할 수 있다.

공恭은 얼굴 표정이 공손하고 말투가 정중한 것이다. 정중한 것은 좋지만 지나치게 정중한 것은 사실 소름끼치고 스스로 치욕을 초래하고 만다. 상대를 인간으로 인정하는 예로써 조절해야만 비로소 치욕을 멀리할 수 있다.

인因은 인척을 의미하는 인姻이다. 고대 사회는 혈연을 중시했는데 종宗이 그것이다. 그 다음이 혼인관계로 맺어지는 인因이다. 앞의 것은 내친內親 혹은 내종內宗, 뒤의 것은 외친外親 혹은 외종外宗이라 부른다. 공자의 말은 친근함을 잃지 않으면, '인'도 '종'과 비슷하다는 것이다.

내가 보기에, 인因에 대한 리링의 해석은 독특하다. 참고로 주희는 인을 기대는 것所依者으로 새겨 이 구절을 "(내게) 의지하더라도 친근함을 잃지 않는 것"으로 해석했고, 다산은 앞의 말을 이어받는 접속어로 이해하여 "이를 토대로 하여 친족에게 친화를 잃지 않는다"라고 풀었다. 나로서는, 특히 뒤의 종宗과 결부하여 어느 것이 더 적절한지 판단하기 어렵다.

사실 큰 믿음, 작은 믿음은 말로 하기는 쉬워도 결정적인 순간에 정확히 나누어 판단하기는 어려울 것이다. 그래서 공부가 필요할 테다. 공부란 주관적인 감정이나 이해타산적인 요구에 치우치려는 욕망을 제어하는 방편인지도 모른다. 그런 의미에서 공부가 반드시 제도적인 것만으로 이루어지는 것은 아니다.

외가와 친가의 위상이 현대사회에 오면서 크게 바뀌었다. 일반화하기 좋아하는 사람은 '모계사회의 부활'이라 하지만, 여하튼 집안에서 여성의 지위가 상당히 강화된 것만은 분명해 보인다. 그래도 아직 남녀평등까지 가기는 멀고도 험한 길이 남았다. 그런데 한 가지 지적할 것이 있다. 상황이 이렇게 변해 가면서인지, 아이들의 독립이나 자립이 훨씬 늦어지고 있다는 점이다. 대부분이 '마마보이'이거나 '마마걸'이다. 아니라고들 하겠지만, 고등학교 졸업 후 대학등록금, 생활비, 결혼자금 등도 전적으로 부모의 몫이다. 그것뿐인가, 결혼 후에도 '엄마'의 동의와 허락 없이는 아무 일도 하지 못한다. 요즘 젊은이들이 대개 가볍고 신경질적인 냉소를 자신의 정치적 입장 표명으로 여기는데, 이것은 그러한 일종의 '피터팬 신드롬'과 무관치 않다고 생각한다.

스승님께서 말씀하셨다. "군자는 배불리 먹고자 노력하지 않고, 편안하게 거처하려고 애쓰지 않으며, 일을 신속하게 처리하고, 신중하게 말한다. 도가 있는 곳에서 자신을 바로잡는다면, 그는 배우기를 좋아하는 사람이라고 말할 수 있을 것이다."

子曰 : 君子食無求飽, 居無求安, 敏於事而愼於言, 就有道而正焉, 可謂好學也已.

먹음에 배부름을 추구하지 않는 것은 안빈安貧, 곧 가난을 편하게 생각하는 것이다. 일을 처리하는 데 신속하고, 밀하는 데 신중한 것은 일을 처리하는 데 부지런하고, 말하는 데 삼가고 신중한 것이다. 도가 있는 곳에 나아가 스스로를 바로잡는 것은 도덕과 학문이 높은 사람에게 가서 가르침을 청하는 것이다.

내가 보기에, 군자가 먹음에 배부름을 추구하지 않는다는 말은 대단히 중요한 가르침이라고 생각한다. 조지훈은 1960년 독재 권력에 빌붙으려는 교수들을 향해 지조를 지키라고 질타하였다. 한마디로 소인기少忍飢, 곧 잠시 배고픔을 참으라는 것이다. 대학 선생이 한때의 궁핍과 곤란 때문에 지조를 헌신짝처럼 버리고 권력에 빌붙어 너절하게 웃음을 파는 꼴을 도저히 봐줄 수 없다는 것이다. 대학이 취업을 위한 학원으로 전락하고 논문의 편

수로 학자를 평가하는 이 한심한 오늘의 대학에서 선생들마저 품위를 저버려서야 되겠는가. 20대의 윤동주는 "잎새에 이는 바람에도 괴로워했다"고 고백했다. 저 도저한 인격은 바라지 말자. 적어도 부끄러워는 해야 옳지 않겠는가. 경계 삼아 다시 읊조려 본다. 욕막대어부지辱莫大於不知恥, 부끄러움을 모르는 것보다 더 큰 치욕은 없다. 이 말이 어찌 먹는 데에만 국한되고, 군자에게만 적용되는 것이겠는가.

자공이 물었다. "가난하지만 아첨하지 않고, 부유하지만 교만하지 않으면 어떻습니까?" 스승님께서 대답하셨다. "참 좋다. 그러나 그것은 가난하면서도 즐거워하고, 부유하면서도 예를 좋아하는 것보다는 못하다." 자공이 물었다. "『시경』에서 '끊듯이, 갈 듯이, 쪼듯이, 빛을 내듯이'라고 했는데, 바로 그것을 말하는 것입니까?" 스승님께서 말씀하셨다. "사아, 이제 비로소 너와 『시경』을 이야기할 수 있겠구나. 과거의 일을 알려주었더니 미래의 일을 알아채는구나."

> 子貢曰: 貧而無諂, 富而無驕, 何如? 子曰: 可也. 未若貧而樂, 富而好
> 禮者也. 子貢曰: 詩云: '如切如磋, 如琢如磨'. 其斯之謂與? 子曰: 賜
> 也, 始可與言詩已矣! 告諸往而知來者.

❦

돈은 사람에게 커다란 시험대다. 도를 지키면서 날을 보내면 배고픔을 면할 수 없다. 군자는 굶주림에 대한 준비가 필요하다. 관리가 되지 않고 무엇을 해서 먹고살까? 농사를 지을 수도 없다. 공자는 자기 힘으로 먹고사는 것을 주장하지 않았다. 빈부에 대한 논의에서 그가 주목한 것은 가난이다. 공자는 팔베개를 하고 누워 찬 물을 마시더라도 즐거움이 그 속에 있으며, 부는 흔히 의롭지 못한 재물이고 뜬 구름과 같다고 했다.

❦

자공은 공자의 제자 중 제일 부자였다. 자공은 돈이 많으면서 부유한 사람 가운데 학문이 가장 높은 사람이 되고 싶어서 공자에게 이렇게 물은 것이다. 다른 제자들은 대부분 가난한 집안 출신이고, 따라서 빈부에 대해 토론하기엔 부족했다. 자공은, 가난한 사람은 기가 죽어 굽신거리거나 부자에게 아첨하지 않으며, 부자는 잘난 체하거나 가난한 사람을 업신여기지 않는다고 생각했다. 공자는, 더 좋은 태도는 가난하더라도 즐거워하고, 부자더라도 예를 좋아하는 것이라고 보충 설명했다.

＊

자공은 『시경』을 끌어다가 '끊듯이, 갈 듯이, 쪼듯이, 빛을 내듯이'가 바로 그런 의미냐고 물었다. 장인이 뼈, 상아, 옥, 석 등을 가공하는 것처럼, 덕행을 연마하는 것 역시 정밀에 정밀을 추구해야 하는 것이냐고 여겨 물은 것이다.

＊

내가 보기에, "가난하면서도 즐거워하다貧而樂"에서 낙樂을 어떻게 이해하느냐를 둘러싸고도 논란이 있었던 것 같다. 대개 '즐거워하다'라고 하지만, 그 다음에 도道가 생략된 것으로 보아 '도를 즐거워하다'로 보는 견해가 있다. 학창시절 국어시간에 흔히 듣던 안빈낙도安貧樂道가 바로 그것이다. 한편 그것을 음악으로 보고 그 앞에 호好 자가 빠져 있는 것으로 보아, '음악을 좋아하다'는 뜻으로 읽어야 한다는 의견도 있다. 그래야 '가난하면서도 음악을 좋아하고, 부유하면서도 예를 좋아한다'는 말이 자연스럽게 대구가 된다는 것이다.

이 구절은 내용도 내용이지만, 사제지간에 아름답고 따스한 의기투합이 특히 보기 좋다. 제자는 아마도 오랜 고민 끝에 어렵게 그리고 조심스럽게 스승께 여쭈어 보았을 것이다. 제자의 물음에는 진정성이 배어 있고, 그렇게 실천하고 말겠다는 다짐 같은 것이 들어 있다. 이것을 눈치 채지 못한다면, 그는 스승 자리에 앉아 있는, 단지 먼저 태어나서 나이를 더 먹은 사람에 지나지 않을 것이다. '이제부터 너하고는 깊은 대화를 나눌 수 있겠구나'라는 말은 스승이 제자에게 주는 최고의 선물이다.

스승님께서 말씀하셨다. "남이 나를 알아주지 않는 것을 근심하지 말고, 반대로 내가 남을 알아주지 못하는 것을 근심하라."

子曰 : 不患人之不己知, 患不知人也.

---

앞의 「학이學而」 편 1-1에서 "남이 알아주지 않아도 화를 내지 않으면 군자답지 않은가?"라고 한 말과 같은 뜻이다. 이와 유사한 말을 공자는 여러 번 했다. "자기를 알아주는 사람이 없음을 걱정하지 말고, 다른 사람에게 알려질 수 있는 바탕을 추구하라"거나 "다른 사람이 자기를 알아주지 않는 것을 걱정하지 말고, 자기에게 능력이 없음을 걱정하라", "군자는 능력이 없는 것을 근심하고 다른 사람이 자기를 알아주지 않는 것을 근심하지 않는다" 등이다.

지식인은 대개 명성, 특히 허명虛名을 좋아한다. 명성을 단념할 수 있는 사람은 거의 없다. 그런데 공자가 정말로 이 명성에 개의치 않았을까? "군자가 인仁에서 벗어난다면 어떻게 이름을 높일 것인가?", "군자는 죽고 나서 이름이 기려지지 않는 것을 싫어한다"라고 했으니, 공자는 오히려 명성을 대단히 중시했음을 알 수 있다. 그가 명성에 개의치 않았다면 "나를 알아주는 이 없구나", "나는 알아주는 자는 하늘일 것이다"라고 탄식했을까? 공자도 속으로는 매우 고독한 인간이었다.

내가 보기에, 여러 해설서에서 '이 말은 이미 제 길을 가는 사람에게는 해당이 없고, 남의 눈길과 평가에 급급한 우리들 범인에게 내리는 채찍이다'라는 식으로 풀이하는 것이야말로 '관념의 공자'를 구성한 결과일 것이다. 섭섭한 것을 안 그런 척하는 것이야말로 위선이다. 관건은 그 섭섭함을 실력, 내공으로 보상받는 것이다.

사실 우리가 누구를 안다는 것도 겉모양에 한정될 가능성이 농후하다. 그런 외양을 대충 알고 그를 진정으로 알았다고 하는 것이야말로 편견이다. 그렇게 스스로 편견을 가져 놓고서는 나중에 '속았다'고 욕을 한다. 이것이 '나는 사람을 볼 줄 안다'고 자부하는 이들의 병폐다. 예전에 김국환이라는 가수가 불러 대히트를 친 "내가 너를 모르는데 넌들 나를 알겠느냐"가 솔직한 토로일 것이다. 유소劉卲의 『인물지人物志』에는 이런 말이 있다. "처음에 대충 외형만 보고 사람을 판단해 버리는 오류가 있게 되며, 또 행동거지의 변화를 파악하지 못하는 오류도 있게 되는 것이다. 그래서 사람을 관찰할 때 그 드러난 행실만 좇아서 명성을 믿었다가는 그의 속내와 진상을 놓치게 된다. 그래서 얄팍한 재주를 드러내 보이면 남다르다 여기고, 속이 깊고 과묵하면 텅 비어 아무것도 모른다고 여기며, 경전에 대해 몇 마디만 하면 의리에 밝다고 하는데, 이는 마치 이런 저런 동물들의 소리를 듣고서 그 동물의 이름이 소리에 따라 지어진다고 생각하는 것과 같다."

2

위정
爲政

스승님께서 말씀하셨다. "덕으로 정치를 베푸는 것은, 예컨대 북극성이 제자리에 있으면 여러 별들이 그것을 향해 예를 갖추어 절을 하는 것과 같다."

子曰 : 爲政以德, 譬如北辰, 居其所而衆星共之.

오늘날의 정치가와 서양의 정치가는 오직 이익집단의 대변인으로서 대부분은 정치, 경제, 법률 따위를 배운 사람이며, 인문학 출신도 아니고 이공계 출신도 아니다. 1980년대 말에 지식인이 등을 돌린 뒤로 중국에서 유행하는 지식인은 치국론治國論, 특히 기술적인 전문가의 치국론이었고, 오늘에 이르기까지 그러한 미신에 빠진 사람이 있다. 사실 정치가는 정치가이지 도덕적 모범이 아니고 지혜의 화신도 아니며, 또 아무리 좋은 희망이라 하더라도 그것은 희망일 뿐이라는 것을 모두 분명히 알아야 한다.

서양에서 가장 이르게 나타난 유토피아가 플라톤의 '철인哲人국가'라면, 중국의 가장 이른 유토피아는 공자의 '도덕국가'이다. 그런데 이것들은 모두 환상이다. 인류의 가장 오랜 인문적 환상인 것이다.

내가 보기에, 이상理想과 현실의 문제를 둘러싸고 이러저러한 논란이 야기될 수 있지만, 나는 리링의 견해에 동의한다. 여기서는 지도자의 자질론과 함께 지도자를 생각하는 우리의 시각이나 관점 같은 것에 대해 이야기하고 싶다. 연전에 내가 일용할 양식을 얻고 있는 직장의 우두머리를 뽑는데, 학자출신인 전임이 이른바 '외교'와 '사업'을 등한시해서 발전이 없었으니, 이번에는 전문적 능력이 우수하고 리더십이 강한 이를 뽑아야 한다는 것이 당시의 여론이었다. 그래서 그를 선택한 결과 외형적 발전은 어느 정도 도모했으나, 그 과정에서 불통不通과 독재와 음모와 내분內紛으로 거의 쑥밭이 되고 말았다. 대통령의 경우는 어떤가? 노무현 대통령이 무능하여 경제가 도탄에 빠졌으니, 경제를 잘 아는 CEO출신이 나라를 운영해 보는 것도 좋겠다고 하여 이명박을 대통령으로 뽑았다. 결국 나라꼴이 어떻게 되었는가? 지금은 더 말할 나위 없다. 핵심은 지도자가 밥 먹여 주고 잘 살게 해주는 것이 아니라는 점을 정확히 깨닫는 것이다.

리링은 유가의 도덕, 구체적으로 효孝의 정치가 실효성 없는 환상이라고 했다. 나는 여기서 더 나아가 그것이 우리에게 오히려 악용된 바가 컸다는 점을 강조하고 싶다. 이렇게 말하면, 그것을 악용한 사람이 문제지, 효 자체에 문제가 있는 것은 아니지 않은가라고 반문할 사람이 있을 것이다. 그러나 그 효에는 이미 악용의 소지가 충분히 내장되어 있다. 더구나 지금은 중세가 아니라 현대 아닌가! 이른바 '유교민주주의'니 '유교자본주의'니 하는 주장을 펴는 일부 현대 유학자들이 우려하듯이, 충효가 부재하여 혼란이 온 것이 아니라, 혼란의 와중에서 충효가 끼어들어와 행세를 하고 있었다고 보아야 한다. 하기는 대학 운동권 출신의 어느 인사가 자신이 존경하는 이가 대통령이 되자 청와대에 찾아가 큰절을 올렸던 게 불과 얼마 전의 일이고, 군사부일체君師父一體를 몸소 실천하는 학인들이 도처에서 맹활약을 하고 있으니, 어찌 보면 내 말이 우습기도 하다.

스승님께서 말씀하셨다. "『시경』 300편은 한마디로 말하면 '끝이 없기를 바라는 것'이다."

子曰 : 詩三百, 一言以蔽之, 曰, 思無邪.

---

사무사思無邪라는 말은 『시경』 「노송魯頌」에 보인다. 시는 이렇다. "건장한 숫말은 변방의 황야에 있고 / …… / 끝이 없기를 바랍니다 / 말을 잘 기르시기를 바랍니다 / 건장한 숫말은 변방의 황야에 있고 / …… / 끝이 없기를 바랍니다 / 훌륭한 재능을 가진 말로 기르시기를 바랍니다 / 건장한 숫말은 변방의 황야에 있고 / …… / 싫증을 내지 않기를 바랍니다 / 그 말로 마차를 몰 수 있기를 바랍니다 / 건장한 숫말은 변방의 황야에 있고 / …… / 말을 먹이는 데 나쁜 일이 생기지 않기를 바랍니다 / 그 말들이 멀리 달릴 수 있기를 바랍니다." 마지막 구절의 원문이 사무사 사마사조思無邪, 思馬斯徂이다. 『시경』에 사思 자가 많이 쓰이는데, 시구詩句 앞에서는 대개 의미 없는 발어사이다. 갑골문자周原甲骨의 유由를 에드워드 쇼니시는 사思로 보았다. (나도 '초점복간楚占卜簡'의 이 글자를 사思로 고증한 바 있다.) 『초사楚辭』 「이소離騷」의 '구주의 넓고도 거대함을 생각한다思九州之博大兮'에서 사思는 사慮로 쓰였다. 주대周代의 점복에서 사思는 바람願의 표시였다. 위 시에서 무사無邪는 무강無疆, 무기無期, 무두無斁와 병렬관계다. 모두 한도 끝도 없는 것을 나타낸다. 한대漢代에 즐겨 사용하던 미앙未央과 같은 의미다. 아직 끝나지 않았다, 아직 반에도 달하지 못했다는 뜻이다. 사邪는 남김餘, 없어짐除으로 볼 수 있

다. 결국 무사無邪는 남김 없음 혹은 없어짐이 없음으로 풀이할 수 있다.

꽃

공자가 『시경』을 인용할 때는 대부분 원래의 의미를 없애버리고 제목만 빌려 자기 뜻을 표현했는데, 그 가운데는 의도적인 곡해와 오용도 있었다. 서양에서는 그것을 고의로 말을 잘못 사용하는 것, 곧 카타크레시스catachresis라 했다. 단장취의斷章取義가 그것이다.

꽃

내가 보기에, 이 부분에서 고고학, 고문자학, 고문헌학 등 '3고학의 대가' 리링의 면모가 여실히 드러난다. 나는 사무사를 '끝이 없기를 바라는 것'이라고 한 대한 리링의 해석을 평가할 입장에 있지 않지만, 그의 주장에 동의한다. 문제는, 그렇다면 그동안 '생각에 사악함이 없다'는 감계주의적 가르침, 혹은 정전canon이 된 그 해석은 도대체 어찌해야 하는가 하는 점이다. 대단히 조심하고 삼갈 일이다. 그렇다고 '피론의 돼지'처럼 에포케epoche, 판단 중지, 곧 일체의 최종 판단을 유보하자는 회의주의자가 되자는 말을 하고 싶은 것은 아니다. 뭐든지 정전화하고 정식화하며 일반화하는 독단의 욕망에서 벗어나서 토론의 여지를 남겨두는 것이야말로 뒤 세대가 응당 해야 할 일임을 다시 환기하자는 말이다.

스승님께서 말씀하셨다. "명령이나 법령으로 이끌고 형벌로 다스리면, 백성들은 그것에서 빠져나가면서도 부끄러움이 없게 된다. 반면에 덕으로 이끌고 예로 다스리면, 백성들은 부끄러움을 갖고서 원칙을 따른다."

子曰 : 道之以政, 齊之以刑, 民免而無恥, 道之以德, 齊之以禮, 有恥且格.

❀

정政과 형刑은 푸코 식으로 말하면 훈련과 징벌이다. 말馬을 기르고 훈련시키는 것과 같이 사회를 관리하는 것이다. 그런데 공자는 이런 방식으로는 문제를 해결할 수 없다고 생각했다. 명령과 형벌이 있어도 마음속으로 요행을 바라면서 숨고, 피할 수 있기 때문에 부끄러움이 없다는 것이다.

❀

덕德은 정政과 형刑하고는 달리 자율이다. 마음속에 도덕적 기준을 정해 놓고 자신을 관리하는 것이다. 반면 예禮는 타율이다. 예가 아니면 하지 말라非禮勿는 말에서처럼 사람의 행위를 제약하는 규정이다. 유치有恥는 수치심을 갖는 것으로 부끄러움을 모르는 무치無恥와 상반된다. 격格은 규정을 엄격히 지키는 것으로, 빠져나간다는 의미의 면免과 상반된다.

❀

공자는 도덕중심주의자이다. 정령과 형벌은 폐단이 있기 때문에 그것으로 다스리면 문제가 있다는 공자의 비판은 일리가 있다. 그러나 덕과 예

역시 만능은 아니다. 덕으로 나라를 다스리는 것이 실효가 있었다면, 춘추전국시대에 예와 음악이 붕괴되지 않았어야 했다. 진秦 나라 때 정령과 형벌이 가혹해진 결과 진승과 오광이 봉기했고, 항우와 유방이 반란을 일으켰다. 진 나라는 불변의 진리만 강조하고 가변적 원칙은 신경 쓰지 않아서 융통성이 없었다. 한대漢代에는 가변적 원칙을 가지고 불변의 진리를 어떻게 포장하는지, 다시 말해 양유음법陽有陰法을 알았다. 당시 불변의 진리는 정령과 형벌이고 가변적 원칙은 예악, 도덕, 학문, 종교였다. 한대 이후의 유술儒術, 그리고 나중에 유행한 불교와 도가道家 등은 정령과 형벌의 부족한 부분을 채워주었던 것이다. 요컨대 정령과 형벌만으로는 무치를 없앨 수 없지만, 정령과 형벌이 없다면 더욱 불가능하다.

✼

가장 나쁜 것은 그저 덕으로 나라를 다스린다고 말하는 것이다. 그러면 덕은 분명히 거짓이 되고 나라는 분명히 망할 것이다. 옛사람들이 덕으로 나라를 다스린다고 말한 것은 결코 정말로 덕으로 나라를 다스리는 것이 아니다. 덕이라는 것은 그저 장식에 불과하다. 그것은 마치 화장실에 향수를 뿌려 나쁜 냄새를 느끼지 못하도록 하는 것과 같을 뿐이다.

✼

내가 보기에, 덕은 장식에 불과하다는 진술에 대해 논란이 있을지 모르겠다. 그런데 바로 그러한 면이 리링의 입장을 오히려 분명하게 드러내 주고 있다. 우리는 지금 법치국가에 살고 있다. 물론 엉터리 법도 있고, 그 운용 역시 형편없기도 하다. 그러나 제대로 된 법을 제대로 운용하면 된다.

그것이 잘 안 되니 법치국가 하지 말자고 할 수는 없는 노릇 아닌가. 법치가 불변의 진리가 되고, 가변적 원칙으로 도덕 등이 강조되는 것이 옳다고 본다. 그런데 우리나라는 불변의 진리든 가변적 원칙이든 다 무너져 버렸다는 것이 문제다. 그렇다면 어느 것을 먼저 바로 세워야 하는가? 도덕이 먼저라거나 법 질서가 우선이라는 주장이 팽팽하게 대립하지만(대개의 경우 밥그릇 싸움), 사실 따지고 보면 도덕이니 법이니 하는 것은 모두 상부구조에 속하는 것들이다. 그것을 떠받쳐 주고 있는 토대를 변화시키지 않은 채, 상부구조에 속하는 것들끼리 선후를 다투는 것은 그야말로 의미 없다. 이렇게 말하면 단순한 경제결정론이니 철지난 반영론이니 손가락질하는 분들이 있을 것이다. 그렇다고 해도, 나는 밥에서 도덕이고 정치고 나온다는 주장, 다시 말해 "인민에게 이롭게 쓰일 수 있는 유익한 물자의 생산이 넉넉하게 이루어지면 인민의 삶이 윤택해질 것이요, 그 다음에 마음이 풍요로워지고 도덕이 바로 잡힌다"라고 한 연암 박지원의 이용후생利用厚生을 믿는다.

빠져나가면서도 부끄러움이 없다는 말은 새겨들어 마땅하다. 법망을 피해 나가는 요령을 다른 사람보다 더 잘 아는 사람이 잘사는 세상이다. 그런 사람이 능력자로 대접 받는다. '저 사람은 착하지만, 이 세상을 그렇게 살아서 쓰겠나. 돈이 있어야 하는데, 돈을 벌려면 사람이 좀 융통성이 있어야 해.' 여기서 융통성은 대개 법망을 요리조리 잘 빠져나갈 줄 아는 것이다. 이것이 인간사의 생리가 된 지는 이미 오래지만, 요즘처럼 극성을 부린 적은 없었다. 부끄러움을 모르는 것보다 더 큰 치욕은 없다辱莫大於不知恥는 말을 더욱 깊이 새겨들어야 할 시절이다.

스승님께서 말씀하셨다. "나는 열다섯 살에 배움에 뜻을 두었고, 서른이 되어서는 스스로 일어섰으며, 마흔이 되어서는 흔들리지 않았고, 쉰이 되어서는 천명을 알았으며, 예순이 되어서는 듣는 것이 순해졌고, 일흔이 되어서는 마음이 가는 대로 따라 해도 법도에서 벗어나지 않았다."

子曰 : 吾十有五而志于學, 三十而立, 四十而不惑, 五十而知天命, 六十而耳順, 七十而從心所欲, 不踰矩.

처음에 오흥라 했듯이, 이것은 공자의 인생체험이지 다른 이에게 어떻게 살라거나 살아야 한다고 한 말이 아니다. 열다섯 살에는 『소학』을 떼고 『대학』에 들어간다. 청 나라의 송상봉宋翔鳳이 장이유실壯而有室, 곧 장성하여 가정을 갖는 것이라고 했지만, 공자는 19살에 결혼했다. 공자 스스로 "예를 알지 못하면 설 수 없다"라고 했듯이, 자립의 관건은 예禮에 있다. 제齊 나라 경공이 공자에게 예를 물은 것이 공자 서른 살 때였다. 35세 이후 50세까지 공자는 일자리를 갖지 못해 줄곧 집에서 책을 읽고 예를 익히면서 사람을 가르쳤다. 마흔 살까지 전력으로 배웠고 배울수록 분명해졌을 것이니, 마흔에 흔들리지 않게 되는 것은 당연하다.

쉰에 천명을 알았다는 것은 자기 역량이 어느 정도인지, 대체 뭘 할 수 있을지, 뭘 하도록 운명 지워진 것인지 등을 알게 되었다는 말이다. 공자는,

천명을 모르고서는 군자가 될 수 없다고 했다. 공자의 학습 목표는 군자를 육성하는 것이고, 군자의 사명은 관리가 되는 것이며, 책을 읽고 나서는 반드시 관리가 되어야 한다는 것에 대해서는 토론의 여지가 없지만, 언제 벼슬길에 나가고 누구의 수하에서 일을 할 것인가는 전적으로 천명이 어떠한가를 보아야 한다고 생각했다. 실제로 공자는 51세에 관리의 길로 나갔다. 참고로 지천명은 공자가 『주역』을 배운 것과 깊은 관련이 있다. 『주역』을 배웠기 때문에 관직에 나아가야 할 때를 알고서 관직에 나아간 것이라는 것이 한대漢代의 설명이다.

※

총명하다고 할 때 '총'은 청력이 좋은 것이고, '명'은 눈이 밝은 것이다. 그런데 귀는 눈에 비해 시공의 제약을 덜 받는다. 성인이라고 할 때, 성聖자에 이耳가 들어 있는데, 이는 성인이 주로 귀가 좋고, 민간의 고통을 경청하며, 지덕을 겸비한 사람의 권유와 간언을 잘 받아들이는 존재임을 뜻한다. 공자는 55세부터 68세까지 여러 나라를 떠돌아다녔고 외국에서 일자리를 찾았다. 그동안 늘 좌절했고, 마음대로 되는 것이 없었다. 그러나 공자는 마음을 비우고 아무리 빈정대는 말을 해도 모두 귀담아 들었다. '피곤에 지쳐서 마치 집 잃은 개와 같다'고 해도 고개 끄덕이며 인정했다.

※

나이가 든 총명한 사람은 이순耳順뿐 아니라 마음까지 순해져서 물아양 망物我兩忘, 곧 대상과 나를 다 잊어버리는 경지에서 포기하지 못할 정도로 아쉬운 것이 아무 것도 없다. 이것이 종심소욕從心所欲, 즉 마음이 가는 대로 따르는 것이다.

✿

　내가 생각하기에, 리링의 설명은 대단히 인간적이고 합리적이다. 내 나이 이제 50대 중반이다. 지천명을 지나 이순을 바라보는 나이다. 그런데 요절한 김광석의 노래 〈서른 즈음에〉를 들으면 '내 얘기를 하고 있구나'는 생각이 들지만, 실상은 지우학 단계에 이제 막 들어선 느낌이다. 그러니 어쩔 것인가. 나는 나이고, 공자는 공자다. 괜스레 속상해 하지는 말기로 한다. 그래 봐야 의미 없다. 오규 소라이는 이런 얘기도 했다. "이는 보통 사람들도 할 수 있는 일이다. 성인이 어찌 사람을 멀리 벗어나 도를 이루었겠는가. 송 나라 유학자들의 해석은 지나치게 높고 오묘해서 성인의 도를 천착하여 불교와 노자에 흘러버렸다." 참 고마운 말이기는 하지만, 송유宋儒를 낮추려다가 너무 나아간 것이 아닌가 한다. 보통 사람들도 할 수 있는 일이라면, 세상이 이리 험악하고 추악해지지는 않았을 것이다.

맹의자가 효에 대하여 물었다. 스승님께서 대답하셨다. "거스르지 마십시오." 번지가 말을 몰고 있었는데, 스승님께서 그에게 이렇게 말씀하셨다. "맹손이 나에게 효를 묻기에, 나는 '거스르지 마십시오'라고 대답했다." 번지가 물었다. "무슨 뜻인지요?" 스승님께서 대답하셨다. "부모님이 살아 계실 때에는 예로써 섬기고, 돌아가신 뒤에는 예로써 장사지내며 예로써 제사지내는 것이다."

> 孟懿子問孝, 子曰, 無違. 樊遲御, 子告之曰, 孟孫問孝於我, 我對曰無違. 樊遲曰, 何謂也. 子曰, 生, 事之以禮. 死, 葬之以禮. 祭之以禮.

리링은 이 구절에서는 맹손과 번지에 대해서 길게 언급할 뿐 내용에 대해서는 설명하지 않고 있다. 뜻이 너무 분명해서일 것이다.

내가 보기에, 거스르지 말라無違는 말에 대해서는 다산이 적절하게 풀이했다고 본다. "부모를 섬기는 데는 기간幾諫의 도리가 있는데, 어찌 매사에 모두 무위의 도리만을 좇을 수 있겠는가?" 주희가 말한 기간은 부모가 허물이 있으면 자식이 기운을 내리고 얼굴빛은 온화하게 하고 소리를 부드럽게 해서 간諫하는 것이다.

거스르지 말라는 무위는 현대사회에서 논란의 소지가 많아 보인다. 이에 대해서는 차후 다시 논할 기회가 있을 것이다. 그런데 21세기 이 대명천지에 그것을 철두철미 실천하는 분이 계시다. 박근혜 대통령이다. 그녀는 아버지 박정희가 남긴 뜻을 거의 100% 계승하고 있는 '효녀'다. 박근혜 대통령을 '그네공주'라고 하는 분들도 계시던데, 틀린 말 같지는 않다. 박정희는 거의 임금님이었으니, 그의 유지를 이어받아 '통치'하는 그녀는 공주 맞다. 박정희의 신하임을 자랑스러워하는 어르신들이 그리도 아끼고 사랑하는 것이 이해가 된다. 박근혜 대통령이 당선되기 이전에 나는 이런 말을 한 적이 있다. "혹시라도 그녀가 대통령이 되면, 자기 아버지를 욕하는 짐승 같은 무리들에게 무사비하게 절퇴를 가할 것이 분명하다. '이 짐승만도 못한 인간들아. 감히 내 아버지를 욕해? 나는 곧 국가이니, 너희 같은 반국가, 반윤리, 반도덕, 반인류의 무리들은 이 사회에서 영원히 격리시켜야 햇!'"

나는 장남으로서 부보님 제사를 모신다. 그런데 과연 내가 그것을 예로써 수행하고 있는지는 잘 모르겠다. 부모님 생전에 못다 해 드린 빚을 청산한다는 이기적인 생각이 앞서기도 한다. 그런데 이런 반성이 이제 와서 다 무슨 소용이란 말인가!

맹무백이 효에 대하여 묻자 승님께서 이렇게 대답하셨다. "부모님이 오직 병이 드실까봐 걱정한다."

孟武伯問孝, 子曰, 父母唯其疾之憂.

✿

『회남자淮南子』에서는 "부모의 병을 근심하는 자는 자식이고, 그것을 고치는 자는 의원이다"라고 했다. 효자는 언제나 부모 속을 썩이지 않는다고 한 설명도 있고, 부모는 오직 자식이 병들까 걱정한다는 해석도 있지만, 공자의 말은 오랜 병에 효자 없다는 속담과 같은 맥락에 있다.

✿

내가 보기에, 리링의 이 해석이 가능했던 것은 기其를 부모로 보았기 때문이다. 그래서 "(자식은) 오직 부모님의 병을 근심한다"라고 풀었던 것이다. 그런데 이 경우 나는, 다산이 '새로운 해설新說'이라고 한 주희의 설명이 좀더 이해하기가 쉽다. '부모가 자식을 사랑하는 마음이 이르지 않은 데가 없지만, 특히 자식이 질병에 걸릴까 걱정하여 늘 근심한다. 그러니 자식이 이 부모의 마음을 항상 자기의 마음으로 삼는다면, 자기 몸을 지키는 데 자연 삼가고 틈 없이 하지 않을 수 없을 것이니, 이럴 때에야 효라고 할 만하다.' 그런데 원전을 대충 절충하여 해석해서는 안 되겠지만, 나는 리링과 주희의 두 해석이 동전의 양면과 같다고 생각한다. 부모가 자식을 걱정하는 것이야 자식의 출생부터이고, 자식이 부모의 병을 걱정하는 것은 자식이 부모 속을 썩일 대로 썩인 후 느지막이 철이 든 다음이거나 아니면 어떻게 손을 써 볼 방도가 없을 정도로 뒤늦은 때라는 차이가 있기는 하지만 ······.

자유가 효에 대하여 묻자, 스승님께서는 이렇게 대답하셨다. "오늘날 효라 하면 부모를 봉양하는 것이라고들 생각한다. 그러나 개나 말도 모두 먹여 준다. 공경하지 않는다면, 그것들과 무슨 차이가 있겠느냐?"

子游問孝, 子曰, 今之孝者, 是謂能養, 至於犬馬, 皆能有養, 不敬, 何以別乎?

양養은 부양하고 돌보는 것인데, 공자가 "여자와 소인이야말로 돌보기 어렵다女子與小人難養"라고 했을 때의 그 양이다. 효양孝養과 효경孝敬이란 말이 있다. 효는 그저 부모를 먹여 살리는 것만 의미하지 않는다. 공경해야 한다. 먹여 살리기만 하고 공경치 않으면 효가 아니다. 공경치 않는다면, 그것은 개나 말을 기르는 것과 무슨 차이가 있는가.

내가 보기에, 이 구절을 이해하는 데는 『맹자』의 풀이가 참고 된다. "먹이기만 하고 사랑하지 않으면 돼지로 사는 것이요, 사랑하기만 하고 공경하지 않으면 짐승으로 기르는 것이다." 그런데 입에 풀칠을 하기도 어려운 상황에서도 부모를 지극 정성으로 섬기는 가난한 사람들에게는 먹이는 것과 사랑하는 것과 공경하는 것이 하나로 통일되어 있는 경우를 자주 본다.

한편 증자는 "봉양은 능히 할 수 있으나 공경하는 것은 어렵고, 공경하는 것은 능할 수 있으나 편안하게 해 드리는 것은 어렵다"고 했다. 봉양과 공경과 편안하게 해 드림, 이 셋 중에 최고는 부모의 마음을 편안히 해 드리는 것이라는 점이다. 이것은 내가 부모가 된 후에야 비로소 알게 되었다.

자하가 효에 대해 묻자, 스승님께서 이렇게 대답하셨다. "늘 공손한 표정을 짓기는 참으로 어렵다. 무슨 일이 생기면 자식은 기꺼이 수고를 받아들이고, 술과 밥이 있으면 웃어른에게 들게 한다고 해서, 그런 것을 효라고 할 수 있겠느냐?"

子夏問孝, 子曰, 色難. 有事, 弟子服其勞, 先生饌, 曾是以爲孝乎?

앞에서는 내심內心에 대해 말했고, 여기서는 안색에 대해 말한다. 공자는 얼굴에 효경의 빛을 만드는 것이 어렵다고 했다. 그저 부모를 위해 일을 하기만 하고, 먹고 마실 때 부모를 먼저 떠올리면 속마음으로는 공경치 않고, 얼굴빛이 공손하지 않다면 효라고 할 수 없다.

이상은 제자가 효에 대해 묻자 공자가 답을 한 것인데, 모두 답이 다르다. 맹의자에게는 거스르지 말라無違고 했고, 맹무백에게는 부모가 자식 걱정하듯 부모를 생각하라고 했으며, 자유에게는 효경孝敬을, 자하에게는 색난色難을 강조했다. 이렇게 제자의 자질에 따라 달리 교육하는 것을 인재시교因才施教라 한다.

내가 보기에, "효자로서 깊은 사랑이 있는 자는 반드시 화기和氣가 있고,

화기가 있는 사람은 반드시 유순한 빛이 있으며, 유순한 빛이 있는 사람은 반드시 공순한 용모가 있다"고 한 『예기』의 말은 단지 감계鑑戒하려는 것이 아니다. 현실에서 진정한 효자들을 보면, 실제로 그들은 화기가 있고 유순하며 공순하다. 그것은 누가 시켜서 될 일이 아니다.

❀

그런데 앞에서 말한 봉양과 공경 그리고 지금 말하는 얼굴빛을 공손하게 하는 것이 동시에 혹은 순차적으로 이루어지기는 현실적으로 매우 어려운 일일 것이다. 그래서 다산은 이렇게 정리했다. "자유子游가 효에 대해 묻자 공자는 공경해야 한다는 것으로 일러주었는데, 정자程子는 '자유는 봉양은 잘하였지만 간혹 공경에는 잘못이 있었다'고 하였다. 자하子夏가 효에 대해 묻자 얼굴빛은 공손하게 해야 한다고 일러주었는데, 정자는 '자하는 온화한 표정이 부족했다'고 하였다."

❀

나는 효경은커녕 효양도 제대로 한 번 해보지 못했다. 내 경우 얼굴에 공손한 빛을 띠기보다는 무작정 짜증이 앞섰다. 그런데 어머니는 그 망나니짓을 아무 말 없이 받아주셨다. 그런 못난 자식이 이제 와서 반성을 하는 척하니, 말 그대로 가증스럽기 짝이 없다. 이럴 때 하는 적절한 욕이 돌차咄嗟이다. 요즘 말로 '쯧쯧' 혀를 차는 것이다. 도저히 인간으로 봐 줄 수 없다는 말이다.

스승님께서 말씀하셨다. "내가 안회와 종일토록 이야기해보았는데, 나하고 다른 의견은 전혀 내놓지 않아서 마치 바보 같더라. 그런데 가고 난 뒤에 안회가 홀로 지내는 것을 살펴보았더니, 생각했던 대로 내가 말한 바를 충실하게 실행에 옮기더라. 안회는 어리석지 않다."

子曰, 吾與回言終日, 不違, 如愚. 退而省其私, 亦足以發, 回也不愚.

❦

회回는 공자의 제자 안회顔回다. 그는 한 번도 말대꾸하지 않아 스승을 기쁘게 했다. 공자는 부모에게 효도하듯이 안회가 자신을 거스르지 않는다不違고 칭찬했다. 바보스럽게 보이기까지 했다. 그러나 물러나서는 반성하고, 반성을 통해 새로운 견해를 제시해서, 공자는 그를 어리석지 않다고 평가했다.

❦

안회는 공자에게서 안빈낙도安貧樂道한다거나 쌀독이 비었지만, 열심히 공부한다는 등의 칭찬을 줄곧 받아왔는데, 그의 가장 큰 장점은 스승의 말을 듣고 절대로 대꾸하지 않는 것이었다. 그밖의 사적이나 훌륭한 언행은 조금도 남겨진 것이 없고, 역사에서 공백으로 남아있으며, 학문 역시 어떻게 배웠는지 알 수 없다. 공자의 제자 중 자로子路는 안회와 달리 경망스럽게 덜렁댔고, 말이 많았으며, 말과 행동이 시원시원했다. 문학적으로 표현하면, 안회는 너무 창백하고, 자로는 생동감 넘친다. 나는 자로를 더 좋아한

다. 요즘 학생들은 스승에게 유난히 아첨하기도 하지만, 대부분은 '말대꾸 하지 않는다.'

⁂

내가 보기에, 안회의 장점을 그렇게 평가절하해도 좋은가 궁금하다. 안회는 혼자 있을 때, 말하자면 아무도 보지 않은 동안에도 배운 것을 성실하게 실천했다. 그것이 그리 쉬운 일이 아닐 것이다. 자로를 좋아하는 리링의 수준에 도달하려면, 나는 아직 멀었다. 선생으로서 나는 입으로는 자로처럼 활달하고 상상력이 넘치며 재기발랄한 학생이 좋다고 말하지만, 내심으로는 말 잘 듣고 순종하는 안회 같은 학생이 더 예쁠 때가 있다. 내공과 수양이 부족해서 그럴 것이다. 나같이 겉 다르고 속 다른 선생 때문에, 신생을 믿지 못하거나 선생에게 아첨하려는 학생이 많은 것인지 모른다. 쌓아놓은 내공도 없고, 수양도 닦지 않고서 강단에 선다는 것만큼 난처한 일도 없을 것이다.

스승님께서 말씀하셨다. "그가 하고 있는 바를 보고, 그가 했던 것을 두루 보며, 그가 하고자 하는 바를 자세히 살펴보면, 사람이 어떻게 숨기겠는가? 사람이 어떻게 숨기겠는가?"

子曰, 視其所以, 觀其所由, 察其所安, 人焉廋哉, 人焉廋哉.

---

시視는 보는 것이고, 관觀은 전체를 보는 것이며, 찰察은 자세히 보는 것이다. 사람을 안다는 것은 구체적인 내막을 철두철미하게 이해하는 것이다.

소이所以는 '현재 어떠한가'이고, 소유所由는 '과거에 어떠했는가'이며, 소안所安은 '장래에 어떠할 것인가'이다. 이에 대해서는 두 가지 해석이 있다. 하나는 이以를 용用으로, 유由를 경經으로, 안安을 낙樂으로 읽는 것이다. 즉, 근거를 알고, 과정을 알며, 즐기는 것을 아는 것으로 해석하는 것이다. 다음은 이以를 위爲로, 유由를 종從으로, 안安을 낙樂으로 읽는 것이다. 즐기는 것所樂으로서의 소안所安은 최종적으로 익숙해지는 곳을 가리킨다. 위 두 설명의 차이점은, 전자는 이以가 과거를, 유由가 현재를 가리킨다고 보았고, 후자는 이以가 현재를, 유由가 과거를 가리킨다고 본 것이다.

'어떻게 숨기겠는가'는 무엇이든지 눈앞에 드러나기 때문에 아무리 감추려 해도 감추어지지 않는다는 뜻이다.

✿

　내가 보기에, 어느 해설서를 보니 '어떻게 숨기겠는가'를 "사람이 어떻게 허물을 숨길 수 있을꼬"라고 옮겼다. 그런데 감추려 하는 것이 허물만은 아닐 것이다. 낭중지추囊中之錐, 곧 주머니 속 송곳처럼, 출중한 사람은 숨어 살아도 드러나기 마련이라는 말도 있지 않은가. 중요한 것은 단점이든 장점이든 그것을 겸손하게 받아들이는 것일 텐데, 애써 아닌 듯 감추려 하니 문제가 발생한다. 그런데 그렇게 하지 않는 것이 어디 말처럼 쉬운 일이겠는가. 내 경험에 따르면, 감추는 데 능숙한 사람이 방심하다 실패하면 영망가져 버려 안타깝다. 이는 결국 자기의 단점이 남에게는 장점이 되고, 나의 장점이 남에게는 단점이 될 수 있다는 것을 인정치 않기 때문인 것 같다. 지나친 자기애自己愛, 말하자면 애착愛着이 심한 사람이 그렇게 되기 십상이다. 방하착放下着이 생각난다. 흔히 '내려놓아라', '놓아버려라'라는 의미로 불교 선종에서 화두로 삼는 말이다.

✿

　유소劉劭의 『인물지人物志』에 따르면, "보통 사람들은 인물을 관찰할 때에는 모든 방법을 다 갖출 수 없기 때문에, 각기 나름대로 기준을 세워 사람을 관찰하고 구분하려 든다. 예를 들면 어떤 사람은 용모를 관찰하고, 어떤 사람은 행동거지를 살피며, 어떤 사람은 일처리의 시작과 끝마침을 살펴보고, 어떤 사람은 사고방식이 어떠한가를 헤아리며, 어떤 사람은 미세한 심리상태에 의거하여 추측하고, 어떤 사람은 그의 지나간 과거 경력에 대해

의구심을 가지고 추론하며, 어떤 사람은 그의 말을 근거로 살피려 하고, 또 어떤 사람은 행한 일의 성과를 가지고 고찰하려 한다. 이 여덟 가지 방법은 일관성 없이 뒤섞여 있기 때문에 알 수 있는 바는 적고, 알지 못하는 바는 많게 된다."

스승님께서 말씀하셨다. "옛것을 익히고 새것을 알면 스승 노릇할 수 있을 것이다."

子曰, 溫故而知新, 可以爲師矣.

『예기』「학기」에서는 암송을 위주로 한 배움으로는 스승이 되기에는 부족하다고 했다. 공자는, 스승이 아무런 문제의식 없이 덮어놓고 외운 것을 제자에게 주입하기만 해서는 안 되고, 제자들을 깨우쳐 그들의 두뇌를 움직이는 법을 배우도록 하고, 새로운 것을 밝혀내고 창조하도록 해야 한다고 생각했다. 요컨대 스승의 학설을 기초로 삼아 새로운 생각을 제기할 수 있는 사람만이 스승이 될 수 있다는 것이다.

내가 보기에, 이 장은 "날마다 모르는 것은 배우고, 달마다 잘하게 된 것을 잊지 않는다면, 배우기를 좋아한다고 할 만하다"는 말과 통한다. 온고지신에서 온고는 달마다 잘하게 된 것을 잊지 않음月無忘其所能에, 지신은 날마다 모르는 것을 배움日知其所亡에 해당한다. 온고지신은 학문하는 기본 태도였던 것이다. 요즘 온고지신은 흔히 전통과 현대의 접속 필요성을 강조할 때 사용된다. 과거 성인의 학문을 이어받아 미래의 학문을 연다는 계왕계래繼往啓來나 옛것을 본받아 새것을 만든다는 법고창신法古創新은 다 비슷한 용례다.

그런데 온고지신과 같은 일종의 아포리즘이 갖는 문제는, 그것이 대개 한갓된 구호로 전락하기 십상이라는 것이다. 실천적으로 어떻게 그것을 이루어낼 것인가 하는 구체적인 전략과 전술을 제대로 짜지 못하게 할 수도 있다는 말이다. 왜 그럴까? 말의 무게가 너무 크고 마땅해서인지, 그것을 진지하게 따져서 고민해 보지 않기 때문이다. 그럴듯한 아포리즘을 만들어 내는 경우도 마찬가지다. 그럴싸한 말을 만들고 그것으로 할일 다했다는 식이다. 거기에 자화자찬까지 곁들이면 구제불능이다.

법고창신을 문학창작의 기본 원칙으로 삼으면서 연암은 이렇게 고민하였다. "문장을 어떻게 지어야 할 것인가? 논자論者들은 반드시 법고해야 한다고 한다. 그래서 마침내 세상에는 옛것을 흉내 내고 본뜨면서도 그것을 부끄러워하지 않는 자가 생기게 되었다. …… 그러니 어찌 법고를 해서 되겠는가. 그렇다면 창신이 옳지 않겠는가. 그래서 마침내 세상에는 괴벽하고 허황되게 문장을 지으면서도 두려워할 줄 모르는 자가 생기게 되었다. …… 그러니 어찌 창신을 해서 되겠는가. 그렇다면 어떻게 해야 옳단 말인가? 나는 장차 어떻게 해야 하나? 문장 짓기를 그만두어야 할 것인가?" 이러한 고민이 없을 때, 흔히 안주하고 마는 것이 절충과 조합이다. 대충 적당히 얼버무리는 것이다. '안가安價하다'고 할 때의 그 싸구려가 그래서 나온다. 전통의 흉내를 조금 내면서 새로운 것을 약간 덧붙이는 따위는, 관광단지에서 볼 수 있는 기념품 수준의 보기 민망한 '창조물들'에서 잘 볼 수 있다. 전통을 공부하는 곳에서는 특히 연암이 했던 바로 그 고민을 최우선의 화두로 삼아야 할 것이다.

"스승은 아무런 문제의식 없이 덮어놓고 외운 것을 제자에게 주입하기만 해서는 안 되고, 제자들을 깨우쳐 그들의 두뇌를 움직이는 법을 배우도록 하고, 새로운 것을 밝혀내고 창조하도록 해야 한다"라고 한 리링의 말은 자크 랑시에르의 『무지한 스승』을 연상시킨다. 이 책의 부제는 "지적 해방에 대한 다섯 가지 교훈"인데, 리링이 얘기한 '새로운 창조'는 이 '지적 해방'에서 가능하다고 보는 것이다. 랑시에르에 따르면, 그것은 스승과 학생의 종속관계, 즉 가르치는 자가 지적 우위를 버리고 모든 인간은 평등한 지적 능력을 지니고 있다는 점을 인식하는 데서 비로소 출발한다. 참고로 '새것은 옛 사람이 말하지 않은 것이며, 이전의 스승이 전해주지 않은 것이다. 세상사의 변화는 끝이 없으니, 이를 알지 못하면 다른 사람의 스승이 되기에 부족할 것'이라고 한 오규 소라이의 생각은 일정 부분 랑시에르의 주장과 맥이 닿아 있어 보인다.

스승님께서 말씀하셨다. "군자는 그릇으로 한정 지을 수 없다."

子曰, 君子不器.

---

❦

군자가 추구하는 것은 도道이지 그릇이 아니다. 사람이 먹는 것이 밥이지 그릇이 아니듯이. 그런데 그릇에는 각각의 용도가 있다. 지식인의 병폐는 그러한 작은 기능들에 빠져있다는 것이다. 그들은 그릇을 추구했기 때문에 자기 스스로 그릇이 되어 버린 것이다.

❦

내가 보기에, 이 구절은 상당히 논란이 된 바 있다. 두 가지를 말하고 싶다. 첫째, 이 구절은 막스 베버의 언급으로 유명해졌다. 베버가 생각하기에 동양에서 자본주의가 발달하지 못한 이유는 바로 이 말 때문이다. 사농공상의 위계에 따라 상인이나 공업인 등 전문가를 인정하지 않기 때문에 동양에서 자본주의가 성장, 발전할 수 없었다는 것이다. 수긍할 수 있는 주장이다. 그런데 일부 학자, 정확히는 미국 주요 대학에서 유교를 연구하는 중국 출신 학자들인 뚜웨이밍杜維明, 머우쭝산牟宗三 등 이른바 '현대 신유가'의 한국 제자들은 막스 베버의 이 주장을 비판한다. 오히려 일본, 한국, 대만, 싱가폴 등 이른바 사룡四龍이 서구보다 자본주의를 훨씬 더 안정적으로 발전시키고 있는 현실을 보라는 것이다. 그들에 따르면, 거기에는 유교적 질서와 덕목이 작동하고 있다는 것이다. 유교적이라 했지만, 구체적으로 말하면 충효와 같은 상하 관계의 수직적 도덕이다. 그래서 그들은 회사와 공장 내에서 유교의 가족을 발견해 낸다. '사용자는 어버이, 고용자는 자식'이라는 '끈끈한 정'이 이들 나라의 성장 동력이 되었다는 것이다. 그래서 그들이 최종적으로 완성시킨 것이 바로 '유교자본주의'다. 이 한심한 조어造語는 오히려 귀엽기까지 하다. 그런데 그 귀여운 것이 크게 사단을 일으킨 적이 있었다. '대우가족'! 얼마나 멋진 말인가! 그러나 실상은 어땠는가? '대우사태'에서 보듯이, 겉으로는 가족을 주장하면서, 뒤로는 그 가족을 개 패 듯 짓밟지 않았던가. 노조를 인정치 않고 노동자들이 죽어 나가는 삼성의 'think family'도 결코 다르지 않다. 유교를 팔아먹는, 철없는 혹은 비루한 학자들이 자본의 나팔수로 활동하는 모습은 대개 이렇다.

둘째, 군자는 일정하게 제한된 그릇에 담아둘 수 없다는 이 말은, 역으로 자기 분과 전공에 빠져 그밖의 일에 대해서는 전혀 문외한인 이른바 '앙상한 전문가'들에 대한 비판으로도 읽을 수 있다. 리링은 그런 편협하고 앙상한 전문가 지식인 집단을 '장애인협회'라고 부른다. '지성인은 아마추어가 되어야 한다'고 주장한, 오리엔탈리즘의 에드워드 사이드, '교양이 모든 것의 출발'이라 역설한 재일진보학자 서경식의 발언과 같은 맥락의 말이다. 특히 '현대인에게 요구되는 교양이란 한 마디로 타자에 대한 상상력'이라는 서선생의 지적은, 일용할 삶과 현실 세계의 동향에 둔감한 여러 분야의 전문가들에게는 정문일침이 될 것이다.

나는 막스 베버의 견해에 동의하지 않는다. 내가 생각하는 현대적 군자의 상은 교양인이기 때문이다. 전문이라는 허울로 찢어지고 편협해진 세상을 온전하게 기어 내는 것이 배운 사람의 사명이라고 믿기 때문이다. 편협한 전문가들이 세상을 얼마나 망가뜨리고 있는지를 잘 보아왔기 때문이다. 그렇다고 막스 베버를 비판한 '유교자본주의'에 동의할 수 없는 것은 물론이다.

자공이 군자에 대하여 묻자, 스승님께서는 이렇게 대답하셨다. "말하려는 것을 먼저 실천하고, 그 다음에 말이 행동을 따르도록 해라."

子貢問君子, 子曰, 先行其言而後從之.

✿

말과 행동의 관계, 곧 먼저 실천한 다음에 말하고 또 계속 실천해 갈 수 있어야 한다고 말한 것이다.

✿

내가 보기에, 이 말은 말이 앞서는 자공에 대한 경계인 것 같다. 말을 삼가고 행동과 일치시켜야 한다는 가르침은 오직 군자에게만 필요한 덕목은 아닐 터이다. 언행일치를 실천한다면 그는 이미 범부가 아니겠지만, 범부 역시 가능한 한 양자를 일치시키려고 노력해야 그 이하로 떨어지지 않을 것이다.

✿

황간黃侃은 이 구절을 "군자의 말은 반드시 다른 사람에게 법도가 되므로, 무릇 군자의 말이 있으면 모두 후세 사람들에게 좇아서 이것을 본받도록 한 것이다"라고 풀이했는데, 다산은 한마디로 "아니다"라고 단언했다. 나는 황간의 해석도 흥미로워 보이는데, 다산은 그 해석이 틀렸다는 근거를 제시할 필요조차 없다고 생각한 모양이다.

스승님께서 말씀하셨다. "군자는 원만하지만 편협하지 않고, 소인은 편협하지만 원만하지 못하다."

子曰, 君子周而不比, 小人比而不周.

🌿

비比는 손에 손을 꼭 잡는 것이다. 북경 사람들은 말하기를 좋아하고 호방한데, 때로는 무섭다. 그들은, 우리 사이에 네 것, 내 것 가릴 게 뭐 있느냐고 말하는데, 그 호방함은 갑자기 당신의 지갑 속까지 파고들 것이다. 중국에서 사람을 아주 질리게 하는 문제는 바로 손에 손을 꼭 잡는 것이다. 비는 붕당이고 작은 집단이며 작은 종파이다. 작은 집단뿐 아니라 큰 집단에도 나는 참가하지 않는다. 사람은 독립적이어야만 비로소 자유가 있다. 그러나 독립과 고립은 떼려야 뗄 수가 없다. 주周는 원만하다는 의미로, 합심하여 고난을 극복하는 것이다.

🌿

내가 보기에, 이 구절은 『논어』의 "군자는 두루 사귀지만 따로 집단을 만들지 않고, 소인은 무리를 만들지만 그 안에서 마음을 합하지 않는다君子, 和而不同 小人, 同而不和"라는 구절과 연결지어 생각해 볼 수 있다. 말하자면 군자는 편을 가르지 않고, 무리에 섞이되 파벌을 만들지 않으며, 소인은 편을 갈라 파벌을 만들어서 서로 헐뜯는다는 것이다. 소인배의 파벌 작란作亂으로 얼마나 넌더리나는 병폐들이 생겨났는지에 대해서는 필설로 다하기 어럽다. 아, 너절하고도 누추하다!

✼

　　송 나라 구양수歐陽脩, 1007~1072의 「붕당론朋黨論」 앞부분을 음미해 본다.
"신이 들으니, 붕당朋黨이라는 말은 예로부터 있었으니, 오직 인군이 군자君子
와 소인小人을 분별할 따름입니다. 무릇 큰 군자는 군자와 더불어 도를 닦아
무리朋가 되고, 소인은 소인끼리 이익을 함께 하여 무리가 되니 이는 자연의
이치입니다. 그러나 신이 생각건대, 소인은 붕이 없고, 오직 군자만이 있다
고 여기오니, 그 연고는 어째서인가요? 소인은 좋아하는 것이 이利와 록祿이
요, 탐내는 것은 재화財貨입니다. 이익을 함께 할 때는 잠시 서로 당을 만들어
끌어들여서 붕당을 하지만, 이는 거짓입니다. 이익을 보면 앞을 다투고, 혹
이익이 다하면 교분이 소원해져서, 심한 사는 도리어 서로 해쳐 비록 형제간
과 친척이라도 서로 보전하지 못합니다. 그래서 신이 '소인은 붕이 없으니,
잠시 붕을 하는 것은 거짓이다'라고 한 것입니다. 군자는 그렇지 않아서 지
키는 바가 도의요, 행하는 바가 충신忠信이며, 아끼는 것이 명절名節입니다.
이로써 몸을 닦으면 도를 함께 하여 서로 유익하고, 이로써 나라를 섬기면
마음을 함께하여 서로 이루어 끝과 시작이 한결 같으니, 이것이 바로 군자의
붕입니다. 그러므로 인군이 된 자 마땅히 소인의 '거짓 붕'을 물리치고, 군자
의 '참된 붕'을 쓴다면 천하가 다스려질 것입니다."

스승님께서 말씀하셨다. "배우기만 하고 스스로 생각하지 않으면 앞이 깜깜하고, 자기 생각만 하고 배우지 않으면 위태위태하다."

子曰, 學而不思則罔, 思而不學則殆.

꽃

이것은 배움과 생각의 관계를 말한 것이다. 배움은 밥을 먹는 것과 같고, 생각은 소화하는 것과 같다. 둘 중 어느 하나만 없어도 안 된다. 배우기만 하고 생각하지 않으면 고작 알지 못하는 데서 그치지만, 생각만 하고 배우지 않은 것은 머리가 헛돌고 스스로를 자신 속에 가둬두는 것인데, 이것은 대단히 멍청한 짓이다.

꽃

내가 보기에, 이 구절은 특히 학생들이 깊이 생각해야 할 것이다. 나는 교실에서 이 구절을 설명하기에 앞서, 예전에 유물론 공부의 출발선상에서 물질과 정신의 선차성先次性 운운하던 것을 떠올리면서 학생들에게 "생각이 먼저냐 배움이 먼저냐"라고 묻는다. 들려오는 답변은 당연히 '생각'이다. 요즘 유행한다는 '즉문즉설'이다. 이때 나는 탈무드의 이야기, 「난장이가 쏘아올린 작은 공」에서 수학 선생의 말로 더 잘 알려진 그 이야기를 꺼낸다. "두 아이가 굴뚝에 들어갔다. 한 아이는 얼굴이 깨끗하게 나오고, 한 아이는 얼굴이 지저분하게 나왔다. 누가 세수를 하겠는가?" 역시 즉각 들려오는 답변은 '얼굴이 깨끗한 아이'다. 얼굴이 깨끗한 아이가 더러운 아이를 쳐다

보고는 '나도 저렇게 더러운가 보다' 생각해서 세수를 하지 않았겠느냐는 것이다. 머리를 잘 굴리기는 했지만, 그러나 그런 일은 현실에서 발생하지 않는다. 이미 사용한 굴뚝이라면, 둘 다 지저분한 얼굴로 나와야 맞다. 남보다 먼저 대답해서 맞으면 좋고, 틀리면 그냥 히죽 웃어주면 그만이다. 교육은 아마, 그럴 듯한 말을 좀 뒤집어 의심해 보고, 즉답하는 것을 좀 말려 보며, 그래서 문제 설정 자체를 다시 생각해 보도록 권유하는 과정일지 모른다.

이 구절에서 유명한 학이사學而思라는 말이 나왔다. 배우면서 생각하고, 생각하면서 배운다는 말이다. 다산의 말처럼 "배움과 생각 두 가지가 어느 한 쪽에 치우치거나 한 쪽을 그만두어서는 안 된다." 양자는 상생相生의 관계에 있는 것이다. 나는 학교에서 쓰는 교재 『사고와 표현』의 표지를 신영복 선생의 이 구절 글씨로 꾸몄다. 신영복 선생은 이 구절을 "실천이 없는 이론은 어둡고, 이론이 없는 실천은 위태롭다"라고 멋지게 풀었다. 이론이나 생각을 행동으로 옮기거나 실행하는, 곧 '생각하는 행위'인 프락시스praxis를 연상시킨다.

스승님께서 말씀하셨다. "작은 도를 공격하는 것은 해로울 뿐이다."

子曰, 攻乎異端, 斯害也已.

❧

짧은 이 구절을 두고 논쟁이 많았다. 몇 가지를 간단히 정리하면 이렇
다. A는 공攻을 연구하다로, B는 공격하다로, C는 이른를 그치다로 봐서 이
단을 공격하면 해가 그치게 할 수 있다로, D는『논어』에서 공은 모두 공격
한다는 의미고, 이단은 군자가 행하지 않는 작은 도小道일 뿐 이단과는 무관
하다고 했다.

❧

내가 보기에, 이 구절, 특히 공攻에 대한 다양한 해석이 나름 타당한 근
거가 있기에 무엇이 옳다고 단언하기는 어려울 것 같다. 다산도 단언하지
않고 "주희가『논어집주』에서 공을 풀이하여 오로지 다스린다專治로 하고
서는, (왕상서에게 보낸) 편지글에서는 공을 공격으로 하였으니, 두 설이 다
르다"라고만 했다. 참고로 주희가 왕성서에게 보낸 해당 편지글은 다음과
같다. "군자는 경전의 글로 돌아갈 뿐이니, 경전의 글이 바른 위치에 있으면
사특한 것이 없을 것이다. 지금 사설邪說의 해를 미워해서 이것을 바르게 하
려고 공격하면 이는 스스로를 패배케 하는 것일 뿐이다."

이단은 제자백가를 두고 한 말이라는 견해가 있다. 그러나 "공자의 시대에는 노장과 양묵楊墨이 문호를 수립하지 못했으니, 공자가 지적한 것은 그것을 두고 한 것이 아니다. 만일 이단이 지금의 이단이라고 한다면 그것을 다루는 자는 난적亂賊이 될 것이니, (여기서처럼) 해로울 뿐이라고 말할 수 없다"라고 한 다산의 이해가 옳다. 리링이 이단이라고 하지 않고 소도라고 풀이한 이유일 것이다.

해로울 뿐이라고 한 것은 다산의 말대로 "가볍게 말하고 가볍게 금지한 것이지, 큰 소리와 성난 말로 이것을 금지한 것은 아니다." 그러나 소도이든 이단이든 공자의 제자들은 그것에 상당히 신경을 많이 썼던 모양이다. 당시 치열한 논쟁이 있었음을 짐작해 볼 수 있겠는데, 이에 대해 공자는 '크게 신경 쓰지 말라, 신경 쓰는 것 자체가 해로운 일이다'라고 타이른 것으로 보인다.

우리 시대 사설邪說이라고 할 만한 주장들이 난무하고 있다. 이런 것들이 이론적, 현실적 근거를 갖출 리는 없지만, 개중 그럴 듯한 논리를 가지고 우민愚民을 현혹하는 것들을 제외하고는 심각하게 대응해 줄 필요는 없다. 그따위 것들을 토론의 상대로 인정하게 되면, 논의가 생각지 못하게 엉뚱한 방향으로 흘러갈 것이다.

스승님께서 말씀하셨다. "유야, 너에게 안다는 것이 무엇인지 가르쳐줄까? 아는 것을 안다고 말하고, 모르는 것을 모른다고 말하는 것, 그것이 아는 것이다."

> 子曰, 由, 誨女知之乎, 知之爲知之, 不知爲不知, 是知也.

❀

유由는 공문 1기 제자로 대사형大師兄인 자로子路의 이름이다. 자로의 장점은 솔직함이었고, 단점은 경솔함이었다. 이 구절은 자로가 경솔하게 말실수를 하자 공자가 꾸짖은 것으로 보인다. 학문의 어려움은 우리가 무엇을 알고, 모르는지 분명히 구별하지 못하고, 모르고 있다는 사실을 알지 못한다는 데 있다. 스승이 알려줘야 할 가장 중요한 점은 앎과 모름의 경계선이 어디에 있는가이다. '아름다움은 돌 속에 있고, 불필요한 부분을 깎아내버려야 그것이 나타난다.' 그러나 우리는 흔히 무엇이 불필요한 부분인지 알 방법이 없다.

❀

내가 보기에, 이 구절은 내가 『논어』를 처음 보았을 때 가장 충격적으로 다가온 부분이다. '내가 뭘 알고, 또 뭘 모르지?', '내가 안다고 하는 내용은 정말 내가 잘 알고 있는지?', '잘 모르겠다고들 하지만 사실은 대부분 잘 알고 있는 것이 아닌지?', '잘 알면서도 잘 모른다고 하는 사람들은 겸손하기 때문인지?', '잘 알면서도 모른다고 하는 건 오히려 교만이 아닌지?', '잘 안다고 떠드는 이들이 꽤 되는데, 사실은 제대로 아는 게 별로 없는 것은 아닌지?' …… 등등 버스를 타고 집으로 오는 내내 생각에 잠긴 적이 있었다. 이른바 '개똥철학'이 시작될 무렵이었다.

※

지금도 나는 교실에서 이 구절을 반드시 거론한다. 그것이 공부의 출발점을 마련해 준다고 생각하기 때문이다. 내가 무엇을 알고, 무엇을 모르는지, 정확히 아는 지점에서 공부가 시작되는 것이다. 선생이나 학생이나 똑똑하다고 자부하는 이들은 대부분 팔방미인八方美人이다. 공자는 어느 것 하나 제대로 알고 있는 것이 없는 팔방미인을 꾸짖었다. 팔방미인들은 앎과 모름의 구분에 대해 상당히 여유롭다. 자기애自己愛가 지나쳐서일 것이다. 경계하고 또 경계할 일이다.

※

이 구절을 다시 만난 건 옛소설, 『흥부전』을 읽으면서였다. 봄이 되어 강남 갔던 제비가 돌아와 온 동네를 휘젓고 다니면서 우는 소리를 "지지위지지, 부지위부지, 시지야"라고 표현했던 것이다. 빨리 읽어보면 제비가 "지지배배 지지배배" 하고 우는 것과 대충 비슷하게 들린다. 저 윗분들이 뭔가를 소리 내어 읽는데, 아랫것들의 귀에게는 꼭 제비새끼가 지저귀는 것처럼 들렸던 모양이다.

※

공자의 이 말은 물론 일종의 말장난 혹은 언어유희인 펀pun이 아니다.

김삿갓의 다음 시가 대표적인 편이다.


是是非非非是是 / 옳은 것 옳다 하고 그른 것 그르다 함이 꼭 옳지는 않고

是非非是非非是 / 그른 것 옳다 하고 옳은 것 그르다 해도 옳지 않은 것 아닐세

是非非是是非非 / 그른 것 옳다 하고 옳은 것 그르다 함, 이것이 그른 것은 아니고

是是非非是是非 / 옳은 것 옳다 하고 그른 것 그르다 함, 이것이 시비일세

자장이 관직을 구하는 방법을 배우려 하자, 스승님께서 이렇게 말씀하셨다. "많이 듣되 의심스러운 점은 남겨두며, 그 나머지 부분을 신중하게 말하면 허물이 적어질 것이다. 많이 보되 이해하기 어려운 부분은 남겨두고, 그 나머지 부분을 신중하게 실행하면 후회하는 일이 줄어들 것이다. 말에 허물이 적고 행동에 후회가 적으면, 그 속에 벼슬이 들어있다."

子張學干祿, 子曰, 多聞闕疑, 愼言其餘, 則寡尤. 多見闕殆, 愼行其餘, 則寡悔. 言寡尤, 行寡悔, 祿在其中矣.

자장子張은 전손사의 자字로 공문 3기의 제자다. 공문십철孔門十哲에는 없지만, 공자의 네 벗四友 중 하나이며, "내가 전손사를 얻고 나서부터 앞에도 빛이 있고 뒤에도 빛이 있었다"라고 하면서 공자는 안회, 중유, 단목사와 병칭해 대우했다. 자장의 성격은 외향적이어서 사람됨이 호쾌하여 '작은 자로子路'라 했다. 이런 성격은 관직에는 어울리지 않는다. 이 구절은 공자가 자장에게 경솔하게 행동하지 말라고 한 것이다.

이 구절은 앞에서 본 "아는 것을 안다고 말하고, 모르는 것을 모른다고 말하는 것, 그것이 아는 것이다知之爲知之, 不知爲不知, 是知也"라는 말과 통한다. 공자는 자로를 꾸짖으면서 "군자는 자기가 모르는 것에 대해서는 대개 의문으로 남겨두는 법이다"라고 하였다. 청대淸代의 학술에서 "모르는 것은 남겨두는 것闕疑"이라고 했다. 동기의 진위를 가릴 때 긴가민가해서 잠깐 동안 분명한 판단이 서지 않을 때 보류해 두는 것이 좋다는 말이다.

❧

내가 보기에, 이 구절 역시 학인에게는 보배로운 말이다. 잘 모르는 것은 섣불리 단정하지 말고 일단 남겨두고 궁구해 보려고 해야 맹목盲目이 되지 않는다. 이른바 '즉답'은 여러 면에서 위험하다. 내 경험에 따르면, 늘 단정해서 말하기를 좋아하는 사람들에게는 반드시 문제가 있었다. 그것이 실력과 내공의 결과로 비추어질지 모르지만, 대개의 경우 독선이나 관념으로 흐를 가능성이 많다. 나는 잘 모르는 분야이지만, 고고학에서는 발견된 유적을 충분히 처리할 수 없다고 판단되면, 일단 다시 덮고 후일을 도모한다고 한다. 본받을 만한 일이다. 말 같지 않은 말을 그만 하려고 철학자의 길을 버리고 정원사와 노동자로 수년을 보낸 비트겐쉬타인이 "말할 수 없는 것에 대해서는 침묵해야 한다"라고 한 말이 떠오른다.

❧

말과 행동에 허물이 없다는 것은 좋은 일이기는 하지만, 그리고 후회란 "인생이라는 그릇에 가라앉은 찌꺼기"『악마의 사전』에 불과한 것이겠지만, 인생의 추억은 그 허물과 후회에서 만들어지는지 모른다.

애공이 물었다. "어떻게 하면 백성들이 복종하겠소?" 공자께서 말씀하셨다. "바른 사람을 뽑아서 비뚤어진 사람 자리에 앉히면 백성들이 복종하겠지만, 비뚤어진 사람을 뽑아 바른 사람의 자리에 앉히면 백성들은 복종하지 않을 것입니다."

哀公問曰, 何爲則民服. 孔子對曰, 擧直錯諸枉, 則民服. 擧枉錯諸直, 則民不服.

사람을 쓰는 방법을 설명한 것으로 좋은 사람을 나쁜 사람 아래 두어서는 안 된다는 것이다.

내가 보기에, 지배자가 "어떻게 하면 백성들이 복종하겠소"라고 묻는 것은 고대나 중세의 정치체제를 전제한 것이다. 그런데 아직도 백성을 복종의 대상으로 여기는 지배자들이 많다. 백성을 복종시키려고 지배자들은 그들을 두렵게 하고 가난하게 만든다. 그러나 허균이 「호민론」에서 역설했듯이 "천하에서 가장 두려워할 존재는 오직 백성뿐이다." 그것을 모르고 백성을 복종시키려 들면, 세상은 마침내 뒤집힌다.

"인사가 만사이다"라는 말은 타당해 보인다. 그러나 그 인사권자 자체가 문제가 있는 사람이라면, 그럴 리 없겠지만, 아무리 인사를 잘해도 만사는 헛일이 된다. 최근 우리가 당장 목도하고 고통을 당하고 있는 일이다. 유소劉邵가 『인물지人物志』에서 말하듯이, 인사권자가 식견이 없어 (인재가) 발탁되지 못하고 있는 요즘이다. 어떤 일을 맡기기에 알맞은 재능을 가진 사람을 알맞은 자리에 쓴다는 적재적소適材適所도 세상이 제대로 돌아갈 때나 할 수 있는 말이다. 지금은 "곧은 사람을 기용하여 굽은 사람 위에 갖다 두면, 굽은 사람으로 하여금 능히 곧게 할 수 있"「논어」「안연」는 세상이 아니다. 다 같이 망가지는 시절이다. 옛날보다 한참 퇴보했다.

계강자가 물었다. "백성이 공경하고, 충성하고, 서로 권하도록 하려면 어떻게 해야 합니까?" 스승님께서 대답하셨다. "그들을 대할 때 엄숙하게 하면 백성이 공경하고, 효성과 자애로 대하면 백성이 충성할 것이며, 착한 사람을 발탁하여 그렇지 못한 사람을 가르치도록 하면 백성이 서로 권면할 것입니다."

季康子問, 使民敬忠以勸, 如之何. 子曰, 臨之以莊則敬. 孝慈則忠, 擧善而敎不能則勸.

---

장莊은 윗사람으로서의 풍채와 용모라는 말로 반드시 매우 엄숙하고 단정하며 굳건해야 한다는 뜻이다.

내가 보기에, 충성은 민주주의 정치체제에서는 결코 용인될 수 없는 개념이다. "대한민국은 민주공화국이다. 대한민국의 모든 권력은 국민으로부터 나온다"라는 헌법정신에 정면으로 위배된다. 국민에게 충성을 요구하는 자들은 그러므로 대한민국헌법을 짓밟는 자들이다.

다산은 다자이 준太宰純을 인용하여, "선善은 불능不能과 대가 되는 말이니, 선은 능하다는 뜻과 같다"라는 "오규 소라이의 설은 병폐가 없다"라고 하였다. '착한 정치인'을 운위하는 것은, 마치 선군善君을 바라는 것처럼 봉건적 잔재이거나, '선한 자본가'처럼 형용모순일 것이다. 지금 강력한 집단을 형성하고 있는 이른바 'ㅇ빠' 현상에 그러한 정서의 흐름이 없지 않다. 깊이 성찰해 볼 일이다.

어떤 사람이 공자께 물었다. "선생님께서는 왜 정치를 하지 않으십니까?" 스승님께서는 이렇게 대답하셨다. "『서경』에서 '효는 부모에게 효순하고, 형제와 우애롭게 지내며, 그것을 정치에 펼치는 것이다'라고 했으니, 효순과 우애 역시 정치나 다름없다. 어찌 꼭 벼슬을 해야만 정치를하는 것이겠느냐?"

> 或謂孔子曰, 子奚不爲政. 子曰, 書云, 孝乎惟孝, 友于兄弟, 施於有政. 是亦爲政, 奚其爲爲政.

앞에서도 말했듯이, 혈육의 정을 확대하는 것이 정치를 하는 것이라는 말이다.

내가 보기에, 정치의 근간이 효에 있다는 주장은, 그 수직적 윤리 관념의 확립과 준수가 체제 유지의 관건인 봉건주의 정치체제에서나 가능한 것이다. 이러한 관념을 현대 사회에 가감 없이 적용하는 것은 곤란하다. 여러 매개항이나 연결고리가 반드시 전제되어야 마땅한데, 딱하게도 효를 무슨 전가傳家의 보도寶刀처럼 '착취'해서 일용할 양식을 구걸하는 강단의 자칭 학인들과 장사꾼 집단들이 도처에 널려 있다. 대개 돈에 눈먼 자들이다. 그 악취를 고전古典으로 감춘다.

스승님께서 말씀하셨다. "사람으로서 믿음이 없으면 그래도 괜찮을지 모르겠구나. 큰 수레와 작은 수레에 예와 월이라는 끌채가 없다면, 그런 수레가 어떻게 움직이겠느냐?"

子曰, 人而無信, 不知其可也. 大車無輗, 小車無軏, 其何以行之哉.

❀

사람이 자기가 한 말을 지키지 않는다면, 그것은 마치 수레에 예輗와 월軏 같은 끌채가 없어서 수레가 움직일 수 없는 것과 같다.

❀

내가 보기에, 다산의 설명이 적실하다. "수레와 소는 본시 두 물체로서, 그 물체는 각각 별개의 것으로 서로 연결되어 있지 않다. 오직 예와 월로써 단단하게 묶어서 연결시킨 뒤에라야 수레와 소가 일체가 되어 소가 가면 수레도 가게 되니, 이 점을 신信에 비유한 것이다. 나 자신과 남은 본래 두 사람이니, 신으로써 이를 단단히 묶지 않으면 또한 아무것도 행할 수 없다."

❀

아시다시피 신信은 사람人과 말言이 합쳐진 글자이다. 사람은 믿을 수 있는 말을 해야 하고, 믿음을 가지고 남의 말을 들어야 한다고, 그렇지 않으면 인간으로 서거나 살 수 없다는 믿음에서 만들어진 말이다.

리링이 "그래도 괜찮을지 모르겠구나"라고 풀이한 부지기가야不知其可也에서 가可는 가능성으로 읽어도 좋을 듯하다. 이렇게 보면 '그 사람에게 가능성이 있는지 모르겠다'는 뜻이 된다. 신영복 선생은 "가르친다는 것은 다만 희망에 대하여 이야기하는 것이다"라고 하였다. 이 견해에 따르면, 어떤 이에게 가능성이 없다는 말은 그와 함께 희망을 이야기할 수 없다는 뜻이 된다. 인간관계에서 포기만큼 가혹한 일도 없을 것이다.

자장이 물었다. "열 세대 이후의 일을 알 수 있을까요?" 스승님께서 대답하셨다. "은 나라는 하 나라의 예식를 따랐는데, 그로부터 뺀 것과 더한 것이 있음을 알 수 있다. 주 나라는 은 나라의 예식을 따랐는데, 그로부터 뺀 것과 더한 것이 있음을 알 수 있다. 그러니 어떤 나라가 주 나라를 계승한다면, 비록 백 세대 이후의 일이라 할지라도 잘 알 수 있을 것이다."

子張問, 十世可知也. 子曰, 殷因於夏禮, 所損益可知也. 周因於殷禮. 所損益可知也. 其或繼周者, 雖百世, 可知也.

공자의 역사관은 두 가지 특징이 있다. 첫째, 그는 춘추 말기, 즉 주도周道가 쇠락해 가는 시기에 태어났는데, 그의 역사 관찰의 범위는 주로 이 시기로부터 거리가 비교적 가까운 하·상·주夏·商·周 삼대였다. 그가 볼 때 당우唐虞, 곧 요순堯舜이 가장 이상적이었다. 그러나 멀어서 배우고 싶어도 배울 수 없었다. 둘째, 삼대 가운데서 그는 주 나라를 가장 중시했다. 주 나라는 변증법 논리의 삼 단계 가운데 진테제synthese, 合처럼 보다 가까운 목표였다. 옛날엔 역사를 연구할 때 주로 인과因果라는 쇠사슬에 의존했다. 지난 것은 원인이고 오는 것은 결과였기 때문에, 지난 것을 보고 앞으로 올 것을 알았다. 점을 치고 도박을 하는 것은 귀납적 승률에 의존하는 것인데, 역시 유사한 방법을 쓴다. 공자가 역사를 볼 때는 주로 삼대의 손익을 보았다. 즉 나중의 예는 앞의 예에서 무엇을 더하고 뺐는지, 늘이거나 줄인 것을 제외하고 남는 것이 영원히 변하지 않는 것이다. 그는 이렇듯 더하고 빼는 방법에 따라 미래를 예측했다.

✣

과거에는 모두 상 나라와 주 나라가 무척 크게 다르다고 생각했지만, 오히려 계승성이 있다는 점을 나중에 발견했다. 공자는, 역사의 가감법만 파악하고 있으면 연속 가운데서 차이를 공제하여 장기적인 예측도 가능하다고 생각했다.

✣

내가 보기에, 주 나라를 전범으로 삼는 것은 전형적인 복고주의다. 과거에 이미 훌륭한 모범이 세워져 있으니 그것을 좇아가면 된다는 생각, 그리고 과거는 완벽했는데 지금은 파탄 나고 있다는 관념은 회고주의다. 그렇다고 그것이 반드시 퇴행적인 것은 아니다. 하나의 종교나 사상이 역사적으로 전개되어 오다가 더 이상 현실 적응력을 확보하지 못할 때, 대개는 사멸하거나 나름 갱생해 내려고 노력한다. 그 갱생의 노력 중 하나가 그 출발로 되돌아 가보는 것이다. 무엇이 어떻게 잘못되어 이 지경이 되어버렸는가를 처음 시작한 바로 그 지점으로 되돌아가서 그동안 걸어온 길을 되짚어보는 노력을 하는 것이다.

✣

역사의 장기적인 예측이란 동일한 체제의 지속을 전제로 할 때 가능한 것인지 모른다. 예측은 발전을 전제로 한 것일 터인데, 발전은 예측 불가능한 지점에서 예기치 않게 이루어질 수 있다. 토마스 쿤이 『과학혁명의 구조』에서 말한 패러다임의 변화처럼 혁명은 기존 체제의 지속을 끊고 새로운 기준을 생성하는 날카로운 단층斷層이다.

스승님께서 말씀하셨다. "자기네 조상귀신이 아닌데도 제사지내는 것은 아첨하는 짓이다. 마땅히 해야 할 것을 보고서도 하지 않는 것은 용기가 없는 것이다."

子曰, 非其鬼而祭之, 諂也. 見義不爲, 無勇也.

---

고대의 제사는 본래 모두가 자기가 신봉하는 신명과 조상에게 제사를 지냈다. 그들은, 귀신은 제사에 올리는 음식을 입으로 먹는 것이 아니라 코로 냄새를 맡는다고 여겼다. 만약 자기 조상이 아니면 그 조상은 제사를 받아들이지 않고, 냄새조차 맡을 수 없다. 그런데 여러 나라가 통합되면서 서로 다른 족성의 조상을 한꺼번에 제사지내는 상황이 초래되었다. 공자는 그런 것을 꼴사납게 보면서, 그런 것에 익숙하지 않았기 때문에 그것은 아첨하는 것이라 생각했다. 예를 들어 청 나라 마지막 황제 푸이가 가짜 만주국 황제로 있을 때, 일본의 천조대신을 참배했고, 중국인을 죽인 일본 군인을 위해 제사를 지낸 따위다.

---

마땅히 해야 할 일을 하는 것은 용기 있는 것이고, 하지 말아야 할 것을 하는 것은 대담한 것이며, 목숨마저 돌보지 않는 것은 용기 있는 것이라고 할 수 없다. 그와 반대로 용감하게 나서야 하는데도 용감하게 나서지 않는 것 역시 옳지 못하다. 공자는 그런 것은 용기 없는 태도라고 생각했다. 그는

당시가 너무 말도 안 되는 엉터리인데도 어쩌면 그렇게 아무도 나서지 않는지, 사람이 모두 죽어 없어져 버린 것은 아닐까 하고 의아하게 생각했다.

✺

내가 보기에, 이 구절은 제사와 관련한 의례를 설명한 것 같은데, 정확히 이해하기 어렵기에 논의하지 않는다. 다만 "국립 모역이 여덟 군데나 흩어져 있다든지, 국립묘지에 묻혀서는 안 될 사람들이 묻힌다든지 하는 것을 보면, 제사를 둘러싼 권력투쟁은 현재 진행형이란 생각이 든다"라고 한 부산의 한의사 이창기 선생의 전언만 옮겨둔다.

✺

"마땅히 해야 할 것을 보고서도 하지 않는 것은 용기가 없는 것이다." 지식인이라면 자신이 마땅히 해야 할 일이 무엇인지에 대해서 대개 알고는 있을 것이다. 문제는 그것을 행동으로 옮기느냐 아니냐이다. 인식과 실천을 결합하려고 애쓰는 것이 참된 지식인의 존재의의일 것이다. 맑스는 『루이 보나빠르뜨의 브뤼메르 18일』에서 소시민, 곧 프티부르주아를 희망과 공포 사이에서 머뭇거리는 존재라고 규정한 바 있다. 그들은 일이 잘 되어 갈 때는 희망에 들떠서 다가올 미래를 가슴 벅차게 설계하지만, 상황이 여의치 않게 돌아가면 그것이 몰고 올 공포를 두려워하면서 이른바 정세분석에 들어간다. 그런데 지식인의 대부분은 계급적으로 프티부르주아에 가까울 터이니, 그런 사람들에게 인식과 실천의 결합을 요구하는 것은 애당초 무리일지 모른다. "(어려운 상황이 되면) 민주파 인사들은 패배에 직면해 자신은 아무런 오점도 없이 결백한 것처럼 그렇게 가장 불명예스러

114

운 상황과 국면에서 슬쩍 빠져 나오"(위의 책)는 것이 그들의 기본 속성인 것이다.

# 3

—

# 탈일
八佾

공자께서 계씨에 대하여 말씀하셨다. "팔일무를 자기 집 뜰에서 추게 했는데, 감히 그런 일을 할 수 있다면, 그 어떤 일인들 하지 못하겠는가?"

孔子謂季氏, 八佾舞於庭, 是可忍也, 孰不可忍也.

계씨가 누구인지에 대해서는 여러 추정이 있는데, 『좌전左傳』을 보면 계평자일 가능성이 크다. 팔일무의 일佾이 8명이 음악에 맞춰 추는 춤이니, 팔일은 64명이 추는 집단 댄스다. 그런데 이 팔일무는 천자 앞에서만 출 수 있었고, 제후는 육일무, 대부는 사일무, 사士는 이일무만 가능했다. 본문에서 팔일은 노 나라 임금이 외람되게 쓴僭用 것일까, 계평자가 참용한 것일까 하는 논란이 있으나, 대개는 계씨가 그랬을 것으로 생각한다. 노 나라 임금이 팔일을 썼더라도 이미 참람 된 짓인데, 만일 계씨가 썼다면 더욱 참월한 것이다.

내가 보기에, "감히 그런 일을 할 수 있다면, 그 어떤 일인들 하지 못하겠는가"라는 리링의 해석에는 달리 볼 여지가 있다. 오규 소라이처럼 "(노 나라 임금 소공이) 이것을 참을 수 있다면 무엇을 참지 못할까?"라고 이해할 수 있는 것이다. 오규 소라이의 해석은 이렇다. "이 장의 뜻은 소공昭公을 위하여 말한 것이다. 소공이 작은 일을 참지 못하여 화를 불렀기 때문에 그렇게 말했을 뿐이다. 계씨가 참람한 것은 일세뿐만이 아니었고, 그 전의 노 나라 임금도 참았던 바이니, 그것은 참을 수 있다. 크게 참람한 것을 참을 수 있다면, 참지 못할 일이 없다. 노 나라 임금이 이것으로 마음을 삼는다면, 계씨의 참람함을 바르게 할 수 있고 노 나라를 다스릴 수 있다는 뜻이다." 소공이 실권자인 계씨를 섣불리 제거하려다가 실패한바, 사태를 조금 더 냉정하게 대처했다면 그런 불행한 일은 일어나지 않았을 것 아니겠는가 하는 말이다.

※

좀 엉뚱한 이야기가 되겠지만, 같은 구절을 이렇게 달리 해석할 수 있는 것이 고전이다. 「초정집서楚亭集序」에서 연암 박지원이 역설한 바를 되새겨 본다. "하늘과 땅이 아무리 오래되었다 하더라도 끊임없이 만물을 새로이 생성해 가고, 달과 해가 아무리 오래되었다 하더라도 그 빛은 날마다 새로운 것이요, 마찬가지로 문헌이 아무리 방대하다고 하더라도 그 내용은 각기 다른 것이다. …… 그리고 예법을 운용함에도 의견의 대립이 있고, 음악을 논함에도 견해의 차이가 있다. 책이라고 해서 할 말이 다 쓰여 있는 것은 아니며, 그림이라고 해서 뜻을 다 표현하는 것은 아니다. 그래서 인자仁者는 보고 인仁이라 하고, 지자智者는 보고 지智라 하게 되는 것이다."

※

어처구니없는 시절이다. 예전에는 그저 예외적인 경우에나 썼을 '이것을 할 사람이면 무엇을 못하겠는가'라는 한탄이 일상적으로 일어나고 있다. '사람으로서 어찌 어떻게 저럴 수 있는가' 하는 일들이 대수롭지 않게 저질러지고 있다. '이것을 참으면 무엇을 참지 못하겠는가' 하면서 나날을 견뎌내고 있다.

세 집안에서 '옹'을 부르면서 제사를 마치자, 스승님께서 말씀하셨다. "'제후들은 제사를 돕고, 천자는 말없이 엄숙하시네'라는 노래를 어떻게 세 집의 대청에서 가져다 쓴단 말인가?"

三家者以雍徹. 子曰, 相維辟公, 天子穆穆, 奚取於三家之堂.

세 집안은 노 나라의 삼대 귀족, 즉 맹손씨, 숙손씨, 계손씨를 말한다. 철徹은 제사를 끝마치고 나서 제사를 거두는 것을 가리킨다. 천자의 제사를 거둘 때에는 옹이라는 노래를 불러야 하는데, 그것을 가철歌徹이라 한다.

제사를 주관하는 자는 천자이고, 그 예를 돕는 것은 (노 나라 제후인) 벽공辟公이다. 그런데 '옹 같은 대례大禮를 (세 집안의) 대부 신분에서 해서 되겠는가' 하고 꾸짖은 것이다.

내가 보기에, 옛날에는 계층 혹은 계급에 따라 문화와 의례의 향유 양상과 규모가 크게 달랐다. 조선 시대 사가私家는 99칸을 넘어서는 안 되었다. 용의 발톱도 중국에서는 5개였고, 조선에서는 4개를 그릴 수 있었는데, 대한제국에 와서 황제를 칭한 후에야 비로소 기장旗章에 용의 발톱 5개를 그려 넣을 수 있었다. 근대 이전 사회에서 문화는 이렇듯 철저히 위계질서 하에

놓여 있었다. 그런데 이것은 지금도 크게 다르지 않다고 생각한다.

✿

조선 후기 판소리에서처럼 상층이 점차 하층문화에 매료되고, 서민들도 풍월을 읊조리게 되면서, 그 위계질서는 조금씩 무너지기 시작했다. 그렇다면 요즘 문화는 어떤가? 가요나 영화, 연극 등 대중문화는 계층 구분 없이 두루 향유되지만, 문화가 그런 대중적인 것만 있지는 않다. 시방 하층민은 상상조차 할 수 없는, 음식, 복장, 여행 등 다양한 문화가 상층 사회에 짙게 만연되어 있다. 피에르 부르디외의 이른바 '구별짓기'가 한창이다. 부르디외에 따르면, 학력자본, 상징자본, 사회관계 자본이 각 계층별로 불평등하게 분배되고 차별적으로 소비되며, 문화를 통한 실천, 특히 예술작품의 수용에서 취향의 차별화가 극심하게 이루어지고 있다.

스승님께서 말씀하셨다. "사람이 어질지 않으면 예가 무슨 소용 있겠는 가? 사람이 어질지 않으면 음악이 무슨 소용 있겠는가?"

子曰, 仁而不人, 如禮何. 人而不仁, 如樂何.

---

앞에서 보았듯이 세 집안이 팔일무를 춘 것이나, 옹으로 제사를 거둔 것은 모두 예가 아니다. 공자는, 인이 예악의 핵심이고, 예악은 인의 외재적 인 표현일 뿐이라고 여겼다. 양자는 서로 표리를 이루고 있기 때문에, 인이 없는 예와 악은 공연히 형식만 갖추고 있는 것이라고 생각했다.

내가 보기에, 이 구절을 이해하는 데는 전제가 필요하다. 저 말이 범인凡 人 모두에게 적용되는 것인가, 아니면 통치자 곧 군주를 지목하고 한 말인가 하는 점이다. 전자의 경우, 다산과 이토 진사이伊藤仁齊, 1627~1705의 주장을 들 수 있다. "인이란 충효를 이룬 이름이고, 예는 스스로 실천함으로부터 생기는 것이며, 악은 이를 즐김으로써 생기는 것이니, 인은 질質이 되고 예 악은 문文이 된다." "자애慈愛와 측달惻怛의 마음은 여러 덕이 그로 말미암아 생겨나고 만사가 그로 말미암아 세워지는 것이다. 인한 사람이 천하에 대 해서 무슨 일을 이루지 못하며 무슨 행동의 결과를 얻지 못하겠는가. 하물 며 예악에 있어서는 어떻겠는가?" 후자는 오규 소라이의 주장이다. "예악 이란 선왕의 도이다. 선왕의 도는 백성을 편안하게 하는 도이다. 인은 백성을 편안하게 하는 덕이므로 진실로 인한 사람이 아니면 예악이 그에게 쓰이지 못한다. 그러므로 '예는 무엇을 하며, 악은 무엇을 하겠는가'라고 말했다. 이는 윗자리에 있는 사람의 입장에서 말했다."

진심이 담기지 않고 형식만 대충 갖춘 예는 억지로 꾸며낸 것이다. 본심을 숨기고 가장한 겉치레니, 상황이 바뀌면 언제든지 다시 달라질 수 있다. 그런 사람들은 보통 대단히 겸손하게도 보이고 예절 바르게도 비친다. 그러나 앞서 보았듯이 과공비례過恭非禮, 곧 지나친 공손은 예가 아니다. 예라는 것은 사람은 사람으로 대하는 것인데, 그것은 사람을 자신의 목적을 이루기 위한 수단이나 도구로 삼기 때문이다. 이런 사람들과는 친밀하고 깊은 관계를 맺을 수 없다. 그런 사람이 내 삶에 도대체 무슨 의미가 있겠는가.

임방이 예의 근본에 대해 묻자, 스승님께서 대답하셨다. "참으로 좋은 질문이구나. 예는 사치스러운 것보다는 차라리 검소한 편이 낫고, 초상은 능숙하게 처리하는 것보다 차라리 슬퍼하는 편이 더 낫다."

林放問禮之本. 子曰, 大哉問. 與其奢也, 寧儉, 與其易也, 寧戚.

---

임방林放은 노 나라 사람으로, 계손씨를 위해 예를 집행한 전문가였을 것이다. 공자의 말은 두 개의 '~보다는與其'과 '차라리寧~'를 포함하고 있는데, 앞에서는 사치와 검소가, 뒤에서는 능숙과 슬픔이 서로 짝을 이룬다. 공자의 이 말은, "나(자로)는 선생님에게서 이런 말을 들었다. 상례喪禮에서 슬픔은 부족하고 예가 넘치는 것보다는, 예는 부족할망정 슬픔이 넘치는 것이 더 낫다"라고 한 『예기禮記』「단궁檀弓 上」의 전언과 통한다.

이易는 척戚과는 달리 간단하고 쉽다는 뜻으로, 담담하게 처신하면서 별일 아닌 것으로 생각하고 마음속에 슬픔이 없는 것을 의미한다. 예는 외재적인 것이고 애통이야말로 내재적인 것이며, 의식을 따라 대강대강 해치우는 것보다는 흐트러질 정도로 곡을 하는 게 더 낫다는 것이 공자의 생각이었다. 공자는, 일반적인 예는 차라리 사치스럽기보다는 간결하게 하는 것이 낫고, 상례는 격식을 차리기보다는 몹시 비통해 하는 게 더 낫다고 여겼다.

내가 보기에, 이 구절에서 '인간 공자'의 면모를 잘 살펴볼 수 있을 것 같다. 앞에서 예禮는 인간을 인간으로 대하는 것이라 했다. 상대를 인격적 주체가 아니라 이용 대상으로 여길 때 과공비례過恭非禮의 폐단이 생겨난다. 김상봉이 말하는 '상호주체'의 만남에서는 화려하게 자신을 꾸미거나 부족한 점을 감출 필요가 없다. 장례식장의 곡哭을 루신은 "그것이 마치 상처 입은 이리가 깊은 밤 광야에서 울부짖는 것과 흡사했다"라고 했는데, 그것이 죽은 자를 대하는 산 자의 인간적 태도이지 않을까 생각한다.

스스로에게든 남에게든 질문을 잘 하는 것은 학인의 기본자세다. 의문이 없는 공부는 단순 암기거나 한갓 답습일 뿐이다. '칭찬은 고래도 춤추게 한다'는 말이 있는데, 선생이 학생에게 해주는 칭찬 중에 "자네 참 좋은 질문을 했네"보다 더 큰 것이 있을까? 그 한 마디가 학생을 기대 이상으로 감발시킬 것이다. 그것이 교육이다. 신영복은 "가르친다는 것은 다만 희망에 대해서 이야기한다는 것"이라고 했다. 이것이 가능하려면 우선 선생이 선생다워야 한다. "요즘 아이들, 참 문제야……" 운운하는 선생은 아마 선생 노릇할 자격이 없다고 자백하고 있는지도 모른다. 학생들을 자기 이익 실현의 수단이나 방편으로 삼는 것들은 말할 필요 없다.

## 팔일八佾 3-5

스승님께서 말씀하셨다. "오랑캐 나라에 군주가 있더라도 그것은 군주가 없는 중국보다 못하다."

子曰, 夷狄之有君, 不如諸夏之亡也.

화이지변華夷之辨, 곧 중화와 이민족을 구분할 때 항상 인용되는 이 문장은 해석상 논란이 많다. (1) 중국 본토는 이민족보다 못하다. 이민족에 군주가 있어 질서가 잡힌 것이 중국 당대의 무질서보다 낫다. (2) 이민족은 중국 본토만 못하다. (2)-① 이민족에 군주가 있다 쳐도 군주가 없는 중국에 견줄 바가 못 된다. 이민족은 너무 야만적이어서 예의를 모르니, 예의가 있고 군주가 없는 것보다 못하다. 이는 이민족을 무시하는 것이다. (2)-② 이민족에게 군주가 있다면 중국 본토에 명령을 내리고 호령할 텐데, 그것은 우리에게 군주가 없는 것보다 못하다. 이는 울컥해서 내뱉은 말이다. (2)-①이 타당한 것 같은데, 각 시기마다 그에 알맞은 해석이 있었다.

이들 해석은 누가 누구보다 못한가 하는 문제와 상관없이 모두 중국 본토가 중심이고 이민족을 무시한다는 공통점이 있다. 황간의 설명은 이렇다. "이 장은 중국을 중시하고 이민족을 천시한다. 제하諸夏는 중국이다. 무亡는 없다는 뜻이다. 즉 이민족에게 비록 군주가 있다 하더라도 군주가 없는 중국에 미치지 못한다는 것을 말한다. 그러므로 중국에는 때로 군주가 없었지만 도가 완전히 사라지지 않았고, 이민족의 강자가 스승이 되었지만 다스리는 것이 짐승과 같았다고 한 것이다."

✦

한편 황간은 다른 곳에서 이렇게도 말했다. "이 장은 아랫사람이 윗사람을 참월했기에 나온 것이다. …… 중국이 이민족보다 높은 것은 그 명분이 정해져 있고, 상하의 질서가 어지럽지 않기 때문이다. 주 왕조가 쇠퇴한 후 제후들이 방자하여 예악과 정벌의 권력이 더 이상 천자로부터 나오지 않았고, 오히려 이민족의 나라에 아직 존장에 의한 지배가 있어 우리 중국처럼 군주가 없는 지경에 이르지는 않았다."

✦

양수다楊樹達는 이민족의 군주를 공자와 동시대 초 나라 장왕 혹은 오 나라 부차일 것이라고 하면서 "『춘추』의 의미는 이민족이 중국에 들어오면 중국화 된다. 중국이 이민족이 되면 이민족화된다(는 것이다). …… 대개 공자는 이민족과 중국의 구분에 대하여 혈통이나 종족 및 지리 혹은 기타의 조건을 기준으로 삼은 것이 아니라 행위를 기준으로 삼았다. 그는 이천 몇백 년 전에 태어나 마치 이천 년 후에 히틀러나 도조 히데키 등이 자기 민족 우월론으로 세상을 재앙에 빠뜨릴 것을 미리 알고 이를 방지하고자 한 것인데, 이러한 견해는 얼마나 탁월한가! 이러한 지혜는 얼마나 심원한가! 중화인민공화국헌법에는 국수주의에 반대한다는 말이 있는데, 이는 진정으로 공자의 이와 같은 위대한 정신을 구현한 것이다. 『논어』를 해석하는 사람 중에서 어떤 이는 이민족에게 비록 군주가 있더라도 그것은 군주 없는 중국만 못하다고 하는데, 그것은 편협한 견해로 공자의 책을 잘못 읽은 것이다"
라고 했다. 양수다는 공자를 사랑하고 미화하여 이런 해석을 했는데, 공자
가 중국에 대해 우월감을 가지고 있었다는 것이 뭐 그리 이상한 일인가!

내가 보기에, 이 장은 해석상 논란이 많은 듯하다. 리링은 양수다처럼
공자의 생각을 미화해 해석하는 것에 반대하고, 화이지변華夷之辨에 충실한
공자를 묘사하려고 했다. 이 장의 역사적 배경과 해석의 층위 등에 대해서
는 아는 바 일천하므로, 따로 묻고 공부하여 후일을 기약한다. 다만 이 장과
관련해서는 진순신의 다음 말을 들어보는 것이 의미 있어 보인다. "중원지
역의 민족들은 중화사상을 가지고 있었으나, 자신들이 결코 단일민족이라
고 생각하지는 않았던 것 같다. 그들은 국제적 사회를 경험했던 것 같다.
그들의 자존심은 혈통이 아니라 문명에 있었던 것이다. 남보다도 문명적인
생활을 할 수 있는 장소, 그런 곳에 사는 것이 이른바 제하諸夏였다. 유儒가
이런 배경 아래에서 문명주의로 바뀌는 것은 당연하다고 할 것이다. 다시
말해 제하에서 자신을 남과 구별하는 것은 문명이었다. 유儒가 예악을 중시
하고 학문을 소중히 여기는 것도 문명을 좀더 문명답게 하기 위해서였
다."『공자왈 맹자왈』, 고려원, 1993

공자가 중국에 대해 우월감을 가지고 있었다는 것은 자연스러운 일이
다. "관중이 아니었으면 피발좌임被髮左衽하게 되었을 것이다"라는 말도 있
고, "구이의 땅에 살고 싶다"라는 말도 있는 것을 보면, 그 우월감의 근거는

분명 어떤 인종주의적 발상이 아니라 제하의 문화나 문명에 있을 것 같다. "구이의 땅에 살고 싶다"라거나 "도가 행해지지 않으니 배를 띄워 바다로 나가고 싶다"라는 구절을 합쳐서 공자가 동이의 땅인 한반도를 동경했다는 과도한 민족주의적 주장을 하는 이들이 의외로 많다. 피발좌임이란 머리를 풀고 옷깃을 왼쪽으로 여민다는 뜻으로, 미개한 나라의 풍속을 가리키는 말이다.

계씨가 태산에서 제사를 지내자, 스승님께서 염유에게 말씀하셨다. "네가 말릴 수 없었느냐?" 염구가 대답했다. "그럴 수 없었습니다." 스승님께서 말씀하셨다. "아, 태산이 임방보다 못하다는 말인가?"

季氏旅於泰山, 子謂冉有曰, 女弗能救與. 對曰, 不能. 子曰, 嗚呼. 曾謂泰山不如林放乎.

⚜

려旅에 대해 혹자는 제사이름이라고도 하고, 혹자는 진열해 놓는다는 의미라고 했다. 태산泰山에 대한 제사는 오직 천자와 제후만 지낼 수 있었는데, 대부인 계씨가 제사를 지냈다. 구救는 저지한다는 의미다. 증曾은 '~란 말이냐' 또는 '결국' 등의 의미다.

⚜

이 구절에 대한 배경은 분명치 않다. 앞에서도 말했듯이 임방은 아마도 계씨를 위해 제례를 담당하던 관리인 듯하다. 고대 산림을 관장하던 관리를 임형林衡이라 했다. 이 사건의 배경은 계씨가 태산에 제사를 지낸 것인데, 모두 임방이 꾸며낸 잔꾀일 것이다. 이것들은 모두 예에 맞지 않기 때문에 공자가 화를 내면서 '너희는 어째서 임방의 생각을 따르느냐, 태산이 임방보다 못하단 말이냐, 어째서 태산의 신이 그따위 제사를 받아들일 것인지에 대해 생각해 보지 못했느냐, 너희가 누군가를 속일 수는 있어도 태산을 속일 수는 없다'고 했다.

내가 보기에, 이 장은 앞에서와 마찬가지로 계층과 계급에 따라 의례를 정확히 구분해야 함을 말하고 있다. 그런데 오규 소라이의 견해는 좀 다르다. "공자의 비웃음은 사치한 데 있었지 참람한 데 있었던 것은 아니다. 그렇다면 반드시 계씨가 노 나라 임금을 위하여 제사를 드리면서 예를 행한 것이 한갓 아름답게 보이는 데 힘썼기 때문일 뿐이다. 후세의 유학자들은 매양 계씨를 언급하게 되면 자꾸 참람했다고 하는데, 어찌 천착이 아니겠는가?" (나중에 다시 말하겠지만, 여기서 '천착'은 필요 이상으로 파고 들어가는 태도를 비판한 말이다.)

"태산(의 신령)이 임방보다 못하다는 말인가?"라는 한탄이야말로 고대의 풍습이다. 그것을 극복했다고 천명하면서 근대가 시작되었다. 그런데 21세기 현대를 구가하는 이 대명천지에 여전히 그런 생각을 갖고, 나아가 그것을 실천에 옮기고 있는 사람들이 있다. 안치환이 '사람이 꽃보다 아름답다'고 노래했듯이, 사회적 지위가 아무리 보잘것없다 하더라도 사람은 이른바 신령보다 훨씬 중요하고도 가치 있는 존재다. 물론 대자연의 장엄에 머리 숙여 경의를 표하고, 인간의 한계를 절감하면서 좀더 겸손해지려는 마음은 소망스럽고 소중하다.

스승님께서 말씀하셨다. "군자에게는 다툴 일이 없다. 꼭 다투어야 한다면 그건 활쏘기다. 읍하고 겸양의 예를 나타내면서 계단을 오르내리며 술을 마시는데, 그러한 다툼이 군자다운 일이다."

子曰, 君子無所爭, 必也射乎. 揖讓而升下而飮, 其爭也君子.

이는 사례射禮의 삼도三道를 말한다. 사례는 두 사람이 한 조를 이루어 경기를 한다. 각 쌍의 선수들이 자기 차례가 되어야 대청에 오르고, 대청에 오르면 허리를 굽혀 읍하고 겸손하게 양보한다. 활쏘기를 마치고 대청을 내려오는데, 대청을 내려 올 때도 허리를 굽혀 읍하고 서로 겸손하게 양보한다. 마지막으로 승자는 패자에게 벌로 술을 마시게 한다. 이때도 대청으로 올라가야 하는데, 허리를 굽혀 읍하고 서로 겸손하게 양보한다. 전국 시대의 화상문畫像紋 청동기 위쪽에 사례 장면이 보인다.

내가 보기에, "읍하여 겸양의 예를 나타내면서 계단을 오르내리며 술을 마신다揖讓而升下而飮"를 한 문장으로 연결해 읽을 수 없다는 다산의 견해가 맞는 것 같다. 다산에 따르면, 올라가서 마신다는 승이음升而飮은 있어도, 내려와서 마신다는 하이음下而飮이라는 말은 없다. 그렇다면 여기서 하下는 진다敗는 뜻이다. 군사에서 이긴 것을 하지下之라고 한다. 요즘도 '오르내린다'는 승강乘降이라 하지 승하升下라고 하지는 않는다. 그러니 이 구절은 '(화살을

쏘기 위해서는) 읍하고 겸양하면서 올라가고, (활 싸움에) 져서는 술을 마신다'
고 이해하는 편이 자연스럽다. 실제로『의례儀禮』「대사代射」에는 "둘씩 짝지
어 나아가 세 번 읍한 뒤에 당에 오른다"라고 되어 있다. 참고로 사례射禮에
서 이긴 자는 진 자에게 술을 마시게 하는데, 본래 이는 봉양한다는 뜻이지
벌책은 아니다. 요즘 말로 힘내라는 것이다. 이기고 지는 것만이 능사는 아
니었던 것이다.

🌿

　군자에게는 다툼이 없는데, 굳이 있다면 그것은 규칙과 예절이 잘 지켜
지는 활쏘기 같은 것이다. 소인배에게는 다툼이 일상이다. 어느 소인배는
만나서 헤어질 때까지 남을 욕한다. 그러나 군자는 다투지 않는다. 노자는
그것을 부쟁지덕不爭之德이라 했다. 훌륭한 무사는 함부로 만용을 보이지 않
고, 훌륭한 전사는 불끈 성내지 않으며, 훌륭한 승자는 애초에 대적하지 않
는다. 그런데 은근슬쩍 아부나 하며 비실비실 눈치나 보면서 마치 균형 감각
을 갖춘 듯 나대는 자들이 대인인 척하는 것을 보는 것이야말로 고문이다.

🌿

　소인배는 싸울 상대가 없으면 스스로에게 짜증이라도 부린다. 신경질
은 그의 생리이자 장기다. 권정생 선생의 유언 중에 이런 말이 있다. "유언
장이란 것은 아주 훌륭한 사람만 쓰는 줄 알았는데, 나 같은 사람도 이렇게
유언을 한다는 것이 쑥스럽다. 앞으로 언제 죽을지는 모르지만 좀 낭만적
으로 죽었으면 좋겠다. 하지만 나도 전에 우리 집 개가 죽었을 때처럼 헐떡
헐떡거리다가 숨이 꼴깍 넘어가겠지. 눈은 감은 듯 뜬 듯하고 입은 멍청하

게 반쯤 벌리고 바보같이 죽을 것이다. 요즘 와서 화를 잘 내는 걸 보니 천사처럼 죽는 것은 글렀다고 본다. 그러니 숨이 지는 대로 화장을 해서 여기저기 뿌려 주기 바란다." 일생에 화를 겨우 몇 번이나 내 보셨을지 모르는 선생도 천사처럼 죽는 게 글렀다고 하셨는데, 하물며 화가 고질인 나야 말해 무엇 하겠는가?

자하가 말했다. "'고운 미소 참 예쁘구나, 아름다운 눈동자 선명도 해라, 흰 바탕에 색을 입혔구나'라는 말은 무엇을 뜻하는 것입니까?" 스승님께서 말씀하셨다. "그림을 그리는 것은 흰 바탕이 있고 난 다음에 할 일이다." "(그러면) 예는 뒤입니까?" 스승님께서 말씀하셨다. "네가 나를 일깨워주는구나. 이제 너와 『시경』을 논할 수 있겠다."

> 子夏問, 巧笑倩兮, 美目盼兮, 素以爲絢兮. 何謂也. 子曰, 繪事後素. 曰,
> 禮後乎. 子曰, 起予者商也. 始可與言詩已矣.

'① 고운 미소 참 예쁘다, ② 아름다운 눈동자 선명하여라, ③ 흰색으로 색체를 삼았구나'는 『시경』에 나오는, 미인을 묘사한 시구이다. ①은 미인의 웃는 얼굴, ②는 미인의 눈빛이 아름답다는 뜻이다. ③에서 소素는 순백이고, 현絢은 여러 색깔이다.

"그림 그리는 것은 바탕을 희게 한 다음 일이니라"는 흰 바탕이 여러 색깔을 받아들인다는 뜻이다. 상商은 공자의 제자 자하子夏이다. 예문禮文이라는 말이 있는데, 문은 회화의 문채와 같은 것으로 예라는 백지 위에 그리는 것이다. "예가 뒤입니까?"라는 자하의 질문은, 예는 바로 그림을 그리는 밑바탕인가 하는 의미다.

내가 보기에, 회사후소는 내게 가장 큰 영향을 준 말 중 하나이다. 나는 이것을, 그림 그리는 일(꾸미고 가식하는 일)은 바탕이 잘 마련된 뒤에나 할 일이라고 이해한다. 이를 뒤집어 보면, 바탕이 없기 때문에, 있는 척하려고 꾸미고 가식한다는 말이 된다. 소素는 소복素服이라는 말에서 보듯이 '희다'는 뜻이면서 소재素材에서처럼 바탕이라는 의미도 있다. 그리스어 tabula rasa, 곧 정신이 때 묻지 않은 상태, 백지 상태와 유사한 개념이지만, 소素에는 그것에다 어떤 사람이나 사물이 본래부터 가지고 있는 품성이라는 인격적 의미가 더 들어 있다. 바탕이 중요하다. 바탕이 없거나 부족한 상태로 추구하는 모든 일은 사상누각일 수 있다. 인간적 바탕이 없이 졸부가 되어 이른바 '갑질'을 일삼는 이에게서 품격을 느낄 수 없는 이치와 같다.

앞에서도 간단히 언급했듯이, 제자가 스승에게 받을 수 있는 최고의 칭찬은, 스승이 제자를 대화의 상대로 인정해 주는 것인지 모른다. 공자는 기특한 질문을 한 자하를 더불어 이야기를 나눌 수 있는 상대로 인정해 주었다. 그럴 때 비로소 흔히 말하는 교학상장敎學相長, 곧 가르치는 이나 배우는 이가 서로 성장하게 될 것이다. 공자의 겸사이겠지만, 자하는 공자를 일깨워주고 있지 않은가. 중요한 것은 이른바 타이밍이다. 가르치는 이와 배우는 이가 서로 긴밀하게 감응할 때 교육의 효과는 배가된다. 줄탁동기啐啄同機 혹은 줄탁동시啐啄同時*라는 말이 있다. 알 속에서 자란 병아리는 부리로 껍

---

* 알 속의 병아리가 껍질을 깨뜨리고 나오기 위해 껍질 안에서 아직 여물지 않은 부리로 사력을 다하여 껍질을

질 안쪽을 쪼아 알을 깨고 세상으로 나오려고 하는데, '줄'은 바로 병아리가 알 안에서 알을 쪼는 것을 가리킨다. 어미닭은 품고 있는 알 속의 병아리가 부리로 쪼는 소리를 듣고 밖에서 알을 쪼아 새끼가 알을 깨는 행위를 도와주는데, '탁'은 어미닭이 알 바깥에서 알을 쪼는 것을 가리킨다. 그 '줄'과 '탁'이 동시에 이루어져야 비로소 알을 깨고 병아리가 세상에 나올 수 있다.

---

쪼아대는 것을 '줄'이라 하고, 어미 닭이 그 신호를 알아차리고 바깥에서 부리로 쪼아 깨뜨리는 것을 '탁'이라 한다. '줄'과 '탁'이 동시에 일어나야 한 생명이 온전히 탄생하는 것이다. 선가(禪家)의 용어이다.

스승님께서 말씀하셨다. "하 나라의 예에 대해서는 내가 말할 수 있지만, 기 나라는 고증할 수 없다. 은 나라의 예에 대해서는 내가 말할 수 있지만, 송 나라는 고증할 수 없다. 문헌이 부족하기 때문이다. 문헌이 충분히 있다면, 나는 고증할 수 있을 것이다."

> 子曰, 夏禮吾能言之, 杞不足徵也, 殷禮吾能言之, 宋不足徵也, 文獻不足故也, 足則吾能徵之矣.

여기서 문헌文獻은 오늘날 이해하는 문헌과는 다른 의미다. 고대 문화유산 중에는 실물이 있고, 문자가 있고, 또 살아 있는 사람이 있고, 살아 있는 사람의 입을 통해 대대손손 전해오는 수공예가 있다. 그것이 모두 문헌이다.

내가 보기에, 공자는 대단히 신중하고 겸손한 사람이다. 근거가 부족할 때 단정해서 말하지 않겠다는 것은 대단한 용기가 아닐 수 없다. 더구나 "(문헌이) 충분하다면 나는 고증할 수 있을 것이다"에서 마지막에 의矣를 써서 혹시 가능할지도 모르겠다는 식으로 조심스럽게 겸양하였다.

우리는 조금 알고, 혹은 아는지 모르는지도 정확히 모르면서 단정적으로 말할 때가 얼마나 많은가. 일상의 대화는 물론이고 공식적인 글쓰기에서도 당연히 필요한 전제를 무시하고 과감하게 말하거나 쓰고 있다. 논리적 근거를 제대로 갖추지 않은 채 목소리 높여 주장한다. 그리고는 자기와 생각이 다르다거나 자기 말을 따르고 인정하지 않는다고 상대를 탓하고 꾸짖는다. 전제를 갖추지 않고, 근거를 제시하지 않은 채 마구 뱉어내는 습관은, 말과 글로 먹고 사는 사람일수록 더하지 않나 하는 생각이 든다. 내 편향된 경험에서이겠지만, 배운 사람이 못 배운 사람보다 훨씬 폭압적인 이유가 바로 여기에 있다.

반드시 필요한 전제가 있음에도 그것을 빼놓고 이야기하는 것은 단지 불성실하거나 무지하기 때문만은 아니다. "모든 사람은 죽는다. 곧 인류가 멸망하게 될 것이다"라는 말은 사기詐欺다. 자기주장에 유리한 전제만 드러내고, '한편으로 인간은 태어나기도 한다'는, 자신에게 불리한 전제는 의도적으로 누락시킨 것이다. 이런 얍삽한 머리로 세상을 호령하니, 참 어처구니가 없다.

스승님께서 말씀하셨다. "체 제사에서 술을 뿌리는 의식 그 다음의 일에
대해서는 나는 보고 싶지 않다."

子曰, 禘自旣灌而往者, 吾不欲觀之矣.

❧

체禘는 동성 친족의 뿌리인 조상에게 제사지내는 것이다. 관灌은 술(울창
주)을 땅에 붓고 신의 강림을 비는 의례다. 체 제사는 많은 의례로 이루어졌
는데, 공자는 그 중 관례灌禮 이후의 것은 모두 예에 맞지 않는다고 했다.

❧

내가 보기에, 다산은 체 제사를 제왕의 제사라고 했고, 리링은 동성 친
족의 뿌리인 조상에게 지내는 제사라고 했지만, "체 제사는 전해지지 않기
때문에 그 상세한 내용은 알 수 없다 …… (그러므로) 스스로 그 설을 안다고
말한 사람들은 모두 잘못이다"라는 오규 소라이의 말로 갈음한다.

❧

다만, 한 가지. 노 나라가 체 제사를 드리는 자체가 예가 아니라는 것이
오랫동안 정설이 되어 왔다. 다음 구절에서도 누군가 체가 무엇인지에 대
해 묻자, 공자는 "모른다"라고 하여 싫은 내색을 비추었다. 그런데 "술을 뿌
리는 의식 이후의 것"이라는 말은 주의해야 한다. 그렇게 보면 체 제사는
보고 싶지 않은 대상에서 제외가 되기 때문이다.

"보고 싶지 않다"라는 말은 혐오한다는 뜻이다. 지금도 다시는 보고 싶지 않다고 하면, 극도로 싫다는 뜻이다. 겉모양이나 하는 짓이 비위에 거슬리거나 우스워서 차마 볼 수가 없을 때, 꼴과 불견不見을 합쳐 꼴불견이라고 한다. 가관可觀이라고도 하는데, 볼 만하지 못한 것을 놀림조로 이르는 말이다. 그럴 만한 자격이 없는 사람이지만, 요즘 참 꼴불견이 널렸다.

어떤 사람이 체 제사의 이론에 대해 묻자, 스승님께서 말씀하셨다. "모른다. 그것을 알고 있는 사람은 천하를 다스리는 데 이것을 들여다보듯이 쉬울 것이다." 이렇게 말씀하시면서 자신의 손바닥을 가리켰다.

或問禘之說, 子曰, 不知也, 知其說者之於天下也, 其如示諸斯乎, 指其掌.

꽃

공자는 그 사람에 대해 불만스럽거나 꺼리거나 대답하고 싶지 않은 문제에 대하여 항상 모른다고 말했다. 여기서는 체 제사의 예에 대해 매우 불만스럽게 느낀다는 것을 나타내고 있다.

꽃

내가 보기에, 다산은 "공자로서는 감히 말할 수 없었기 때문에 모른다고 대답했다"라고 풀이했지만, 앞에서 공자가 "보고 싶지 않다"라고 한 것과 연관 지어 볼 때, 어떤 것을 대단히 싫거나 반대할 때 쓰는 말이 아닌가 한다. 더 이상 말하고 싶지 않다고 한 마디로 딱 잘라버리거나, 인정할 수 없는 일에 대해서는 더 이상 눈치를 보지 않겠다는 뜻일 것이다. 이러한 단호함이 필요할 때가 있다.

제사를 지낼 때는 그 대상이 있는 듯이 한다. 신에게 제사지낼 때는 그 신이 있는 듯이 한다. 스승님께서 말씀하셨다. "내가 제사에 참여하지 않으면 마치 제사지내지 않은 것 같다."

祭如在, 神祭如神在. 子曰, 吾不與祭, 如不祭.

❀

"제사를 지낼 때는 그 대상이 있는 듯이 한다"라는 것은, 예전에 죽은 사람 섬기는 것을 살아 있는 사람 섬기는 것처럼 한다는 의미였다. 나는 제사를 지낼 때에는 제사 대상이 눈앞에 있는 것처럼 하라는 뜻으로 이해한다. 신에게 제사 지낸다는 것 역시 신이 내 앞에 있는 듯이 하라는 것이다.

❀

"내가 제사에 참여하지 않으면 마치 제사지내지 않은 것 같다"라는 것은, 반드시 경건하고 정성스러워야 하고, 반드시 전념해야 하며, 몸소 그러한 경지에 들어섰다는 느낌이 있어야 하는데, 만일 그러한 느낌이 없었다면 아직 제사를 지내지 않은 것과 같다고 말한 것이다.

❀

내가 보기에, 요즘 제사를 지낼 때 형식과 절차를 많이 아는 사람은 특별히 대우를 받는다. 그런데 이 말은 역으로 그런 형식과 절차가 이제 일부에게만 긴요한 일임을 말해준다. 중요한 것은 제사에 임하는 마음가짐일 것이다. 얼마나 정성을 바쳐 고인을 추모하느냐 하는 것이 제사의 본질이다. 지금과 같이 21세기 현대 사회에서는 제수祭需나 절차 같은 것은 부차적인 것이 되었다고 인정해야 할 것이다. 물론 절차와 형식을 통해서 근신하고 추념하는 마음이 생겨나기는 할 것이다. 그러나 그것 역시 자발적인 것은 아니다. 집집마다 의례가 다르다는 가가례家家禮를 그저 우스갯소리라고 치부할 수만은 없는 시절이 된 것이다. 그리고 그것이 크게 문제시 될 필요는 없다. 제사에 필요한 낡은 이론이나 번다한 지식을 반드시 알아야만 제대로 제사를 지내는 것이라고 주장하는 사람은 그 이론과 지식을 팔아 일용할 양식을 얻고자 하는 유상儒商일 가능성이 크다.

이규경李圭景, 1788~?의『오주연문장전산고五洲衍文長箋散稿』에 "근래 풍속에서 가가례라 하여 임의로 예를 삼는다"라는 구절이 보이는 것으로 보아, 가가례는 18세기 후반에 일반화된 것 같다.『오주연문장전산고』에서는 가가례를 비판하고 있다.

왕손가가 물었다. "모퉁이신에게 아첨하느니 차라리 부뚜막신에게 아첨하는 것이 낫다는 말은 무엇을 뜻하는지요?" 스승님께서 말씀하셨다. "그렇지 않다. 하늘에 죄를 지으면 빌 곳이 없다."

王孫賈問曰, 與其媚於奧, 寧媚於竈, 何謂也. 子曰, 不然. 獲罪於天, 無所禱也.

오奧는 실내의 서남쪽 모퉁이로 주인이 거처하는 곳이고, 부뚜막신竈은 밥을 짓는 곳으로 오보다 못하다. "모퉁이신에게 아첨하느니 차라리 부뚜막신에게 아첨한다"라는 말은 당시 속담인데, 오늘날의 "높은 관리를 찾는 것보다 담당자를 찾는 것이 더 낫다", 즉 가장 높은 상관을 찾아 아첨하느니 차라리 직접 일을 맡은 사람에게 선물을 보내는 것이 더 낫다는 말과 어느 정도 비슷하다.

내가 보기에, 이 구절에 대해서는 오규 소라이의 풀이가 설득력이 있어 보인다. "왕손가의 뜻은, 오는 임금을 비유하고 조는 정권을 잡은 신하를 비유하여 공자를 풍자한 것인데, 공자는 바로 하늘을 가지고 답해서 풍자의 뜻을 모르는 것처럼 했다."

언제 어디서나 사람 사는 데에서는 이른바 '손쓸 데'를 찾는다. 그럴 때, 엄한 데에 가서 비비지 말고, 직접 효과를 볼 수 있는 실무자에게 손을 쓰는 편이 좋다. 큰 권력이지만 사정을 잘 모르는 자리에 부탁하는 것보다는 직접 업무를 담당하는 곳에 선을 대어 문제를 해결하는 것이 훨씬 더 실효성이 크다는 말이다. 그런데 요즘은 꼭 그런 것 같지도 않다. 암묵적으로든 명시적으로든 윗선에서의 동의가 있어야 비로소 아랫사람들도 움직인다. 물론 그 움직임의 대가는 위와 아래가 어떤 방식으로든 공유한다. 어느 조직의 우두머리가 예산을 따려고 음료수를 들고 실무자의 사무실 앞에서 하루 종일 기다렸다는 것이 미담으로 통하고, 그 우두머리가 추진력 있는 사람으로 칭송 받는 한심한 세상이다. 시스템이 무너진 사회에는 더 이상 미래가 없다.

"하늘에 죄를 지으면 빌 곳이 없다"라는 말은 『노자』의 천망회회, 소이불루天罔恢恢, 疏而不漏, 곧 하늘은 넓은 그물 같아서 비록 그물눈이 성긴 것 같지만, 악인은 결코 놓치지 않는다는 말과 통한다. 깊이 새겨들어야 할 말이다. 용서할 수 없는 죄를 저지르고도 요행을 바라거나 한갓된 권력에 줄을 대어 어떻게든 상황을 모면해 보려는 짓은 하늘의 뜻을 거스르는 역천逆天이다. 그런데 더욱 용서할 수 없는 것은 죄에 벌을 내려야 할 권력이 죄인과 뒷구멍으로 협상하고 타협하는 짓이다. 이럴 때 가장 난처하고 어려워지는 것은 다름 아니라 피해자다. 결국 이놈의 세상, 피해자는 많은데 가해자는 없다. 있는 자들이 '비빌 언덕'은 도처에 넘쳐난다.

스승님께서 말씀하셨다. "주 나라는 앞의 두 왕조를 거울로 삼았으니, 그 문명이 참으로 찬란하다. 나는 주 나라를 따르겠다."

子曰, 周監於二代, 郁郁乎文哉. 吾從周.

❧

공자는 하夏, 은殷, 주周 삼대를 사랑했지만, 그 중에서 주 나라를 특히 사랑했다. 주례周禮는 하와 은을 답습하되 버린 것과 새로 더한 것이 있었다. 하와 은의 예는 비교적 초라하고 소박했지만, 주례는 달랐다. 문文, 즉 문화가 발달되고 문명의 정도가 높았던 것이다.

❧

내가 보기에, 공자는 기본적으로 상고주의자尙古主義者이다. 상고주의는 과거지향과는 다르다. 예를 들어, 고대 그리스와 로마의 예술 작품을 모범으로 하여 단정한 형식미를 중시하고, 이지理智, 조화, 균형을 추구했던, 17~18세기 근대유럽에서 일어난 예술 사조는 단순히 회고주의라 할 수 없다. 대개 어떠한 사상이나 학문 또는 종교가 역사적으로 전개해 내려오다가 현실에서 더 이상 그 효력을 유지할 수 없을 때, 대개 그 학문, 사상, 종교는 쇠퇴 혹은 소멸의 길로 가든가, 아니면 자기 갱신을 위해 첫 출발로 되돌아가 가기도 한다. 원래는 훌륭했는데 점차 그 가치를 깨닫지 못하고 있으니, 위기를 맞이해서 이제 다시 그 처음으로 돌아가 보자는 것이다. 조선 후기의 이른바 실학實學도 이러한 맥락에서 이해할 수 있다.

스승님께서 태묘에 들어가셔서는 모든 일에 대해 물으셨다. 누군가 이것을 보고서는 한마디 했다. "누가 추인의 자식이 예를 안다고 했던가? 태묘에 들어서는 모든 일에 대해 묻는군." 스승님께서 그 말을 들으시고 말씀하셨다. "이렇게 하는 것이 예입니다."

子入太廟, 每事問. 或曰, 孰謂鄹人之子知禮乎. 入太廟, 每事問. 曰, 是禮也.

⚜

태묘太廟는 노 나라 조상의 사당, 즉 노 나라 도읍 곡부曲阜에 있는 주공의 사당이다. 추인鄹人에서 추는 공자의 아버지 숙량흘叔梁紇이 추읍에 살았던 사람이라는 것을 말하는 것이 아니라, 그가 추읍의 대부였음을 말한다. 이는 당시 노 나라에서 읍의 관리를 부르던 호칭으로서 변인卞人과 유사한 호칭이다.

⚜

공자가 태묘에 들어가 뭐든지 물었는데, 그동안 공자가 너무 예를 차리고 지나치게 신중하기 때문이라거나, 분명히 알고 있으면서도 일부러 물었다고 이해해 왔다. 리링은 전자를 지지한다. 모택동은 이 구절을 인용하여 모든 사람이 학습할 것을 요구했다.

내가 보기에, 모든 일을 물은 이유를 단순히 공자가 신중한 태도를 보인 것이라고 여기기는 어려울 것 같다. 그렇다면 공자가 태묘의 일에 대해 모르는 것이 있었다는 것을 인정하게 된다. 이 구절에 대해서는 다산의 풀이가 적절한 듯하다. "매사를 물은 것은 공자의 마음에 제후의 사당에서는 마땅히 제후의 예를 사용해야 하고, 내가 알고 있는 것도 제후의 예일 뿐이며, 저 천자의 예와 같은 것은 내가 알지 못하는 바이니, 내가 어찌 물어서 그것을 거행하지 않겠느냐고 여겼던 것이다." 이렇게 보아야 비웃음 섞인 질문에 "이것이 예입니다"라고 한 공자의 대답이 자연스럽게 이해된다.

모르는 것이 있으면 언제, 어디서, 누구에게든 상관치 말고 물어야 한다. 그래서 옛사람들은 불치하문不恥下問, 곧 아랫사람에게 묻는 것을 부끄러워하지 말라고 했다. 잘 모르면서 물으면 위신이 깎인다고 생각하여, 결국 아는 척하고 마는 것은 어리석은 일이다. 연암 박지원에 따르면 "학문하는 방법은 다른 것이 없다. 모르는 게 있으면 길 가는 사람을 잡고서라도 물어야 하는 것이다. 하인이 나보다 한 글자라도 더 안다면 그에게 배워야 한다. 자기가 남보다 못한 것을 부끄러워하여, 자기보다 나은 사람에게 묻지 않는다면, 평생 고루하고 무식함에 갇히는 것이다."

스승님께서 말씀하셨다. "활쏘기에서는 과녁을 꿰뚫는 것을 중시하지 않는다. 쏘는 사람마다 힘이 같지 않기 때문인데, 그것이 옛날 방법이다."

子曰, 射不主皮, 爲力不同科, 古之道也.

대개 피皮를 과녁이라 보지만, 고대에 과녁은 후侯라 했고, 가죽으로 만든 것을 피후皮侯라 했지, 피만 단독으로 쓰지는 않았다. 주피主皮가 어떻게 과녁을 꿰뚫을 정도로 쏘는 것인지 의문이다. 그렇게 되려면 사불주파射不主破라고 해야 한다. 파적破的은 적중하는 것이다. 공자의 생각은 대체로 과녁을 꿰뚫거나 꿰뚫지 못하는 것이 결코 중요하지 않다는 것이다. 사람마다 활시위를 당기는 힘의 정도가 다르기 때문이다.

내가 보기에, 옛날에는 과녁을 꿰뚫는 것을 중시하지 않았다고 한 것으로 보아, 공자 당시에는 과녁을 꿰뚫는 것을 미덕으로 여기는 풍조가 있었던 것 같다. '힘의 세상'이 되었던 것이다. 맹자처럼 보는 힘目力과 듣는 힘耳力을 말하기도 했지만, 힘은 옛날에는 주로 완력이었다. 지금은 화폐가 힘이다. 화폐가 있어야 목표過녁를 달성꿰뚫음할 수 있는 세상이다. 그러므로 애당초 출발점부터 불평등이 존재한다. 가능한 한 같은 선상에서 출발하도록 보장하는 것이 진정한 복지다.

자공이 고삭에서 희생양을 바치는 의식을 없애려 하자 스승님께서 말씀하셨다. "사야, 너는 그 양을 아끼지만, 나는 그 예를 아낀다."

子貢欲去告朔之餼羊. 子曰, 賜也, 爾愛其羊, 我愛其禮.

❦

고삭告朔에서 삭은 음력 매월 초하루이다. 이날이 되면 주 천자는 양 한 마리를 죽여 조상의 사당에 제사지내고, 그 뒤 조정으로 돌아가 정사를 보았다. 희양犧羊은 죽여서 삶지 않은 날고기의 양을 말한다. 당시 이런 희생 풍습은 더 이상 행해지지 않았다. 이에 자공은 세상이 변했는데도 여전히 양을 바치는 것이 불필요한 낭비라고 생각했다. 공자가 자공의 견해에 반대한 것은, 만일 양 바치는 것마저 폐지해 버린다면, 그 예는 곧 철저하게 사라져 버릴 것을 우려한 것이다.

❦

내가 보기에, 여기서는 전통주의자로서의 공자의 면모를 여실히 볼 수 있겠다. 그런데 다산이 비판하듯, 노 나라 문공 때부터 희생양을 바치는 의례를 행하지 않게 된 것을 자공이, 그 예가 폐지된 것으로 오해한 것일지 몰라도, 혹은 오규 소라이가 지적하듯, 자공이 비용을 아까워해서 그런 것일지는 몰라도, 자공은 현실의 변화를 인정하려고 했던 것 같다.

자공의 지변知變, 곧 시대가 변했음을 알아차리고 거기에 맞게 대처하는 자세는 높이 살 만하다. 공자의 전통 존중과 자공의 지변이 서로를 지양할 때 법고창신法古刱新의 새로운 경지가 열릴 것이다. 내가 속해 있는 한국전통문화대학교의 구성원들이 화두로 삼아 마땅한 이 법고창신의 풀이에 대해서는 연암이 「초정집서楚亭集序」에서 한 다음 말이 참고된다. "소위 법고한다면서 옛 자취에만 얽매이는 것은 병통이다. 창신한다면서 상도常道에서 벗어나는 것은 걱정거리다. 진실로 법고하면서도 변통할 줄 알고, 창신하면서도 능히 전아하다면, 요즈음의 글도 옛글이 될 수 있다…… 편협함과 공손치 못함은 군자가 따르지 않는 법이다." "상도에서 벗어난다"라는 것은 요즘 식으로 말하면 전통을 따르지 않는다는 뜻이고, "전아하다"라는 것은 전통에 근거를 둔다는 말이다. "편협함"은 무턱대고 옛것만 흉내 내는 것이고, "공손치 못함"은 근거 없이 새로운 것을 함부로 만들어 내는 것이다. 그럼 우리의 현실은 어떤가? 법고와 창신을 소위 변증법적으로 지양해 내지 못하고, 안타깝게도 적당하게 둘을 절충하고 조합하는 수준에 머물러 있다. 그러니 연암이 "요즈음의 글도 옛글이 될 수 있다"라고 한, 우리 후세가 전통이라고 할 만한 '우리 시대의 전통'을 생산하는 것은 엄두조차 내지 못하고 있다.

스승님께서 말씀하셨다. "예를 다하여 군주를 모시는 것을 사람들은 아첨한다고 생각한다."

子曰, 事君盡禮, 人以爲諂也.

&#10086;

공자는 군주를 모실 때는 어느 곳에서든 예의 규정에 부합하도록 하는 것이 본분이라 생각했다. 당대 사람들은 그것을 아첨하는 것이라 비웃었다.

&#10086;

내가 보기에, 이 구절에서 당시 공자에 대한 세간의 평가를 짐작할 수 있다. 그 평가의 핵심은 아첨이다. 그러나 공자는 섬기는 대상이 누구든, 힘이 있든 없든 예를 다하여 성심껏 모셔야 한다고 생각하였다. 이렇게 볼 때, "공자가 아첨한다고 비웃는 사람은 본래 어리석고 나약한 사람이 아니라면 반드시 자기를 드러내고 남을 업신여겨 겸손과 사양을 알지 못하는 사람이다"라고 한 이토 진사이의 지적은 적실하다.

&#10086;

염량세태炎凉世態, 곧 권세가 있을 때는 아첨하여 좇고, 권세가 없어지면 푸대접하는 세상의 인심을 비판한 것이다. 아, 그렇듯 중심을 잡는 일은 얼마나 어려운 것인가. 대개 힘 있는 사람 앞에서는 그 누구라도 벌벌 기다가, 그가 힘을 잃으면 언제 그랬냐는 듯 매몰차게 등을 돌리는 것이 현실이다.

상대를 인격적으로 대하지 않고, 하나의 수단과 도구로 이용하기 때문이다. 이들 모리배謀利輩는 차마 함께 하기 어려운, 누추하고 너절한 족속이다. 모리배를 읊은 시로 단연 으뜸은 김수영의 「謀利輩」1959다.

言語는 나의 가슴에 있다
나는 謀利輩들한테서
言語의 단련을 받는다
그들은 나의 팔을 支配하고 나의
밥을 支配하고 나의 慾心을 지배한다

그래서 나는 愚鈍한 그들을 사랑한다
나는 그들을 생각하면서 하이덱거를
읽고 또 그들을 사랑한다
生活과 言語가 이렇게까지 나에게
密接해진 일은 없다

言語는 원래가 유치한 것이다
나도 그렇게 유치하게 되었다
그러니까 내가 그들을 사랑하지 않을 수가 없다
아아 謀利輩여 謀利輩여
나의 化身이여

정공이 물었다. "군주가 신하를 부리고, 신하가 군주를 섬기는 것은 어떻게 해야 하오?" 스승님께서 대답하셨다. "군주는 예를 갖추어 신하를 부려야 하고, 신하는 충성으로 군주를 섬겨야 합니다."

定公問, 君使臣, 臣事君, 如之何. 孔子對曰, 君使臣以禮, 臣事君以忠.

정공은 노 나라 군주이다. 군주가 신하를 부리는 것을 사使라 하고, 신하가 군주를 섬기는 것을 사事라 한다. 예禮는 외부의 약속으로서 군주의 권력을 나타내고, 충忠은 내심의 약속으로 신하의 의무를 나타낸다. 이 글에 비추어볼 때, 충성으로 군주를 섬기는 것 역시 예다.

내가 보기에, 공자의 이 말에는 엄격한 신분 차별이 전제되어 있기는 하지만, 군주와 신하의 관계를 일방적인 것으로 설정하고 있는 것 같지는 않다. 군주도 신하를 예로 다스려야 한다고 했는데, 그것은 권력을 가진 자가 신하를 인간적으로 대우해야 마땅하다는 말이다. 그리고 충忠은 마음心이 중심中을 잡은 것이니, 신하가 군주를 충으로 섬겨야 한다는 말은, 속에서 우러나는 참된 마음, 곧 충심衷心으로 군주를 대해야 마땅하다는 것이다. 이 얼마나 어려운 일인가. 힘 있거나 위에 있는 자는 아래의 힘없는 사람을 쉽게 대하기 십상이고, 힘없는 아랫사람은 힘을 가진 윗사람 앞에서 자기 속내를 감추고 비굴해지기 일쑤이지 않은가.

사군이충事君以忠은 이른바 「세속오계世俗五戒」 중 하나이다. 세속오계는 신라 진평왕 때 원광법사圓光法師가, 선비 귀산貴山과 추항箒項이 일생을 두고 경계할 금언을 청하자 지어 준 교훈이다. 사군이충事君以忠, 사친이효事親以孝, 교우이신交友以信, 임전무퇴臨戰無退, 살생유택殺生有擇이 그것이다.

스승님께서 말씀하셨다. "관저는 즐겁지만 지나치지 않고, 슬프지만 비통하지 않다."

　　子曰, 關雎, 樂而不淫, 哀而不傷.

───────────────────

✿

　　관저는 『시경詩經』의 첫 번째 편인 「국풍國風」 주남周南의 첫 편이다. 공자는 거기에 즐거움과 슬픔이 같이 들어 있다고 보았다. "요조숙녀는 군자의 좋은 짝이로다"와 "만나려 해도 만날 수 없으니 계속 뒤척이면서 잠 못 든다"가 그것이다.

✿

　　공자는, 예의 중요성이 절제에 있듯이, 즐거움과 슬픔에도 절제가 필요하다고 생각했다. 슬픔과 즐거움은 절제하여 지나치지 않아야 한다. 음淫은 방탕으로 흐르는 것이고, 상傷은 슬픔에 너무 빠지는 것이다. 앞의 「팔일八佾」 편 3-4를 참조하면, "슬프지만 비통하지 않는다"라는 말은 능숙하게 처리하는 것易과 슬퍼하는 것戚 사이에서 절충점을 찾은 것이다.

✿

　　내가 보기에, 이 장의 키워드는 절제다. 사전을 찾아보니 절제란 정도에 넘지 아니 하도록 알맞게 조절하여 제한한다는 뜻이다. 사실 '알맞게'의 내용을 알고자 한 것인데, 이렇게 서술하고 말면 좀 허무하다. 뜬금없는 말이겠지만, 나는 살풀이춤이야말로 절제의 미가 구현되어 있다고 본다. '살'은 잡귀나 귀신처럼 형상이 있는 것이 아니라 인간을 해치는 일종의 기氣또는 에너지를 말하는데, 살풀이춤은 그 살을 풀어 없애려는 목적으로 추는 춤이다. 그런데 살풀이춤은 살을 푸는 방식이 전혀 일방적이지 않다. 나쁜 살을 때려 부셔 몰아내는 것이 아니라, 그 놈의 독기를 달뜨게 하다가 슬쩍 누그러뜨리는, 말하자면 맺고 풀어 어르는 데 그 춤의 묘미가 있다. 절제미란 바로 그럴 때 얻어지는 것이다. 금욕주의적 자제의 의미가 아니라, 조절대상과 밀고 당기는 긴장의 관계를 적절히 유지하는 것, 그래서 대상과 주체 사이에 균형의 여유가 생동하는 공간, 거기에서 자연스럽게 우러나는 조율의 아름다움이 절제미가 아닌가 한다.

애이불상哀而不傷은 학창시절 김소월의 「진달래꽃」을 배우는 국어시간에 처음 알게 되었다. 새삼 궁금해 뒤져보니, '한국 여인의 인고의 정신'이니 '임의 가시는 발길에 축복을 보내고 싶은 화자의 임에 대한 깊은 사랑 함축된 반어적 의미'니 하는 설명이 붙어 있다. 절제는, 인고가 되고 아이러니가 되어 버렸다. 다산은 이 구절에 대해, "애哀와 상傷, 두 글자는 시의 내용과 관계가 없어 보인다"라고 했다. 오규 소라이도 "슬픔이라는 글자 애哀는 부모가 돌아가신 사람을 고자孤子 혹은 애자哀子라고 하는 것처럼, 죽은 사람에 대해 말하는 것인데, 관저의 시에는 실제로 그런 일이 없다"라고 하였다. 이들의 의견이 옳은지 그른지의 여부를 떠나, 텍스트를 대하는 이런 태도는 높이 사고 또 깊이 배워야 할 덕목이 아닌가 한다.

애공이 재아에게 사에서 쓸 나무에 대하여 묻자, 재아가 대답했다. "하후씨는 소나무를 썼습니다. 은 나라 사람은 잣나무를 썼습니다. 주 나라 사람은 밤나무를 썼는데, 백성들을 벌벌 떨게 한다는 의미가 있습니다." 스승님께서 들으시고 이렇게 말씀하셨다. "성공할 것 같은 일은 발설하지 않고, 원하는 대로 되어가는 일은 그만 두게 하지 않으며, 이미 지난 일에 대해서는 불평하지 않는 법이다."

哀公問社於宰我, 宰我對曰, 夏后氏以松, 殷人以栢, 周人以栗, 曰使民戰栗. 子聞之, 曰, 成事不說, 遂事不諫, 旣往不咎.

---

✿

사社는 국토를 관리하는 신이다. 애공과 재아의 대화는 대단히 이해하기 어렵다. 마치 도적 떼가 사용하는 암호 같은데, 아마도 은어일 것이다. 공자의 말 역시 뜻이 분명치 않다. 일반적으로 이것은 공자가 재아를 비판한 말로 생각한다. 그런데 청대의 방관욱方觀旭은 달리 봤다. 고대의 사社는 희생을 죽여 제사지내는 곳이고, 애공이 사람을 죽일 수 있는 것인지를 물은 것인데, 그 의미는 삼환三桓(중국 춘추 시대 노 나라의 세 경卿 집안, 곧 계손季孫, 숙손叔孫, 맹손孟孫 세 집안을 가리키는 말이다. 각 집안의 시조는 모두 노 환공의 아들들이어서 환공의 자손인 세 집안이란 의미로 삼환이라고 하였다. 춘추 중·말기에 노 나라의 권세를 쥐어, 임금 자리도 좌지우지할 정도로 그 세력이 막강했다)을 재거해야 한다는 것이었고, 재아의 대답은 그에게 단호하게 결단을 내릴 것을 권유하고, 그들을 죽이지 않으면 백성들을 두렵게 할 것이라고 추측했다. 만약 이 주장이 믿을 만하다면, 공자가 한 말의 의미는, 성공할 것 같은 모든 일은 말로 드러내서는 안 되고, 원하는 대로 될 것 같은 모든 일은 그만두게 말려서는 안 되며, 이미 지나간 모든 일은 성패를 떠나 불평을 해서는 안 된다는 것으로 풀이된다.

❀

내가 보기에, 사(社)에 대해서는 지나치다 싶을 정도로 많은 견해들이 제출되어 하나로 설명하기 어렵다. 주희도 확언하지 않고 다음과 같이 추측하였다. "삼대의 사는 다 같지 않았다. 옛사람들이 사를 세울 때 각기 그 토질에 알맞은 나무를 심어서 사주(社主)로 삼은 때문이다. …… 재아가, 주 나라가 밤나무를 쓴 뜻이 전율케 함이라고 말한 것은 아마 옛사람들이 사(社)에서 사람을 죽였기 때문에 그 설을 부회한 것일까?"

❀

고대의 사(社)는 희생을 죽여 제사지내는 곳이라 했다. 이러한 희생제의와 관련해서는 르네 지라르의 『폭력과 성스러움』을 언급하지 않을 수 없다. 지라르에 따르면, 희생제의는 공동체 전체를 그 내부적 폭력으로부터 보호함으로써 사회적 유대를 강화하고 조화를 복구하려는 데 그 목적이 있다. 인간은 본능적으로 남을 모방하려는 욕망이 있고, 그 욕망을 충족하고자 폭력을 사용하려는 욕구가 생기며, 일단 폭력이 발생하면 계속 악순환되어 확대될 수밖에 없는데, 결국 사회 전체가 와해될 수 있는 위협에 빠지게 된다. 이때 그 폭력의 욕구를 희생제물에 돌림으로써 폭력의 욕구를 충족하는 동시에 사회의 안정과 보존을 꾀한다는 것이 지라르의 주장이다. '왕따'

는 그 제의의 현대판 버전이다. 왕따는 한 사람을 공동의 적으로 돌려 그에게 폭력을 가함으로써 나머지의 화평을 확보하려는 오래된 제의의 모방인 것이다. 요컨대 왕따는 고대의 제의를 현대사회에서 반복하려는 퇴행이다. 그러한 반동의 정서 속에는 '증폭되는 불안'이 자리하고 있고, 그 불안을 집단적으로 이겨내려는 안간힘으로 파시즘이 대두했다.

스승님께서 말씀하셨다. "관중은 그릇이 작았다!" 어떤 사람이 "관중이 검소했습니까?"라고 묻자, 이렇게 대답하였다. "관중은 세 여자를 아내로 맞아들였고, 관부의 일을 겸직하지 않았는데 뭐가 검소한가?" "그렇다면 관중은 예를 알았습니까?" "나라의 군주가 색문을 세우자 관중 역시 색문을 세웠다. 나라의 군주가 두 나라 군주들 간의 우호를 다지기 위해 반점을 설치하자 관중 역시 반점을 설치했다. 관중이 예를 안다면, 누가 예를 알지 못하겠는가?"

> 子曰, 管仲之器小哉. 或曰, 管仲儉乎. 曰, 管氏有三歸, 官事不攝, 焉得儉. 然則管仲知禮乎. 曰, 邦君樹塞門, 管氏亦樹塞門. 邦君爲兩君之好, 有反坫, 管氏亦有反坫. 管氏而知禮, 孰不知禮.

❀

관중은 제齊 나라 환공을 보좌하여 권위와 패업을 달성하도록 한 능력 있는 신하로, 일반인들은 모두 그를 동량 같은 재목이라 여겼지만, 공자는 두 가지에서 비판했다. 검소하지 않고 예를 모른다는 것이다.

❀

세 여자를 아내로 맞아들였다고 한 구절에 해당하는 원문은 삼귀三歸인데, 이에 대해서는 의견이 분분하다. ① 세 가지 성을 가진 여성을 아내로 맞아들여 천자의 예를 참월했다. ② 세 개의 대臺를 쌓아 여자와 재물을 그 속에 감추었다. ③ 세 곳에 집을 지었다. ④ 관중의 채읍공로에 대한 특별 보상으로 대신들에게 주는 영지이다. ⑤ 시장에서 물품세로 3할 정도를 거두어들인 것이다. 이 다섯 개의 해석은 그 어느 것이든 관중이 지나치게 많이 차지했고 사치스러웠다는 것을 말한다. 관부의 일을 겸직하지 않았다고 한 것도 마찬가지다. 일마다 맡긴 관리가 너무 많았다는 것이다.

※

예를 알지 못한다는 말은 제 나라 군주만이 누릴 수 있는 대우를 분수에 넘치게 썼다는 뜻이다. 색문은 궁실로 들어가는 문 뒤에 세워놓은 문병門屏, 곧 밖에서 집 안이 들여다보이지 않도록 대문이나 중문 안쪽에 가로막아 놓은 담이나 널빤지로, 후세에는 영벽影壁 혹은 조벽照壁이라 했다. 반점은 외국의 군주를 초대하여 연회를 벌일 때 술잔을 되돌려 놓는 받침이다.

※

공자는 다른 곳에서는 관중을 높이 평가했다. 아홉 번이나 제후들의 회합을 주도했고 단숨에 천하를 바로 잡았다는 것이다. 공자가 어질다고 인정한 사람은 매우 적은데, 관중은 어질다고 칭찬했다. 그것은 존왕양이尊王攘夷, 곧 천자를 받들고 이민족을 물리친 분야에서 큰 공을 세웠기 때문이다.

※

내가 보기에, 관포지교管鮑之交의 주인공이기도 한 관중에 대한 공자의 이 두 상이한 평가는 일관되게 해석하기 어렵다. 리링은, 관중이 국내에서 한 일에 대해 공자가 비판했고, 대외적인 면에서는 칭찬했다고 했는데, 수긍하기 쉽지 않다. 어느 면에서는 좋고, 어느 면에서는 나쁘다고 하는 것은 범부의 평가 방식 아닌가? 일이관지一以貫之하고는 거리가 있다. 그런데 오히려 그래서 인간 공자의 면모를 더 잘 볼 수 있지 않나 한다.

⁂

　사람을 그릇에 비유하는 것은 이처럼 연원이 오래되었다. 대표적으로 대기만성大器晚成이 그렇다. 양자揚子의 『법언法言』에 보면, 공자가 이오夷吾를 "그는 작은 그릇이다"라고 하자, 혹자或者가 어떤 것을 큰 그릇이라 하는지 물었다. 이에 공자는 "큰 그릇은 오직 규구規矩와 준승準繩 같은 자尺이다. 먼저 자신을 다스린 뒤 남을 다스리는 것"이라고 대답했다. 그런데 앞의 「위정爲政」 편 2-12에서 군자불기君子不器라고도 했다. 군자는 그릇처럼 자신을 일정하게 제한해 두지 않는다는 말이다. 그렇다면 관중을 비판할 때 그릇이 작다고 한 것은 적절헤 보이지 않는다. "관중이 예를 안다면, 누가 예를 알지 못하겠는가"라고 발언한 것도 좀 심하지 않나 한다. 관중에 대한 일종의 '신화 깨기' 작업을 하고 있다고 하더라도, 절제되지 않은 감정을 섞어낸 느낌을 떨쳐버리기 어렵다.

스승님께서 노 나라 태사에게 음악에 대해 말씀하셨다. "음악을 이해할
수 있겠습니다. 연주가 시작될 때는 절제하는 듯하다가 계속 이어지면서
맑은 소리를 내고, 우렁찬 소리를 내고, 느리고 은은한 소리를 내다가 마
무리를 짓더군요."

> 子語魯大師樂, 曰, 樂其可知也. 始作, 翕如也. 從之, 純如也, 皦如也, 繹
> 如也, 以成.

태사는 춘추 시대 음악을 관장하는 관리인데, 공자는 노 나라 태사에게
자기가 들은 음악의 느낌을 설명했다. 흡여翕如는 소리가 제약을 받아 아직
풀어놓지 않는 것이고, 종지從之는 계속 이어지는 연주이며, 순여純如, 교여皦
如, 역여繹如는 맑은 소리, 우렁찬 소리, 느리고 은은하게 나는 소리를 형용한
말이다.

내가 보기에, 이 구절에 대해서는 주희의 주석을 읽어보는 것이 좋을
듯하다. "당시에 음악이 폐지되어 결함이 있었기 때문에 공자께서 그에게
가르쳐 주신 것이다. 흡은 합하는 것이요, 종은 풀어놓는 것이요, 순은 조화
함이요, 교는 분명한 것이요, 역은 서로 이어져 끊이지 않는 것이요, 성은
음악이 한 번 끝나는 것이다." 그런데 그 아래 작은 주석을 보니 좀더 상세하
다. "사씨謝氏가 말하였다. 오음五音과 육률六律이 갖추어지지 않으면 음악이

라 말할 수 없다. 흡여는 그 합함을 말한다. 오음이 합하면 청탁과 고하가 마치 오미五味가 서로 도운 뒤에 조화되는 것과 같기 때문에 순여라고 말한 것이다. 합하여 조화를 이루면 서로 차례를 빼앗음이 없고자 하므로 교여라 말한 것이다. 그러나 어찌 궁宮은 궁만 하고, 상商은 상만 할 뿐이겠는가. 서로 반대되지 않고 서로 연결됨이 마치 구슬을 꿴 것과 같아야 한다. 그러므로 연속하여 음악을 끝낸다고 말씀하신 것이다." 다산의 해석도 함께 읽어 보자. "모두 팔음八音이 고루 화합하는 것을 흡이라 하고, 고루 화합하여 혼연히 하나가 되는 것을 순이라 하며, 음절이 명백한 것을 교라 하며, 실오라기처럼 끊임없이 이어지는 것을 역이라 한다. 음악을 시작함에는 음조가 느슨하므로 흡여함이 있고, 이어서 음조가 점차 빨라지므로 순여, 그 다음은 교여 또 역여 식으로 한 악장을 이루는 것이다."

초보적인 의문이겠지만, 악기가지야樂其可知也의 풀이도 논란이 될 수 있다. 음악은 알만하다는 것인지, 음악은 알 수 있다는 말인지, 다시 말해 알 만한 가치가 있다고 한 것인지, 음악에 대해서 잘 안다는 자부인지가 모호하다. 그런데 알만한 가치가 충분한 음악에 대해 내가 잘 이해하고 있다고 풀이하면, 문제가 해결될 것 같기도 하다.

의 땅의 봉인이 뵙기를 청하면서 말했다. "군자께서 이곳에 이르면, 제가 뵙지 않은 적이 없었습니다." 수행하던 사람이 스승님을 만나 뵙게 했다. 그는 뵙고 나와서 말했다. "여러분은 (공자께서 벼슬) 잃는 것을 왜 두려워하시오? 천하에 도가 없어진 지 오래 되었으나, 하늘은 선생님을 목탁으로 삼으실 것이오."

儀封人請見, 曰, 君子之至於斯也, 吾未嘗不得見也. 從者見之. 出曰,

二三子何患於喪乎. 天下之無道也久矣, 天將以夫子爲木鐸.

＊

의儀는 위 나라 국경의 작은 도시인데, 구체적으로 어디인지 여러 추정이 있었지만, 대개 확실히 믿을 수 있는 것은 아니다. 봉인封人은 변경의 봉수封燧를 관리하던 말단 관리로, 땅을 돋워 나무를 심어 경계를 표시하는 일을 맡았다. 목탁木鐸은 나무 혀가 달린 금속방울인데, 고대에 사자使者가 길을 나설 때 연도에서 그것을 흔들게 했다. 봉인이 공자를 만나보고 제자들에게 '실의에 빠지지 말라. 도가 없어진 지 오래 되었다. 하늘은 여러분의 스승을 보내 사람을 가르치고 도를 전하고, 하늘의 뜻을 널리 알리게 한 것'이라 했다.

＊

내가 보기에, 이 구절의 주인공은 단연 봉인이다. 변방의 말단 하급관리이지만, 그는 여러 군자를 두루 만나본 사람이다. 그러므로 그의 인물평은 믿을 만하다. 더욱 중요한 것은 사람 평가는 배운 엘리트들만 소위 전문적으로 하는 것이 아니라는 점이다. 봉인을 주희는 어질면서 낮은 벼슬자리에 숨은 자일 것賢而隱於下位者이라 했지만, 이것은 하나의 추정에 불과하다. 왜 아랫사람은 안 되고, 신비스러운 이인異人인 은자隱者만 사람을 정확히 볼 줄 안다는 말인가? 더구나 『논어』에 등장하는 은자들은 모두 공자를 비난하는데, 이 봉인만 칭찬하는 것도 자연스럽지 않다. 선거철이면 후보들에 대한 인물평이 많이 나오는데, 신문지상이나 공중파에서 보게 되는 엘리트들의 진단보다는 장삼이사張三李四들의 직관이 사태를 더 잘 파악하기도 한다. 지역감정과 구차한 편견에 휩싸여 정신이 나간 우중愚衆은 예외다.

스승님께서 소韶에 대하여 "아름다움의 극치이고, 선의 극치이다"라고 하셨고, 무武에 대해서는 "아름다움의 극치이기는 하지만 선에 대해서는 미진하다"라고 하셨다.

子謂韶, 盡美矣, 又盡善也. 謂武, 盡美矣, 未盡善也.

고대의 악樂은 성악, 가악, 춤, 가사까지 다 포괄하는 개념이었다. 춘추시대 유명한 고전음악은 여섯 가지였다. 황제를 위한 운문雲門, 당요唐堯를 위한 함지咸池, 우순虞舜을 위한 대소大韶, 하우夏禹를 위한 대하大夏, 상탕商湯을 위한 대호大濩, 주 무왕을 위한 대무大武인데, 소와 무는 진한 위진 시기까지 연주되었다. 공자는 "소를 듣고 석 달 동안 고기 맛을 알지 못했다"「술이(述而)」7-14라고 할 정도로 고전음악 마니아였다.

소를 평가하면서 진선진미盡善盡美라는 말이 나왔다. 평화로운 정권교체인 선양禪讓에 의해 천하를 얻은 순 임금이, 정벌에 의해 천하를 얻은 무왕과는 달랐기 때문이라는 해석이 있다.

내가 보기에, 이것은 음악이 정치와 무관치 않음을 말한다. 단적으로 세상이 비뚤어지고 험악한데, 음악(예술)만 홀로 깨끗하고 편안할 수 있겠는가? 예를 들어 문학과 정치는 분리해서 봐야 한다거나, 문학은 문학일 뿐이라고 강변하는 이들이 있지만, '아름답고 고운 친일시'에는 어느 수준과 형태로든 미적 형상에서의 파탄 같은 것이 들어 있다는 것이 내 생각이다. 내가 좋아하는 서양의 속담 중에 이런 것이 있다. '내 눈이 아름다운 풍경을 구경하고 있을 때, 내 발은 땀내 나는 신발 속에서 절고 있다.' 눈과 발을 분리하면 내 몸은 죽고 만다.

『논어』에서의 용례와는 좀 다른 맥락이지만, 진선진미에 대해서는 신영복 선생의 글과 설명을 경청할 만하다. "目標의 올바름을 善이라 하고 過程의 올바름을 美라 합니다. 목표와 과정이 함께 올바를 때 盡善盡美라 합니다. 나는 목표와 과정은 서로 통일되어 있는 것이라고 생각합니다. 진선盡善하지 않으면 진미盡美할 수 없고 진미하지 않고 진선할 수 없는 법입니다. 목적과 수단은 통일되어 있습니다. 목적은 높은 단계의 수단이며 수단은 낮은 단계의 목적입니다."

스승님께서 말씀하셨다. "윗자리에 있으면서 너그럽지 않고, 예를 행한다고 하면서 공경하지 않으며, 상을 치르면서 슬퍼하지 않는 것을 내가 어떻게 가만 두고 보겠느냐?"

子曰, 居上不寬, 爲禮不敬, 臨喪不哀, 吾何以觀之哉.

❀

증자도 이와 비슷한 말을 했다. "일에 임해서 공경하지 못하고, 상을 치르면서 슬퍼하지 않으며, 제사지내면서 두려워하지 않고, 조정에서 공손하지 않다면, 나는 그런 것을 이해할 방법이 없다."

❀

내가 보기에, 이 글은 제3장 「팔일八佾」 편을 총 정리하고 있는 것 같다. 그런데 불만스러운 점이 없지 않다. 물론 설명의 방편으로 한 말이겠지만, 예를 행하면서 공경치 않는다는 말은 일종의 '둥근 사각형'처럼 형용모순이다. 위악僞惡이 아닌 한, 이미 예를 행하면서 공경치 않을 수는 없기 때문이다.

❀

윗자리에 있는 자들은 대개 아랫사람에게 관용하지 않는다. 자기 기분이 좋을 때를 제외하고, 대부분은 함부로 대하기 십상이다. 간혹 자기에게 긴요치 않은 약간의 호의를 베풀고는 천사의 표정을 짓는 자들이 있는데,

그 "눈동자는 거짓말이다. 그 눈동자는 피를 흘리고 있지 않다."<sup>김수영의 「離婚</sup> <sup>取消」 중</sup> 더구나 한 줌도 안 되는 지식과 권력과 화폐를 쥐고 거들먹거리며 아랫사람을 함부로 '사용'하는, 요즘 말로 마구 '갑질'을 해대는 자들은 참으로 역겹다. 그런 자들에게 공감능력이나 반성을 요구하는 것은 그야말로 어불성설이다. 공자의 말마따나 그런 자들은 "가만 두고 볼 수 없다."

4

—

이인

里仁

스승님께서 말씀하셨다. "어진 사람이 있는 곳에 사는 것이 좋다. 어진 사람이 있는 곳을 가려 살지 못한다면 어찌 지혜롭다고 할 수 있겠는가?"

　子曰, 里仁爲美, 擇不處仁, 焉得知.

---

❧

　이인里仁은 처인處仁, 곧 어진 사람과 함께 사는 것이다. 택擇은 고서에서는 택宅으로 쓰기도 하는데, 그것이 더 좋다.

❧

　내가 보기에, 리링은 이 구절을 현실적으로 해석하는 관점을 택했다. 공자는, 먼저 살 곳을 정한 다음에 같이 살 사람을 선택했다는 것이다. 그런데 요즈음은 이 둘 모두를 주체적으로 선택할 가능성은 거의 없다. 주희의 설명대로 요행히 그러한 마을을 선택했더라도 스스로 인을 실천하지 않는다면 소용없을 것이다. 지금 내가 일용할 양식을 구하는 거처는 어떤가? 단적으로 불인不仁이 유령처럼 횡행하고 있다. 거기서 과연 나는 인을 실천하고 있는가? 나는 그럴 만한 도덕적 자질이 있는 사람이 아니다. 라인홀트 니부어처럼 '도덕적 인간과 비도덕적 사회'라고 강변할 용기도 없다. 곧 뒤에서 보겠지만, '인에 뜻을 두면, 악이 없으리라'는 금언은 내게 가당치 않은 주문이다.

이중환李重煥, 1690~1756의 『택리지擇里志』는 바로 이 구절에서 따온 말이다. 이중환의 다음 말은 소중히 새겨들을 만하다. "대개 사대부가 살고 있는 곳은 인심이 무너지고 상하지 않는 곳이 없다. 당파를 만들어 유객遊客을 거두어들이며, 권세를 부려서 평민을 침해한다. 이미 자신의 행실을 단속하지 못하면서 남이 자기 평함을 싫어한다. 모두 홀로 한 지방에서 재패하기를 좋아한다. 당색이 다르면 같은 마을에서 함께 살지 못하고, 마을과 마을이 서로 비방하고 욕한다. 그러므로 오히려 사대부가 없는 곳을 택하여 문을 닫고 교류도 끊고 홀로 자신을 착하게 하면 비록 농부가 되고 공인工人이 되고 장사꾼이 되더라도 즐거움을 그 가운데서 찾는다면, 인심은 좋고 나쁨을 가릴 것이 없다고 하겠다."

참고로 다산은 이인위미里仁爲美를 이, 인위미里, 仁爲美로 읽어야 한다고 하면서, 그렇다면 "아래의 구에도 역시 택불이인擇不里仁이라 해야지, 왜 택불처인擇不處仁이라 했겠는가. 이 자의 뜻을 한유漢儒들이 종래부터 내려오면서 잘못 풀이하여 거居 자로 해석했던 것이다"라고 했다.

스승님께서 말씀하셨다. "어질지 못한 사람은 오랫동안 가난에 처하지 못하고, 오랫동안 즐거움에 처하지 못한다. 어진 사람은 인을 편안하게 여기고, 지혜로운 사람은 인을 이용한다."

子曰, 不仁者不可以久處約, 不可以長處樂. 仁者安仁, 知者利仁.

가난이라는 의미의 약約을 공안국孔安國은 『공주孔注』에서 곤궁하다困로 해석했다. 안인安仁은 인을 편안하게 여기는 것으로, 정지해 있는 것을 강조한다. 안분安分은 가난에 대하여 정신적인 준비를 해야 할 뿐만 아니라, 오래 굶더라도 즐겁고 유쾌하게 굶어야 함을 말한다. "지혜로운 사람은 인을 이용한다"라는 말은 아마도 총명하면 총명할수록 인의 위대한 의미를 발휘한다는 것을 의미하는 것 같다.

내가 보기에, 안분만큼 어려운 것도 없을 것 같다. 보통사람들이 흉내 낼 수 없는 경지다. 교실에서 "가난에 시달리는 가정은 행복할 수 없다. 최근 그의 집은 부유해졌다. 그러므로 그의 집안은 한층 행복해 졌을 것이다"라는 진술 혹은 논증에서 잘못된 부분을 지적해 보라고 한다. 그러면 "가난과 행복은 등치될 수 없다"라는 답변이 돌아온다. 그때 나는 "시달리다"라는 말에 주목하라고 한다. "시달리다"는 괴로움이나 성가심을 당하여 피곤하다는 뜻이다. 가난에 시달리는데 행복할 수는 없다. 현실을 괄호 속에 넣는 교육의 병폐가 아닐 수 없다.

✦

견디지 못할 정도로 즐거움에 빠져 살아 본 적이 없어 잘 모르겠지만, 우리 대개는 가난을 견디기 어려워한다. 그러니까 가난을 즐겨보라는 말이 아니다. 안분지족, 곧 분수를 지켜 만족을 알라는 가르침은 교과서에서나 타당한 말이라고 여기는 것이 좋다. 배가 고파봐야 글을 쓸 수 있다고 협박하고 싶지도 않다. 조지훈이 4·19 때 「지조론」에게서 이야기한 소인기小忍飢, 곧 잠시 배고픈 걸 참으라는 말을 다시 생각해 보고 싶다.

✦

며칠 전 운전 중에 우연히 한국방송공사의 시사토론을 듣게 되었다. 모 국회의원을 상대로 두 명의 패널이 토론을 벌이는 자리였다. 패널 두 명은 토론 프로그램에 자주 등장하는 이른바 명망가 교수들이었다. 한 쪽은 그 의원을 옹호하고 다른 쪽에서는 반대하는 수작이 자못 흥미로워 저녁 시간 교통 체증의 따분함을 보상받을 수 있었다.

그런데 토론을 들으면서 나는 깜짝 놀라 귀를 의심하지 않을 수 없었다. 정확한 맥락은 잊었는데, 모 의원의 사상과 행적을 비판하는 쪽의 교수가 '전태일이라는 사람이 자살한 사건' 운운한 것이었다. '전태일'은 이미 '역사적인 인물'이 된 사람이다. 물론 그를 반대하거나 그의 삶을 대수롭지 않게 평가하는 사람이 있을 수 있다. 그래서 그 교수는 '전태일이라는 사람'이라고 불렀을 것이다. 그러나 전태일의 죽음을 군이 '자살'이라고 발언하는 것은 결코 동의할 수 없다. 아니, 이것은 동의 여부의 문제가 아니다. 지식인의 양식 문제다. 자신과 삶의 지향이 다르다고 해서, 한국의 민주주의 발전에 지대한 영향을 끼친 역사적 인물의 행적을 이런 식으로 폄하하는 것은 교양, 품성 혹은 자질의 문제기도 하다. 서울의 유수 대학에서 오랜 기간 연구와 교육을 담당한 교수가 이런 식으로 '막말'을 해대는 것은 대학인의 수치다. 전태일의 죽음을 자살이라고 한다면, 안중근을 '살인자'라고 불러야 옳겠는가? 1980년 광주 시민들이 폭력을 행사했으니 '폭도'라 불러야 하겠는가? 나는 그 교수의 발언을 들으면서 대학 선생의 한 사람으로서 부끄러워 얼굴이 화끈거렸다.

그리고 며칠을 불편한 마음으로 보내고 있었는데, 우연히 신문을 보고 다시 한 번 경악하지 않을 수 없었다. 대표적인 사립대학의 몇몇 교수들이 역사 왜곡을 주도하는 일본 극우단체의 돈으로 설립된 연구기금 수십억 원을 10년 동안이나 받아 써 왔다는 것이다. 그런데 그 기금의 사무총장을 맡고 있는 사람이 바로 앞의 그 교수였던 것이다. 그런데 나를 더욱 놀라게 한 것은 "이 돈의 성격은 우파 돈인지 아닌지 모르겠지만, 일본 국민들이 공익사업에 쓰라고 한 돈을 우리에게 준 것으로 알고 있다"라고 한 그의 YTN 인터뷰 기사였다. 첩첩산중이다. 그러나 이 돈의 정체에 대해서는 연전에 그 대학의 교수협의회에서 정확하게 그리고 구체적으로 밝힌 바 있다.

나로서는 그 교수의 발언을 도저히 용납할 수 없다. 대학 선생으로서 최소한 지녀야 할 부끄러움이 도대체 있기나 한 것일까. 그 교수는 『한국의 사회 발전』이라는 책을 집필한 것으로 알고 있다. 그가 생각하는 한국사회의 발전이란 도대체 어떤 것일까? 그는 『전통과 현대』라는 잡지를 통해 이른바 '유교자본주의'라는 난센스를 개진한 바도 있는 것으로 안다. 그가 꿈꾸는 유교자본주의는 과연 어떤 사회일까? '대우가족'이라는 표어를 내걸고 노동자들을 개 패 듯한 재벌을 두둔하자는 것에 불과하다. 선생에게 학문과 삶을 일관되게 유지하라는 주문은 가혹할 줄 모르지만, 그러나 적어도 양자의 모순에 대해서 부끄러워 할 줄은 알아야 할 것이다.

조지훈은 1960년 독재 권력에 빌붙으려는 교수들을 향해 지조를 지키라고 질타하였다. 한마디로 소인기少忍飢, 곧 '잠시 배고픔을 참으라'는 것이다. 대학 선생이 한때의 궁핍과 곤란 때문에 지조를 헌신짝처럼 버리고 권력에 빌붙어 너절하게 웃음을 파는 꼴을 도저히 봐줄 수 없다는 것이다.

대학이 취업을 위한 학원으로 전락하고 논문의 양으로 학자를 평가하는 이 한심한 오늘의 대학에서, 선생들마저 이런 식으로 품위를 저버려서야 되겠는가. 20대의 윤동주는 "잎새에 이는 바람에도 괴로워했다"라고 고백했다. 저 도저한 인격은 바라지 말자. 적어도 부끄러워는 해야 옳지 않겠는가.

그 교수는 앞의 그 토론에서 자신을 '꼴통보수'라고 비난하는 현실에 분개하였다. 그러나 생각해 보라. 이런 식의 작태를 보인다면 그런 평가가 과연 터무니없는 것인가? 잠시 배고프고 곤란한 상황을 참고 곰곰, 재삼 생각해 보라. 제발 체면 좀 차리고 살자.

스승님께서 말씀하셨다. "오직 어진 사람만이 사람을 좋아할 수 있고, 사람을 미워할 수 있다."

　　　子曰, 唯仁者能好人, 能惡人.

---

　내기 보기에, 이 구절은 인자仁者가 지닌 평가기준의 일관성을 말하고 있는 것 같다. 나 같은 소인배는 이중잣대를 사랑한다. 남을 대하는 마음이 항상 돌변하여, 나 스스로조차도 놀랄 때가 있다. 기분이 좀 좋다 싶으면 간도 빼줄 듯이 헤헤 거리다가, 사이가 조금만 틀어지면 금방 원수가 되어 버리고 만다. 기분이 좋은 상태에서 사람을 만나면 '그 사람 참 좋다'고 하고, 조금이라도 수가 틀리면 '저 사람 나쁘다'고 욕을 한다. 반대로 인자는 아마 상대를 일관된 마음으로 대할 것이다. 나 같은 소인배는 서恕 자를 깊이 새겨볼 필요가 있다. 실제로는 형성形聲 자, 곧 뜻을 나타내는 글자心와 음을 나타내는 글자如를 합하여 만든 한자라는 설도 있지만, 나는 같을 여如 자와 마음 심心 자가 합쳐진 글자라고 여긴다. 남을 나와 같이 보는 마음가짐이라는 뜻이다. 입장을 바꿔 생각해 볼 때, 비로소 참된 용서도 가능해진다. 그때 마음은 요동치지 않고 한결같을 것이다.

스승님께서 말씀하셨다. "진실로 인에 뜻을 두고 있으면 나쁜 짓을 하지
않는다."

子曰, 苟志於仁矣, 無惡也.

---

✾

인에 뜻을 둔다志於는 말은 인을 추구하는 마음이 있는 것이고, 나쁜 짓을
하지 않는다無惡는 말은 다른 사람이 싫어할 만한 나쁜 짓을 하지 않는 것이다.

✾

내가 보기에, 이 좋은 '말씀'도 실천하지 않으면 다 소용이 없다. 맑스의
묘지명에는 이런 말이 씌어있다. "철학자들은 세계를 단지 여러 가지로 해
석해왔을 뿐이다. 그러나 중요한 것은 세계를 변혁시키는 것이다."(이것은
물론 맑스의 「포이에르바하에 관한 테제」에 나오는 말이다) 나는, 남들 앞에서는
언제나 인을 입에 달고 살지만, 돌아서서는 악행을 서슴지 않는 자를 잘 알
고 있다. 여기서 악행이란, 지나친 탐욕에 더해 주로 험담과 욕설과 비방을
일삼음을 말한다. 이런 자들은 개선 가능성이 거의 없다. 몸과 마음으로 저
지른 악을 자기 말과 글로 늘 합리화하기 때문에, 그런 자는 구제불능이다.

✾

다산은 주희의 뜻을 이어받아 "허물과 악은 같지 않다. 인에 뜻을 둔 사
람이 미처 인을 이루지 못했을 때는 허물이 없을 수 없다"라고 했다. 인을

체득하기 위해서는 많은 우여와 곡절이 있음을 인정한 것으로 보인다. 그래야 나처럼 허물이 많은 자도 포기하지 않을 수 있다.

스승님께서 말씀하셨다. "부유함과 고귀함은 사람들이 원하는 것이지만, 합당한 방법으로 얻은 것이 아니라면 누리지 않는다. 빈곤과 비천함은 사람들이 싫어하는 것이지만, 합당한 방법으로 얻은 것이 아니라면 벗어나지 않는다. 군자가 인에서 벗어난다면, 어떻게 이름을 드높일 수 있겠는가? 군자는 식사 시간에도 인을 어기지 않고, 다급하고 황망할 때도 반드시 인에 머물며, 구차하고 실패에 빠졌을 때도 반드시 인에 머문다."

> 子曰, 富與貴是人之所欲也, 不以其道得之, 不處也. 貧與賤是人之所惡也, 不以其道得之, 不去也. 君子去仁, 惡乎成名. 君子無終食之間違仁, 造次必於是, 顚沛必於是.

종식終食은 한 끼 식사를 할 시간으로 매우 짧은 시간을 형용한 말이다. 조차造次는 매우 다급하고 황망한 상황이고, 전패顚沛는 곤궁과 좌절에 빠져 있는 것이다. 공자의 생각은 아무리 바쁘고 급박하더라도, 아무리 낭패스럽고 곤란한 상태에 빠져 있더라도 한순간도 인을 떠나서는 안 된다는 것이다.

내가 보기에, 인에 관한 한 공자는 일종의 근본주의 혹은 원리주의적 입장에 서 있다. 예외가 없다. 자기의 소행은 늘 합당하다고 여기는 사람은 결코 도달하기 어려운 경지다. 이 구절에서는 이른바 일정하고 불변적인 행위규범을 가지지 못하며, 그때마다 다른 행위양식으로 나타나는 권도權道는 설 자리가 없을 것 같다. 참고로 유학에서 권도는 불변의 경상經常에 대해 상대적인 성격을 가지는 것으로 정의된다. 그러므로『설문해자說文解字』에서는 권도를 반상反常으로,『춘추공양전春秋公羊傳』에서는 반경反經이라 하였다.

※

"부자는 항상 자신들의 부유함과 문명과 질서를 가난한 자에 대한 본보기로 삼는다 …… 그러나 그들은 가난한 사람이 돈을 좋아하고, 부자들이 가지고 있는 모든 것을 좋아하면서도, 왜 돈 많은 사람은 오히려 좋아하지 않는지에 대해서는 전혀 알지 못한다. 본보기라는 점을 빼면 그들은 가난한 사람에게 아무것도 주지 않고, 그에 합당한 방법으로 얻어야 한다는 그 방법마저도 정말 합당한지에 대해 대답할 수 없는 문제이기 때문이다." 리링의 말이 추상 같다.

스승님께서 말씀하셨다. "나는 인을 좋아하는 사람과 어질지 못한 것을 싫어하는 사람을 보지 못했다. 가장 어진 사람은 더 이상 덧붙일 것이 없이 좋다. 어질지 못한 것을 싫어하는 사람은 인을 실천할 때 어질지 못한 사람이 자신을 오염시키지 못하도록 해야 한다. 인을 실천하는 데 하루 동안 자신의 힘을 기울일 수 있는 사람이 있을까? 나는 힘이 부족한 사람을 본 적이 없다. 아마도 있을지 모르지만, 나는 본 적이 없다."

> 子曰, 我未見好仁者惡不仁者. 好仁者, 無以尚之, 惡不仁者, 其爲仁矣, 不使不仁者加乎其身. 有能一日用其力於仁矣乎. 我未見力不足者. 蓋有之矣, 我未之見也.

인을 좋아하는 사람好仁者에서 호好는 긍정적인 면을 나타낸 것으로, 인이 가장 좋은 것이라서 더 이상 추가할 것이 없으며, 반드시 목숨을 걸고 추구해야 한다는 것이다. 어질지 못한 것을 싫어하는 사람惡不仁者에서 오惡는 부정적인 면을 나타낸 것으로, 어질지 못한 것이 가장 나쁘기 때문에, 진저리나도록 싫어하면서 그것이 자신에게 가해지지 않도록 해야 한다는 것이다.

어떤 사람은, 나는 마음은 충분히 있지만 힘이 부족하다고 한다. 공자는 누군가 마음속으로 인을 추구하면서 힘이 부족하다는 이유에서 달성하지 못한 것을 보지 못했으며, 비록 하루라도 힘쓰는 것을 본 적이 없다고 말했다. 정말로 마음은 충분히 있으면서 힘이 부족한 사람이 있을지 모르나, 그런 사람은 만나본 적이 없다는 것이다.

＊

내가 보기에, 이 구절은 인을 실천함其爲仁矣에서 볼 때, 자수自修, 곧 자기의 수양을 위한 것이지, 남의 인을 좋아하고 남의 불인을 미워하기 위함이 아니다. 입만 열면 남을 욕하고 비방하고 헐뜯는 사람이 어찌 인을 실천할수 있겠는가. 『논어』를 신줏단지 모시듯 하는, 그리고 그것에 대해 열강을하는 학인들 중에 그런 사람이 있음을 보는 것만큼 난처한 일도 없다. 그들은 그저 고전을 팔아먹는 너절한 장사치에 불과하다.

＊

"아마도 있을 테지만, 나는 본 적이 없다"는 공안국孔安國이 말했듯이, "겸손하여 당시 사람들을 모두 꾸짖고자 하지 않은 것"이다. 오규 소라이에 따르면, "성인은 다른 사람이 자신을 믿어주기를 기다리고 다른 사람들과 다투려 하지 않기 때문에, 그 말투가 이와 같은 것이다."

＊

인을 좋아하는 것과 불인을 싫어하는 것은 같은 것을 달리 말한 것인가? 인을 좋아하는 것은 적극적인 실천이고, 불인을 싫어하는 것은 소극적인 태도라는 식의 설명을 본 적이 있다. 그런데 나에게 이 양자는 둘 다 어려운 일이기는 마찬가지다. 적극적으로 인을 실천하려고 엄두도 내어 보지 못했고, 불인한 것을 남들처럼 싫어는 하지만 적극적으로 반대하거나 비판하지 못했기 때문이다. 아, 비루하고도 누추하다.

스승님께서 말씀하셨다. "사람의 잘못은, 그가 속한 집단에 따라 다르다. 저지른 잘못이 어떤 것들인지를 살펴보면, 그가 어진지 아닌지를 곧바로 알 수 있다."

子曰, 人之過也, 各於其黨. 觀過, 斯知仁矣.

잘못을 저지르는 것은 사람에 따라 다르고, 유형이 각기 다르다. 공자는 만약 인이 무엇인지 알고 싶다면, 가장 좋은 방법은 그 사람이 어떤 종류의 잘못을 저지르는지를 살펴보면 되는데, 다만 어질지 못한 것이 무엇인지를 알아야만 한다고 했다.

진리 앞에서는 누구나 평등하지만, 사실 잘못 앞에서도 사람은 평등하다. 잘못에 고급과 저급의 구분이 있을까? 큰 인물이 저지르는 잘못은 고급한 잘못이고, 작은 인물이 저지르는 잘못은 저급한 것일까? 나는 그렇지 않다고 생각한다.

내가 보기에, 리링의 설명에는 군말이 필요치 않다. 다만 "잘못은 그가 속한 집단에 따라 다르다"라는 말에 대해 한 마디 한다. 단도직입으로 그것은 유유상종이다. 못난 놈들끼리는 얼굴만 봐도 흥겹다고 하지만, 너절한 놈들끼리 몰려다니면서 주접을 떠는 것은 차마 눈뜨고 보기 어렵다. 그자들이 몰려다니면서 하는 해악질이란 대개 '뒷담화'여서 우습기가 한량없다. 자기들 이익을 찾아 먹는 데는 속전속결이고 일사불란하다. 그런데 그자들은 혼자서는 아무 일도 못한다. 사나운 조폭 멤버라도 지하철 타고 집에 혼자 갈 때는 얌전하듯이.

"저지른 잘못이 어떤 것들인지를 살펴보면, 그가 어진지 아닌지를 곧바로 알 수 있다"라는 말은 다산이 잘 설명했다. "의를 좋아하는 자는 의 때문에 허물을 짓고, 예를 좋아하는 자는 예 때문에 허물을 짓고, 신信을 좋아하는 자는 신 때문에 허물을 짓는다. 그러니 허물을 보면 그들이 지키는 바를 알게 된다."

오규 소라이의 풀이는 좀 다르다. 그는 "사람들의 허물이 각각 고을에서는 있기 마련이니, 아랫사람의 허물을 살펴보면 그것으로 임금의 인을 알 것"이라고 이해했다. 그가 이렇게 판단한 근거 중 하나는 관觀이다. 관은 정사를 살펴본다觀政, 풍속을 살펴본다觀俗, 사람들을 살펴본다觀人고 할 때의 관으로, 모두 살펴본다는 뜻이다. 오규 소라이에 따르면, 관을 그저 보다라는 의미로 썼다면, 견見으로 써야 옳다.

스승님께서 말씀하셨다. "아침에 도를 들으면 저녁에 죽어도 좋다."

子曰, 朝聞道, 夕死可矣.

---

1980년대 이후의 수많은 출국광出國狂은 미국을 한 바퀴 돌다가 말라비 틀어져 죽어도 좋다고 말했다.

내가 보기에, 이 구절에 대해서는 공자의 말 그대로를 듣는 것 이상 별 말이 필요 없다. 주희는 이렇게 이해했다. "도는 사물의 당연한 이치니, 만 일 그것을 얻어 듣는다면, 살면 이치에 순하고, 죽으면 편안해서 다시 여한 이 없을 것이다. 조석이란 그때의 가까움을 심히 말한 것이다." 너무 어깨에 힘을 주고 있다. 정자程子는 한 술 더 뜬다. "죽고 사는 건 모두 큰 것이니, 진실로 얻은 바가 있지 않다면, 어찌 저녁에 죽는 것을 가하다 하겠는가?" 굳이 이렇게까지 부연할 필요는 없다고 생각한다. 공자의 촌철살인寸鐵殺人 이 가려진다.

스승님께서 말씀하셨다. "도에 뜻을 두었다고 하면서 궂은 옷과 궂은 음식을 부끄러워하는 사람과는 함께 논의하기 어렵다."

子曰, 士志於道, 而恥惡衣惡食者, 未足與議也.

　　고생, 많은 사람이 그것을 견딜 수 있다. 특히 빈한한 벽촌에서 전혀 돈 구경을 해본 적이 없는 사람은 더욱 그렇다. 사람이 가장 두려워하는 것은 사실 가난이 아니라 다른 사람과 비교하는 것이다. 다른 사람과 비교하면 화가 나 죽을 지경이다. 이러한 시련을 견뎌낼 수 있는 사람이야말로 참된 군자다.

　　내가 보기에, 이 구절 역시 수긍은 하지만 실천하기는 대단히 어렵다. 나는 특히 입는 것에 민감한 편이다. 먹는 것이야 대체로 아무거나 잘 먹는 편이지만, 입성은 여간 까탈스러운 게 아니다. 좀 아니다 싶게 입고 나서면 왠지 자신감이 떨어지고 괜스레 주눅이 들기도 한다. "해진 솜두루마기를 입고서 여우나 담비 갖옷을 입은 자와 같이 서도 부끄러워하지 않"았다는 자로子路는 나로서는 엄두도 낼 수 없는 존재다. 옛날 같으면 중늙은이 취급 받을 나이가 된 나는 언제쯤 이 허접한 고질에서 벗어날 수 있을까?

남을 꾸짖고 욕하는 방식은 대단히 다양하다. 욕 중에서 내가 가장 센 것으로 보는 것은 돌차咄嗟이다. '쯧쯧' 혀를 찬다는 말이다. 얼굴을 맞대고 욕설을 퍼붓지 않고, 싸늘하게 혀를 한 번 차주는 것보다 더한 경멸은 없을지 모른다. 상대를 사람으로 인정치 않겠다는 것이다. "함께 이야기할 수 없다"라는 말 역시 대단한 꾸짖음이다. 적어도 인간으로 태어난 이상, 이런 욕만은 듣지 않고 살아야 한다.

스승님께서 말씀하셨다. "군자는 세상일에 대하여 꼭 해야만 한다는 것도 없고, 절대로 해서는 안 된다는 것도 없으며, 다만 의에 부합하는지에 따라서 행동할 뿐이다."

子曰, 君子之於天下也, 無適也, 無莫也, 義之與比.

---

적適과 막莫에 대해서는 이견이 많다. ① 적適을 대항할 적敵으로 읽어 '저촉하다'의 의미로, 막莫을 그리워할 모慕로 읽어 '지향하다'로 해석하는 경우, ② 각각 두꺼울 후厚와 얇을 박薄으로 보는 것으로 보는 경우, ③ 각각 가可와 불가不可로 해석하는 경우, ④ 각각 '마음대로'와 그것과 상반되는 것으로 해석하는 경우 등이다. 나는 각각 '할 수 있다'는 가이可以와 '해서는 안 된다'는 불가이不可以로 본다. 곧 꼭 해야 할 것도 없고, 절대 해서는 안 될 것도 없다는 말이다.

---

내가 보기에, 무적無適과 무막無莫은 냉소와 허무의 밭이 될 가능성이 짙은데, 여기서는 의義라고 하는 기준을 세워 중심을 잡고 있다. 무적에 골몰하거나 무막에 헤매기 일쑤인 나 같은 자는, 이런 말을 대하면 그저 잠시 숨을 고르고 천천히 생각해 볼 뿐이다. 다행히 다산이 다시 설명해 주어 도움이 되기는 한다. "군자는 천하의 모든 사물에 대하여 꼭 한다는 것도 없고, 말아야 한다는 것도 없다. 오직 의로써 비교하여 의에 맞으면 이를 실행하고 위배되면 그만두는 것이다. 이것이 이른바 시중時中의 의義다."

스승님께서 말씀하셨다. "군자는 은덕을 생각하고, 소인은 땅을 생각한다. 군자는 형벌을 생각하고, 소인은 혜택을 생각한다."

子曰, 君子懷德, 小人懷土, 君子懷刑, 小人懷惠.

---

🦋

은덕과 형벌을 『한비자韓非子』에서는 이병二柄이라 불렀다. 이병은 군주가 아랫사람을 다스리는 기본 수단으로, 코끼리를 훈련시키는 사람이 바나나와 막대기를 들고 있는 것과 같다. 그것은 의義의 체현이다. 군자가 무엇을 해야 하고 무엇을 해서는 안 되는가 하는 것은 모두 이 두 가지를 보고서 결정한다. 덕은 그에게 무엇을 해야만 하는지를, 형은 그에게 무엇을 해서는 안 되는지를 알려준다.

🦋

소인이 관심을 기울이는 것은 주로 그들이 거주하는 땅 조각이고, 또 이러저러한 실리實利, 곧 눈앞의 이익이다.

🦋

내가 보기에, 이 구절은 앞으로 여러 번 나올, 군자와 소인의 대조 중 하나다. 그런데 이 구절은 '(군자) 가정 + (소인) 결과'의 구조로도 풀 수 있다. 이토 진사이는 "군자가 덕을 생각하면 그 결과로 소인은 토지에 안주하고, 군자가 형벌을 엄하게 하려고 마음먹으면 그 결과로 소인은 은사恩赦

를 바라게 된다"라고 풀었다. 여기서 간단히 말하기 어렵지만, 소인을 군자와 반대 자리에 앉혀놓되 배척하지 않고, 그 자체의 존재를 인정하는 이러한 독법이 일본 근대화의 사상적 토대가 되었다는 것이 마루야마 마사오丸山眞南의 『일본정치사상사연구』의 핵심 주장이다.

김시습은 소인이라고 명시하지는 않았지만 세상 사람들이 땅을 좋아하는 풍조를 이렇게 노래했다.

> 세상사람 생업을 좋아해 / 世人爲生業
> 구차하게 전택을 차지하지만 / 區區占田宅
> 나, 한 잔 술에 취해 / 我醉一盃酒
> 산중에 자취 감추리 / 林泉知晦跡

지금 대전시 대덕구에 있는 지명으로, 여러 고속도로가 여기서 만나고 흩어져 '회덕분기점'으로 유명한 회덕은 바로 『논어』의 이 구절에서 나온 것이다. 그 근거는 만년에 은퇴하여 회덕에 머문 송시열宋時烈을 회덕유懷德儒라 부른 데 있다.

스승님께서 말씀하셨다. "이익에 따라 행동하면 많은 원망을 듣는다."

子曰, 放於利而行, 多怨.

❋

방放은 의거한다는 의미다. 소인은 이익만 좇으며, 모든 일에 이익이 있는가 없는가만을 따지기 때문에 다른 사람에게서 원한 사는 것을 피하기 어렵다.

❋

내가 보기에, 범인凡人이 이익에 초탈하기는 어렵다. 문제는 이익추구에 혈안이 되어 있으면서도 마치 아닌 척하거나 심지어는 이익추구의 세태를 경멸하는 태도이다. 그것은 위선이다. 그래서 군자의 탈을 쓴 소인에게서는 늘 역겨운 냄새가 난다. "자신에게 이롭고자 하면 반드시 남에게 해를 끼친다. 그러므로 원망이 많은 것이다"라고 한 정자程子의 풀이는 가슴에 새겨두어야 할 것이다. 그래야 공부한 보람이 그나마 있지 않겠는가. 입만 열면 남을 탓하고 험담하고 비방하는 사람은 곧 남들의 원망을 고스란히 되돌려 받게 될 것이다. 험담과 비방을 일삼으면서도 대의大義를 내세우는 따위는 다시 말할 것도 없다. 나는 그것을 현실에서 생생하게 목도하고 있다. 문제는 대개들 그런 자의 입에 오르내리는 것을 두려워한다는 것이다. 그래서 군자의 탈을 쓴 소인이 득세하는 세월이 이어진다.

스승님께서 말씀하셨다. "예양으로 나라를 다스릴 수 있다면, 어떤 어려움이 있겠는가? 예양으로 나라를 다스릴 수 없다면, 예가 무슨 소용이 있겠는가?"

子曰, 能以禮讓爲國乎, 何有. 不能以禮讓爲國, 如禮何.

❧

예양은 도덕이면서 규칙이다. 도로에서 차가 지나가도록 비켜주는 것이 바로 규칙이다.

❧

내가 보기에, 양讓은 예禮가 현실 속에서 구체적으로 드러나는 양상이다. 도덕이자 규칙인 예양으로 나라를 다스리면 별 문제없다는 말을 들으니, 정통성이 없는 독재자가 권력을 잡은 초기에 법질서 확립 운운하면서 국민을 협박하던 시절이 생각난다.

❧

통치爲國와 관련하여, 이 예양이 고대나 중세 지배계급 이데올로기의 구조에 적합한 것이라는 점을 좀더 강조하는 것이 좋다고 보지만, 그리고 '지금 여기서' 그것을 축자적으로 밀고 나간 결과 지도자의 품성 운운하는 어처구니없는 현실이 대두하기는 했지만, 인간에 대한 최소한의 예의도 없는 것들이 완장을 차고 정치를 하겠다고 나서는 꼴을 바라보는 것은 정말 견디기 힘들다.

스승님께서 말씀하셨다. "지위가 없는 것을 걱정하지 말고, 그 자리에 설수 있는 능력이 있는지에 대해 걱정해라. 자기를 알아주는 사람이 없다고 걱정하지 말고, 남들에게 인정받을 수 있는 바탕을 추구해라."

子曰, 不患無位, 患所以立. 不患莫知己, 求爲可知也.

❀

공자는, 먼저 자신이 도덕적이고 능력 있는 사람이 되도록 추구하고, 그런 다음에 녹봉과 지위를 추구해야 하며, 먼저 자기가 다른 사람에게서 칭찬을 받을 수 있는 가치를 추구한 다음에 칭찬을 구해야 한다고 했다.

❀

내가 보기에, 이 구절에는 수기修己, 곧 자기를 잘 닦으면 치인治人, 즉 남을 잘 다스릴 수 있다는 공자의 낙관주의가 짙게 묻어 있다. 이것을 반박할 근거는 거의 없어 보인다. 다만, '지금 여기서의 상황'이, 그 이행이 생각한 것만큼 원만하게 이루어질 정도로 순탄하지 않다는 점은 명확히 지적해야 한다. 쉽사리 성공하리라 생각하지는 않지만, 그 매개고리를 설득력 있게 제시하지 않는다면, 그것은 단순한 믿음이나 희망에 지나지 않을 것이다.

❀

1970년대 한국 기독교가 '역사상의 예수'를 내세워 독재에 저항하려 일어나자, 보수교단에서 들고 나온 것이 바로 '개인구원이 먼저냐, 사회구원이 먼저냐'는 화두였다. '개인구원도 하지 못하는 주제에 무슨 사회구원이냐'는 것이 그들이 말하고자 하는 핵심이다. 물타기의 전형이다. '개인과 사회 중에서 어느 것이 선차적인 것이냐'는 설정은, 마치 '신체 건강과 정신 건강 중에서 어느 것이 더 중요하냐'고 따지는 것처럼 한심하기 그지없다.

스승님께서 말씀하셨다. "삼아, 나의 도는 하나로 꿰어져 있다." 증자가
말했다. "그렇습니다." 스승님께서 나가시자 제자가 물었다. "무엇을 말
씀하신 거요?" 증자가 말했다. "선생님이 추구하는 도는 충서일 뿐이다."

子曰, 參乎. 吾道一以貫之. 曾子曰, 唯. 子出, 門人問曰, 何謂也. 曾子
曰, 夫子之道, 忠恕而已矣.

---

삼參은 공자의 제자인 증자曾子의 이름이다. 옛날엔 지위가 높은 사람이
낮은 사람에 대해 일반적으로 이름을 불렀다. 충서忠恕에서 충은 성심성의
를 다하여 자신을 위해 지키는 덕이고, 서는 상대방을 존경하고 다른 사람
을 대우해주는 덕이다. 이것은 인仁의 두 가지 다른 측면이다. 예전에는 서恕
는 인仁이라 했는데, 인은 사람을 사람으로 대해주는 것이고, 서는 마음 그
대로 따르는 것으로 내 마음을 가지고 다른 사람의 마음과 견주어보는 것이
다. 기소불욕 물시어인己所不欲勿施於人, 곧 자기가 원하지 않는 것을 다른 사람
에게 시키지 말라는 뜻이다. 상대를 너그러이 용서한다는 의미의 관서寬恕
와는 다른 개념이다.

내가 보기에, 이 구절에 대해서는 다산의 말을 먼저 들어볼 필요가 있
다. "충서는 한마디로 서다. 충과 서는 둘로 나누어 볼 수 없다. 일이관지는
곧 서지만, 서를 행할 수 있는 까닭이 충이다. 요즘 사람들은 충을 먼저 하고

서를 그 뒤에 하는 것으로 인식하는데, 이는 매우 잘못된 것이다. 바야흐로 충을 행할 때 서는 이미 오래 전에 있는 것이다."

일이관지의 구체적인 내용이 충서라는 말인데, 왜 그런가? 충은 마음心이 중심中을 잡은 것이고, 서는 마음心이 한결같은如 것이라고도 풀 수 있겠다. 중심을 잡았다는 것은 그 어떤 것에도 흔들리지 않고 처음 먹은 마음을 밀고 나간다는 뜻이요, 한결같다는 말 역시 기분에 따라 좌지우지되지 않고 애초에 먹은 마음을 일관되게 끌고 간다는 의미가 아닌가. 그렇다면 일이관지와 충서는 동전의 양면일 것이다. 그리고 여기서의 서가 용서의 의미와는 다르다고 했는데, 어떤 경우에라도 상대에 대해 처음 먹은 마음을 그대로 유지하는 것, 혹은 유지하려고 애쓰는 것이야말로 진정한 용서가 아니겠는가. 그렇다면 그 둘을 따로 볼 필요는 없을 것이다. 다산이 말한 대로, "일이관지는 서요, 서로 행하는 것이 충인 것이다. …… 그러니 충서는 대립되는 것이 아니다. …… 그런데 지금 사람들은 모두 오도吾道는 충을 먼저 행하고, 서를 뒤에 행하는 것으로 인식하고 있으니, 본뜻을 잃음이 먼 것이다."

스승님께서 말씀하셨다. "군자는 대의에 대해 잘 알고, 소인은 실리에 대해 잘 안다."

君子, 君子喩於義, 小人喩於利.

---

군자는 의로써 이해시킬 수 있고, 소인은 오직 실리로써 이해시킬 수 있다. 소인은 쓸데없는 말을 하지 말고 돈을 가져오라 말하기 때문에, 그에게 의에 대해 설명해 봐야 아무 소용없다.

내가 보기에, 리링의 해석에 덧붙일 말은 없을 것 같다. 자기 이익 구하기에 혈안이 되어 있는 사람에게 대의를 설명하기란 그야말로 소귀에 경 읽기다.

그런데 오규 소라이는 군자와 소인의 구분을 윗자리에 있는 사람과 일반 백성으로 나누면서(물론 "비록 아랫자리에 있더라도 윗자리에 있는 사람의 덕을 가졌다면 또한 군자라고 할 만하고, 비록 윗자리에 있더라도 일반 백성의 마음을 가졌다면 소인이라고 한다") 이렇게 해설했다. "의로움이란 선비와 군자들이 힘써야 할 것이고, 이익이란 백성들이 힘써야 할 것이다. 그러므로 사람을 깨우치는 도리는 군자에 대해서는 의로움으로 하고, 소인에 대해서는 이익으로 한다. 비록 군자라도 어찌 이익을 원하지 않으며, 소인이라도 어찌 의로움을 기뻐하지 않겠는가. 다만 힘쓰는 것이 다를 뿐이다."

스승님께서 말씀하셨다. "현명한 자를 보면 그와 같아지고 싶어 하고, 현명하지 못한 사람을 보면 속으로 나 자신을 반성한다."

子曰, 見賢思齊焉, 見不賢而內自省也.

---

❧

"현명한 자를 보면 그와 같아지고 싶어 한다"라는 말은 오늘날 중국의 관용어가 되었다.

❧

내가 보기에, 이 구절에 대해서는 『집주』의 호씨胡氏 주석이 적절한 듯하다. "사람의 선과 악이 똑같지 않음을 보고서, 자신에게 돌이키지 않음이 없다면, 단지 남을 부러워하기만 하고 스스로 버리기를 달갑게 여기지 않을 것이요, 단지 남을 꾸짖기만 하고 자책하기를 잊어서는 안 된다." 그런데 내가 만난 어떤 이는, 자기보다 나은 사람을 보면 끝없이 열등감에 빠져 시기와 질투를 일삼고, 그것으로도 성에 차지 않을 때에는 마구 헐뜯기 시작하는데, 혼자서 안 되면 무리를 지어 해코지를 한다.

스승님께서 말씀하셨다. "부모를 모실 때는 완곡하게 간언하고, 뜻을 따르지 않으셔도 다시 공경하고 거스르지 않으며, 애타게 하셔도 원망하지 않는다."

子曰, 事父母幾諫, 見志不從, 又敬不違, 勞而不怨.

---

기幾는 '살짝 타이르다', '완곡하다'는 뜻이다. 불위不違는 절대적으로 복종하는 것이다. 공자가 거스르지 말라不違 한 것은 부모와 스승이다. 군주는 떠날 수 있지만 부모는 떠날 수 없다. 당시에는 효가 충보다 더 중요했다. 그 점은 송대 이후 효를 버리고 충을 취한 것과 다르다. 노勞는 애태우는 것이다.

『예기禮記』에 "부모를 모실 때는 숨기는 것이 있을지언정 위반해서는 안 되고, 군주를 모실 때는 위반하는 것이 있을지언정 숨기는 것은 없어야 한다"라고 했다. 군주에 대해서는 털끝만큼도 남겨두지 않고 안색이 바뀔 정도로 직간直諫할 수 있다. 세 번 간해서 따르지 않으면 곡을 한다. 곡을 해도 안 되면 몰래 떠난다. 부모는 다르다. 그저 이리저리 달래가면서 완곡하게 설득할 뿐이다.

효자가 부모를 설득하는 것은 정말로 어렵다는 것을 말하고 있다. 말을 공손하고 완곡하게 해야 할 뿐 아니라, 절대로 찌르듯이 상처를 주어서는 안 되고, 체면을 세워주지 않고 부모의 어떤 부분이 틀렸다고 말해서도 안 되며, 또 부모의 안색을 살피면서 부모가 받아들이지 않을 것 같으면 바로 처음처럼 공경하면서 절대적으로 복종하고, 일마다 부모에 대해 마음을 쓰면서 털끝만큼이라도 원망의 말을 해서는 안 된다.

내가 보기에, 세상에서 어려운 일 중 하나가 나날의 삶에서 부모님을 공손하게 섬기는 것이 아닌가 한다. 부모님이 세상에서 자식을 제일 사랑한다는 것을 알기 때문에 자식은 어리광을 부려댄다. 나는 양친을 여의고 나서야 내가 행한 몹쓸 짓들을 후회하였다. 내 딴에는 걱정한다고 마음 쓴 것이 오히려 부모님께 깊은 상처를 주었음을 참회하지만, 그것은 다 소용없는 일이다. 어느 글에서 이렇게 쓴 적이 있다. "홀로 사시다가 졸지에 가신 어머니는, 여느 어머니들이 그렇듯, 단정하고 깔끔하신 분이었다. 아침에 찾아가 초인종을 누르지만 대답이 없다. 내 딴에는 걱정을 한답시고 초인종과 핸드폰을 열이 나게 울린다. 한참 후에야 어머니는 머리에서 물을 뚝뚝 떨어뜨린 채 미안한 얼굴로 내 신경질을 받으신다. 그리고는 '머리를 며칠 못 감았더니 ……' 하면서, 거울 앞에 앉아 천천히 머리를 빗으신다. 자그마한 어깨 위에 걸친 분홍빛 수건 위로는 물방울이 떨어지고, 어머니 손길에는 힘이 없다. 이부자리에는 화투짝이 널려 있는 것으로 보아, 새벽에 잠에서 깨어 재수를 점쳐보면서 다섯 자식들 하나하나 걱정하셨음에 틀림없다. 머리맡에는 갈아입으실 내의가 얌전히 정리되어 있다." 이따위로 어머니를 그리워해 보지만, 이것이 다 무슨 소용이란 말인가.

스승님께서 말씀하셨다. "부모님이 계실 때는 집을 떠나 멀리 가지 않는
다. 집을 나갈 때는 반드시 가는 곳을 알려드린다."

子曰, 父母在, 不遠遊, 遊必有方.

---

내가 보기에, 이 역시 쉬운 일이 아니다. 뭐든지 내가 중심이고, 부모님
은 그 다음으로 여기기 십상이다. 소재지를 밝히는 것이 중요하다는 것을,
연전 일본에 혼자 가 있는 딸아이가 지진으로 연락이 안 될 때 비로소 알게
되었다. "어련히 잘 있겠는가", "무소식이 희소식이다"라는 주위의 말은 그
야말로 한갓된 위로에 불과했다.

스승님께서 말씀하셨다. "3년 동안 아버지가 하시던 방식을 바꾸지 않으면 효자라 할 수 있을 것이다."

子曰, 三年無改於父之道, 可謂孝也.

✦

앞의 「학이學而」 편 1-11과 중복되지만, 복습 삼아 다시 옮겨놓는다.

✦

아버지가 살아계실 때는 모든 것은 아버지 말을 들어야 하며, 혼자서는 아무것도 처리할 수 없다. 그저 생각만 할 수 있을 뿐 제 맘대로 처리할 수는 없다. 처리하려고 한다면 반드시 아버지가 돌아가실 때까지 기다려야 하는데, 돌아가신 직후에도 아직 안 된다. 효자는 삼년상을 치러야 하며, 복상기간에는 아버지의 뜻을 위반해서 별도로 제 방식대로 일을 처리해서는 안 된다.

✦

3년 동안 고쳐서는 안 된다는 이 구절은 오늘날 이해하기 어렵다. 그래서 양백준은, 방식을 의미하는 도道는 아버지의 합리적인 부분이라고 했다. 그러나 합리적인 것이면 3년 동안 고쳐서는 안 되고, 3년 이후에는 고쳐도 좋다는 것인가? 우리가 고쳐야 할 것은 아버지의 불합리한 부분이 아니라 합리적인 부분이란 말인가? 현대 중국에서 이 구절은 늘 비판의 대상이었다. 신하가 어리석은 군주를 위해 충성을 다하는 것은 어리석은 충성愚忠이고, 위 구절처럼 하는 것은 어리석은 효도愚孝라는 것이다. 그러나 부모는 부모다. 좋든 나쁘든 역시 자신의 부모다.

✽

내가 보기에, 리링의 이 설명은 당위와 존재 사이를 매개 없이 넘나드는 것이 아닌가 한다. 오늘날 아버지에 대한 생각은 사람마다 다를 수 있다. 그것을 인정하지 않고, 플라톤 식으로 '아버지-이데아'를 주장하는 것은 아무래도 무리다.

✽

이 구절을 읽을 때마다 『삼국유사』「효선孝善」편의 이야기, 그 중에서도 '진정사 효선쌍미眞定師 孝善雙美'가 생각난다. 진정사가 행한 효와 선이 모두 아름답다는 말이다. 여기서 선은 불교의 선행을 말한다. 불가는 부모를 버리고 떠나 효도를 다하지 않는다는 유가 쪽의 비판에 대해, 불가에서 더욱 중시하는 효는 죽은 부모의 극락왕생을 비는 것이라는 주장을 '효선쌍미'라는 표현으로 드러냈다.

스승님께서 말씀하셨다. "부모님의 연세는 반드시 알고 있어야 한다. 한편으로는 기쁘기 때문이고, 다른 한편으로는 두렵기 때문이다."

子曰, 父母之年, 不可不知也. 一則以喜, 一則以懼.

---

✿

부모가 오래 사시는 것은 좋아할 만한 일이지만, 동시에 두려운 일이기도 하다.

✿

내가 보기에, 이 말이야말로 부모에 대한 자식의 심정을 가장 적실하게 표현한 것 같다. 세상의 모든 자식이 부모님의 살아계심에 기뻐하면서도 동시에 두려워하기를 진심으로 바란다.

✿

안동 도산구곡陶山九曲에 애일당愛日堂이 있다. 「어부사」로 유명한 농암襲巖 이현보李賢輔, 1467~1555가 모친의 늙어감을 아쉬워하여 하루하루의 날을 아끼는 뜻에서 세운 정자이다. 애일이라는 말은 주희가 애일지성愛日之誠이라고 한 데서 따온 말이다. 주희의 원문은 이렇다. "항상 부모의 나이를 기억하여 알고 있으면 이미 그 장수하신 것이 기쁘고, 또 그 노쇠하신 것이 두려워서 날짜를 아끼는 정성에 있어 저절로 능히 그만둘 수 없게 됨이 있을 것이다."

스승님께서 말씀하셨다. "옛날 사람은 말을 할 때 실천할 수 있는 범위를 벗어나지 않았고, 자기가 말한 것을 몸으로 실천하지 못하는 것을 부끄러워했다."

子曰, 古者言之不出, 恥躬之不逮也.

───────────────

이것은 신용에 대해 말한 것이다. 자기가 한 말에 책임을 지는 것이 신용이다.

───────────────

내가 보기에, 고자古者는 옛날이라고 하여, 지금은 상황이 그렇지 않음을 나타낸 것이라는 주희의 풀이가 일반적으로 받아들여진다. 그런데 리링처럼 사람을 주체로 앞세운 풀이, 곧 옛날 사람이라는 해석도 괜찮은 것 같다. 그래야 뒤의 「이인里仁」편 4-23, 곧 "(옛날에는) 약속을 해놓고 지키지 못하는 사람이 드물었다以約失之者鮮矣"라는 말과도 의미가 잘 통한다.

───────────────

"군자가 부득이하게 뒤에 말을 하는 것은 말하기가 어려운 것이 아니라 행하기가 어렵기 때문이다. 사람들은 실천하지 않기 때문에 가볍게 말을 한다"라는 『집주』의 범씨范氏 설명도 귀담아 들을 만하다.

내뱉은 말을 아무렇지도 않게 뒤집는 위정자와 하늘을 함께 이고 있는 현실이 구차하다 못해 치욕적이다. 부끄러움을 모르는 것보다 더 욕된 삶은 없다辱莫大於不知恥고 해도 알아듣지 못하거나 들으려 하지 않는다. 달리 방법이 없다. 구제불능이다.

스승님께서 말씀하셨다. "약속을 하고서 지키지 못하는 사람이 드물었다."

子曰, 以約失之者鮮矣.

---

❀

약約은 옛 주석에서는 모두 제약한다는 뜻으로 보고, 스스로 제약하면서 말과 행동을 신중히 하면 잘못을 저지르는 일이 매우 적어질 것이라고 풀이했다. 그러나 옛 책에 보면 그것은 구두로 하는 약정이라는 의미가 있다. 이 말은 앞 구절을 이어받아, 옛날의 군자는 말하는 데 신중하여 결코 가볍게 말하지 않았고, 자기가 말한 것을 지키지 못할까봐 두려워했는데, 그러나 일단 승낙을 하면 반드시 지켰고, 약속을 어기는 일이 대단히 적었다는 것을 말하는 것 같다.

❀

내가 보기에, 공안국이 약約을 아낀다는 의미로 풀이하여 "아끼면 잃을 일이 적다"라고 이해한 것은 잘못이다. 이런 관점은, '이 장의 주장은 자본주의 시장경제 아래서 체질화된 소비 위주의 생활태도를 규찰할 수 있는 윤리를 계발하기 위한 한 근거가 될 수 있다'라는 식의 비약을 가능케 한다. 이른바 '유교자본주의'라는 허울이 그래서 생겨난다. 뚜웨이밍, 왕중칭 등 이른바 '현대 신유가'와 그 한국 제자들이 유교를 아무 데나 막 갖다 붙여 상업적으로 이용하고 정치적으로 악용한 적이 있다.

스승님께서 말씀하셨다. "군자는 말에서는 어눌하고, 행동에서는 민첩하기를 바란다."

子曰, 君子欲訥於言而敏於行.

---

민敏은 손을 부지런히 놀리며 반응이 신속한 것이다. 앞의 「자로子路」 편 13-27에서 "강하고, 굳세고, 질박하고, 어눌한 사람이 인에 가깝다剛毅木訥, 近仁"라고 했다.

내가 보기에, "함부로 말하기는 쉽다. 그래서 어눌하고자 하고, 힘써 행함은 어렵다. 그래서 민첩하고자 하는 것이다"라는 『집주』의 사씨謝氏 풀이가 적실하다. 이 구절과 관련해서는 앞에서 이미 나온 "교묘한 말과 아부하는 표정에는 인이 드물다"「학이(學而)」 1-3, "일을 처리하는 데는 신속하고 말하는 데는 신중하다"「학이(學而)」 1-14라는 말을 다시 생각해 볼 필요가 있다. 어눌한 말은 타고난 것이 아니라, 끝없는 훈련에서 배어나오는 내공의 하나일 것이다. 나는 그런 사람을 몇몇 본 적이 있다. 존경의 마음과 가까워지고 싶은 마음이 우러났던 경험이 한두 차례 있었다. 물론 어눌을 가장한 치들도 여럿 보았다. 어눌에 가기까지는 우선 말을 정확하고도 정당하게 하려고 노력하는 것이 필요하다는 것이 지금 내 생각이다.

스승님께서 말씀하셨다. "덕 있는 사람은 외롭지 않고, 반드시 이웃이 있다."

子曰, 德不孤, 必有隣.

※

이 장은, 덕이 있는 사람은 결코 고립되지 않고, 반드시 생각이 같은 사람이 있어 그 사람 쪽에 선다는 것을 말하고 있다. 꼭 그럴까?

※

내가 생각하기에, 이웃을 생각이 같은 사람으로 풀이한 것은 주희의 "같은 유끼리 응한다"라는 말에 근거를 둔 것 같다. 나같이 부덕한 사람이야 언제나 경계로 삼는 말이지만, "꼭 그럴까?"라는 리링의 꼬투리에 동감하고 싶어진다. 주위에 패거리를 미덕으로 여기는 치들이 생각보다 많이 서식하고 있다는 것을 알게 되었기 때문이다.

※

이 말을 들을 때면 두 가지가 생각난다. 첫째는 신영복 선생의 글이다. "머리 좋은 것이 마음 좋은 것만 못하고 마음 좋은 것이 손 좋은 것만 못하고 손 좋은 것이 발 좋은 것만 못한 법입니다. 관찰보다는 애정이 애정보다는 실천적 연대가 실천적 연대보다는 입장의 동일함이 더욱 중요합니다. 입장의 동일함, 그것은 관계의 최고 형태입니다." 누가 뭐래도 진정성과 울림이 있는 가르침이다.

둘째는 예전에 썼던 어떤 글의 일부이다. 도리불언 자하성혜桃李不言, 下自成蹊, 곧 복사꽃과 오얏꽃은 말이 없어도, 그 아래에는 저절로 길이 생긴다는 말이다. 이 말은 원래 사마천이 『사기』 「열전」에서 전한前漢의 장군 이광李廣을 칭송하면서 인용한 당시의 속담이다. 이광은 무엇보다도 부하들을 사랑한 사람이었다. 사마천은 "비록 사소한 것이지만 큰 도리를 설명하는 데 비유할 수 있을 것"이라고 하면서 이 속담을 인용하였다. 그의 말을 들어보자. "옛 책에 이르기를 '자신의 몸가짐이 바르면 명령을 내리지 않아도 시행되며, 자신의 몸가짐이 바르지 않으면 명령을 내려도 따르지 않는다'「자로(子路)」13-6고 했는데, 이는 이장군을 두고 하는 말일 것이다. 내가 이장군을 본 적이 있는데, 성실하고 순박하기가 시골 사람 같았으며, 말도 잘 하지 못하였다. 그가 죽었을 때, 천하의 사람들은 그를 알건 모르건 모두 그를 위해서 애통해 하였다. 그의 충실한 마음이 진실로 사대부들에 의해서 믿어졌던 것이리라."

품위와 격조를 사랑하는 분들의 댁 거실에서 덕불고필유인德不孤必有隣이라는 문구를 흔히 본다. 공자의 이 말씀은 대단히 직설적이다. 주변에 사람이 없으면, 자신이 덕이 부족한 것을 알라는 준엄한 가르침에 사뭇 옷깃을 여미게 된다. 그러나 대개의 아포리즘이 그렇듯, 나로서는 그다지 큰 울림을 느끼지는 못한다. 부족해서 일 것이다. 그런데 같은 말이지만, 도리불언 자하성혜桃李不言, 下自成蹊는 얼마나 함축적인가. 복사꽃과 오얏꽃은 말이 없어도, 그 아래에는 저절로 길이 생긴다고 직역은 했지만, 이렇게 산문으로 번역해 놓으면 무언가 중요한 것을 빠뜨린 것 같은 기분을 갖게 된다. 시재詩才가 부족한 나로서는 필설로 표현하기 어렵다. 길 떠난 탕아가 지친 몸을 이끌고 돌아와 안기는 어머니의 따뜻한 품 같은 그 나무 아래 언저리를 무어라 표현해 낼 것인가?

자유가 말했다. "군주를 섬기는 데 지나치게 번거롭게 하면 모욕을 받을 것이다. 친구를 대할 때 지나치게 번거롭게 하면 관계가 소원해질 것이다."

子游曰, 事君數, 斯辱矣. 朋友數, 斯疏矣.

꽃

사람과 사람의 관계는 지나치게 밀접해서는 안 되고 왕래도 지나치게 빈번해서는 안 된다. 사람과 사람의 관계에 한계를 정하고 범위를 정한 다음 피차가 거리감을 유지하는 것이 서양에서 말하는 자유이다. 왕래할 수 있으면 왕래하고, 왕래할 수 없으면 좀 피하는 것이 좋다.

꽃

내가 생각하기에, 이 구절을 이해하는 데 『집주』의 호씨胡氏 풀이가 적절하다. "임금을 섬김에 간하는 말이 행해지지 않으면 마땅히 떠나야 하고, 벗을 인도함에 착한 말이 받아들여지지 않으면 마땅히 중지해야 하니, 번독煩瀆, 너저분하게 많고 더럽거나 개운하지 못하고 번거로움함에 이르면 말한 자가 가벼워지고, 듣는 자가 싫어한다." 곡진하게 깨우쳐주고 잘 이끌어주되, 아니다 싶으면 그만두는 것이 좋다.

꽃

나는 사람들이 그리 흔하게 쓰지 않는 너절하다라는 말을 자주 쓴다. 선친에게서 자주 들어온 말이다. (사람이나 사물이) 하찮고 시시하다거나 (모습이) 깔끔하지 않고 허름하며 지저분하다는 뜻이다. 진심을 가지고 정성을 다했는데도 상대방이 받아들이지 않으면, 그를 떠나는 편이 너절하지 않아 좋다. 상대방이 거부하는데도 달라붙는 것은 추접한 일이다. 자기 말이 먹히지 않으면 무조건 상대를 포기하라는 말이 아니다. 문제는 진심을 가지고 정성을 다했느냐에 있다. 우리는 대개 그렇게 하지 않고 사람을 쉽게 포기하면서, 나는 깨끗하다고 자위한다. 그러나 나는 가끔은 무리를 해서라도 잠시 떠나보는 것이 서로를 위해서 필요하다고 생각한다. 가정생활도 마찬가지인 것 같은데, 실천에 옮기기는 결코 쉽지 않다.

모욕侮辱은 단지 창피하고 부끄러운 일을 당하는 것을 의미하지 않는다. 다산에 따르면, 욕이란 이런 것이다. "갑자기 임금에게 간諫하면 임금의 마음을 거슬리고 노함에 봉착하게 되지만, 군자는 비록 죽는 지경에 이르더라도 이를 욕으로 여기지 않으며, 반드시 나에게 잘못한 바가 있어 남들의 싫어함과 박대를 받아야 그 일을 부끄러워하니, 이런 뒤에라야 이를 두고 욕이라 하는 것이다."

5

—

공야장
公冶長

## 공야장公冶長 5-1

스승님께서 공야장에 대하여 "그에게 시집을 보낼 만하다. 비록 감옥에 갇힌 몸이지만, 그의 죄가 아니다"라고 말씀하시고, 자신의 딸을 그에게 시집보냈다.

子謂公冶長, 可妻也. 雖在縲絏之中, 非其罪也. 以其子妻之.

---

공야장은 큰 죄를 짓고 감옥에 있었는데, 어떻게 결혼을 했을까? 『예기禮記』에서는 빙례를 치르면 처가 된다고 했다. 공야장은 아마 정혼만 하고 완전히 혼인을 하지는 못했던 것 같다. 자子는 고대에 여자의 의미로 통용됐다. 공자의 딸 이름은 모른다.

---

스승이 제자를 좋아하면 딸을 그에게 시집보내기도 했는데, 그것은 오랜 전통이다. 스승이 우수한 제자를 뽑아 사위로 삼는 것은 좋은 일인지 모른다. 그러나 제자가 원하는지 어떤지, 또 딸이 원하는지 어떤지 물어보지도 않는다면 그것은 억지로 하는 혼인이다. 5·4 이후로 신여성은 결혼을 피해 도망쳤는데, 사창가가 아니면 학교였다. 과거에 재능 있는 사람이 미인을 배필로 삼는다고 했는데, 그 꿈은 오직 기방妓房을 통해서만 이루어질 수 있었다. 수구적인 어르신들이 학교를 기생집이라고 욕한 것도 이상할 것이 없다. 신학당에서는 스승과 제자, 학생과 학생 등이 의기가 투합되고 감정이 통하면 그날로 짝이 되었다. 루쉰도 그랬다.

내가 보기에, 죄가 없는 줄 알고는 있었지만, 어떻든 현실에서 감옥에 갇혀 있는 제자를 사위로 삼는 것은 누구나 할 수 있는 일이 아니다. 제자에 대한 공자의 이러한 믿음은 감히 흉내 내기 어려운 품성이다.

스승이 제자 중에서 사위를 고르는 일은 내 학창시절에도 그리 낯선 풍경은 아니었다. 미욱한 나도 그 대열의 말석에 거명된 적이 있었다. 그런데 내게는 사위로 삼을 만한 제자가 있는가? 아니 이 질문은 정확하지 않다. '나는 그럴 만한 자격이 있는 선생인가' 아니면 '나는 우리 딸을 세상에 자신 있게 내놓을 정도로 잘 키웠는가'라고 물어야 한다.

스승님께서 남용에 대하여 "나라에 도가 있으면 그는 버리지 않을 것이며, 나라에 도가 없더라도 형벌이나 사형을 면할 것이다"라고 말씀하시고, 형의 딸을 그에게 시집보냈다.

子謂南容, 邦有道, 不廢; 邦无道, 免于刑戮. 以其兄之子妻之.

남용은 공야장과 달리 명철보신하고 감옥의 재앙으로부터 몸을 잘 피신한 사람이다. 그는 비교적 교활했던 것 같다. 국가에 도가 있으면 관직을 유지했고, 국가에 도가 없으면 목숨을 유지했다. 그런데 공자는 왜 그를 좋아했을까? 그것은 그의 생활철학과 관련이 있다. 그는 위험한 일에 목숨을 거는 것을 주장하지 않았다. 공자는 신체발부는 부모로부터 물려받은 것이기 때문에, 자식으로서 이 선물을 잘 보관할 의무가 있으며, 죽거나 불구가 되거나 하면 할 수 없지만, 부모를 슬프게 하거나 상심시켜는 안 된다고 생각했다. 효에 어긋나기 때문이다.

내가 보기에, 관포지교로 유명한 관중管仲에 대한 공자의 평가가 엇갈리듯이, 공야장과 남용에 대한 평가도 엇갈리는 것 같다. 그러나 이런 생각이 잘못임을 다산이 알려주고 있다. "옛날에는 공야장과 남용이 덕에 우열이 있기 때문에 공자가 자기의 딸을 공야장에게 시집보내고 형의 딸을 남용에게 보냈다고 평가하였지만, 나는 두 사람이 우열이 없다고 생각한다. 사람이 재덕才德을 숨기고 드러내는 것을 때에 따라 달리 하는 것은 곧 지혜가 있기 때문이다. 그런데 법을 함부로 써서 죄를 얻게 되는 것은 성인도 오히려 그러한데, 여기 공야장을 또한 남용보다 못하다고 할 수는 없다. 이는 바로 그 나이가 혼기에 서로 맞아야 시집가고, 혼사가 같은 시기가 아니었을 뿐이니, 그 사이에는 다른 뜻이 있을 수 없다."

스승님께서 자천에 대하여 "이 사람, 군자로구나. 노 나라에 군자가 없다면, 이 사람은 이런 것을 어디서 배웠을까?"라고 말씀하셨다.

子謂子賤, 君子哉若人. 魯無君子者, 斯焉取斯.

⁂

공자는 '만약 노 나라에 정말로 군자가 없다면, 그가 또 어디서 배웠단 말인가'라고 말했다. 그 대답은 매우 분명하다. 노 나라의 군자, 특히 공자로부터 배운 것이다.

⁂

내가 보기에, 이 구절은 선뜻 이해하기 어렵다. 배병삼의 풀이를 보니, 공자가 노 나라의 수준 높은 문화환경을 넌지시 과시하고 있다고 했다. 나아가 공자의 '자기 조국에 대한 자부심patriotism'을 언급하고 있는데, 이 구절이 이 땅의 천박한 민족주의의 근거가 되지 않기를 바랄 뿐이다.

⁂

외람된 말씀이겠지만, 그냥 "이 사람, 군자로구나"라고만 했으면 어땠을까 혼자 생각해 본다. 나 같은 장삼이사가 공자의 마음을 짐작조차 하겠는가마는, 내 경험으로 얘기하면, 칭찬은 인색하다 할 정도로 간단명료하게 하는 것이 좋다. 남을 칭찬하면서 그것을 곧 자기 자랑으로 삼고자 하는 욕망이 저 밑에서 내밀하게 꿈틀댈 수 있기 때문이다.

자공이 물었다. "저는 어떻습니까?" 스승님께서 말씀하셨다. "너는 그릇이다." "어떤 그릇입니까?" "호련이다."

子貢問曰, 賜也何如. 子曰, 女, 器也. 曰, 何器也. 曰, 瑚璉也.

---

호련瑚璉의 호는 귀중한 식기다. 그러나 중요성 면에서는 제기祭器인 궤簋보다 떨어진다. 련璉이 무엇을 가리키는지는 아직 분명치 않다.

공자는 앞의 「위정爲政」편 2-12에서 "군자는 그릇으로 제한할 수 없다君子不器"라고 했다. 즉 군자는 기능을 목표로 삼지 않고 도덕을 목표로 삼는다는 뜻이다. 능력이 매우 뛰어났던 자공은 공자에게서 칭찬을 듣고자 했다. 이에 공자는 그릇, 그것도 호련에 불과하다고 대답했다.

내가 보기에, 우리는 대개 인정욕구에 시달린다. 나의 존재 의의가, 남이 나를 얼마나 인정해 주느냐에 따라 결정된다고 믿고 있기 때문이다. 특히 자본주의 사회에서 나는 일종의 상품이다. 얼마나 인기가 있고, 잘 팔리느냐에 따라 나의 가치가 올라간다.

여담이지만, 어떤 이유에서인지는 잘 모르겠는데, 나는 노래방에서 마이크만 잡았다 하면 체면불구하고 〈사랑일 뿐이야〉를 부른다. 그 첫 구절은 이렇다. "나를 어떻게 생각하냐고, 너는 내게 묻지만 대답하기는 힘들어. 너에게 그런 얘길 한다면, 너는 어떤 표정 지을까?" 인정욕구가 내면화되어 있는 탓일까?

어떤 사람이 말했다. "옹은 어질기는 하지만 말주변은 좋지 않습니다."
스승님께서 말씀하셨다. "말주변이 좋아서 뭐하겠느냐? 말재주로 사람
을 부리면 자주 남의 미움을 산다. 어진지 어떤지는 모르겠지만, 아첨해
서 무엇에 쓰겠느냐?"

> 或曰. 雍也仁而不佞. 子曰, 焉用佞. 禦人以口給, 屢憎於人. 不知其仁,
> 焉用佞.

---

❁

공자는 강하고 굳세고 질박하고 어눌한 사람이 인에 가깝다고 했다. 말
주변이 좋지 않은 것不佞은 바로 어눌한 축에 속하며, 그것은 인과 모순되지
않고 오히려 인에 매우 가깝다.

❁

모른다不知라고 한 것은 불만과 부정을 표현하는 말투이다. 옹은 아직
인의 기준에는 도달하지 못한 것 같다.

❁

내가 보기에, "말재주로 사람을 부리면 자주 다른 사람의 미움을 산다"
라는 말은 새겨들을 만하다. 이 구절에 대해 주희는 "구변 좋은 사람이 남과
응답하는 것은 단지 입으로 약삭빠르게 말하여 이기기를 취할 뿐이요, 실
정이 없어서 한갓 남들에게 미움을 받는 일이 많을 뿐이다"라고 풀었다. 이

기기를 취한다는 말이 특히 다가온다. 왜 자꾸 남에게 이기려고 하는가? 열등감 때문일 것이다. 열등감을 말로 해소하려고 하니, 늘 문제가 따른다.

스승님께서 칠조개에게 벼슬에 나가도록 하자, 그는 이렇게 대답했다.
"저는 그 점에 대해 아직 확신할 수 없습니다." 이에 스승님께서 기뻐하
셨다.

子使漆彫開仕. 對曰, 吾斯之未能信. 子說.

---

❀

　　칠조개는 수공업자였고 불구자였다. 고대에는 공업과 상업을 천시했기
때문에 거기에 종사하던 사람은 관리가 될 수 없었다. 공자는 칠조개에게
관리가 되라고 했는데, 이 점은 주의해 볼 가치가 있다. 칠조개의 답변을
통해 볼 때, 그는 아마도 여전히 열등감이 남아 있어 확신이 부족했던 것
같다. 공자는 그가 겸손해서 스스로를 억제하는 것으로 알고 매우 기뻐했다.

❀

　　내가 보기에, 리링의 설명은 상세하지 않다. 그가, 칠조개의 신분에 대
해 상세히 언급하고, 공자가 그에게 관리가 되라고 한 것이 "주의해 볼 가치
가 있다"라고 한 것은 과연 무슨 연유에서였을까? 칠조개처럼 자신의 출신
과 조건에 이른바 약점이 있는 사람은 대개 열등감에 시달리게 된다. 그런
데 그것을 겸손이라고 하는 것이 적절한지 모르겠다.

❀

　　참고로 알프레드 아들러는 열등감을 보상하려고 노력하는 과정에서 그

사람의 생활양식이 형성되어 가는데, 만일 보상될 수 없는 열등감이나 과도하게 보상된 열등감이 있으면 인격의 왜곡이 생긴다고 하였다.

스승님께서 말씀하셨다. "도가 행해지지 않으니, 뗏목을 타고 바다를 떠다녀야겠구나. 그때 나를 따를 사람은 유겠지?" 자로가 그 말을 듣고서 기뻐했다. 그러자 스승님께서 말씀하셨다. "유가 용기를 좋아하는 것은 나보다 낫지만, 뗏목 만들 재목을 구할 데가 없구나."

子曰, 道不行, 乘桴浮于海. 從我者, 其由與. 子路聞之喜. 子曰, 由也好勇過我, 無所取材.

공자는 세상에 절망한 나머지 정치로부터 멀리 떠나고 싶은 생각이 없었던 것도 아니었다. 그는 탄식하면서 '나의 주장이 통용되지 못하고 있으니 정말로 작은 뗏목이나 구해서 저 넓은 바다를 표류하고 싶은데, 나하고 같이 갈 사람은 자로가 확실하다'고 했다. 공자가 그냥 넋두리처럼 늘어놓은 말인데, 의기양양해진 자로는 정말로 항해하는 줄 믿었다. 그러나 공자는 너의 용기가 가상하다면서, 배를 만들 나무가 없다고 했다. 이는 핑계일 뿐, 그의 속셈은 여전히 차마 세속을 떠나지 못하고 있었던 것이다.

내가 보기에, 리링의 해석은, 근엄한 유학자들이 보면 불경하다고 할지 몰라도 참신할 뿐 아니라 개연성도 짙다. 한계에 직면해서 인간적인 고뇌를 보이는 '현실의 공자'를 잘 드러내 보이고 있다. 아무리 공자인들 자신의 주장이 먹혀들지 않는 세상에 대해 실망하거나 배신감을 느끼지 않을 수 없었을 것이다. 부桴는 작은 뗏목이라고 했지만, 정확히는 나무나 대나무로 대충 얼키설키 만든 작은 배를 말한다. 그걸 타고 가겠다는 말에는 하루라도 빨리 떠나고 싶다는, 구차한 현실이 넌더리난다 한숨이 짙게 배어있다. 이럴 때 공자는 우리와 별반 다르지 않아 보인다. 그래서 '공자님'은 우리에게 더 친근한 존재가 될지 모른다.

　　　　　　　　✿

　　학교 다닐 때 배운 노래인 맹사성孟思誠, 1360~1438의 「어부사시가」는 동아시아에서 통용되던 모티브를 차용한 것이다. 「어부사시가」에는 항상 역군은亦君恩이란 말이 나온다. '이렇게 내가 배를 타고 아름다운 걸 느끼는 것도 다 임금님 덕분'이라는 따위다. 이렇게도 얘기한다. "(배 타고 나가니) 머도록 더욱 좋다." 속세로부터 벗어날수록 좋다는 말이다. 그럼에도 그 다음에는 반드시 "역군은"이다. '떠나고 싶다', '떠난다' 하면서도 미련이 남아서 차마 떠나지 못하는 것이다. 떠나지 못할수록 속세에서 벗어나고 싶다고 얘기한다. 이에 비해서 김시습의 고민은 더욱 솔직하다. 추악한 세상에서 벗어나고자 하면 세상이 그의 발목을 붙잡고, 그럴수록 다시 세상이 싫어져 피하고자 하는 고통의 연쇄를 김시습은 주로 양광佯狂, 곧 거짓 미치광이 짓으로 대면하였다.

　　　　　　　　✿

　　기존의 풀이들에서 자로를 지나치게 낮추려는 경향이 있어 보인다. 공자의 은미한 뜻을 알지 못했기 때문에 다시 은미한 말로 풍자한 것을 자로가 눈치 채지 못했다는 것이 그 비하의 핵심이다. 웃자고 한 일을 죽자고 덤볐다는 것이다. 그러나 다산이 지적했듯이, "한편으로는 자로의 마음이 도를 행하려는 열성이 있는 것을 인정할 수 있고, 다른 한편으로는 자로가 목숨을 버리고 스승을 따르려는 것을 알 수 있다. 한 성인과 한 현인이 의기가 서로 부합함은 천 년 이후 지금까지도 오히려 사람들에게 감격을 주는데, 자로가 어찌 기뻐하지 않았겠는가. 자로가 기뻐한 것은 자신을 알아준 것에 대해 기뻐한 것이다."

맹무백이 물었다. "자로는 어떻습니까?" 스승님께서 말씀하셨다. "알 수 없습니다." 같은 것을 또 묻자 스승님께서 이렇게 말씀하셨다. "유는 천승의 나라에서 세금을 관리하는 일을 시킬 수는 있겠지만, 그가 어진지는 모르겠습니다." "구는 어떻습니까?" 스승님께서 대답하셨다. "구는 1천 가구 정도의 읍이나 백승의 가문에서 읍재로 부릴 수 있겠지만, 그가 어진지는 모르겠습니다." "적은 어떻습니까?" 스승님께서 대답하셨다. "적은 허리띠를 묶고 조정에 세워 빈객을 접대하면서 이야기를 나누게 할 수는 있겠지만, 그가 어진지는 모르겠습니다."

> 孟武伯問, 子路仁乎. 子曰, 不知也. 又問. 子曰, 由也, 千乘之國, 可使治其賦也, 不知其仁也. 求也何如. 子曰, 求也, 百乘之家, 可使爲之其宰也, 不知其仁也. 赤也何如. 子曰, 赤也, 束帶立於朝, 可使與賓客言也, 不知其仁也.

자로는 제자 중 나이가 가장 많고 능력도 많고 패기도 있었다. 나라를 다스리고 군사를 부릴 수 있는 인재였다. 공자도 자로가 그 정도로 큰일을 해낼 능력을 가졌다고 생각했다. 그러나 자로는 계환자의 가신家臣을 맡았을 뿐이고 노 나라 군주의 읍재邑宰를 지낸 적이 없다. 그는 가신으로 머무는 것을 불만스러워했다.

염구의 능력은 노 나라 군주를 위해 읍재를 맡거나 그를 읍재로 부릴 수 있는 정도였다. 염구는 계씨의 집안에서 재물을 관리했다. 공서적의 특기는 언어와 접대다.

내가 보기에, 공자의 제자 평은 엄격하다. 본문은 노 나라의 대부이자 실권자인 맹무백이 공자의 제자를 뽑아가려고 자질을 묻자, 공자가 있는 그대로 냉혹하게 평가한 것이다. 제자를 키워 벼슬에 나아가도록 하는 일이 공자의 임무인데, 제자를 추천할 수 있는 자리에서 공자는 왜 이렇게 냉정했을까? 아마도 겸사謙辭일 것이다. '아무개가 이러저러한 일은 대단히 잘 하지만, 아직 사람이 되기에는 부족하니, 어르신께서 잘 키워주시기를 바랍니다.'

요즘 추천서를 생각한다. 거기에는 살아 숨 쉬는 사람에 대한 인간적인 묘사 대신에 남을 누르고 성공하기 위한 점수만 매겨져 있다. 추천서대로라면 우리 사회는 이미 대단히 훌륭한 인재들의 천국이 되었을 것이다. 그런데 남들이 모두 자신의 제자가 제일 잘났다고 자랑하는데, 중뿔나게 나만 제자의 장단점을 정확히 서술하는 것은 좀 생뚱맞다. 그래서 '좋은 게 좋은 것'이라는 분위기가 더욱 성숙한다.

한때 비판의 대상이 되었던 이른바 '주례사 비평'이 아직 사라지지 않고 있다. 그래서인지 우리나라 문인은 모두 세계적인 대가들이다. 인생의 묘미를 간파하고, 문학이 나아갈 방향을 정확히 제시하는 시인과 소설가들이 넘쳐난다. 빈말의 성찬으로 요란한 사회에 미래는 없다.

스승님께서 자공에게 물으셨다. "너와 안회 가운데 누가 더 뛰어나냐?" 자공이 대답했다. "제가 어찌 감히 안회를 넘보겠습니까? 안회는 하나를 들으면 열을 알고, 저는 하나를 들으면 둘을 아는 정도입니다." 스승님께서 말씀하셨다. "그만 못하지. 나와 너는 그만 못하지."

子謂子貢曰, 女與回也孰愈. 對曰, 賜也何敢望回. 回也聞一以知十, 賜也聞一以知二. 子曰, 弗如也. 吾與女弗如也.

나와 너는 그만 못하지吾與女弗如也에 대해서는 두 가지 독법이 있다. 하나는 여與를 찬성허락, 인정으로 해석하여, '너 자신에 대한 평가에 완전히 동의한다', '(나는) 네가 그보다 못하다고 생각한다'는 뜻으로 이해하는 것이다. 다른 하나는 접속사로 해석하여 '나와 너, 우리 둘은 모두 안회보다 못하다'는 뜻으로 이해하는 것이다. 나중의 평가가 보다 적절하다. 이것은 스승이 학생을 칭찬하는 것으로는 가장 높은 것이다. 스승마저도 이렇게 말하는데, 다른 사람이야 더 이상 말할 필요가 있을까?

이 부분을 읽을 때 자연스럽게 다음과 같은 의문이 떠오른다. 안회가 그렇게 고명했다면, 그는 어진 사람으로 칠 수 있을까? 공자가 말하지 않았기 때문에 추측하기 쉽지 않다. 그러나 어느 정도는 수긍할 수 있을 것이다. 만약 안회마저도 그렇지 않다면 공문孔門에서는 아무도 그럴 만한 사람이 없다는 말이 된다.

✿

　내가 보기에, 여<sup>與</sup>를 접속사로 본 리링의 해석은 그것을 허락한다로 본 주희의 견해보다 더 나은 것 같다. 공자의 이 말은, 스승이 제자를 칭찬하는 가장 높은 표현이다. 선생이 웬만한 내공과 자신감이 없으면 제자에게 할 수 없는 말이다. 오규 소라이의 풀이가 아주 단호하다. "공자 스스로 자기도 또한 그만 못하다고 말하였으니, 또한 (『공자가어孔子家語』에서 말했듯이) 그가 가신의 우두머리가 되기를 원한다는 뜻이다. …… 주희의 주석은 …… 성인의 마음을 알지 못했고 문장에 어두웠던 것이다." 미욱한 나도 간혹 그 미래가 밝아 보이는 학도들을 만나게 되는데, 그 중에는 '아, 내가 선생인 것이 참으로 부끄럽구나' 생각하게 만드는 이들도 있다.

재여가 낮잠을 잤다. 스승님께서 그에 대해 말씀하셨다. "썩은 나무로는 조각을 할 수 없고, 쓰레기로 쌓은 담장에는 흙손질을 할 수 없다. 너에 대해 내가 무엇을 탓하겠느냐?" 그리고 또 말씀하셨다. "예전에 나는 사람을 대할 때, 그가 하는 말을 듣고, 그의 행위를 믿었는데, 지금 나는 사람을 대할 때, 그가 하는 말을 듣고는 그의 행위를 관찰하게 되었다. 재여에 대한 생각도 이렇게 바꾸었다."

宰予晝寢. 子曰, 朽木不可雕也, 糞土之牆不可杇也. 於予予與何誅. 子曰, 始吾於人也, 聽其言而信其行. 今吾於人也, 聽其言而觀其行. 於予與改是.

❧

낮잠晝寢은 한낮에 (본격적으로) 잠을 자는 것이다. 옛사람은 하루를 아침朝, 낮晝, 저녁晡, 밤夕으로 나누었는데, 낮은 대략 오전 9시부터 오후 4시까지다. 낮잠을 자는 것은 새벽부터 밤까지 게으르지 않는다夙夜不懈고 한 『시경』의 말과 상반되어 용납할 수 없다고 생각한 것이다.

❧

보통처럼 자字를 부르지 않고, 그냥 바로 이름을 불렀다. 공자가 교실에서 잠깐 낮잠 잔 것을 가지고 발끈해서 노발대발한다고 생각해서는 안 된다. 당시에는 교실에서 가르치지 않았고 제자들은 공자를 따라다니면서 배웠다. 때로는 스승의 집에 앉아서, 어떤 때는 집 밖을 산보하고 걸으면서 이야기했다. 공자가 재여를 욕한 주된 이유는 그의 언행이 일치하지 않았고, 말을 해 놓고 그에 대해 책임을 지지 않았기 때문이다.

※

재여는 말솜씨가 아주 뛰어났기 때문에, 공자가 '사람을 대할 때 말을 듣고 믿었는데, 재여의 경우를 보니 말을 듣고 행위를 관찰하게 되었다'고 한 것이다. "너에 대해 내가 무엇을 탓하겠느냐"라는 말은 '재여, 너 같은 자에게 내가 욕을 해서 뭐 좋아질 것이 있겠느냐'는 것이다.

※

내가 보기에, 스승의 꾸짖음은 이렇게 추상 같아야 한다. 공자는 평소 지녔던 자신의 생각을 바꿀 정도였다. 얼마나 실망을 했으면, 꾸짖는다는 말로 주誅 자를 썼을까. 주에는 '칼로 벤다'는 뜻도 있다. 주륙誅戮에서 보듯이, 그것도 죄인의 목을 무참히 잘라 버리는 것이다. 일시적인 인정에 끌려 마음에도 없는 말로 달래는 것은 스승과 제자 모두에게 도움이 안 된다. 학생들에게 아첨하는 선생은 말할 것도 없다.

※

공자의 반응이 다소 과했다는, 심지어는 '공자는 참 잔인한 스승'이라는 풀이가 줄곧 있어 왔다. 그것이 아무래도 마땅치 않다고 여겨 한유韓愈처럼 별난 해석도 제출되었다. '주침'에서 주晝는 화畵의 잘못이라 여겨, 재여의 침실이 지나치게 화려한 것을 꾸짖었다는 따위다. 이런 것을 천착이라고 한다. 지나치게 의심하여 필요 이상으로 파고드는 것이다.

247

그런데 꾸짖는 것도 때와 장소를 가려서 해야 할 것 같다. 내가 교사 시절에, 항상 그랬던 것은 아니었지만, 심하게 꾸짖어야 할 때는 학생들이 없는 빈 교실로 갔다. 거기에는 나와 학생 둘만 있을 뿐이어서 서로 할 말을 다할 수 있었고, 어느 정도 효과도 있었던 것 같다. 그런데 근래 공개된 장소에서 대등한 위치에 있는 사람에게 훈시를 한 적이 있다. 돌아온 것은 당연히 욕설이었다. 크게 깨달은 바 있다. '어떤 반응이 돌아오든 할 말, 그것이 꾸짖음이든 훈시든 욕설이든, 반드시 해야 할 말이라면 정확히 하자. 단, 그것을 해 놓고 후회할 바에는, 혹은 돌아올 반응을 두려워 할 바에는 아예 입도 열지 말자. 무엇보다도 공명심을 버려야 한다!'

스승님께서 말씀하셨다. "나는 강한 사람을 보지 못했다." 이 말을 듣고 누군가 대답했다. "신정이 있습니다." 스승님께서 말씀하셨다. "신정은 욕심이 있는데, 어찌 강하다고 할 수 있겠는가?"

子曰, 吾未見剛者. 或對曰, 申棖. 子曰, 棖也慾, 焉得剛.

---

앞의 「자로子路」편 13-27에서 "강하고, 굳세고, 질박하고, 어눌한 사람이 인에 가깝다"라고 했다. 강함은 욕심이 없고, 자신에게서 찾되 남에게서 찾지 않는 것이다. 청말 어느 정치가는 이와 관련하여 대련對聯 하나를 썼다. 바다는 온갖 냇물을 받아들이고, 받아들이기 때문에 커진다海納百川, 有容乃大 / 천 길 높이 솟은 벼랑도 욕심이 없으면 굳세어진다壁立千仞, 無欲則剛.

내가 보기에, 욕심이 있는 사람은 강하지 않다는 말은 새겨들을 만하다. 이 말을 달리 하면, 강한 사람은 욕심에 흔들리지 않는다는 말이 된다. 강함과 욕심을 대척점에 놓는 이 설정은 정곡을 찌른 것 같다. 『집주』에서 사씨謝氏는 "내 밖의 것物을 이기는 것을 강이라 하고 …… 내 밖의 것에 지는 것을 욕이라 한다"라고 하면서, "신정의 욕이 어떤 것인지 알 수 없으나, 그가 아마도 고집 세고 자기 지조를 아끼는 자가 아니었을까 생각한다. 이 때문에 사람들이 강하다고 여긴 듯하지만, 그것이 바로 욕이 되는 것인 줄을 모른 것이다"라고 했다.

외유내강이란 말은 누구나 다 잘 안다. 내강이란 달리 말하면 자기반성이다. 자기를 돌아보면 부끄러워지고, 그래서 다시 반성하고 다잡는 것은 강자만이 할 수 있다. 그래서 강자의 삶은 떳떳하다. 강자의 모토는 욕막대어부지치辱莫大於不知恥, 곧 부끄러움을 모르는 것보다 큰 치욕은 없다는 것이다. 그러나 부드러움과 강함이 짝이 되는 경지를 나는 아직 모른다.

❧

『서경書經』에 아홉 가지 덕이 나오는데, "너그러우면서도 씩씩하고, 부드러우면서도 꼿꼿하며, 삼가면서도 공손하고, 다스리면서도 공경하며, 익숙하면서도 굳세고毅, 곧으면서도 따뜻하며, 평탄하면서도 청렴하고, 굳세면서도剛 독실하며, 강하면서도彊 의롭게 하는 것"이다. 여기서 보면, 강하다는 것도 의毅, 강剛, 강彊이 서로 다르다. 그 차이를 나 같은 소인배는 감지조차 할 수 없다.

❧

가만히 생각해 보니, 나는 아직 '레알' 강자를 만나본 적이 없는 것 같다. 유홍준이 말한 세상도처유상수世上到處有上手를 실감하지 못해 가끔 천둥벌거숭이가 될 때가 많다. 간혹 강자처럼 보이는 사람이 있는데, 겪어보면 욕심이 많거나 고집이 세어서 센 척하는 경우가 대부분이다. 이런 사람은 열등감 덩어리이기 십상인데, 한번 틀어지면 끝 갈 데 모를 질투에 휩싸인다. 그는 아니라고 손을 저어대겠지만, 그의 인생 목표는 자잘한 복수復讐이다. 그래서 겉으로는 강인해 보일지 몰라도, 안으로는 대단히 불행할 것이다.

자공이 말했다. "다른 사람이 나에게 하기를 바라지 않는 것을 나 역시 다른 사람에게 하지 않으려고 합니다." 스승님께서 말씀하셨다. "사야, 그것은 네 능력이 미칠 수 있는 것이 아니구나."

子貢曰, 我不欲人之加諸我, 吾亦欲無加諸人. 子曰, 賜也, 非爾所及也.

폭력과 전쟁은 모두 다른 사람에게 강요하는 것이다. 강간은 대죄인데, 그 나쁨은 간음姦에 있는 것이 아니라 강제로 범하는强 데 있다. 증자는 "다른 사람이 나를 속일지라도 반항하지 않는 것"이라고 말했다. 이는 무저항주의다. 간디즘이 그 일종이다. 마오쩌둥은 "남이 나를 침범하지 않으면, 나는 남을 침범하지 않는다. 남이 만약 나를 침범하면, 나는 반드시 그를 침범할 것이다"라고 했다. 오늘날 강자가 약자를 짓밟는 것이 국제질서인데, 이전과 다르지 않다. 남을 속이지도 않고, 다른 사람의 속임도 받지 않는 것은 어렵다.

내가 보기에, 이 구절은 이해하기 쉽지 않다. 이 구절에 대해 정자程子는 "내가 남에게 가하기를 원하지 않는 일을 나도 남에게 가하지 않으려고 함은 인仁이요, 자신에게 시행하여 원하지 않는 것을 나 역시 남에게 베풀지 않으려 하는 것은 서恕이다. 서는 자공이 혹 힘쓸 수 있으나, 인은 미칠 수 있는 것이 아니다. 무가저인無加諸人에서 무無는 자연히 그렇게 되는 것이요,

물시어인勿施於人의 물勿은 금지하는 말이니, 이것이 인과 서의 구별이다"라고 했는데, 이에 대해 오규 소라이는 무식의 소치라고 단언한다. "옛적에 물과 무는 통용되었으니, 어느 것이 자연스러운 것이고, 어느 것이 금지하는 것이란 말인가? 또 자공이 없다無之고 하지 않고 없게 하고자 한다欲無고 했는데, 이는 공자가 말한 것과 무엇이 다른가? 송 나라 유학자들은 논어도, 그 주석도 읽지 못한다."

<br>

이는, 자공의 말과 뒤의 「위령공衛靈公」 편 15-25에 나올 공자의 기소불욕, 물시어인己所不欲勿施於人, 곧 자기가 하고자 하지 않는 것을 남에게 베풀지 말라는 말이 다르지 않다는 것으로, 한마디로 송유宋儒의 지나친 천착을 비판한 것이다. 『맹자』에서는 "지혜로운 사람이 싫어하는 바는 천착이다所惡於智者, 爲其鑿也"라고 했다. 본문의 가加를 업신여기다로 풀이하여, 남이 저를 업신여기는 것을 바라지 않듯, 저 또한 남을 업신여기지 않고자 한다고 풀이한 경우도 있는데, 이것 역시 천착이 아닌가 한다.

<br>

기소불욕, 물시어인을 실천하려면, 나하고 남의 거리를 가능한 한 줄여야 한다. 범인凡人에게 그것은 거의 불가능한 일이다. '정글의 법칙'이 지배하는 천박한 자본주의 사회에서는 특히 그러하다. 그래서 '가능한 한'이라는 단서를 달았다. 어떻게 하면 그 거리를 줄일 수 있을까? 우선 상대의 입장을 공감sympathy해야 할 것이다. 공감은 의식적인 연습 없이는 어렵다. 우리 시대 최대의 화두인 배려와 연대solidarity는 공감하는 연습을 통해서만 가

능할 것이다. 기독교식으로 말하면, 인간은 신과 화해하는 데 장애가 되는 원인을 제거하는 과정을 통해 진정한 신자가 된다. 그 과정을 속죄贖罪라고 하는데, 영어로 atonement라 한다. 이는 at+one+ment로 이루어진 말이다. 거칠게 풀이하면, 하나에 집중하는 것이야말로 속죄의 요체라는 것인데, 그 하나는 예수가 인간을 위해 흘린 피, 곧 보혈寶血을 자기의 것으로 삼는 것이다. 마찬가지 논리로, 남의 처지에 설 줄 알아야 우리는 참다운 인간이 된다. 내 맘을 미루어 남에게 도달한다는 추기급인推己及人에 해당하는 서양 속담으로 나는 이것을 꼽고 싶다. '내 눈이 아름다운 풍경을 구경할 때, 내 발은 땀내 나는 신발 속에서 절고 있다.'

자공이 말했다. "선생님의 문장에 대해서는 들어볼 수 있지만, 선생님께서 본성과 천도에 대해 말씀하시는 것은 들어볼 수 없다."

> 子貢曰, 夫子之文章, 可得而聞之, 夫子之言性與天道, 不可得而聞也.

✦

'선생님의 문장'이 구체적으로 무엇을 가리키는지가 문제다. "들어 볼 수 있다"라고 한 것은 아마도 글로 쓰여 후세에 전해오는 것일 게다. 황간은 그것을 육례의 책이라 했는데, 그러나 그것은 공자 혼자 다 쓰지 않았다. 주희는 '문장'을 "엄숙하고 장중한 모습과 문사文辭"라 했다.

✦

본성性과 천도天道도 문제다. "들어볼 수 없다"라는 것은 공자가 설명한 적이 없다는 말이 아니다. 너무 어려운 문제여서 설명이 비교적 적었을 뿐이다. 논어에서 성을 언급한 곳은 여기와 "사람의 본성은 서로 비슷하지만, 습성은 서로 차이가 크다"라고 한 데다, 천도를 언급한 것은 이 부분 외에는 한 곳도 없다.

✦

천도는 우주론으로, 이것을 연구하는 것을 술수학術數學이라 했고, 성은 생명과학으로, 그것을 연구하는 것이 방기학方技學이었다. 과거 유가儒家에서는 천도와 성명에 관심을 가지지 않았고, 도가道家에서만 관심을 가지고 있었다.『곽점초간郭店楚簡』이 발견된 뒤, 공자도 천도와 성명에 대해 설명했다고 하는데, 그 구체적인 내용이 무엇인지에 대해서는 토론해 볼 만하다. 나중에 나온 도가와 비교하면 양자의 구별이 매우 분명해진다. 공자가 말한 천도는 주로 '하늘'이 아니라 '관리가 될 운세'에 대한 것이고, 성명 역시 '몸'에 대한 것이 아니라 '인성의 본질과 개조'에 관한 것이다.

✦

내가 보기에, 이 구절도 충분히 이해하기가 어렵다. 요즘의 대화로 보면, 자공은 대단히 중요한 주제라고 생각한 성性과 천도天道에 대해 공자가 자주 그리고 상세히 가르쳐주지 않았다고 했다. 그런데 정자程子의 설명에 따르면, "이 구절은 자공이 공자의 지극하신 말씀을 듣고 찬미한 것이다." 나는 잘 모르겠다.

✦

공자가 인성과 천도에 대해 거의 발언하지 않았는데, 우리는 '유가철학'하면 곧장 그것을 떠올린다. 그것은 "문장은 덕이 밖으로 나타나는 것이니, 위의威儀와 문사文辭가 모두 이것이다. 성은 사람이 부여받은 천리요, 천도는 천리자연天理自然의 본체니, 그 실상은 한 이치다." 곧 '성자, 인소수지천리, 천도자, 천리자연지본체性者, 人所受之天理, 天道者, 天理自然之本體' 등등 주희의 풀이에 기인한다. 거기에는 불교와 도교의 세계관을 적극적으로 흡수한 송대 성리학자들의 역할이 개입되어 있다.

내용을 떠나 상황만 보자면, 이 구절은 제자가 스승을 평가한 것이다. 근래 대학에서 일반화된 강의평가에 해당한다고 하면 좀 지나칠까? 강의평가를 두고 말들이 많다. 그 요체는, 제자가 어찌 감히 스승의 학문과 교육을 평가하고 재단하느냐는 것이다. 스승을 평가하는 짓은 건방질 뿐 아니라 가능치도 않다는 것이다. 그럴지도 모른다. 그러나 학생들이 눈치를 봐야 하는 억압적인 상황이 아니라면,(대개는 그렇다고 단언한다) 학생들의 평가는 대개 타당해 보인다. 문제는 그 결과를 어떻게 활용하는가 하는 데 있을 것이다. 지금처럼 형식적인 절차에 지나지 않거나 교수의 업적 평가와 그 보상의 근거로 이용되는 것이 문제다. 몇몇 나라의 대학에서는 강의평가가 매학기 책자로 출간되어 학생들의 수강신청에 실질적인 도움을 주고, 교수 스스로도 강의 방법과 수준을 재조정하는 일차 자료로 활용한다고 한다. 특정 학기의 강의평가는 '강의를 잘했다, 못했다'를 판단하는 것 못지않게 '해당 강의가 교수-학생의 교육적 혹은 학문적 진보에 도움을 줄 수 있느냐, 그렇지 않냐'를 결정하는 근거가 되어야 한다. 이런 일이 가능해지려면, 우선 강의평가의 항목과 내용을 제대로 만들어야 한다. 지금처럼 교수의 점수를 매기고 그에 따른 보상을 제공하는 방편의 하나로 행해지는 강의평가는 쓰레기일 뿐이다. 개별 학문의 특성을 고려치 않고 일방적인 기준에 따라 일률적으로, 그리고 점수 매기기라는 불순한 의도에서 행해지는 강의평가라면 아예 하지 않는 게 낫다. 아니, 해서는 안 된다.

자로는 어떤 것을 듣고 나서 아직 실행하지 못한 것이 있으면 다른 것을 들을까 두려워했다.

子路有聞, 未之能行, 唯恐有聞.

---

자로의 특징은 빠른 데 있었다. 행동이 빠를 뿐 아니라 말하는 것도 빨랐고, 사람 됨됨이가 시원시원했으며 말도 시원시원하게 잘했다. 그런데 공자는, "(군자는) 말에서는 어눌하고 행동에서는 민첩하다"라고 했듯이, 행동이 빠른 사람을 좋아했지만, 말을 빨리 하는 사람을 좋아하지는 않았다. 공자가 문제를 내면 자로는 경솔하게 대답했다. 그는 항상 사색할 틈도 없이 입에서 나오는 대로 지껄였다. 그 결과 당연하게도 스승으로부터 자주 욕을 얻어먹었다. 이런 면에서 자로와 안회는 대조적이다. 안회는 말을 하는 데 신중했다. 안회는 사상가형 군자이다. 자로는 그와 반대로 "말에서는 어눌하고"를 실천할 수 없었던 것이다.

내가 보기에, 이 구절 역시 간단히 이해하고 넘어가기 어렵다. 배병삼은 이렇게 설명했다. "자로는 참으로 우직했다. 오늘 배운 것을 제대로 익혀 실천하지 못했는데 더 배우게 되면, 실천해야 할 점이 더욱 많아지는 셈이다. 그래서 '더 배우면 어떡하나' 염려한 것이다. 이 우직한 태도에는 '가르침은 낱낱이 다 실천해야만 한다'고 스스로 다짐했던 마음가짐이 전제되어 있다.

이론보다는 실천에 치우친 자로의 면모가 이 대목에서 환하다." 그렇다면 앞에서 본 리링의 해석은 잘못된 것인가? 이에 대해서는 앞으로 볼 「선진」편의 다음 일화를 미리 참조하면 좋지 않을까 한다. 공자는, 자로가 "들으면 곧 실천해야 합니까?"라고 묻자, "(부형이 살아 계신데) 어찌 들은 대로 실천하겠느냐?"라고 대답했고, 염유가 같은 것을 물었을 때는 "듣는 대로 곧 실천하라"고 답했다. 공서화라는 제자가 왜 그렇게 다르게 답을 하냐고 물었다. 공자는, 염유가 물러나는 성격이기 때문에 앞으로 나아가도록 한 것이고, 자로는 다른 사람의 몫까지 해치우기 때문에 뒤로 물러나게 한 것이라고 대답한 바 있다. 소심해서 뒤로 물러서기를 좋아하는 제자는 밀어주고, 대담해서 앞으로 튀어나가는 것을 좋아하는 제자는 한 번 잡아당겨줘야 한다는 것이다.(참고로 한유韓愈의 자 퇴지退之는 바로 여기서 따온 것이다)

앞의 「공야장公冶長」 편 5-7에서도 이미 보았듯이, 공자는 자로의 용맹은 인정하였지만, 그의 경솔함은 경계한 바 있다. 이는 나중에 볼 「양화陽貨」편 17-23에서 "용맹만 좋아하고 배우기를 좋아하지 않으면 그 폐단이 어지럽게 된다好勇不好學, 其弊也亂"라고 한 것으로 요약된다고 본다. 그런데 이는 그리 간단히 판단할 문제가 아닌 것 같다. 다산은 "전에 들은 바를 미처 실천에 옮기지 못했는데, 그 후에 다시 듣게 될까 두려워 한 것이다. 이처럼 두 가지를 병행하기는 어렵다"라고 했고, 오규 소라이는 "(이는) 자로의 현명함을 형용한 것"이라 했다.

다시 리링의 해석을 상기해 보자. 리링이 잘못 판단한 것인가? 나는 잘 모르겠다. 한 가지 분명한 것은 이렇게 사람에 대한 평가는 어렵고도 또 어렵다는 점이다. 대학자들도 이러할진대, 우리 같은 범인凡人이야말로 사람에 대한 평가에서 신중에 신중을 기해야 마땅할 것이다. 나에게 이익을 주느냐의 여부로 상대를 평가해 버리는 세태는 너무 영악하고 삭막하다.

마지막으로 사족 하나를 덧붙인다. 자로는 영민한 사람인 듯하다. 내가 가르치는 학생들 중에 가끔 영민한, 내 표현대로 하면 눈동자가 반짝이는 학생들이 있다. 이 사람들은 대개 공부도 잘하고, 주견도 정확하며, 의견 표명도 똑 부러지게 잘한다. 나는 이런 학생들을 보면 함께 이야기하고 싶어진다. 그런데 이들 중 일부는 더 이상의 진보를 보이지 않아 안타깝다. 자만하기 때문이다. 우선 당장 자기의 재주가 통하기 때문에 더 이상 탐구를 하지 않아도 견딜만하다고 생각하는 것이다. 그래서 결국 이들의 반짝임은 그리 오래 가지 않는다. 이런 학생들을 나는 일부로라도 더 세게 꾸짖는다. 그래도 결국 '빤짝이는 재주'를 사는 선생에게 가는데, 잘 되었다는 소리를 듣지 못했다. 물론 조금 더 기다려 봐야 할 것이다.

자공이 물었다. "공문자는 무슨 이유로 (시호를) 문이라 하는지요?" 스 승님께서 말씀하셨다. "배우는 데 부지런하고 또 배우는 것을 좋아했으 며, 아래 사람에게 묻는 것을 부끄러워하지 않았다. 이 때문에 그를 문이 라고 부른다."

> 子貢問曰, 孔文子何以謂之文也. 子曰, 敏而好學, 不恥下問, 是以謂之 文也.

이 구절은 왕이나 재상, 유현儒賢 들이 죽은 뒤 그들의 공덕을 칭송하여 붙이는 시호를 의론하여 정하는 시법諡法과 관련이 있다. 『일주서逸周書』「시 법해諡法解」에 배우는 데 부지런하고 묻기를 좋아하는 것을 문文이라 한다고 했다. 공자가 말한 민이호학敏而好學은 아마도 음으로 풀이한 것 같다. 문文과 민敏은 발음으로 볼 때 모두 첫 소리가 'ㅁ'으로 난다는 것을 금방 알 수 있지 만, 현대 중국 발음으로는 각각 wen과 min(발음기호 생략)이기 때문에 서로 공통의 발음이 없다. 그러므로 옛날 발음을 분석하여 두 글자 모두 명明이라 는 공동의 성모聲母, 곧 첫소리가 'ㅁ'이라는 점을 밝힘으로써 두 글자가 서 로 호응될 수 있다는 뜻이다.

내가 보기에, 이 구절은 자공의 질문이 중요하다. 공문자는 부하의 아내 를 첩으로 삼고, 그의 부하가 본처의 여동생과 통정하자 공격하는 등 행실이 문란했다. 그런 그에게 문이라는 시호를 내려줄 수 있느냐는 의문이다. 이에 대해서 『집주』에서 소씨<sup>蘇氏</sup>는 "공자는 (공문자의) 선함을 없애지(무시하지) 않았다"라는 식으로 풀이한 바 있는데, 나는 아직 그 경지를 이해할 수 없다. 그런 불선<sup>不善</sup>을 자행하면서 과연 불치하문<sup>不恥下問</sup>과 같은 겸손이 가능한지, 설사 그렇다 하더라도 그래서 얻은 공부가 진정한 자양분이 될 수 있었는지는 잘 모르겠다. 오늘날 학인에게 학문과 도덕의 일치를 요구하는 것은 지나친 일이기는 하겠지만, 그렇다고 양자를 전혀 별개의 것으로 떼어놓고 생각할 수 있을까 의문이다.

스승님께서 자산에 대하여 말씀하셨다. "군자의 도는 네 가지입니다. 그
중 하나는 자신의 몸가짐을 공손히 하는 것이고, 다른 하나는 윗사람을
섬기는 데 공경하는 것이며, 다른 하나는 백성을 보살피는 데 은혜로운
것이고, 다른 하나는 백성을 부리는 데 의로운 것입니다."

子謂子産, 有君子之道四焉 : 其行己也恭, 其事上也敬, 其養民也惠,
其使民也義.

---

네 가지 미덕인 공손함, 경건함, 자애로움, 의로움 중 공손함과 경건함이
한 짝이고, 자애로움과 의로움이 한 짝이다. 공손함과 경건함은 군자에게
해당하는 것으로 예에 속한다. 이 둘은 같은 것이 아니다. 공손함은 자기를
나타낼 때 사용하며, 다른 사람에게 보여주는 것으로 얼굴 표정이나 말투를
매우 겸손하게 하는 것이다. 경건함은 상급자나 손윗사람을 모실 때, 그들을
대단히 존경하는 것이다. 자애로움과 의로움도 서로 다르다. 자애로움은
백성을 보살피는 것으로 그들을 잘 지내게 하는 것이고, 의로움은 백성을
부리는 것으로서 그들로 하여금 의로운 일에 적합하도록 조치하는 것이다.

내가 보기에, 여기서는 '군자의 도' 일반을 언급한 것이 아니라 자산이
지닌 군자다운 도 네 가지를 설명한 것이다. 공恭, 경敬, 혜惠, 의義는 어느 것
하나 가볍게 볼 수 없는 덕목이지만, 공자는 자산을 특히 혜인惠人이라고 높

였다. 주희는 이때의 '혜'를 마음을 한결같이 사람을 사랑하는 것을 위주로 하는 것이라 풀었다.

스승님께서 말씀하셨다. "안평중은 사람과 잘 사귄다. 오래 지나도 사람들이 그를 공경한다."

子曰, 晏平仲善與人交. 久而敬之.

※

내가 보기에, 여기에는 긴 설명이 필요 없다. 정자程子는 사람 사귀기를 오래 하면 공경이 쇠해진다고 했는데, 그것이 사실이면 그 책임은 나에게 있다. 상대가 변했다기보다 내가 그렇게 만든 것이다.

※

공경은 상대와의 거리를 유지할 때 가능한 것일지 모른다. 그래서 장자莊子는 일정하게 거리를 두는 이런 사귐을 진정성이 없는 것이라 비판했다. 이런 맥락에서 오규 소라이는, "(공자가) 안평중이 선배이기 때문에 이를 칭찬해서 사람들로 하여금 본받게 한 것이지, 그를 개괄적으로 평가한 것은 아니다"라고 했을까? 한 가지 확실한 것은 사귐에 변함이 없어야 한다는 것이다. 이럴 때 나는 서恕 자를 마음心을 한결같이如 가져가는 것이라고 이해하고 싶다. 권세가 있을 때는 아첨하여 좇고, 권세가 없어지면 푸대접하는 염량세태炎凉世態의 인심이 세상을 철두철미하게 지배한다 해도, 그것을 비켜가는 것이 친구이다. 그래서 벗인 것이다. 『안씨춘추顔氏春秋』에 이런 말이 보인다. "상대의 세력을 보고 사귀는 자는 그의 세력이 기울면 절교하고, 상대의 이익을 보고 사귀는 자는 그 이익이 다하면 흩어진다." 벗과의 교유는 여기서 말하는 사귐과는 다른 것이다.

스승님께서 말씀하셨다. "장문중은 점치는 거북을 모셔둘 집을 지으면서 두공에는 산을 넣었고, 작은 기둥들에는 채색을 했으니, 어쩌면 그토록 지혜로웠을까?"

子曰, 臧文仲居蔡, 山節藻梲, 何如其知也.

---

거채居蔡는 점치는 거북인, 진귀한 대채大蔡를 안치할 집을 짓는 것이다. 산절山節은 지붕 받침인 두공에 산 모양을 그려 넣은 것이고, 절梲은 짧은 기둥을 말한다. 조절藻梲은 대들보 위의 짧은 기둥에 색을 입힌 것을 말한다. 장문중의 거북집이 매우 호화로웠음을 말하고 있다. "어쩌면 그토록 지혜로웠을까?"라고 한 것은 반어법으로 사치스러운 것은 어리석은 것임을 지적한 것이다.

---

내가 보기에, 장문중이 당대에 지혜로운 사람으로 널리 알려진 데 대해 공자가 빗대어 비판한 것 같다. 그 비판의 핵심은 "인간의 도의에 힘쓰지 않고 귀신에게 아첨하는 것이 이와 같았다"(주희)라는 것이다. 장문중이 행한 사치의 문제는 도를 넘어 참람僭濫의 지경까지 도달했다는 데 있다. 사치, 곧 물질의 유혹에 한 번 빠지기 시작하면, 그 충족 욕구는 끝 갈 줄 모른다는 것이 역사의 교훈이다. 그리고 그 끝은, 이른바 도의에 반하는 너절하고 추악한 짓거리를 거리낌 없이 자행하는 것이다. 우리는 그것을 놀부의 탐욕

과 몰락에서 본 바 있다. 그런데 그런 놀부의 탐욕을 '불굴의 의지'라 하고, 그의 잔꾀를 지혜라 하면서, 그를 '역사의 챔피언'이라고 추켜세운 고명한 학자가 있었으니, 딱하고 다시 한심하다.

비워서 가볍게 할수록 지혜롭게 된다고 하는데, 갈수록 몸이 더 무거워진다. 뒤뚱거리며 걷는 내 모습이 안쓰럽고 처량하다.

자장이 물었다. "영윤 자문은 세 번이나 영윤이 되었는데도 기뻐하는 기색이 없었고, 세 번이나 그만 두었는데도 섭섭해 하는 기색이 없었습니다. 전임 영윤의 정사는 반드시 신임 영윤에게 알려주었습니다. 이 사람은 어떻습니까?" 스승님께서 말씀하셨다. "충성스럽다." "어집니까?" "모르겠다만, 어찌 어질다고 할 수 있겠느냐?" "최자가 제齊 나라 군주를 시해하자, 진문자는 40필의 말을 가지고 있었지만 버리고 떠나갔습니다. 다른 나라에 이르러서는 '(그 나라의 대부가) 우리나라 대부 최자와 같이 나쁘다'고 말하면서 그곳을 떠났습니다. 또 다른 나라에 가서는 또 '우리나라 대부 최자와 같다'라고 말하고 그곳을 떠났습니다. 이 사람은 어떻습니까?" 스승님께서 말씀하셨다. "깨끗하다." "어집니까?" "모르겠다만, 어찌 어질다고 할 수 있겠느냐?"

> 子張問曰, 令尹子文三仕爲令尹, 無喜色, 三已之, 無慍色. 舊令尹之
> 政, 必以告新令尹, 何如. 子曰, 忠矣. 曰, 仁矣乎. 曰, 未知. 焉得仁. 崔子
> 弑齊君, 陳文子有馬十乘, 棄而違之. 至於他邦, 則曰, 猶吾大夫崔子
> 也, 違之. 之一邦, 則又曰, 猶吾大夫崔子也, 違之. 何如. 子曰, 淸矣. 曰,
> 仁矣乎. 曰, 未知. 焉得仁.

---

(자문의) 충성스러움과 (진문자의) 깨끗함은 모두 (칭찬할 만하지만) 인仁보다 낮다는 것이다.

내가 보기에, 이 구절에는 의심스러운 점이 있다. 주희는 자문이 남과 자기 사이에 간격이 없었다고 했다. 그래서 자장이 자문이 인하냐고 물은 것이다. 그런데 뒤 이어 "그러나 자문이 세 번 벼슬하였다가 세 번 그만두고 물러나면서 새로 부임해 온 영윤에게 옛 정사를 말해준 것이 모두 천리天理에서 우러나와 인욕人慾의 사사로움이 없었는지 알 수 없다. 이 때문에 부자께서는 다만 그의 충을 허여하시고 그의 인은 허여하지 않으신 것이다"라고 했다. 이런 논리는 진문자의 경우에서도 마찬가지로 적용된다. (진문자가 청백하지만) "그의 마음이 과연 의리義理의 당연함을 보고 훌훌 벗어버려 누累한 바가 없었는지, 아니면 이해의 사사로움에 마지못한 것이어서 아직도 원망과 후회를 면치 못한 것이었는지 알 수 없다"라는 식이다. 이런 논리라면 이 말을 이해하기 쉽지 않다. 물론 자문과 진문자의 충성스러움과 깨끗함이 아직 인에 이르지는 못했다는 정도의 언사라면, 시비를 따질 이유는 없다. 그런데 상대를 의심의 대상으로 설정하여 논리를 전개하는 방식은 정당치 못하다고 생각한다. "(자문의 충성스러움이) 모두 천리에서 우러나와 인욕의 사사로움이 없었는지 알 수 없다"라거나 "(진문자의 깨끗함이) 이해의 사사로움에 마지못한 것이어서 아직도 원망과 후회를 면치 못한 것이었는지 알 수 없다"라는 주희의 가정은 합당치 않다. 물론 자문이 초 나라를 도울 때 획책한 것이 모두 왕을 참칭하고 중국을 어지럽히는 일이 아님이 없었고, 진문자가 벼슬할 때 이미 임금을 올바르게 인도하고 역적을 토벌하는 의리를 잃었으며, 또 몇 년이 못 되어 다시 제齊 나라로 돌아간 것은 사실이다. 그런 결과를 들어 말하면 간단할 것을, 굳이 인과 비교하여 설명하는 것은 합당치 못하다는 것이다. 더구나 주희 스스로 자문이 "남과 자기 사이에 간격이 없었다"라고 하지 않았는가? 이 물아무간物我無間이야말로 인의 요체일 것이다. 요컨대 잣대를 너무 높게 설정하게 되면 작위적이어서 맹랑하거나 심지어는 허망할 수밖에 없지 않을까? 역시 사족이겠지만, 지금 내가 설정하고 있는 꿈과 그것을 실현하기 위한 전략과 전술이란 것, 혹시 허무맹랑한 것은 아닐까?

계문자는 세 번 생각한 뒤에 실행했다. 스승님께서 그것을 들으시고 말씀하셨다. "두 번만으로도 좋다."

季文子三思而後行. 子聞之, 曰, 再, 斯可矣.

❀

계문자는 행동에 신중하여, 행동하기 전에 항상 세 번 생각했다. 그런데 '두 번 생각해도 좋다'는 말은 무슨 뜻인가? 아마도 긍정적으로 한 번 생각하고, 그 반대의 측면에서 한 번 생각하는 것, 이로움과 불리함 쪽에서 각각 한 번씩 생각하라는 것이리라. 『손자』「구변九變」에서는 "지혜로운 자는 반드시 이로운 쪽과 해로운 쪽을 한데 놓고 생각한다. (불리한 조건에서) 이로운 점을 함께 고려하면 노력하는 일에 확신을 가질 수 있고, (유리한 조건에서) 해로운 점을 함께 고려하면 고민스러운 일이 풀릴 수 있다"라고 했다.

❀

내가 보기에, 이 구절에 대해 정자程子가 "두 번 생각함에 이르면 이미 살핀 것이요, 세 번 하면 사사로운 뜻이 일어나 도리어 현혹된다. 그래서 부자께서 비판하신 것이다"라고 한 것은 좀 작위적이라는 생각이 든다. "군자는 이치 연구하기를 힘쓰고 과감하게 결단하는 것을 귀하게 여겨야지, 다만 많이 생각하는 것을 높여서는 안 된다"라고 한 주희의 주장 역시 송대 유학자의 견해일 뿐이지 않을까 생각한다. "일이 작고 가까운 것은 비록 생각하지 않아도 되지만, 크고 먼 것은 비록 백 번, 천 번을 생각하더라도 좋다. 어찌 반드시 두 번, 세 번뿐이겠는가? 대체로 송 나라 유학자들이 깊고 먼 생각이 모자라는 것은 소견이 잘못되었기 때문이다"라고 한 오규 소라이의 지적이 합당해 보인다.

⁂

여러 번 깊이 생각하여 자신의 세계관을 바꾸게 된 예로 고려 시대 이규보李奎報, 1168~1241가 떠오른다. 유학자는 공자의 가르침대로 이른바 괴력난신怪力亂神, 곧 괴이, 용력, 패란, 귀신 같은 것을 말해서는 안 된다. 그런데 신화神話는 대부분 괴력난신의 이야기다. 그래서 일연의 『삼국유사』에는 건국신화가 들어있지만, 유학자 김부식의 『삼국유사』에는 그것이 없다. 그런데 유학자 이규보는, 몽고의 침입으로 고려가 정체성을 잃자, 사람들이 동명왕 신화를 이야기하는 것을 듣고, 거기에 대단히 중요한 정신이 담겨 있음을 깨닫게 된다. 그 깨달음의 결과가 「동명왕편東明王篇」이라는 장시長詩다. 그 서문에서 그 깨달음의 과정을 이규보는 다음과 같이 말하고 있다. "(동명왕 신화를 듣고) 처음에는 그것을 믿을 수 없었다. 귀환鬼幻의 이야기라고 여겼기 때문이다. 그런데 세 번 다시 음미해 그 근원을 찾아 들어가 보니, 그것은 귀鬼가 아니라 신神이요, 환幻이 아니라 성聖이었음을 알게 되었다." 이규보가 "자왈, 불어괴력난신子曰, 不語怪力亂神"에 얽매여 세 번 다시 음미해 그 근원을 찾아 들어가 보지 않았다면, 「동명왕편」이라는 고전은 결코 생겨날 수 없었을 것이다.

스승님께서 말씀하셨다. "영무자는 나라에 도가 있으면 지혜롭고, 나라에 도가 없으면 어리석다. 그의 지혜로움은 따라갈 수 있지만, 그의 어리석음은 따라갈 수 없다."

子曰, 寧武子, 邦有道, 則知, 邦無道, 則愚. 其知可及也, 其愚不可及也.

나라에 도가 있으면 총명하고 나라에 도가 없으면 어리석은 것은 (『삼국지』에 나오는) 도회지계韜晦之計, 곧 재능을 숨기고 때를 기다리는 계책을 말한다. 어리석음은 따라갈 수 없다고 한 것은 배우기 어렵다는 것이지, 지금 관용적으로 쓰듯 대단히 어리석다는 말은 아니다.

내가 보기에, 영무자의 어리석음을 어려움에 처한 군주를 끝까지 좇아 보필하는 우직함으로 칭찬하는 주류적 해석은 "성공成公이 무도하여 나라를 잃을 지경에 이르렀는데, 영무자는 몸과 마음을 바쳐 어렵고 험한 것을 피하지 않아, 마침내 자기 몸도 보존하고 임금도 구제하였으니, 그의 어리석음을 따를 수 없다는 것이다"라고 한 주희의 풀이에 따른 것이다. 나아가 정자程子는 "어리석어서는 안 될 경우가 있으니, 비간比干이 이 경우이다"라고 했다. 비간은 은 나라 주왕의 신하로, "신하는 죽더라도 임금에게 충성을 다해 간언을 해야 한다"라고 하면서, 계속 직언하다 잔인하게 살해당한 사람이다. 영무자와 비간, 과연 누가 더 어리석은가? 지금 같은 세상이라면,

누가 칭송받고 누가 손가락질 받을 것인가? 그런데 정작 내가 알고 싶은 것은 그 상찬과 비난이라는 것에 진정성이 담겨져 있느냐 하는 점이다. 어떨 때는 '솔직히 말해서 영무자 같이 사는 게 현명한 거 아냐?'라고 하면서도, 다른 한 편으로는 '비간, 거 참 개념 있는 사람이네.' 꼭 이럴 것만 같아서 하는 말이다. 요즘의 세태를 정확히 파악하려면, 특정 인물에 대한 평가가 한 사람 내부에서 어떻게 다양하게 변주되는지를 살펴보면 되지 않을까 생각해 본다.

스승님께서 진陳 나라에 계실 때 말씀하셨다. "돌아가자! 돌아가자! 우리 고향 젊은이들은 뜻이 크고 재능도 찬란하지만, 그들을 어떻게 가르쳐야 할지 모르겠다."

子在陳, 曰, 歸與. 歸與. 吾黨之小子狂簡, 斐然成章, 不知所以裁之.

고향의 젊은이들은 노 나라에 있는 공자의 문인을 말한다. "뜻이 크고"에 해당하는 원문 광간狂簡의 '간'에 대해『공주孔注』에서는 크다大라고 풀었는데, 이것은 큰 것을 형용한 것이다.

내가 보기에, 주희가 간簡을 행실에 소략하다略於事也라고 한 것은 잘못이다. 주희가 "단, 광사狂土, 뜻이 큰 선비들이 중도를 벗어나고 정도를 잃어 혹 이단에 빠질까 (공자가) 염려해서, 돌아가 바로 잡고자 한 것이다"라고 이해한 것은 수긍하기 어렵다. 배병삼은 주희의 이 해석을 준신하여, "'문장은 이루었지만······ 마름질을 할 줄 모르는 그 틈새야말로 스승이 절실히 요구되는 자리다'라는 무리한 해석을 시도한 바 있다. 그러나『시경』에 "간은 큼이다簡, 大也"라고 한 바 있다. 이렇게 보면, 광간은 한 마디로 뜻이 크다는 의미다. 공자가 고향으로 돌아가 제자들을 가르치겠다고 한 것은, 뜻이 큰 그들을 버려두고 멀리, 성과 없이 떠돌아다닌 것을 스스로 뒤늦게 후회한 말이 된다.

돌아가자歸與라는 발언은 동양에서 유구한 전통을 지닌 말이다. 송 나라 도연명陶淵明, 365~427의 「귀거래사歸去來辭」가 대표적이다. 귀거래란 관직을 그만두고 시골로 돌아가는 심정을 드러낸 말이다. 도연명은 "취임해서 어느 정도 되자 집에 돌아가고 싶은 기분이 들었지만, 그럭저럭 벼가 익거든 빠져나가려고 생각하던 차에, 누이의 부음이 들려오자 조금도 참을 수 없게 되어 스스로 사임하고 집에 돌아왔다"라고 했다. 그러나 대개 거기에는 세상과의 불화가 전제되어 있다. 저 유명한 "돌아가련다. 전원이 거칠어지려는데 아니 돌아갈소냐歸去來兮, 田園將蕪, 胡不歸"라는 표명은 은자隱者의 선언이기 전에 신세모순身世矛盾, 곧 세상과 자신이 서로 부합하지 않는다는 일종의 절망의 절규였던 셈이다. 나는 공자의 탄식이 이와 크게 다르지 않다고 생각한다. 그런데 이 귀거래와 관련해서 내가 가장 재미있게 읽은 것은 이현보李賢輔, 1467~1555의 시조이다. "귀거래歸去來 귀거래歸去來 말뿐이오 갈이없어 / 전원田園이 장무將蕪하니 아니가고 어떨꼬 / 초당草堂에 청풍명월淸風明月이 나명들명 기다리나니." 중장은 도연명의 「귀거래사」를 차용한 것이다. 재미있는 것은 초장이다. 누구나 다 말로는 '돌아가자' 떠들어대지만 실제로 떠나는 자는 없는데, 이현보 자신은 실제 실행에 옮기고 싶다는 각오를 나타내고 있다. 그러나 정작 떠나온 이현보도 자신의 '귀거래' 노래에서는 "장안長安을 돌아보니 북관北關이 천리千里로다 / 어주魚舟에 누은들 잊을 적 있을쏘냐"라고 하여 '서울', 곧 임금을 잊지 못해 괴로워하고 있다. 앞의 각오는 일종의 포우즈였던 셈이다. 그런데 사실 사람 사는 게 뭐 특별한 것이 있겠나? 그런 내적 고민과 갈등 속에서 겨우겨우 헤쳐 나가는 것일지 모른다. 그러니 교과서에서처럼 무조건 대단하다고 과장하는 짓만은 하지 말도록 하자! 한갓된 포우즈를 가지고 이제 호들갑을 그만 좀 떨자는 말이다.

스승님께서 말씀하셨다. "백이와 숙제는 지난날의 원한을 마음에 두지 않았기 때문에, 남을 원망하는 일이 거의 없었다."

> 子曰, 伯夷叔齊不念舊惡, 怨是用希.

❀

백이와 숙제는 상 나라 주왕의 포악한 통치에 불만을 품고 벼슬길에 나가는 것을 거절했고, 주 나라의 곡식을 먹지 않고 수양산 기슭에서 굶어 죽은 고결한 선비다.

❀

여기서 원망은 자기를 원망한다는 말인가, 아니면 남을 원망한다는 뜻인가를 놓고 논쟁이 있었다. 원망하는 일이 없었다는 것은 관대함寬, 곧 너그러이 용서했다는 것을 말한 것이다. 이는 공자가 말한 충서忠恕의 서와는 다르다.

❀

내가 보기에, "(백이와 숙제는) 미워하던 사람이 잘못을 고치면 즉시 미워하는 마음을 그쳤다. 그러므로 사람들도 그들을 크게 원망하지는 않았다"라고 한 주희의 해석에는 문제가 있다. 앞으로 「술이述而」편 7-15에서 다시 보겠지만 자공이, 백이숙제가 원망했냐고 묻자 공자는 "인을 추구하다가 인을 얻었는데, 무엇을 원망했겠느냐"라고 한 바 있다. 원망의 대상은 남이 아니라 백이숙제 자신이었다는 말이다.

　　　　　　　　　　🦋

　　백이와 숙제가 읊었다는 「채미가採薇歌」가 『사기史記』「백이열전伯夷列傳」
에 전한다. "오늘도 저 서산西山에 올라 고사리를 캤노라. 폭력으로 폭력을
보답하고도 그 그릇됨을 모르는 무왕. 신농神農·순舜·우禹의 호시절은 홀연
히 사라졌구나. 이제 우린 어디로 가야 하나. 아아, 가자 죽음의 길로, 쇠잔
한 나의 운명이여!" 사육신의 한 사람인 성삼문成三問, 1418~1456이 "수양산首
陽山 바라보며 이제夷齊를 한 하노라 / 주려 죽을 진들 채미採薇도 하난 것가
/ 비록애 푸새엣 것인들 귀 뉘 따해 났다니"라고 한 것은 자신의 고결이 백
이숙제보다 더 낫다는 주장이다. 백이숙제가 고사리를 먹고 살았다고 하지
만, 자신은 그것마저도 먹지 않을 정도로 깨끗하게 살다 가겠다는 것이다.
성삼문이 백이숙제의 묘 앞에서 "부끄럽게도 그대는 수양산의 고사리를 먹
었구려愧君猶食首陽薇"라는 시를 짓자, 그 묘비가 땀을 흘렸다는 전설이 전하는
데, 그렇게 지조를 지킨 성삼문은 마침내 수양대군 세조에 의해 거열형을
당했다.(거열형은 죄인의 다리를 두 개의 수레에 각각 묶은 후, 수레를 반대 방향으로
움직여 몸을 찢어 죽이는 형벌이다) 이에 대해 조선 중기 주의식朱義植은 다음과
같이 백이숙제를 거들었다. "주려 죽으려 하고 수양산에 들었거니 / 설마
고사리를 먹으려 캐었으랴 / 물성이 굽은 줄 미워 펴보려고 캠이라." 시노래
를 통해 특정인물에 대한 평가를 겨루는 문화가 흥미롭다. 어느 고등학교
한문 강의안은 백이숙제를 "고지식하고 변통성 없거나 혼자서 청렴한 체하
는 사람"이라 규정하고 있다. 교실에서는 도대체 어떤 일이 벌어지고 있는
것일까?

스승님께서 말씀하셨다. "누가 미생고를 정직하다고 말하는가? 어떤 사람이 (그의 집에) 식초를 빌리러 갔더니, 미생고는 옆집에 가서 빌려주었다."

子曰, 孰謂微生高直. 或乞醯焉, 乞諸其鄰而與之.

---

미생고는 옛 책에 자주 보이는 미생고尾生高이다. 미微는 국가와 민족의 이름이다. 생은 누이의 아들을 뜻하는 생甥인데, 누이의 아들은 모계를 중심으로 말한 것이며, 미는 그의 외할머니집이다. 옛사람은 때로 모계가족(할머니집)을 씨로 삼고 '~생'이라 불렀다. 고는 그의 이름이다.

---

혜醯는 식초이다. 요즘에는 초醋라고 하는데, 옛날에는 초酢라고 썼다. 다른 사람이 미생고에게 식초를 빌리러 갔는데, 미생고는 자기 집에 식초가 없다고 하지 않고 이웃집에서 구걸해 왔다. 공자는 '누가 미생고를 솔직하다고 말하는가'라고 하면서, 그의 품행에 대해 크게 의문을 품었다.

---

내가 보기에, 미생의 행위가 과연 지탄 받아 마땅한 것인가 의문이다. "뜻을 굽혀 남의 비위를 맞추고 아름다움을 빼앗아 생색을 냈으니, 정직함이 될 수 없다"주희라거나 "옳은 것은 옳다고 하고, 그른 것은 그르다 하며,

있으면 있다 하고, 없으면 없다고 하는 것이 정직이다"범씨(范氏)라는 풀이는,
말하자면 미생고의 행위가 매직賣直이라는 말인데, 미생고가 거짓으로 정직
한 체한 것이라는 지적은 선뜻 받아들이기 어렵다. 어떤 주석서는 미생고
의 행위가 친절이기는 하지만 정직은 아니라거나, 남에게 굽실대는 아첨이
거나 제 집의 가난을 알리지 않으려고 남을 속이는 짓, 곧 남의 눈을 의식해
서 진실을 가리는 것이라고 했다. 이것이야말로 견강부회가 아닌가 한다.
나는 오규 소라이의 다음 견해가 옳다고 본다. "미생고는 공자의 고을 사람
으로 정직하다고 칭송을 받았으므로 공자도 그를 사랑했다. '누가 미생고
를 정직하다고 했는가'라는 말은, 마치 미생고가 정직하지 않다고 말하는
것 같지만, 반어적으로 표현해서 희롱한 것뿐이니, 아주 친해서 그런 것이
다. 아마도 공자의 집에서 식초를 꾸려 한 것 같은데, '어떤 사람'이라고 말
한 것은 짐짓 알지 못하는 것처럼 한 것이니, 모두 희롱하는 말이다. 집안에
우연히 식초가 없어서 이웃집에서 꾸고 다른 사람의 필요에 응대하는 것이
정직하거나 정직하지 않은 것과 무슨 관계가 있겠는가? 그러므로 그것이
희롱임을 알 수 있다. 만약 다른 사람이 식초를 꾸려고 한 것이라면 그것은
아주 사소한 일인데, 공자가 어찌 그런 일을 예로 들었겠는가? 작은 일을
가지고 사람을 비웃는 것은 보통 사람의 일인데, 어찌 공자가 그랬다고 할
수 있겠나?"

　　나는 여기서 "하늘과 땅이 아무리 장구해도 끊임없이 생명을 낳고, 해
와 달이 아무리 유구해도 그 빛은 날마다 새롭듯이, 서적이 비록 많다지만
거기에 담긴 뜻은 제각기 다르다. 그러므로 날고 헤엄치고 달리고 뛰는 동

물들 중에는 아직 이름이 알려지지 않은 것도 있고 산천초목 중에는 반드시 신비스러운 영물靈物이 있으니, 썩은 흙에서 버섯이 무럭무럭 자라고, 썩은 풀이 반디로 변하기도 한다. 또한 예禮에 대해서도 시비가 분분하고 악樂에 대해서도 논란이 있다"「초정집서(楚亭集序)」라고 한 연암 박지원의 혜안을 다시 생각하게 된다.

※

우리 학계의 약점 중 하나가 무엇이든지 이른바 정전화正典化하려는 것이다. 1980년대 대학가를 강타한 구소련이나 동독 교과서는 토론의 여지를 아예 없애버린 대표적인 사례다.

스승님께서 말씀하셨다. "듣기 좋게 꾸민 말과 보기 좋게 꾸민 표정과 지나친 공경은 좌구명이 부끄러워하던 것이고, 나 역시 부끄러워하는 것이다. 원망의 감정을 숨기고 친하게 사귀는 것은 좌구명이 부끄럽게 생각하던 것이고, 나 역시 부끄럽게 생각한다."

> 子曰, 巧言令色足恭, 左丘明恥之, 丘亦恥之. 匿怨而友其人, 左丘明恥之, 丘亦恥之.

❧

교언과 영색은 공자가 자주 비판한 것이다. 마음속에 한이 맺혀 이를 악물고 있으면서도 표정은 오히려 그 대상이 되는 사람과 대단히 친숙한 것처럼 꾸미는 일은 부끄러운 짓이다.

❧

내가 보기에, 이 구절의 키워드는 부끄러움恥이다. 수 나라 때의 사상가 왕통王通, 584~617은 『중문자중설文中子中說』에서 "통막대어불문과痛莫大於不聞過, 욕막대어부지치辱莫大於不知恥"라고 했다. 앞 구절은, 병통은 잘못을 듣지 않는 것보다 큰 것이 없다는 뜻이다. 남이 자기의 잘못을 꾸짖으면 기분이 나빠지는 것은 인지상정이다. 그것을 기꺼이 받아들이기는 쉽지 않다. 그 잘못을 알고서도 고치지 않는 것이 병이다. 공자는 앞으로 볼 「위령공衛靈公」편 15-30에서 "과이불개過而不改, 시위과의是謂過矣"라고 했다. 지나친데도 고치지 않는 것, 그것이 허물이라는 말이다. 그리고 뒤의 구절은, 치욕은 부끄러움을 알지 못하는 것만큼 큰 것이 없다는 뜻이다. 자기의 잘못에 대해서 부끄러움을 느끼는 것 역시 인지상정이다. 그러나 그것을 흔쾌히 인정하기는 쉽지 않다. 그래서 세상에는 잘못을 저지르고도 부끄러워하지 않는 사람이 많다. 흔히 "쪽 팔린다"라고 하는 이 말은 새겨들어야 한다. '벼룩에도 낯짝이 있고, 빈대도 체면이 있다'고 하지 않았는가. 자기가 한 짓이 쪽이 팔려서 도저히 얼굴을 들고 다닐 수 없다고 생각하는 사람이 많아야 제대로 된 사회다. 그런데 위에 앉아 있는 인간들이 '쪽팔린' 짓을 일상적으로 자행하고 있으니, 더 할 말이 없다.

안연과 계로가 모시고 있을 때, 스승님께서 말씀하셨다. "각자 자신의 목표를 한번 말해보는 것이 어떠냐?" 자로가 말했다. "거마와 옷과 가죽옷을 벗들과 함께 쓰다가 망가지거나 해지더라도 섭섭해 하지 않았으면 합니다." 안연이 말했다. "제 자신의 장점을 자랑하지 않고, 제 자신의 공로를 늘어놓지 않기를 바랍니다." 자로가 말했다. "스승님의 포부가 무엇인지 듣고 싶습니다." 스승님께서 말씀하셨다. "늙은이를 편안하게 해주고, 벗들에게 믿음을 주며, 어린 사람을 품어주고자 한다."

顔淵季路侍, 子曰, 盍各言爾志. 子路曰, 願車馬衣輕裘與朋友共, 敝之而無憾. 顔淵曰, 願無伐善, 無施勞. 子路曰, 願聞子之志. 子曰, 老者安之, 朋友信之, 少者懷之.

시侍는 공자는 앉고 제자가 서 있는 것을 가리킨다. 합盍은 '어찌 ~하지 않겠느냐?', '~해보 게 어떠냐?'는 뜻이다. 거마의경구車馬衣輕裘에서 경輕은 고본에는 없다. 폐敝는 구멍 나고 망가지는 것이다. 벌선伐善은 스스로 장점을 자랑하는 것이다. 시로施勞는 스스로 자기 공로를 늘어놓는 것이다.

공자의 희망은, 자기보다 늙은 사람은 보살피고, 자기와 같은 연배의 사람은 신임을 받고, 자기보다 어린 사람은 관심을 받는 등, 각각 필요로 하는 것을 얻어 모두 기뻐하는 것이라고 했다. 자로는 호방하여 무엇이든 친구들과 함께 나누고, 안연은 겸손하여 자화자찬하지 않았다.

※

내가 보기에, 이런 질문은 할 수 있지만, 왠지 답변을 유도하여 자신의 포부를 드러내려고 하는 것이 아닌가 하는 혐의가 없지 않다. 정자程子가 공자의 이 말에서 천지의 기상氣象을 읽어야 한다고 하고, 공자, 안연, 자로의 희망을 각각 인을 편안히 여기는 것安仁, 인에서 벗어나지 않은 것不違仁, 인을 구한 것求仁이라고 한 것은 작위적 설정이라는 느낌이 든다. 더구나 주희가 '일설'이라고 하면서, 공자가 말한 안지安之, 신지信之, 회지懷之를 각각 나를 편안하게 하는 것, 나를 믿게 하는 것, 나를 사모하게 하는 것이라고 한 것과 뜻이 통한다고 했는데, 이는 공자답지 않은 언행이지 않은가?

※

나는 성인의 경지는 이해할 수 없을 뿐 아니라, 안자의 포부도 내게는 가당치 않다. 자로와 같이 살 수만 있다는 행복하지 않을까 가끔 꿈도 꿔보지만, 하고 다니는 꼴을 보면 그것도 애당초 그른 것 같다. 그래서 내 노년은 좀 쓸쓸할 것이 분명하다.

※

그나저나 누가, 특히 학생들이 나에게 혹시 희망이 무엇이냐고 물으면 뭐라 대답하지?(누가 그런 촌스런 질문을 물어보기라도 한단 말인가? 별 걱정을 다 하는군!) '그런 것이 옛날에는 있었기는 하지만 지금은 없다네', 그러자니 왠지 썰렁해 질 것 같고, '사람이 사람답게 사는 세상을 보는 것'이라고 하자니, '저 선생 레퍼토리 또 나오네' 할 것 같고, 그냥 '편안히 늙고 싶다'고 하자니, 너무 내 욕심만 차려 멋있어 보이지도 않고 …… 곰곰 생각해 보니, 제일 하고 싶은 것을 말하면 되겠군 …… 그렇다면 내 희망은 (악기 하나 제대로 못 다루지만) 밴드를 만들어 연주해 보고 싶은 것! 진짜 날라리가 한번 되어 보는 것!

스승님께서 말씀하셨다. "가망이 없구나! 나는 자신의 과오를 보고 속으로 자신을 비판할 수 있는 사람을 보지 못했다."

子曰, 已矣乎, 吾未見能見其過而內自訟者也.

---

이 말은 누구에게 한 것인지 알 수 없다. 자송自訟은 자기와 자기가 논쟁하는 것, 스스로를 비판하는 것이다. 이 구절은, 자기의 잘못을 발견하고서는 용감하게 자신을 비판할 수 있는 사람을 본 적이 없다는 뜻이다.

내가 보기에, "부자께서 (그런 사람을) 끝내 보지 못할까 두려워 탄식하셨으니, 배우는 자들을 깨우치심이 깊다"라는 주희의 풀이는 그럴 듯하다. 자송自訟은 앞의 「이인里仁」편 4-17에서 본 자성自省과 유사한 뜻이지만, 성찰과 반성의 깊이는 전자가 더하다. 자성이 있어야 자송도 가능할 터인데, 자기합리화와 자기연민에 골몰하고 있으니 뻔뻔하다 못해 처참하다.

'뻔뻔함' 하니까 생각이 난다. 어느 대학 경영학 교수는 『뻔뻔해야 성공한다』는 책을 내, 성공한 CEO 1,000명이 지닌 '뻔뻔함의 비법'으로 철면피, 안면 몰수, 막무가내를 들고 있는데, 뻔뻔함도 무기가 되는 세상이다. 누군가가 '논어 에세이'를 쓰면서 "우리나라 사람들이 잘못을 인정하지 않아 여러 문제가 생긴다"라고 하면서, "아침저녁으로 들려오는 시위, 데모, 투쟁, 머리띠, 격돌, 파업 등등의 단어들이 너무 지겹다. 그런 말들이 없는 나라에서 살고 싶다"라고 했다. 나는 지식인이라는 자가 이렇게 편파적으로 함부로 지껄여대는 이 뻔뻔한 나라가 싫다.

스승님께서 말씀하셨다. "열 가구가 사는 작은 마을에 성실함과 신뢰에 있어서 나 정도 되는 사람이 있을 게 분명하지만, 나처럼 배우기 좋아하는 사람은 없을 것이다."

子曰, 十室之邑, 必有忠信如丘者焉, 不知丘之好學也.

---

❁

열 가구가 사는 마을은 시골의 작은 마을을 말한다. 성실함과 신뢰가 있는 사람은 진실된 사람이다.

❁

내가 보기에, 참람이 분명하지만, 공자의 이 말은 좀 실망스럽다. 물론 공자가 강조하고자 한 뜻, 곧 배우는 사람들이 더 힘을 내서 공부하라고 격려한 마음은 잘 알겠는데, 자신의 호학을 내세우기 위해 이런 설정을 한 것은 공자다워 보이지 않는다. "배우지 않으면 시골사람이 됨을 면치 못할 것이니, 노력하지 않을 수 있겠는가"라고 한 주희의 풀이가 공자의 생각과 닿아 있다면, 더욱 그런 것 같다.

❁

이 구절을 읽으면서 나는 어느 옛 시인의 시구인 인생도처유청산人生到處有靑山을 빗대 지어낸 인생도처유상수人生到處有上手라는 말을 떠올린다. 한심해 보이는 이 세상에도 곳곳에 고수高手가 있다는 말이다. 백 번 천 번 지당한 말이다. 그것을 알지 못하니까, 너절한 자들이 천둥벌거숭이처럼 나대는 것이다.

6

용마

雍也

## 옹야雍也 6-1

스승님께서 말씀하셨다. "옹은 임금을 시킬 수 있겠다."

子曰, 雍也可使南面.

✦

남면南面은 임금이 정사를 듣고 다스리는 자리다. 고대에 군주가 조회에 임할 때, 일반적으로 궁실 정북 쪽 청사에 앉아 얼굴은 남쪽을 바라보고 있었다. 신하는 임금을 알현할 때, 당 아래의 뜰에 서서 얼굴은 북쪽을 바라보고 있었다. 제왕이 아랫사람을 제어하는 것을 남면술南面術이라 하고, 신하가 군주를 섬기는 것을 북면사지北面事之, 즉 북쪽을 보고 섬기는 것이라 했다.

✦

"옹은 임금을 시킬 수 있겠다"라는 말에 대해서는 세 가지 해석이 있다. 하나는 옹의 재능이 천자의 직무를 수행할 수 있다는 것이고, 다른 하나는 옹의 재능이 제후의 직무를 수행할 수 있다는 것이며, 마지막은 옹의 재능이 경대부의 직무를 수행할 수 있다는 것이다. 보통 공자가 옹에게 군주의 풍도와 치세의 재능이 있음을 칭찬한 것으로 생각하는데, 당시 공자의 정치적 포부는 때를 기다려 임용에 응하는 것이지, 군주의 자리에 앉는 것은 아니었다.

✦

내가 보기에, 이 구절은 다음6-2에 오는 것이 논리적으로 자연스럽다.

그것을 먼저 읽어보는 것이 좋겠다. 다만, "옹이 너그럽고 도량이 크며 대범하고 중후하여 임금의 풍도가 있다"라고 한 주희의 풀이는, 당시 공자가 택한 정치적 포부나 처지를 무시하고 그저 상찬으로 내달았던 것 같다는 점만 먼저 언급해 둔다.

중궁이 자상백자에 대해 묻자, 스승님께서 대답하셨다. "좋다. 간소한
사람이다." 중궁이 물었다. "경건하게 살고 간소하게 행동하면서 백성들
앞에 나서는 것 역시 좋지 않을까요? 간소하게 살고 간소하게 행동하는
것은 지나치게 간소한 것이 아닐까요?" 스승님께서 대답하셨다. "옹의
말이 맞다."

> 仲弓問子桑伯子. 子曰, 可也, 簡. 仲弓曰, 居敬而行簡, 以臨其民, 不亦
> 可乎. 居簡而行簡, 無乃大簡乎. 子曰, 雍之言然.

중궁仲弓은 옹雍, 곧 염옹冉雍의 자字다. 자상백자가 누구인가에 대해서는
설이 분분한데, 공자와 동시대 은자隱者로서 나중에 발생하는 도가道家와 비
슷한 사상을 지녔다고 본다. 자상백자에 대한 공자는 비판은 한 마디로 간
소하다簡는 것이다. 이미 간소하게 살면서도 더 간소하게 살려고 하는 것,
곧 간소함을 위한 간소함은 경敬을 잃은 것이다. 『설원說苑』에서 유향劉向은
자상백자가 "지나치게 간소하여 …… 사람을 소나 말과 함께 살도록 하려
고 했다"라고 했는데, 이 장에 대한 주석으로 손색이 없다.

참고로 『설원』 「수문修文」에 다음의 이야기가 전한다. 공자가 자상백자
를 만났는데, 그는 웃통을 벗고서 집에서 기다리고 있었다. 공자의 제자가
불쾌하게 생각해 어떻게 저렇게 간소한 놈을 만나보려 하는지 물었다. 이

에 공자는 그의 소박하고 꾸밈없는 질박함을 보고 싶고, 나아가 그에게 문文을 좀 갖도록, 말하자면 개화를 시켜보려고 한다고 했다. 공자가 가고 난 후 자상백자의 제자가 불쾌한 생각이 들어, 스승에게 왜 저런 학자인 척하고 다니는 놈을 만나는지 물었다. 이에 자상백자는 자신의 질質, 곧 바탕은 그래도 괜찮지만, 애석하게도 공자는 문이 지나치다는 것을 알고, 그의 문을 없애버리려 했던 것이라 대답했다.

내가 보기에, 옹의 질문 공세에 공자가 밀린 듯한 인상이 든다. 앞6-1이 이 구절 다음에 와야 두 구절이 자연스럽게 연결된다는 주장이 옳다고 전제하면, 더욱 그런 생각이 든다. 옹이 공자에게서 칭찬('그런 말을 하는 것을 보니, 너를 임금 시켜도 좋겠다')을 듣고자 작심하고 물은 것이라는 혐의에서 자유로울 수 없을 것 같다. 나는 이런 식의 대화를 별로 좋아하지 않는다.

스승의 입지가 난처해지니까, "선생님께서 가可하다고 한 것은 (흔쾌히 인정한 것이 아니라) 겨우 괜찮아서 미진함이 있다는 말"이라고 정자程子가 변호했는데, 이 역시 자연스럽지 않다. 앞6-1에서 공자는 이미 옹을 임금 시킬 만하다고 하면서 분명히 가사남면可使南面이라 말한 바 있다.

간소함을 실천하는 것行簡은 좋지만, 간소함에 거하는 것居簡은 지나친 간소함大簡이라는 옹과 공자의 말을 정자程子는 "경敬에 처하면 심중에 아무런 일이 없으므로 행하는 바가 저절로 간소해진다. 그러나 간소함에 처하면 먼저 간소함에 마음이 있어 하나의 간자簡字가 많게 된다"라고 해석했는데, 이에 대해서는 "심중에 아무런 일이 없으면 달마達磨가 아니고 누구이겠는가"라고 한 오규 소라이의 비판이 적실하다. "도道를 도라고 하면, 이미 도가 아니다道可道非常道"라는 노자老子의 설법이 연상되기도 한다.

아마 자상백자의 입장에서 서술한 책이 남아 있다면, 『논어』의 이 구절과는 전혀 다른 서술이 가능했을 것이 분명하다. 나는 그 책을 흥미롭게 탐독했을 것이다. 맹자를 곤경에 빠뜨린(?) 고자告子를 좋아하듯이 …….

애공이 물었다. "제자들 중에서 배우는 것을 좋아하는 사람은 누구인지요?" 공자가 대답했다. "안회라는 제자가 있었는데 배우기를 좋아하고, 남에게 화풀이를 하지 않으며, 같은 잘못을 되풀이하지 않았습니다. 그러나 불행히도 단명하여 죽었습니다. 지금은 그가 없고, 배우기를 좋아하는 사람이 있다는 말을 듣지 못했습니다."

哀公曰, 弟子孰爲好學. 孔子對曰, 有顔回者好學, 不遷怒, 不貳過. 不幸短命死矣. 今也則亡, 未聞好學者也.

"다른 사람에게 화풀이를 하지 않고, 같은 잘못을 되풀이하지 않았습니다"를 주희는 "갑이라는 사람 때문에 화가 났는데 을이라는 사람에게 옮기지 않는 것, 앞에서 잘못한 것을 뒤에 반복하지 않는 것"으로 풀이했다. 천노遷怒는 인간이 불쾌한 감정을 배출하는 익숙한 수단인데, 그것은 옛 책에서 흔히 말하는 이화貳禍, 즉 남에게 죄를 뒤집어씌우는 것과 같은 유형에 속하며, 인류학자들은 그것을 전이무술轉移巫術이라 한다. 노비에게 화내고 욕하는 것, 어른이 아이에게 화를 내고 때리는 것, 뽕나무를 보고 회나무를 욕하는 것, 대야를 내던지고 사발을 두드려 깨는 것 등은 모두 울분을 푸는 것 혹은 정화catharsis에 속한다. 울분을 푸는 것과 배설을 하는 것은 본래 같은 말이었다.

내가 보기에, 이러한 '설정'은, 앞에서도 말했지만, 그다지 마음에 와 닿지 않는다. 물론 안회의 재질을 아까워하고 남은 제자들에게 분발할 것을 촉구한 공자의 마음을 짐작해볼 수는 있지만, 비교하여 순위를 정한 것이 아닌가 하는 느낌을 지우기 어렵다. 그런데 그런 영향에서인지 '공자는 제자 중에서 누구를 제일 좋아하고 미워했나?' 하는 식의 질문이 함부로 제기된다. 딱한 일이다.

불천노不遷怒와 불이과不貳過, 곧 남에게 화내지 않고, 잘못을 반복하지 않는다는 것을 호학好學의 내용으로 말한 것은 새겨들어 마땅하다. 유학이란 것이 성인이 되는 공부를 하는 것이니 그럴 만하지만, 그렇다고 이것이 옛말에 불과한 것은 아니다. 공부를 했다는 사람이 성질이 지저분하거나 너절한 언행을 서슴지 않는 것을 볼 때, '배운 사람이 어째 저 모양이야?' 혹은 '배우면 뭘 해?' 혹은 '배운 것들이 더하다니까' 등등의 욕이 나오는 것은, 아직 저 명제가 우리 사회에서 여전히 작동하고 있다는 증거이다. 학자에게 완벽한 도덕주의자가 되라고 요구했던 시대는 이미 지나갔지만, 배운 자가 할 일이 많은 이 사회에서 그의 몫은 막중하지 않을 수 없다.

내가 가장 부끄러워하는 것 중 하나는 내 안에서 일어난 화나 남에게 받은 욕을 나보다 약한 다른 이에게 풀어버리는 일이다. 못난 인간의 전형이 아닐 수 없다. 『시경』에서 군자는 언제나 즐겁고 화평하다<sup>豈弟</sup>라고 했는데, 나는 늘 우울하고 불만에 차 있으니, 그럴 만도 하다.

※

'뽕나무를 보고 회나무를 욕하는 것'은 『손자병법』 제26계 지상매괴<sup>指桑罵槐</sup>를 말한다. 이는 제3자를 통하여 비판하거나 매도하는 등으로 나의 의사를 전달하는 방법이다. 말하자면 A라는 사람을 정면으로 매도하기 어려운 처지에 있을 때, B라는 사람을 꾸중함으로 돌려서 A를 비판하는 방법을 말한다. 저질<sup>低質</sup>의 언행이 아닐 수 없다. 그런데 사람들은 그런 짓을 오히려 재미있다 하고, 심지어는 용감하다고도 한다. 오호 통재라!

자화가 제齊 나라에 사신으로 갈 때, 염자가 자화의 어머니에게 보낼 식량을 보내라고 공자에게 요청했다. 스승님께서 말씀하셨다. "1부를 주어라." 염자가 더 보내자고 하자, "1유를 더 주어라"고 말씀하셨다. 그런데 염자는 자화에게 속미 5병을 주었다. 스승님께서 말씀하셨다. "공서적이 제齊 나라에 갈 때는 살진 말을 타고 가죽 옷을 입었더라. 나는, 군자가 다급한 사람은 도와주지만, 부자에게는 보태주지 않는다고 들었다."

> 子華使於齊, 冉子爲其母請粟. 子曰, 與之釜. 請益. 曰, 與之庾. 冉子與
> 之粟五秉. 子曰, 赤之適齊也, 乘肥馬, 衣輕裘. 吾聞之也. 君子周急不
> 繼富.

자화는 외교에 특기가 있던 공서적의 자字이고, 염자는 공자의 재정을 관리하던 염구冉求를 그 제자가 높여 부른 것이다.

공서적은 왜 제 나라로 갔나? 노 나라 임금의 일을 대신 처리하기 위해서인가? 아니면 공자의 일을 대신 처리하기 위해서였나? 전자라면 정부가 그 비용을 줘야 하고, 후자라면 공자가 줘야 한다. 원문은, 공서적이 떠날 때 그 비용으로 공서적의 어머니에게 쌀을 좀 보내 돌봐주는 것에 대해 염구가 스승에게 승인을 요청한 사연이다.

속粟은 벼의 낟알이다. 껍질을 벗기지 않은 것을 속, 껍질을 벗긴 것을
미*라 부르는데, 대미쌀가 아니라 소미즙쌀이다.

부釜는 여섯 말 넉 되고, 유庾는 두 말 넉 되며, 병秉은 160말이다.

자화가 출장을 가는데, "살진 말을 타고 가죽옷을 입은" 것은 매우 호화
로웠다는 말이다. 그러나 염구는 집에 남아 있을 노모에게 곡식을 주자고
자화를 대신해서 공자에게 요청했다. 이에 공자는 1부를 주면 될 것이라
했고, 염구는 충분치 않으니 좀더 주자고 했다. 그러면 공자는 1유를 더 주
라고 했다. 그런데 염구는 단번에 5병을 주었다. 그것을 알고 공자는 기분
이 나빠 "군자는 다급한 사람을 도와주지만, 부자에게는 더 보태주지 않는
다"라고 했다. 염구가 나중에 계씨의 가신이 되어 재정을 담당했을 때, "계
씨가 주공보다 부유한데도 염구는 그를 위해 수탈하여 그의 부를 더욱 늘려
주었다." 이에 공자는 크게 화를 내면서 "(염구는) 내 제자가 아니다. 너희는
북을 울려 성토하는 것이 좋겠다"「선진(先進)」 11-17라고 했다. 한 마디로 공자
의 생각은 여유가 있는 사람에게 금상첨화식으로 보태주는 것보다 추위에
떠는 사람에게 땔감을 보내주듯이 가난한 사람을 도와주는 것이 낫다는 것
이다.

내가 보기에, 사실 이 구절은 그리 간단치가 않다. 외교에 능했던 자화가 화려하게 치장하고 길을 떠났지만, 그의 모친이 가난했는지의 여부는 알 수 없다. 만일 가난했다면, 염구는 의리 있는 사람이 되고, 반대로 공자는 각박한 사람이 된다. 실제로 그런 식으로 변론한 사람도 없지 않다. 이 구절은 다음 구절과 연결되니, 그것을 함께 보는 것이 좋겠다.

## 옹야雍也 6-5

원사가 스승님의 가신이 되어 그에게 9백의 속미를 주었으나 사양했다. 스승님께서 말씀하셨다. "거절하지 말라. 이것을 받아서 너의 이웃과 마을 사람에게 나눠주어라."

原思爲之宰, 與之粟九百, 辭. 子曰, 毋, 以與爾鄰里鄕黨乎.

---

✤

　원사는 원헌原憲으로 자는 자사子思이다. 공자의 제자 중 자공이 제일 부자라면, 자사는 가난하고 초라한 사람이었다. 공자는, 자화와는 달리 원사야말로 진정으로 지원해주어야 한다고 생각하고 9백 속을 주라고 했다. 과거 기록에 견주어 보면, 9백 석은 900말이다.(위 자화의 경우는 500말) 자사가 받으려 하지 않자, 공자는 거절하지 말라며, 네가 먹지 않을 거면 남과 나누라고 했다. 앞에서 염구가 곡식을 요청한 것이 금상첨화라면, 자사에게 주는 것은 설중송탄雪中送炭, 즉 추위에 떠는 사람에게 땔감을 보내주는 것이다.

✤

　내가 보기에, 바로 앞6-4에 나오는 군자주급불계부君子周急不繼富, 곧 군자는 긴급한 어려움에 처해 있는 사람을 구제해야지, 여유 있는 자에게 더 많이 보태주어서는 안 된다는 말은 새겨들을 만하다. 그런데 그것이 어찌 군자에게만 적용되는 일이겠는가. 그것을 외면하거나 역행하고 얻은 행운이 과연 행복한 삶이 될 수 있는지는 알 수 없다. 공자가 염구를 꾸짖은 것은 적절하고도 타당하다. 그런데 한 가지 궁금한 것은 어떻게 염구와 같은 제자가 공자의 제자로 중요한 일을 맡고 있었는가 하는 점이다. 처음에 그런 사람인 줄 몰랐다면, 공자의 사람 보는 눈, 곧 지인지감知人之鑑에 문제가 있고, 처음에 그런 사람이 아니었는데 나중에 변한 것이라면, 공자의 교육에 문제가 있다. 이 딜레마를 후대의 학자들은 어떻게 해결했는지 자못 궁금하다.

근래 이른바 무상급식을 둘러싸고 불계부不繼富 곧, 부자들에게까지 공짜로 밥을 주어서는 안 된다는 주장이 우중愚衆에게 먹혀들고 있다. 이런 주장을 펴는 사람들은 그로 인해 심각한 상처를 받게 되는 아이들의 처지를 외면한다는 점에서 반윤리적이고, 남을 위해서는 한 푼이라도 쓸 수 없다는 속내를 숨긴 채 대의를 떠들고 있다는 점에서 비도덕적이다.

스승님께서 중궁에 대하여 말씀하셨다. "얼룩소의 새끼가 붉은 색이고 뿔이 단정하다면, 비록 쓰지 않으려 해도 산천의 신령이 가만히 두겠느냐?"

子謂仲弓, 曰, 犂牛之子騂且角, 雖欲勿用, 山川其舍諸.

꽃

자위중궁왈子謂仲弓曰을 그대로 읽으면 '공자가 중궁에게 (~을) 말하다'가 되고, 자위중궁, 왈子謂仲弓, 曰로 끊어 읽으면 '공자가 중궁을 평가하여 말하다'가 되는데, 후자가 좀더 낫다.

꽃

이우犂牛는 검은 색 소 혹은 땅을 가는 소 또는 여러 색깔이 섞인 소인데, 대개 못생기고 평범한 소를 말한다. 옛날에는 색이 붉고 뿔이 단정한 소를 희생으로 쓰기에 좋다고 생각했다. 중궁의 아버지는 자가 백우伯牛인 염경冉耕이다. 본문에서 얼룩소는 염경을, 얼룩소의 새끼는 중궁을 가리킨다는 설이 있었다. 논란이 없지 않지만, 말하고자 하는 바는 이렇다. 중궁이 비록 비천한 집안 출신얼룩소이지만 얻기 어려운 귀한 인재붉은 소라는 것이다.

꽃

내가 보기에, "비록 쓰지 않으려 해도 산천의 신령이 가만히 두겠느냐"라는 말에는 하늘과 인간의 대립이 전제되어 있다. 인재는, (그 출신 성분을 따져) 사람이 "쓰지 않으려" 해도 하늘은 그 인재를 결코 버리지 않는다는 말이다. 나는 이 구절을 읽을 때면 허균許筠, 1569~1618의 「유재론遺才論」을 떠올린다. 「유재론」은 '(하늘이) 인재를 내려 주었다는 것을 논하다'라는 제목의 논설문이다. 요즘이야 이 주장이 대단치 않아 보일지 몰라도, 허균이 살았던 16~17세기, 신분질서와 계급차별이 철저하게 지켜지던 시절에 이런 일종의 '천부인권'을 주장한 것은 대단히 위험하고 불온한 발상이었을 것이다. 재능을 누구에게나, 말하자면 신분 고하를 막론하고 골고루 내려주었고, 부여 받은 당대에 그 재주를 다 쓰도록 한 것이 하늘의 뜻인데, 그것을 사람이 만든 제도로 막는 것은 하늘의 뜻을 거역하는 것, 곧 역천逆天이라는 것이 허균의 주장이다. 자연법 사상가로서, 노동자가 자기 노동 생산물을 소유하는 것이 천부인권임을 주장한 존 로크John Locke, 1632~1704와 동일한 맥락에서 언급할 수는 없지만, 거의 동시대를 살았던 허균의 「유재론」은 로크의 「통치론」 못지않은 의의를 지닌다.

동심童心이라는 개념을 내세워 봉건적 권위와 도덕을 비판한 명 나라 탁오卓吾 이지李贄, 1527~1602의 사상적 영향을 받아, 당시의 복고파復古派 문학에 도전했던 공안파公安派가 「유재론」의 내용을 이미 말한 바 있다는 지적이 근래 제기된 바 있다. 한마디로 「유재론」이 허균의 독창이 아니라는 말이다. 독서광이던 허균이 당대 중국의 사상 동향에 민감했던 것은 분명해 보인다. 그러나 그렇다고 허균이 남들이 먼저 한 얘기를 앵무새처럼 지껄여 댔다고 평가하는 것은 적절치 않다. 아담 샤프가 『역사와 진실』에서 말하고 있듯이, 역사가는 '사실의 바다'에서 어디에 낚싯줄을 드리우는 것이 적절하고도 타당한지를 결정하는 혜안을 지닌 사람이다. 허균이 공안파의 사상 세례를 받은 것이 사실이라 하더라도, 그가 중국의 여러 사상 조류들 중에서 특히 그것에 관심을 갖게 되었고, 그것을 조선의 현실에 적용해 이해했다는 점은 그렇게 간단히 평가하고 넘어갈 일이 아닌 것이다.

마지막으로 「유재론」의 주요 단락을 직접 읽어 보는 것이 내 넋두리보다는 훨씬 유익할 것 같다. "하늘이 인재를 내는 것은 본디 한 시대의 쓰임을 위해서다. 그래서 하늘이 사람을 낼 때에 귀한 집 자식이라고 하여 재능을 풍부하게 주고, 천한 집 자식이라 하여 인색하게 주지 않는다. 그래서 옛날의 어진 임금은 이런 것을 알고 인재를 더러 초야草野에서도 구하고, 더러 항복한 오랑캐 장수 중에서도 뽑았으며, 더러 도둑 중에서도 끌어올리고, 더러 창고지기를 등용키도 했다. 이들은 다 알맞은 자리에 등용되어 재능을 한껏 펼쳤다. 나라가 복을 받고, 치적治績이 날로 융성케 된 것은 이 방법을 썼기 때문이다. …… 우리나라는 땅덩이가 좁고 인재가 드물게 나서 예부터 걱정거리였다. 더구나 조선 시대에 들어와서는 인재 등용의 길이 더 좁아져서 대대로 명망 있는 집 자식이 아니면 좋은 벼슬자리를 얻지 못하고 바위 구멍과 띠풀 지붕 밑에 사는 선비는 비록 뛰어난 재주가 있어도 억울하게도 등용되지 못한다. 과거에 합격하지 않으면 높은 지위를 얻지 못하고 비록 덕이 훌륭해도 과거를 보지 않으면 재상 자리에 오르지 못한다. 하늘은 재주를 고르게 주었는데, 이것을 명문의 집과 과거科擧로써 제한하니 인재가 늘 모자라 걱정하는 것은 당연하다. …… 조막만 하고 더욱이 양쪽 오랑캐 사이에 끼여 있는 이 나리에서 인재를 제대로 쓰지 못할까 두려워해도 더러 나랏일이 제대로 될지 점칠 수 없는데, 도리어 그 길을 스스로 막고서 '우리 나리에는 인재가 없다'고 탄식한다. …… 참으로 이웃 나라가 알까 두렵다. …… 하늘이 냈는데도 사람이 버리는 것은 하늘의 뜻을 거역하는 것이다."

스승님께서 말씀하셨다. "안회는 그 마음이 석 달 동안 인을 어기지 않았다. 그 나머지 제자는 기껏해야 하루나 한 달일 뿐이다."

子曰, 回也, 其心三月不違仁. 其餘則日月至焉而已矣.

❀

이것은 안연을 논평한 말이다. '삼월'에 대해 실제 숫자라고 하는 사람도 있고, 많은 것을 개괄적으로 말한 것이라고 생각하는 사람도 있다. 석달이라는 시간은 한 계절에 해당되는데, 옛사람은 그것을 일시一時라 했다. 인을 지킨다는 것은 일종의 결단력 테스트였던 것 같다.

❀

내가 보기에, 인을 지킨다는 것은 결단력 테스트일 것이라는 리링의 말은 적절하다. 앞의 「이인里仁」편 4-5에서 "군자는 식사 시간에도 인을 어기지 않고, 다급하고 황망할 때에도 인에 머물고, 구차하고 실패에 빠졌을 때에도 반드시 인에 머문다"라고 했는데, 나는 여기서 어떤 종교적 결사의 분위기, 예컨대 묵자 그룹의 묵수墨守 같은 결기를 느낀다.

❀

『논어집주論語集註』에서 윤씨尹氏는, 예상대로 "(인을 실천함에) 간단間斷이 없었다"라고 공자를 높였다. 그러니 인에 편안했던安仁 안회도 성인에 한 칸 모자란 존재未達一間者가 되겠다.

여기서 지至를 어떻게 해석하느냐는 의외로 중요하다. 대개 '~에 도달하다'라고 이해하는데, 그렇다면 공자의 제자들 대부분은 하루나 한 달에 고작 한 번 정도 인에 도달한다는 말이 된다. 그러나 여기서 강조하는 것은 횟수가 아니다. 정자程子의 말대로 "(인의) 경지에도 도달하되, (그 상태를) 오래 지속할 수" 있는가 없는가가 요체다. 『중용』에서 "능히 오래 하는 것은 성인이다"라고 한 것을 기억하면 되겠다.

앞으로 「술이述而」에서 보겠지만, "내가 인을 하고자 하면, 이에 인이 이르는 것"이지, 내가 가서 그 경지에 이르는 것은 아닌 것이다. 이에 대해 오규 소라이는 일침을 가했다. "'인은 사람의 마음이다'『맹자』「고자」상라는 뜻을 모르고, (주희를 위시한) 후세의 유학자들은 '인이란 마음의 덕이다仁者, 心之德'라 했으니, 노자나 불교로 흐르지 않은 자가 드물다."

그런데 왜 수인修仁이라 하지 않고 부정의 부정을 써서 굳이 불위인不違仁이라고 했을까 궁금하다. '(不)違仁'은 『논어』에 두 번 나온다. 앞의 「이인里仁」편 4-5하고 이 본문이다. 이 문제를 둘러싸고 심각한 논쟁이 있었던 것으로 알고 있다. 송유宋儒는 인을 '마음의 덕德'이라 하여 닦는다는 의미로 이해했다. 그러나 맹자는 '인은 곧 마음'이라 했는데, 이것은 이미 인이 마음속에 있다는 것이다. 이런 맥락에서 성선설性善說이 가능했다. 이렇게 보면, 공자의 속마음을 정확히 알 길은 없지만, 불위인$^{不違仁}$이라고 한 것은 그 마음자리에서 벗어나지 않는 것이 중요하다는 의미를 강조한 것이 아닌가 한다. 그래서 안회는 인에서 세 달(이나) 벗어나지 않았다고 이해한 것이다. 물론 공자는 언제나 인 안에 있는 존재다. 안회 이외의 나머지 제자들은 인에 머무는, 혹은 인에서 벗어나지 않는 기간이 잘해야 하루 혹은 한 달이라는 것이다.

✿

다시 봉창을 좀 두드려 본다. 고등학교 시절 등하교 시간이 총 3시간이 넘었다. 그래서 이것저것 잡생각에 빠질 기회가 많았다. 당시, 누구나 그랬듯이(?), 나는 좀 우울한 기분으로 살고 있었다. 산다고 했지만, 영어로 하자면 manage to live가 적절할 것 같다. 세상사 너무 재미가 없어, '도대체 이 지겨운 세상을 사람들은 무슨 힘으로 살아가지?' 따위의 개똥철학을 할 때가 종종 있었다. 그때 떠오른 단어가 스파크$^{spark}$다. 방전할 때 일어나는 불빛. 이 깜깜한 세상에서 그럭저럭 살아갈 수 있는 이유는 그나마 좋았던, 그래서 행복했던 추억이랄까 뭐 그런 것이 방전되면서 일으키는 불꽃 때문이라고 생각했다. 그런데 '추억을 자꾸 쌓아가야 어찌어찌 견뎌낼 터인데, 도대체 어떻게 무엇으로 충전을 하지' 생각하다가 잠에 떨어지곤 했다. 집이 버스 종점이어서 그나마 다행이었다. 나중에 대학에 가서 고은의 시 「화살」 중 "몇 십 년 동안 가진 것 / 몇 십 년 동안 누린 것 / 몇 십 년 동안 쌓은 것 / 행복이라든가 / 뭣이라든가 / 그런 것 다 넝마로 버리고 / 화살이 되어 온몸으로 가자"를 읽으면서 지금처럼 또 그때를 떠올렸었다. 나한테는 이 따위가 추억인가 보다.

계강자가 물었다. "중유는 정사에 종사하게 할 수 있나요?" 스승님께서 말씀하셨다. "유는 과단성이 있습니다. 정사에 종사하는 데 무슨 어려움이 있겠습니까?" "사는 정사에 종사할 수 있나요?" "사는 사리에 밝습니다. 정사에 종사하는 데 무슨 어려움이 있겠습니까?" "구는 정사에 종사할 수 있나요?" "구는 다재다능합니다. 정사에 종사하는 데 무슨 어려움이 있겠습니까?"

> 季康子問, 仲由可使從政也與. 子曰, 由也果, 於從政乎何有. 曰, 賜也可使從政也與. 曰, 賜也達, 於從政乎何有. 曰, 求也可使從政也與. 曰, 求也藝, 於從政乎何有.

(자로의) 과果는 과감하고 결단성 있는 것으로, 한다면 바로 하고 목적을 이루지 못하면 결코 그만두지 않는 것이다. (자공의) 달達은 사리에 밝고 사람과의 관계가 좋은 것이다. (염유의) 예藝는 다재다능하고 수완이 뛰어난 것이다. 계강자가 공자에게 '당신의 제자들 중에서 정사에 종사할 만한 사람을 추천해 달라'고 하자, 공자는 각자의 특징을 들어 세 사람을 추천했는데, 계강자가 선택한 사람은 다재다능한 염구였다.

내가 보기에, 과果, 달達, 예藝의 구체적인 내용을 이해하는 것이 중요하다. 자로의 과에 대해 공자는 "한쪽 말만 듣고 옥사獄事를 판결할 수 있다.

자로는 판단을 묵힌 적이 없다"「안연(顔淵)」 12-12라고 했고, 자공의 달에 대해서 사마천은 "자공이 한 번 순회하면서 세력들을 서로 부딪치게 하여 십 년간 다섯 나라에 각기 다른 변화를 초래하였다"「사기」「중니제자열전」라고 했으며, 염유의 예에 대해서는 "염유는 세금을 잘 관리할 수 있다"라고 하였다. 이렇게 보면, 공자가 생각한 행정가의 요건은 과단성 있게 판단하고, 혼란을 정리할 능력이 있으며, 재정 관리를 잘하는 것이다. 이 중에서 정치가인 계강자는 재정 관리를 중시했고, 이에 부응한 염유는 앞에서 보았듯이, 계씨의 가신이 되어 재정을 담당하면서, 계씨가 주공보다 부유한데도 그를 위해 수탈하여 그의 부를 더욱 늘려주었다. 이에 공자는 크게 화를 내면서 "(염유는) 내 제자가 아니다. 너희는 북을 울려 성토하는 것이 좋겠다"「선진(先進)」 11-17라고 했던 것이다.

종정從政이라 함은 요즘 말로 정치보다는 행정의 의미에 가깝다. 그런데 공자는 다른 곳「선진(先進)」 11-3에서 "정사政事에는 염유와 자로(가 적합하다)"라고 했다. 종정과 정사가 크게 다르지 않다면, 왜 자공은 말하지 않았을까? 자공은 행정가로서도 유능하지만, 특히 (외교적) 언어에 더 뛰어났기 때문이다.

이 구절을 읽으면서 요즘의 행정가, 곧 공무원에 대해 언급하지 않을 수 없다. 국가시험에 합격하여 '공무원 되기'는 요즘 청년의 로망이다. 예전에는 봉급이 박하다고 기피했던 자리가 이제는 가장 안정적인 직장으로

각광을 받게 된 것이다. 인기가 올라가다 보니 학력도 높아져서 공무원의 자질이 이전보다 향상된 것은 환영할 만한 일이다. 그러나 '공무원' 하면 동시에 '철밥통', '무사안일', '비리' 등 부정적인 어감이 연상되는 것 역시 사실이다.(이는 물론 분야마다 차이가 있다) 그런데 공무원이 지닌 이러한 불명예는 개인적 자질 때문이라기보다는 구조적 모순 탓이 크다. 그것은 한 마디로 상명하달上命下達 시스템이다. 여기서 더 이상 하는 말은 췌언에 지나지 않는다. '대민對民 서비스' 일선에서 실제 일을 담당하고 있는 하위 공무원들의 의견이 반영, 존중되는 하의상통下意上通 시스템 없이는 공무원의 미래는 지금과 크게 다르지 않을 것이다. 지금 호사스럽게 무슨 적성이니 봉사니 하는 것을 요구하는 것은 아니지만, 단지 안정적 호구지책만으로 선택한 직장에서 그런 모순이 사라지겠는가?

⁂

나라면, 과연 자로, 자공, 염유 중에서 누구를 고용하였을까? 물론 계강자는 재정을 담당할 수 있는 사람을 스카우트하려고 염유를 선택했지만, 여기서는 보통의 행정가를 선발한다고 하자. 아마, 과와 달이 좋기는 해도 부담스러울지 모른다. 언제나 바른 소리를 입에 달고 다니고, 잘못되었다고 뭐든지 지적하려 든다면, 고용자의 나날은 괴로울지 모른다. 그들보다는 분위기 잘 살피고 눈치도 적당히 볼 줄 알아 '자기 사람' 만들기에 좋은, 그러면서도 재주가 있는 사람을 뽑는 것이 여러 모로 편리할 것이다. 물론 그 결과는 답보 혹은 퇴보이다.

계씨가 민자건을 비읍의 읍재로 삼으려고 사람을 보내왔다. 민자건이 말했다. "사양한다는 뜻을 잘 전해주시오. 만약 다시 나를 찾아온다면, 나는 필히 문수 가로 도망가 있을 것이오."

季氏使閔子騫爲費宰. 閔子騫曰, 善爲我辭焉, 如有復我者, 則吾必在 汶上矣.

---

계씨가 계환자季桓子인지 계강자季康子인지는 분명치 않다. 민자건 민손閔 損은 덕행으로 이름이 났으며, 또 효자로도 유명했다. '도덕샌님'으로서 비교적 청렴, 고고했기 때문에 계씨를 위해 일하는 것, 즉 비읍의 읍재로 나가는 것을 거절한 것이다. 그래서 계씨가 보내온 사람에게 '당신이 나를 대신해서 완곡하게 거절의 뜻을 전해 주시오. 만약 또다시 찾아오면 나는 여기노 나라에 있지 않고, (제齊 나라 남쪽과 노 나라 북쪽 경계에 있는) 문수의 북쪽에 가 있을 것이오'라고 말했던 것이다.

내가 보기에, 민자건은 큰 인물이다. 정자程子는 "공문의 제자 중에서 대부의 집에 벼슬하지 않은 자는 민자와 증자 몇 사람뿐이었다"라고 했다. 『집주』의 사씨謝氏의 말대로 민자건은 "어지러운 나라에 살면서 악인을 만나면 성인은 괜찮지만, 성인 이하의 사람은 강직하면 반드시 화를 당하고, 약하면 반드시 욕辱을 당하기 마련임"을 예견, 대비하였다. 일종의 망명을 선택할 수도 있다는 민자건의 결기는 아무나 보일 수 있는 것이 아니다.

✻

나는 이른바 머우쫑싼牟宗三 등 '현대 신유가'의 제 삼 세대를 자처한 뚜웨이밍杜維明을 높이 평가하지 않는다. 그 이유 중 하나는 아마 그의 '한국판 제자들'의 '분탕질' 때문이기도 하다. 그런데 뚜웨이밍이 "효는 정치 통제와 관련이 없다 …… 효자가 반드시 복종적인 자식을 의미하는 것은 아니다"라고 한 것은 높이 산다. 한국의 통치자들이 자기 권력을 지키고 권위를 높이기 위해 충효를 강조, 왜곡, 오용해 온 것은 파렴치한 짓이 아닐 수 없다. 운동장에서 어린 학생들이 줄 맞춰 서서 교장에게 "충! 효!"라 외치면서 거수경례를 강요하던 시절에 나는 젊은 교사였다. 거의 지옥 같이 암담한 시절이었다.

✻

망명 얘기가 나왔으니, 이 이야기를 해야겠다. 우리 시대에 특기할 만한 망명으로, 1979년 남조선민족해방전선남민전에 연루되어 출장 가 있던 프랑스에 눌러앉은 홍세화와 1980년 광주항쟁으로 수배되자 화물선 화장실에 숨어 35일을 연명한 끝에 미국으로 밀항한 윤한봉의 경우를 들지 않을 수 없다. 우연히 두 사람은 1947년 생 동갑이다. 당시 30대 중반들이었다. 윤한봉은 고생 고생하다가 저 세상 사람이 되었고, 홍세화는 여전히 진보의 대열에 서 있다.

백우가 병이 나자 스승님께서 문병을 가 창문에서 그의 손을 잡고 말씀
하셨다. "방법이 없구나. 운명인 게야. 이런 사람이 이런 병에 걸리다니.
이런 사람이 이런 병에 걸리다니.

伯牛有疾, 子問之, 自牖執其手, 曰, 亡之命矣夫. 斯人也而有斯疾也.
斯人也而有斯疾也.

❧

백우는 공문 1기 제자 염경冉耕이고 덕행으로 이름이 났다. (논란이 있었
지만 백우가) 나병, 곧 문둥병에 걸린 것이라는 것이 일반적인 견해다. 방법
이 없다고 한 망지亡之는 죽간본 등에서 말지末之로 되어 있다. 이 말에 대해
서는 연구해 볼 만한 가치가 있다. 이 말은 전혀 아무런 방법이 없는 상황,
즉 어쩔 수 없음을 나타낸다.

❧

공자는 왜 창문을 통해 염경의 손을 잡았을까? 전염을 두려워했기 때문
일까, 아니면 죽어가는 모습을 차마 볼 수 없어서였을까, 혹은 그의 맥을
짚어 살았는지 죽었는지 판정을 내리기 위해서였을까. 여러 가지 추측이
있지만, 공자가 안타까워한 것은 백우와 같이 그렇게 순결한 사람이 어쩌
다가 수족이 썩어 문드러지는 그런 불결한 병에 걸렸는가 해서 한탄한 것이
라 말해도 좋을 것이다.

내가 보기에, 여기에서 '인간 공자'의 애틋함을 느낄 수 있다. "이런 사람이 이런 병에 걸리다니"를 연속해서 말을 한 것에서 백우의 죽음을 안타까워하는 애절한 심정을 조금이나마 알 수 있을 것 같다. 가까운 사람들에게서 이런 일이 벌어지는 것을 보는 것은, 그의 성숙 수준^the level of the maturity^과 무관하게 그야말로 참담한 일이다.

그런데 다시 공자는 왜 (남쪽으로 난 벽에 뚫은) 창을 통해서 백우의 손을 잡았을까? 『예기禮記』에 "병자는 북쪽 창 아래에 있는데, 임금이 문병하러 오면 남쪽 창 아래로 옮겨 임금으로 하여금 남쪽을 향해 자신을 볼 수 있게 한다"라고 했다. 당시 백우의 집에서 이 예로써 공자를 높이자, 공자는 감히 감당할 수 없어서, 그의 방에 들어가지 않고, 창에서 그의 손을 잡으셨으니, 이는 아마도 그와 영결한 것인 듯하다." 주희의 이 해명은 '백우가 나쁜 병에 걸려 남에게 보이려 하지 않아서 공자가 (할 수 없이) 창문에서 그의 손을 잡았다'는 해석보다는 낫지만, 그렇다고 그것이 설득력 있게 다가오는 것은 아니다. 거기에는 아마 당시 나병에 대한 지식이 거의 없어서 '전염의 공포'가 어느 정도 개입되어 있다고 보아야 할 것이다. 공자가 백우의 방에 들어가는 것을 주위에서도 극력 말렸을지 모른다. 공자가 백우의 방에 들어가 그를 안은 채 그와 영결하기를 바라는 것은 그에게서 마치 "예수께서 손을 내밀어 그^나병환자^에게 대시며 이르시되 내가 원하노니 깨끗함을 받으라 하신대 문둥병이 곧 떠나니라"「마태복음」 8-3고 '선포^dabar/Midas Touch^'한 예수의 모습을 보고자 하는 것이다.

❦

어디서 보았는지 기억에 없지만, 그리고 옛 노래에서 차용한 "게릴라는 인민이라는 물속을 헤엄치고 다니는 물고기와 같은 존재"라 외치면서 혁명을 수행한 시기였는지, '문화대혁명' 시절이었는지도 명확하지 않지만, 모택동이 의사들에게 수술 시 마스크를 벗으라고 '교시' 했다는 말이 떠오른다. 지식분자가 인민과 거리를 두어서는, 곧 시혜를 베풀 듯이 임해서는 안된다는 뜻이겠다. 물론 병원 감염에 대해 무지할 때의 이야기다. 그렇지만 이 말은 무상의료가 전면적으로 실시되려면 단지 제도만 고쳐서는 성공하기 어렵지 않을까 하는 생각과 닿아있다. 미국 의료보험의 실태를 파헤친 〈sicko〉에서 본 프랑스의 예지만, 새벽에 배탈이 나서 의사를 부르면 언제든지 의사가 달려가 무료로 치료해 주는 그 현실은 단지 제도개선만으로는 가능해 보이지 않는 것이다.

스승님께서 말씀하셨다. "현명하구나, 안회여! 밥 한 그릇에 물 한 모금으로 빈민촌에 살고 있는 것만으로도 그 근심을 감당하기 어려운데, 안회는 그 즐거움을 바꾸려 하지 않으니, 현명하도다, 안회여!"

子曰, 賢哉回也. 一簞食, 一瓢飮, 在陋巷, 人不堪其憂, 回也不改其樂, 賢哉回也.

❀

단簞은 옛날 사람이 밥을 담던 대나무 그릇이다. 당시 보통 사람은 대부분 이런 그릇에 밥을 담았다. 표瓢는 물을 푸는 표주박이다. 조롱박을 둘로 쪼개서 그 반쪽을 표주박이라 하는데, 물을 담는 데 사용한다.

❀

내가 보기에, 이 구절은 동양의 문학에서 줄곧 원용, 변주되어 온 주제, 곧 가난해도 즐거움을 잃지 않는다는 오랜 테마 중 하나이다. 리링이 빈민촌이라 번역한 누항陋巷을 보니, 박인로朴仁老, 1561~1642의 「누항사陋巷詞」가 생각난다. "가난하면서도 원망하지 않음이 어렵다고 하건마는 / 내 생애가 이러하나 서러운 뜻은 없노라 / 단사표음簞食瓢飮을 이것도 족히 여기노라 / 평생 한 뜻이 온포溫飽에는 없노라."(온포는 따뜻하게 입고 배부르게 먹는다는 뜻으로 의식이 아쉬움 없이 충분함을 이르는 말) 그런데 이전, 곧 조선 전기 가난을 읊은 노래, 흔히 강호가도江湖歌道가 주로 안빈낙도安貧樂道의 포우즈였다면, 17세기 박인로의 경우는 현실의 실제 결핍과 고난을 있는 그대로 솔직하게 토로하고 있다. 같은 말을 하고 있는 것처럼 보이지만, 시대의 변화와 작자의 처지에 따라 함의는 이렇게 달랐던 것이다.

❀

정자程子는 그 근심其憂과 그 즐거움其樂의 그其에 주목해야 한다고 했지만, 천착 같아 보인다. 공자가 중시한 것은 상황의 변화에 흔들리지 않고 처음 먹은 즐거운 마음을 바꾸지 않는 것不改이다. 즐겁게 사는 사람이 곁에 있으면 보라. 그는 늘 변함이 없는 사람일 것이다.

❀

가난이라고 하면 나는 파블로프의 조건반사처럼 다음 세 가지가 떠오른다. 하나는 내가 생각하는 가난이 대단히 관념적이라는 것이다. 그만큼 나는 편안하게 살아 왔고, 세상 공부가 부족하다. 다음은 1960년 4·19 때 권력에 빌붙는 교수들을 향해 소인기少忍飢, 곧 배고픔을 잠시 참으라고 질타한 조지훈의 말이다. 마지막으로, 중학교 시절 국어책에서 만난 김소운의 「가난한 날의 행복」이다. "왕후王侯의 밥, 걸인乞人의 찬"이니, "(가난했지만) 가슴속에는 형언形言 못할 행복감이 밀물처럼 밀려왔다"느니 하는 말 앞에서 자기 분수를 모르고 불평불만만 하는, 곧 안분지족安分知足하지 못하는 철부지인 나를 몹시 부끄러워 한 적이 있었다. 그렇게 박정희 정권은 교과서를 통해 교실을 성공적으로 장악해 가고 있었다. 거기에 고전에서 맥락을 무시하고 추출한 이른바 '사자성어'가 크게 한 몫을 하였다. 그까짓 구절들이나 외게 해서 대체 어쩌자는 것인가.

첨부하자면, 이런 안빈낙도를 강조하다 보면 『흥부전』에서의 "가난이야 가난이야 원수년의 가난이야"라는 절규가 하찮은 것이 되어버리고 만다. 그래서 가난은 더욱더 부끄러운 것이 되고, 거기서 헤어나올 수 없는 책임은 전적으로 가난한 개인이 지게 된다. 가난이 게으른 탓이라는 지적질보다 추악한 것은 없다.

염구가 말했다. "스승님의 도를 기뻐하지 않는 것이 아니라, 제 능력이 부족합니다." 스승님께서 말씀하셨다. "능력이 부족한 사람은 중간에 그만두는데, 지금 너는 자신의 능력을 낮춰보고 있구나."

冉求曰, 非不說子之道, 力不足也. 子曰, 力不足者, 中道而廢, 今女畵.

획畵은 일정한 선을 그어놓고 그만둔다는 의미다.

내가 보기에, 『집주』에서 "(능력의) 한계를 긋고 (앞으로) 나아가지 않으면 날로 퇴보할 따름"이라고 한 호씨胡氏의 풀이는 좀 무섭다. "학문여역수행주, 불진즉퇴學問如逆水行舟, 不進則退"라는 말이 생각난다. 학문을 하는 것은 물을 거슬러 올라가는 배와 같아서, 끊임없이 앞으로 나아가지 않으면 후퇴한다는 뜻이다. 청말 양무운동洋務運動의 슬로건 중 하나로는 이해할 수 있지만, '신자유주의의 무한경쟁'이 떠올라 섬뜩하다. '가다가 멈추면 간 만큼 좋지 않느냐'는 농담이 현실이 되는 사회가 각박하지 않아 좋다. 그래야 힘도 좀 난다. "사어유수死魚流水이나 활어역수活魚逆水라." 곧 "죽은 고기는 물길 따라 흐르지만, 살아있는 고기는 끊임없이 물길을 거슬러 올라간다"라고 하면 주눅이 들어서 그만 주저앉게 된다. "길을 가다가 그만 두게 되는 사람은 비록 그만 두게 되더라도 길 가운데 있다"라는 오규 소라이의 발언은 의미심장하다.

그런데 다시 염구의 말을 생각해 보니, 자신의 능력 부족을 고백하는 것만이 아니라, 은근히 스승의 도에 대해 딴지를 걸고 있는 것이 아닌가 하는 생각도 든다. 요즘 교실에서 그럴듯한 거대담론을 떠벌릴 때, 학생들이 보이는 반응이 아마 그런 것일지 모른다. 만일 사정이 그렇다면, 용기를 가져보라고 충고하는 공자는, 웃자고 한 말에 죽자고 덤비는 격이 아닌가? 이런 식의 비아냥이 '인간 공자'를 구성하는 데 외려 방해가 됨을 잘 알지만, 간혹 이런 농담도 너끈히 받아들일 때 『논어』가 진짜 고전이 될지도 모른다. 허구한 날 근엄하게만 살 수는 없는 노릇 아닌가. 사실 평소 근엄한 분이 간혹 보이는 위트는 상상을 초월한다.

자신의 능력을 한정 짓는다는 말은 현실 정치에서 매우 사려 깊고 현실적이며, 실현가능성이 짙은 전략을 창출해 내는 혜안으로 이해되기도 한다. 특히 '진보적 대중정당'을 주장하는 분들에게서 그렇다. 그런데 '현 단계에서는……'이라고 시작하는 그들의 정세분석이 예각적일수록 진보의 보루가 흔들리게 되는 이상한 경험을 나는 여러 번 겪은 적이 있다. 물론 대충 가자는 말이 아니다. 지나친 정세분석이 일을 도모하는 데 도움이 되지 않거나 일을 그르칠 수가 있다는 점, 나아가 일이 급박하게 진행되는 시점에서의 정세분석이란 결국 빠져나가기 위한 변명일 수도 있다는 점은 분명히 말해 두고 싶다.

스승님께서 자하에게 말씀하셨다. "너는 군자다운 유자가 되고, 소인 같은 유자는 되지 말거라."

子謂子夏曰, 女爲君子儒, 無爲小人儒.

---

유儒는 원래 천한 직업의 하나로, 글을 가르치고 예를 도와주며, 남의 홍백紅白의 희사喜事를 처리해 주면서 그럭저럭 밥을 먹고 살았다. 홍은 남녀의 결혼을 상징하는데, 이를 희사라 불렀다. 백은 천수를 다하여 죽은 자에 대한 장례를 상징하는데, 이를 희상喜喪이라 했다. 이 두 가지를 통틀어 홍백희사라 한다. 소인 같은 유자는 그럭저럭 밥이나 먹고 살기 위해 기능적인 것을 배우는 데 그치고 이상理想이 없는 사람이다. 군자다운 유자는 대부분 경전을 정밀하게 연구하고, 수양을 중시하며, 예학의 깊은 의미에 대해 진정으로 알고 있는 사람이다.

---

내가 보기에, 예전이라면 나는 소인 같은 유자였을 것이다. 정자程子 식으로 말하면, 위기지학爲己之學이 아니라 위인지학爲人之學을 했을 것이다. 다시 말해, 나는 자신을 위해서, 즉 내 자아의 완전한 실현을 위해 공부하지 않고 남을 위해서, 곧 남에게서 명예를 얻기 위해 공부하는 사람이었을 것이다.

앞으로도 군자와 소인의 구분은 여러 번 나올 텐데, 여기서는 우선 미국 32대 대통령 루즈벨트의 부인인 Anna Eleanor Roosevelt가 한 말을 생각해 본다. 'Great minds discuss ideas, average minds discuss events, small minds discuss people위대한 사람들은 아이디어를 이야기하고, 평범한 사람들은 일상사를 이야기하며, 속 좁은 사람들은 사람을 이야기한다.' 소인배는 모여 입만 열면 남 얘기만 한다. '우리 술자리에서만은 여자 얘기도 하고 예술도 좀 얘기해 보자'고 꼬드겨보아도 얼마 가지 못하고 다시 직장 얘기, 남 욕이다. 고전을 연구하시는 자칭 '고매한 학인'도 예외가 아니다. 오히려 고전의 전거들을 침 튀겨 읊어가면서 유식하게 욕을 해댄다. 남 얘기를 입에 달고 사는 사람은, 세상사에 폭넓게 관심을 갖고 있다기보다는 사실은 치졸한 자기애에 빠져 있다. 그런데 내가 호감을 갖고 있는 어떤 이가 그에게 혹해 정신을 못 차리고 그를 추종하기까지 하니, 그것이 진심으로 그런 것인지 짐짓 그렇게 하는 것인지 잘 모르겠다. 나는 교실에서 다음 삼단논법에 대해 말하면서 다음 논증의 오류를 비판해 보라고 한다. 'A와 B는 우호적이다. B와 C는 우호적이다. 그러므로 A와 C는 우호적이다.' 대개 조용하다. 이때 우호적이라는 것은 둘 사이에서만 배타적으로 적용되는 말이지, 산술적으로 확대될 수 있는 말이 아니다. 그런 논법이 통용되는 사회는 독재 사회라고 핏대를 올리면서도, 시방 여기서 이따위 푸념이나 늘어놓고 있으니, 내가 '소인 같은 유자'임은 다시 절로 명백해진다.

욕 얘기가 나왔으니 한 마디 더 해야겠다. 굳이 욕을 해야 하는 상황이라면 빙 둘러대지 말고 그냥 쌍욕을 하는 것이 차라리 낫다. 참고로 나는 철학이나 사상을 공부하는 사람이 아니고 문학을 만지작거리는 노만주의자魯浸主義者여서 그런지, 쌍욕도 잘하면 나름 멋이 있다고 믿는 일인ㅡ人이다.

자유가 무성의 읍재를 맡고 있을 때, 스승님께서 말씀하셨다. "너는 사람을 얻었느냐?" "담대멸명이라는 사람이 있는데, 지름길로 다니지 않고, 공적인 일이 아니면 저의 사무실에 온 적이 없습니다."

子游爲武城宰. 子曰, 女得人焉耳乎. 曰, 有澹臺滅明者, 行不由徑, 非公事, 未嘗至於偃之室也.

담대는 복성이다. 멸명의 자는 자우子羽인데, 용모가 못생겼다고 한다. 자유가 발견한 인재로, 나중에 초 나라에 가서 세를 확산시켜 300명의 제자를 거느렸으며, 공자가 죽은 뒤 매우 유명해졌다.

『노자老子』에 "큰 길은 매우 평탄한데도 백성들이 샛길로 가는 것을 무척 좋아한다"라고 했고, 『주례周禮』에 "들녘의 밭을 함부로 가로지르거나 수로나 제방을 넘어가는 것을 금지했다"라는 기록이 전한다.

내가 보기에, 예전에는 정치를 하는 데 인물을 얻는 것이 지금보다 훨씬 중요했던 것 같다. 사람을 알아보는 능력, 곧 지인지감知人之鑑은 지도자가 갖추어야 할 가장 중요한 덕목이었다. 사람을 알아볼 줄 알아야知人 그를 잘 쓸 수 있用人는데, 그것이 바로 인치人治다. 근래의 대통령 선거에서도 어떤 후보자의 측근으로 누구누구가 포진해 있고, 누구누구를 포섭하는 것을 보니, 그가 어떤 지향을 지녔는지 알 수 있다고들 한다. 인치의 시대는 아직 끝나지 않은 것이다.

❧

자유는 지름길로 다니지 않고, 공과 사를 구분할 줄 아는 사람을 인재라고 여겼다. 『집주集註』에서 양씨楊氏가 말하듯이 "지름길을 가지 않는 자가 있으면, 사람들은 그가 반드시 세상물정을 잘 모른다고 할 것이요, 상관의 집에 가지 않으면, 사람들은 그가 반드시 거만하다고 여길 것이다." 그런데 담대멸명이 가로질러가지 않고 사적으로 찾아가지도 않았으니 대단하다는 것이 자유의 평가이다. 여기에는 물론 그런 사람을 볼 줄 아는 자신도 대단하다는 자부심이 깔려 있다.

❧

"큰 길은 멀리 돌아가고 작은 길은 곧장 가로질러 가니, 신분이 낮은 처지로서 걸어가는 자는 지름길을 통해 가도 무방하다. 여기에 지름길로 가지 않는다는 것은 사사로이 알현하지 않는다는 말이다"라고 한 다산의 말에서 다음 두 가지를 얻을 수 있다. 불유경不由徑, 곧 지름길로 가지 않는다는 말은 주로 상층의 사람들에게 해당된다는 것이고, 유경由徑, 곧 지름길을 간다는 것은 사사로운 알현, 곧 편법을 동원한다는 것이다.

❧

우리 사회만큼 편법과 반칙이 기승을 부리는 곳도 없지 않을까 싶다.

편법과 반칙은 공적인 일을 사적으로 도모하거나, 사적인 일을 공적인 것으로 대신하는 것에서 비롯한다. 한 마디로 공과 사를 구분하지 않거나 못하는 데서 다양한 병폐들이 생겨나는 것이다. 대개 지식인은 특히 공과 사를 교묘하게 섞어 버무리는 데 특유의 장기를 발휘한다. 그러한 영악한 묘수妙手들이 꽉 움켜쥐고 있는 것은 물론 화폐를 위시한 여러 이득이다. 그런데도 찬란하고도 근엄하게 꾸며댄다는 점에서 그들은 물불 안 가리고 이익을 찾는 장사꾼보다 하치다. 노골적으로 매문賣文, 곧 글을 팔아먹는 데 이골이 난 학인들은 여기에도 끼지 못한다.

스승님께서 말씀하셨다. "맹지반은 자랑하지 않는다. 도망갈 때는 뒤에 처져 있었는데, 성문을 들어설 때는 자기 말을 채찍질하면서 '내가 감히 뒤처지려 했던 것이 아니라, 말이 앞으로 나가지 않는다'고 했다."

子曰, 孟之反不伐. 奔而殿, 將入門, 策其馬, 曰, 非敢後也, 馬不進也.

"뒤에 처져 있었는데"에 해당하는 원문은 전殿이다. 옛날 행군에서 앞을 계啓라 했고, 뒤를 전이라 불렀다. 전은 후방을 엄호한다는 뜻이다. 여기서 맹지반이 용감하게 후방을 엄호했으면서도 겸손하게 유머로 넘기면서 자기의 공을 스스로 자랑하지 않은 것을 말하고 있다.

내가 보기에, 맹지반은 공자에게서 칭찬을 들을 자격이 충분하다. 용기가 있으면서도 겸손할 뿐 아니라 유머까지 있으니 상수上手라 할 만하다. 그렇다면 비겁하면서도 자만에 빠져서 거들먹거리기나 하고 유머라고는 눈곱만큼도 찾아 볼 수 없는 사람은 어떤가? 이들은 앞에 나서서는 아무 말 못하고 뒷구멍으로 재잘재잘 떠들어대는 우물 안 개구리들이다. 위트 앞에서 그저 눈만 껌뻑껌뻑할 뿐이다. 공자는 그런 사람들과는 더불어 손잡고 갈 수 없다고 했다.

이 구절을 풀이하면서 배움을 알지 못하는 자는 남보다 앞서려는 마음을 한시도 잊는 적이 없다고 한 『집주』의 사씨謝氏의 말은 무섭게 절절하다. 그러고 보니, 저 개구리들의 목표는 어떻게 해서든 남을 짓밟고 일어서는 것이다. 남에게 양보한다거나 진다는 것은 상상조차 할 수 없는 일이다. 그래서 그들은 늘 분주하고 결국 몹시 피곤한데, 남을 헐뜯고 '씹는' 것으로 그것을 해소하려 한다.

"천 리까지 아득히 펼쳐져 있는 요동벌판에 들어서, 그연암는 이렇게 외쳤다. '아, 좋은 울음 터로구나. 크게 한 번 울어 볼만 하구나!' 이름하여 호곡장론好哭場論, 좁고 답답한 조선 땅에서만 살다 천지의 광활함을 처음 목도한 충격을 역설적으로 표현한 것이다." 고미숙은 『열하일기』를 소개하면서 이렇게 말했지만, 내 생각에 그때 연암은 비장한 얼굴 대신에 아마 히쭉히쭉 웃고 있었을지 모른다. 그래서 연암은 우물에서 벗어날 수 있었을 것이다.

신영복 선생은 이 구절에 대해 "모든 사람들은 모든 것을 알고 있다"라고 풀이했다. "공과功過를 불문하고 아무리 교묘한 방법으로 그것을 치장하더라도 결국은 다른 사람들이 모두 알게 된다는 사실을 잊지 않는 것"이 중요하다는 것이다. 좀더 들어보자. "대부분의 경우에 다른 사람이 자기보다

명석합니다. 이 말에 대하여 아마 선뜻 납득하기가 어려울지 모릅니다. 그러나 타자의 시각이 정곡을 찌르는 법입니다. 예를 들어보지요. 강의를 할 때 교단에 서 있는 내가 주의해야 하는 것은 여러분이 매우 유리한 위치에 앉아 있다는 사실을 잊지 않는 일입니다. 나도 학생 때에는 교단 아래에서 선생님들의 강의를 들었지요. 그때 느낀 것입니다만 학생이란 위치, 즉 교단 아래에 턱 괴고 앉아 있는 바로 그 자리는 선생의 일거수일투족이 너무나 잘 보이는 자리입니다. 강의 내용을 이해하고 못하고를 떠나서 강의 내용에 대한 선생 자신의 이해 정도가 너무나 훤하게 들여다보이는 자리입니다. 마치 맨홀에서 작업하는 사람이 지나가는 사람들의 치부를 볼 수 있는 위치에 있는 것과 다름이 없습니다. 모든 타인은 그러한 위치에 있습니다. 그러기에 집단적 타자인 대중은 모든 것을 알고 있다고 하는 것이지요. 그래서 대중은 현명하다고 하는 것이지요. 대중은 결코 속일 수 없습니다. 손바닥으로 해를 가리기는 어렵습니다. 우리가 명심해야 하는 것은 '모든 사람은 모든 것을 알고 있다'는 사실입니다. 겸허해야 되는 이유입니다." 가히 우리 시대의 스승답다.

스승님께서 말씀하셨다. "축타처럼 말재간이 없거나, 송조처럼 미모를 갖지 못했다면, 오늘날 재난을 피하기 어렵구나."

子曰, 不有祝鮀之佞, 而有宋朝之美, 難乎免於今之世矣.

꽃

축타의 자는 자어子魚로 말솜씨가 매우 뛰어났다. 송자조宋子朝라고도 하는 송조는 매우 잘생겨서 (위 영공의 부인인) 남자南子와 사통했다고 한다.

꽃

이而는, 그 위아래가 인과관계임을 나타내는가, 아니면 위아래가 서로 상반되는 것을 표시하고 있다고 보는가에 따라 완전히 다른 해석이 가능하다. 전자는 위 본문 해석이고, 후자의 경우 '축타의 말재간이 없다면 도리어 송조의 미모가 있기 때문에 당시 사회의 재난을 피하기가 매우 어렵다'로 풀이된다. 그런데 축타와 송조는 각각 아첨으로 영공에게 총애를 받았고, 송조는 미색으로 남자에게 사랑을 받았다. 둘 다 좋은 사람이 아니므로 상반으로 해석하면 부자연스럽다. 축타의 말재간은 교언巧言이고, 송조의 미모는 영색令色이다.

꽃

내가 보기에, 공자의 시대와 요즘이 크게 다르지 않은 것 같다. 언변이 없거나 어느 정도 얼굴이 받쳐주지 않으면 어디에도 명함을 내밀지 못하는 세상이다. 성공은커녕 살아남기조차 힘들다. 화려한 말재주와 예쁜(잘생긴) 얼굴이 무엇보다도 중요한 스펙이 되었다. 그래서인지 언뜻 보면 대개들 죄다 비슷비슷하다. 소녀(소년)들은 모두 걸(보이)그룹 아이돌처럼 말하고, 그들하고 비슷하게 보이고 싶어 한다.

❦

아첨한다는 뜻의 영侫을 영어로 어떻게 번역하나 찾아보니, artful tongue과 agile tongue이 눈에 띈다. 그런 교묘한 말은 가슴에서 우러나오는 것이 아니라, 기껏 세 치 혀에서 나온다는 생각에는 동서양이 같다. 나와 함께 일용할 양식을 벌고 있는 분들 중에는 합리적으로 생각하고 말도 논리적으로 잘 풀어나가는, 거기다가 젠틀하기도 한 이가 있다. 그런데 그에게 심복하여 그를 추종하는 이는 드물다. 주위 사람들이 열등감으로 거리를 두기 때문이기도 하겠지만, 다른 무엇보다도 진정성이 없어서일 것이다.

❦

세 치 혀三寸舌는 타인을 비난할 때도 쓰지만, 주로 자신의 처지를 비하할 때 많이 쓰인다. 그 대표적인 예가 장량張良의 경우다. 장량은 한 고조漢高祖를 도와 천하를 통일하고 유후留侯에 봉해지고 나서 "내가 지금 세 치의 혀로써 제왕의 스승이 되어 만호에 봉해지고 열후가 되었으니, 이는 포의에게 극도의 영광으로서 나에게는 더없이 만족할 뿐이다. 이제는 인간의 일을 다 버리고 신선神仙 적송자赤松子를 따라서 노닐고 싶을 뿐이다"라고 했다. 우리 선조들이 무슨 유행처럼 좋아했던 말이다. 다 이루었으니, 이제는 신선처럼 살고 싶다는 것이다. 수많은 「어부가」 혹은 「어부사」를 지은 이른바 가어옹假漁翁이 그들이다. 가어옹이란 어부가 아니면서 어부처럼 지내는 사람이라는 뜻으로, 속세를 벗어나 한적한 물가에서 호젓하게 낚시나 하면서 술과 시에 묻혀 지내고 싶어 하는 양반이 스스로를 지칭하는 말이다. 그것은 요즘 늙어서 농사나 짓고 살고 싶다고 하는 말처럼 물론 포우즈일 가능성이 짙다. "장안長安을 돌아보니 북궐北闕이 천리千里로다 / 어주漁舟에 누어신들 잊은 때가 있으랴" 따위다. 이는 농암 이현보聾巖 李賢輔, 1467~1555가 지은 「어부가」의 한 구절인데, '북궐이 천리다'에서 보듯이 고깃배에 누워 완전히 세상사를 잊고 산다고 말은 하지만, 실제로는 임금님 계신 그 북궐을 한시도 잊을 수 없다고 고백하고 있지 않은가. 물론 마지막으로 "두어라 내 시름 아니라 제세현濟世賢이 없으랴(내가 시름할 일 아니라 세상 건질 어진 인재가 나 말고 또 없겠는가)"라고 해서, 서울 진출을 포기한 것처럼 말하는 듯하지만, 그래서 더욱 서글픈 포우즈가 되었다. 그런 포우즈를 강호가도江湖歌道니 하면서 신비화할 것이 아니라, 그것이 포우즈임을 있는 그대로 가르치고 배우면 좋겠다. 그렇게 하지 않으니까, 고전문학은 시험용 텍스트에 지나지 않게 된다.

스승님께서 말씀하셨다. "누가 문을 통하지 않고 나갈 수 있을까? 그런데 왜 이 도를 따르지 않는가."

子曰, 誰能出不由戶, 何莫由斯道也.

公자는 도를 출입문에 비유했고, 도를 반드시 거쳐야 할 길로 여겼다. 길이 막혀 통행할 수 없는 것을 문<sup>방법</sup>이 없다고 한다. 문이 없다면 어떻게 할까? 뒷문으로 가거나 창문을 뛰어넘어야 한다. 앞<sup>6-16</sup>에서 축타처럼 말재간이 없거나, 송조 같은 미모가 없다면, 재난을 피하기 어렵다고 한 것은 바로 문이 없다는, 다시 말해 정도正道가 꽉 막혀버렸다는 말이다.

내가 보기에, 이 구절을 정확히 이해하려면 다산의 다음 말을 들어봐야 한다. "옛날에는 방의 구조가 서북은 모두 막고, 남쪽 창으로 밝은 햇빛을 받아들이며(벽을 뚫어 창을 만들었으나 사람이 출입할 수는 없다) 오직 동쪽으로만 지게문이 있어 이를 통해 사람이 출입하였으니, 방에서 나오는 것은 오직 이 한 길뿐이다."

문으로 나다니지 않고 창을 넘는 것은 앞에서 보았듯이 지름길을 좋아하는 것보다 심한 짓이다. 노자는 "큰 길은 더 없이 평탄한데도, 사람들은 지름길을 좋아한다"라고 했고, 선종禪宗에서는 큰 길에는 문이 없다大道無門고 했다. 이로 보면 유·불·도가 대강에서는 서로 비슷함을 알 수 있다. 아시다시피 삼당야합으로 대한민국 14대 대통령에 오른 김영삼이 좋아해서 그 빛이 바랬지만, 대도무문은 남송의 선승禪僧 혜개慧開가 지은 『무문록無門關』에 나오는 의미심장한 게偈다. "큰 길에는 문이 없지만, 길은 어디에나 있다. 이 관문 뚫고 나가면, 천하를 당당히 걸으리大道無門, 千差有路, 透得此關, 乾坤獨步." 소인 모리배가 감히 입에 올려서는 안 되는 말이다. 여기저기 붙어 있는 그의 글씨는 또 얼마나 옹졸한가.

스승님께서 말씀하셨다. "질質이 문文을 이기면 거칠고 조잡스러우며, 문이 질을 이기면 화려하나 실속은 없다. 질과 문이 고르게 조화를 이루어야 군자이다."

子曰, 質勝文則野, 文勝質則史. 文質彬彬, 然後君子.

※

질質은 내재하는 본질로 소박하여 꾸밈이 없는 것이고, 문文은 겉으로 드러난 꾸밈으로 눈과 마음을 즐겁게 하는 것이다. 야野는 초라하고 비속한 것이고, 사史는 정교하고 우아한 것이다. 빈빈彬彬은 조화를 이루었다는 말이다.

※

문과 질이 고르게 조화를 이룬다는 것은 절충하여 양자가 모두 매우 적합한 상태를 유지하는 것이다. 그런데 요즘엔 오직 문만을 강조해서, 그것을 무武의 상대어로 이해하는데, 그것은 공자가 바란 것이 아니다.

※

내가 보기에, 야野니 사史니 빈빈彬彬이니 하는 말에 대해서는 주희의 도움을 받는 것이 좋다. "야는 촌사람이니, 비루하고 소략함을 말한다. 사는 문서를 맡은 사람이니, 견문이 많아 일에는 익숙하나 성실성이 혹 부족한 것이다. 빈빈은 반반斑斑과 같으니, 물건이 서로 섞여 적당한 모양이다." 부화하다는 번지레하다 정도로 이해하면 될 듯하다. 사람이나 그 언행이 실속이 없이 겉으로만 그럴듯하다는 뜻이다.

이 구절은 바탕내용과 무늬형식의 변증법적 통일에 관한 논의라 할 수 있다. 문질빈빈文質彬彬을 실현하기는 사실상 지난하기 때문에, 현실의 범인凡人은 둘 중 어느 하나에 의미를 좀더 둘 수밖에 없지 않나 한다. 공자마저도 "선배들이 예악에 대해 한 것을 (지금 사람들이) 촌스럽다 하고, 후배들에 대해서는 군자답다 하는데, 만일 (내가) 예악을 쓴다면 나는 선배를 따르겠다"라고 한 바 있다. 질과 문은 송 유학에 오면서 도道와 문文 또는 덕과 문의 관계로 전개되는데, 주희는 도본문말道本文末, 곧 도가 근본이고 문이 말기末技라는 입장을 확립했다. 도가 드러난 것이 문道之顯者謂之文이고 문장은 덕이 밖으로 나타난 것文章德之見於外者이라는 논리다. 이것이 조선 시대 문인학자들을 줄곧 지배해 온 이념이다.

이 구절에 대한 가장 적절한 설명으로 신영복 선생이 '상품미학의 허구성'을 언급한 것을 들 수 있다. "상품미학이란 상품의 표현형식입니다. 상품이 잘 팔릴 수 있도록 디자인된 형식미입니다 …… 상품은 교환가치가 본질입니다. 사용가치는 교환가치에 종속되는 것이죠. 상품은 한마디로 팔리기만 하면 그만입니다. 사용가치는 교환가치를 구성하는 하나의 요소에 불과합니다. 상품미학은 광고 카피처럼 문文, 즉 형식이 승勝할 수밖에 없는 것이죠. …… 형식미가 지배하는 상황에서 끝나는 것이 아닙니다. 형식미의 끊임없는 변화에 열중하게 되고 급기야는 변화 그 자체에 탐닉하게 되는 것이 이 상품 사회의 문화적 상황입니다. 상품의 구매 행위는 소비 이전에 일어납니다. 상품의 브랜드, 디자인, 컬러, 포장 등 외관 즉 형식에 의하여 결정됩니다. 광고 카피 역시 소비자가 상품이나 상품의 소비보다 먼저 만나는 약속입니다. 광고는 그 상품에 담겨 있는 사용가치에 대하여 약속합니다. 이 약속은 소비 단계에서 그 허위가 드러납니다. 이 약속이 배반당하는 지점, 즉 그 형식의 허위성이 드러나는 지점입니다. …… 우리가 맺고 있는 인간관계도 이러합니다. 속사람을 만나지 못하고 그저 거죽만을 스치면서 살아가는 삶이라 할 수 있습니다. 모든 사람들이 표면만을 상대하면서 살아가지요. 나는 자본주의 사회의 인간관계를 '당구공과 당구공의 만남'이라고 표현하기도 합니다. 짧은 만남 그리고 한 점에서의 만남입니다. 만남이라고 하기 어려운 만남입니다. 부딪힘입니다."

스승님께서 말씀하셨다. "사람의 삶은 정직하다. 굽은 방법으로 살아가는 것은 요행으로 재앙을 면하는 것이다."

子曰, 人之生也直, 罔之生也幸而免.

굽은 방법에 해당되는 원문 망罔에 대해 주희는 정자程子를 인용하여, 그것은 곧지 않음不直이고, 굽었다는 뜻을 나타내는 왕枉은 직直과 상대된다고 설명했다. 만약 그와 같은 견해가 정확하다면 공자의 생각은, 사람은 마땅히 정직함에 의거하여 입신해야 하며, 정직하지 않은 사람은 겨우 요행에 의지하거나 도피하면서 살아간다는 뜻이 된다.

내가 보기에, 도피하면서 살아간다는 것은 정직하지 않은데도 (잘) 살아가는 것인데, 그것은 요행히 (불행을) 면한 것일 뿐이라는 뜻이다. 주희는 망罔을 정직하지 않은 것이라고 했다. 이는 그가 망을 무망誣罔, 곧 속임수라 여긴 것이다. 망지생罔之生은 남을 속이는 삶을 말한다. 정직하지 않은 것은 나에게 국한된 소극적인 것이 아니라 남을 속이는 적극적인 것일 수도 있다는 말이다.

과문한 탓이겠지만, 무덕無德이니 부덕不德이니 부직不直이니 하는 말은 있어도 무직無直은 들어보지 못한 것 같다. 사람은 원래 정직한 존재니 정직함이 없으면 이미 사람이 아니기 때문인가?

　나의 삶을 가만히 드려다 보면 팔 할이 요행인 듯하다. 요행을 바란다는 것은 욕심이 과하다는 말이다. 곤란함 없이 잘 살기를 바라는 것은 뜻밖의 행운이 늘 지속되기를 바라는 것이다. 나야 나이가 조금 들어서 요행을 바라는 횟수가 나날이 늘어나지만, 시퍼런 청년들이 요행을 바라는 것은 차마 볼 수 없다. 「보왕삼매경寶王三昧經」은 이렇게 말하고 있다. "이익을 분에 넘치게 바라지 마라. 이익이 분에 넘치면 어리석은 마음이 생긴다." "세상살이에 곤란 없기를 바라지 마라. 세상살이에 곤란이 없으면 업신여기는 마음과 사치한 마음이 생기나니, 그래서 성인이 말씀하시되 근심과 곤란으로 세상을 살아가라 하셨느니라." 근심 그리고 곤란과 더불어 뒹굴며 살아가야 한다고 생각하니, 공자가 말한 인무원려人無遠慮, 필유근우必有近憂를 사람에게 먼 걱정이 없으면, 반드시 가까운 근심이 있다는 뜻으로 오독하고 싶어진다.

스승님께서 말씀하셨다. "아는 것은 좋아하는 것보다 못하고, 좋아하는 것은 즐기는 것보다 못하다."

子曰, 知之者不如好之者, 好之者不如樂之者.

공부는 지식을 얻기 위한 것일까, 아니면 흥미와 즐거움을 위한 것일까? 내 경우 독서를 휴식으로 여기고, 책 속에서 즐거움을 찾으며, 모든 것은 즐거움을 위한 것이다. 독서에 즐거움이 없다면 읽지 않는 것만 못하다. 즐거움이 없는 독서는 그 자체로 지루하다.

내가 보기에, "안다는 것은 도가 있음을 아는 것이요, 좋아한다는 것은 좋아하되 아직 얻지는 못한 것이요, 즐거워한다는 것은 얻음이 있어 즐거워하는 것이다"라거나 "(이를) 오곡에 비유하자면, 아는 자는 좋아하여 그것이 먹을 수 있음을 아는 자이고, 좋아하는 자는 먹고서 좋아하는 자이며, 즐거워하는 자는 좋아하여 배불리 먹은 자이다"라고 한『집주』의 풀이들은 마땅치 않다. 얻음이 있다거나 배불리 먹었다는 식의 설명은 물량적이라는 느낌이 들어서 특히 그렇다.

이에 대해서는 역시 신영복 선생의 관계론이 정곡을 찌르지 않았나 한다. "'지知'를 대상에 대한 인식이라고 한다면, '호好'는 대상과 주체 간의 관계에 관한 이해입니다. 그에 비하여 '낙樂'은 대상과 주체가 혼연히 일체화된 상태를 의미한다고 할 수 있습니다. '지'가 자기분석적인 것이라면, '호'는 주관적인 것입니다. 그리고 '낙'은 주체와 대상이 원융된 상태를 의미한다고 할 수 있습니다 …… '지'는 역지사지易地思之하지 않고도 이해할 수 있다고 생각하는 것이며, '호'는 대상을 타자라는 비대칭적 구조 속에 가두는 것이 아닐 수 없습니다. '지'와 '호'를 지양한 곳에 '낙'이 있다고 생각하지요 …… '낙'은 관계의 최고 형태인 셈입니다. 그 '낙'의 경지에 이르러 비로소 어떤 터득이 가능한 것이지요."

여기에 뭔가 부연하면 군소리가 될 뿐이다. 앞으로 「술이述而」 편에서 다시 보겠지만, 『논어』에서 낙樂의 상태와 가장 가까운 진술은 아마 유어예游於藝일 것이다. 원문은 이렇다. "도에 뜻을 두고, 덕에 의지하며, 인에 기대며, 예에 노닌다志於道, 據於德, 依於仁, 游於藝." '유어예'에서 유는 푹 빠져 자유롭다는 뜻이다. 공자가 70살에 "마음이 하고자 하는 바대로 행해도 법도에 어긋나지 않았다從心所慾不踰矩"라고 한 경지가 바로 여기에 해당할 것이다. 오늘날 진정한 예술가가 작품 창조에 몰두할 때의 심적 상태가 그와 비슷할지 모르겠다. 사족 삼아 한 마디 덧붙인다. 김만중의 『구운몽』에서 성진이 팔선녀를 잊지 못한 죄로 환생(?)하여 세속의 부귀영화를 진진하게 누릴 때의 이름이 양소유楊小游인데, 여기서 '소유'는 잠시 놀다간다는 의미도 있지만, 잠시지만 극진히 누리고 즐긴다는 뜻도 있다. 실제로 『구운몽』에서 거의 대부분의 서사는 양소유가 누리는 현실에서의 복락에 대한 이야기다. 앞뒤

성진의 이야기를 떼어버리면 그대로『춘향전』이나『심청전』처럼『양소유전』이 된다.

스승님께서 말씀하셨다. "중인 이상의 사람과는 상급의 지혜에 대해 이야기할 수 있지만, 중인 이하의 사람과는 상급의 지혜에 대하여 이야기할 수 없다."

子曰, 中人以上, 可以語上也. 中人以下, 不可以語上也.

✻

공자는 앞으로 볼 「양화陽貨」 편 17-3에서 "가장 지혜로운 사람과 가장 어리석은 사람은 변화시킬 수 없다"라고 했다. 공자는 사람을 상지上智, 중인中人, 하우下愚 세 등급으로 나누었다. 중인과는 상지에 대해 이야기할 수 있지만, 하우는 안 된다는 것이다.

✻

내가 보기에, 이 구절을 이해하는 데 장경부張敬夫의 풀이가 도움이 된다. "성인의 도는 정밀함과 거침이 따로 있지 않으나, 다만 그 가르침에서는 반드시 사람의 재질에 따라 달리 한다. 중등 이하의 자질을 지닌 자에게 갑자기 너무 높은 것을 말해주면 그에게 그 말이 제대로 들어갈 수 없을 뿐더러, 장차 망령된 뜻으로 등급을 뛰어넘는 폐단이 있어서 낮은 것에 그치고 말 뿐이다."

✻

문화혁명의 와중에서 이 구절은 계급주의 사상을 대표적으로 보여준다고 하여 공자 비판의 근거가 되었다. 공자가 복권되면서, 이렇게 주장한 사람이 오히려 문제라는 식의 재반론이 있었지만, 공자의 그런 생각이 봉건주의 철학·윤리·도덕의 근간이 되었음을 부인할 수는 없다. 공자에게서 인류 보편의 진보적 사상을 기대하여 형이상학에 빠져드는 것보다는, 그의 시대적 한계를 정확히 짚어보면서 '구체로 상승'하는 것이 좋다.

✿

나는 인간을 인간으로 대하는 내공이 절대 부족하다. 그렇게 살면 안 된다고 다짐하면서도 사람을 대하는 데 차별이 없지 않다. 도道 같은 것이야 모르는 바이지만, 지식과 관련해서 "이런 바보 같으니라고 ……"라거나 "아니 이것도 모른단 말이야?"처럼 추접한 반응을 보일 때가 많다. 물론 마음속으로 그렇게 한다는 말이다. 나는 근래 어느 공개적인 자리에서 그것을 행동으로 옮긴 적이 있다. 그 여파가 생각보다 깊고도 넓다. 처음에는 그런 치들을 답답하고 한심하게 생각한 것이 사실이지만, 지금 돌아보니 거기에는 나의 고질인 허장성세虛張聲勢가 '거대한 뿌리'처럼 자리 잡고 있었고, 남에 대한 배려보다는 나의 이익을 우선시하는 소인배의 마음이 작동하고 있었다. 그러니 달게 받아들여야 한다. 내가 뿌린, 딱 그만큼의 보상인 것이다.

✿

가장 어리석은 사람은 변화시킬 수 없다고 한 공자의 말을 이해는 하지만, 그것이 약간 실망스러운 것도 사실이다. 진정한 스승이라면 '길 잃은 어린 양 한 마리'도 끝내 구해야 하지 않을까? 사람 관계의 최후는 포기일 터인데, 공자에게도 그런 것이 있다면, 의지할 데 없어 좀 허망해진다. 조금이나마 학생의 변화가 나를 교단 위에 오래 세워둔 것이 아닌가 생각도 해보지만, 자신은 없다. 요즘 한국 기독교에서 남을 변화시키기 전에 내가 변화해야 한다는 설교가 대단히 큰 반향을 불러일으키는 모양인데, 타당하게 보이지만, 관계론적으로 허망한 이야기가 아닐 수 없다. 최근 인기가 급상승하고 있는 스님들의 충고도 따뜻하고도 간절하기는 하지만, 막연하기는 매 한가지다.

번지가 지혜에 대하여 묻자, 스승님께서 이렇게 대답하셨다. "백성들이 의를 실천하도록 힘을 쓰고, 귀신을 공경하면서도 멀리한다면 지혜롭다고 할 수 있을 것이다." 인에 대해 묻자, 이렇게 대답하셨다. "인은 먼저 어려운 일을 해내고 나서 얻어지는 것이다. 그렇게 해야 인이라고 할 수 있다."

樊遲問知. 子曰, 務民之義, 敬鬼神而遠之, 可謂知矣. 問仁. 曰, 仁者先難而後獲, 可謂仁矣.

백성들이 의를 실천하도록 힘쓴다는 말은 인민들이 의로 기울어지도록 전력을 다해서 이끄는 것이다. 공경하되 멀리한다는 말은 공자의 종교적 태도를 보여준다. 당시의 통치자는 신을 등에 업고 설교했다. 공자는 귀신에게 제사를 지내야 하기는 하지만, 그저 공경하되 멀리해야 한다고 주장했다. 즉 그는 그것을 일종의 의식화된 공연으로 여겼으며, 그 진정한 목적은 백성들이 의를 지향하도록 가르치는 데 있다고 생각했다. 순자荀子도 유사한 태도를 지니고 있었다. "복서卜筮를 통해 대사를 결정하는 것은 도움을 청하기 위해서가 아니라 형식을 갖추기 위한 것이라고 생각하지만, 백성들은 신을 위한 것이라 여긴다. 형식을 갖추기 위한 것이라 생각하며, 상서롭지만, 신을 위한 것이라 여기면 상서롭지 못하다."

내가 보기에, 스승에게 인仁과 지知 같은 원론적인 질문을 계속 던지는 것으로 보아 번지는 대단히 진지한 학생이다. 이런 학생을 교실에서 만나면 당황스럽지만, 결국은 나도 좀더 확실히 알게 된다. '글쎄, 뭐라고 해야 좋을지 잘 모르겠다. 찾아보고 나서 다시 설명하겠지만, 지금으로서는 이렇게 말할 수 있지 않을까 한다'라고 차분히 말하기까지는 아직 내공이 부족하다. 모르는 것이 있으면 아랫사람에게도 물어야 한다는 불치하문不恥下問은 대단히 소소한 일상적인 일에서만 겨우 실천하는 단계이니, 아직 멀고도 멀었다. 가끔 교학상장敎學相長이니 줄탁동시啐啄同時니 떠들어대지만, 억누르거나 깨뜨리지 않는 것만 해도 다행이라고 자위한다.

리링도 말했지만, 그리고 "사람들은 귀신을 많이 믿고 있는데, 이는 미혹된 것이다. 반면 귀신을 믿지 않는 자는 공경치 않는 것이다"라는 정자程子의 설명처럼, 중국 인텔리 지식인의 종교관은 대단히 유연하다. 경이원지敬而遠之, 다시 말해 불가근 불가원不可近 不可遠이다.

선난이후획先難而後獲, 곧 먼저 어려운 일을 해내고 나서 얻어진다는 가르침에 대해서는 다산의 설명이 적절한 것 같다. "인은 남을 향한 사랑이요 수고롭고 괴로운 것이나, 소득과 공은 모두 자기에게 속하는 것이다. 그래서 첫 닭이 울면 일어나 부지런히 자신에게 이로운 것을 하는 자를 어떻게 인이라고 이를 수 있겠는가? 밭가는 농부는 김매는 데 힘을 다하고, 장사하는 상인은 바람과 파도에 모험을 하고, 또한 그 어려운 바를 먼저하고 이득이 되는 바를 뒤에 하지 않음이 없는데, 장차 이들을 모두 인자라고 이를 수 있겠는가? 서恕를 행한 이후에 인을 이룰 수 있으니, 이는 공자가 항상 말하던 것이다."

다산이 이렇게 절실하게 가르쳐 주었는데도, 이 말을 나는 기껏 고진감래苦盡甘來나 인과응보因果應報 따위로 받아들이고 있으니, 고질도 정도가 심하다. 사정이 없지도 않다. 곤란한 일은 한꺼번에 밀려온다고 했듯이, 요즘 어려운 일을 하나 둘씩 줄곧 만나고 있는데, 도대체 나중에 무엇을 얻으려고 이러는 것일까?

스승님께서 말씀하셨다. "지혜로운 사람은 물을 좋아하고, 어진 사람은 산을 좋아한다. 지혜로운 사람은 움직이고, 어진 사람은 고요히 있다. 지혜로운 사람은 즐기고, 어진 사람은 장수한다."

子曰, 知者樂水, 仁者樂山. 知者動, 仁者靜. 知者樂, 仁者壽.

❀

높은 산과 흐르는 물은 군자의 지조를 상징한다. 앞의 「이인里仁」편 4-2에서 공자는 "어진 사람은 인을 편안히 여기고, 지혜로운 사람은 인을 이용한다"라고 했다. 산의 성질은 움직이지 않는 것이고, 그것은 어진 사람이 인을 편하게 여기는 것을 상징한다. 어진 사람은 인을 편안하게 여기기 때문에 오래 갈 수 있다. 그러므로 장수한다고 했다. 물의 성격은 움직임이고, 그것은 지혜로운 사람이 인을 이용하는 것을 상징한다. 지혜로운 사람은 인을 이용하기 때문에 다른 사람을 기쁘게 할 수 있다. 그렇기 때문에 즐긴다고 한 것이다.

❀

내가 보기에, 공자는 비유를 들어 말한 것인데, 후대의 해석들이 천착하지 않았는가 한다. 퇴계의 지적대로 인과 지는 내 마음 속에 들어 있는 씨앗實으로, 요산과 요수는 두 즐거움二樂인 것이다.『자성록(自省錄)』이는, 김만중이『서포만필西浦漫筆』에서 "인심人心과 도심道心이 어찌 별개의 두 마음이겠는가? 이를 임금에 비유한다면, 도심은 임금이 조정 회의를 보거나 강론하고 있을 때와 같고, 인심은 잔치를 벌이거나 한가롭게 놀 때와 같다. 그것은 사실 한 사람의 몸인 것이다"라고 한 것과 마찬가지의 인식 논리다.

✿

오규 소라이는 "지자요수, 인자요산"이 공자 당시의 어투가 아니라, 예부터 전해지는 말인데, 공자가 그것을 암송한 것이라고 하였다. 후세의 유학자들이 문장에 어둡다 보니 대체로들 공자의 말이라고 생각하는데, 그렇지 않다. 더구나 요산에서 樂을 요ㅍ+敎라고 한 주희의 설명은 틀렸다고 한다. 공자 당시에는 그런 음이 없었다는 것이다. 나는 "인과 지혜가 산과 물에서 내 마음과 더불어 모이면 흔쾌하고 즐겁다. 따라서 발음이 낙樂이 되어야 한다"라는 그의 설명이 타당해 보인다. 우리가 주자학의 자장 안에 긴박되어 있음을 다시 확인하게 된다.

✿

인자수仁者壽를 성품이 고요한 자는 장수함이 많다고 한 풀이에 대해 다산은 "아니다. 이것은 의가醫家에서 말하는 양생법이지, 어찌 도를 논하는 것이겠는가? 수는 오래라는 뜻이다 …… 인자도 명이 짧은 이가 있어 모두 장수할 수는 없으니, 인을 행하는 것은 연단鍊丹 따위와 같은 것이 아니다"라고 했다. 대단히 현실적이다. 참고로 연단은 도가道家에서 불로장생不老長生케 한다는 선약仙藥을 만드는 것이다.

✿

잘 알려진 구절이어서 누구나 아는 듯하지만, 사실 이해하기가 만만치 않다. 마지막으로 신영복 선생의 말을 들어 본다. "지자의 모습에서 나는 알튀세르를 떠올리게 됩니다. 특히 그의 상호결정론을 떠올리게 됩니다. 사물과 사물의 관계에 있어서 일방적이고 결정론적인 인과관계를 지양하고자 하는 그의 정치한 논리를 생각하게 됩니다. 반면에 인자는 오히려 노장적老莊的이기까지 합니다. 개별적 관계나 수많은 그물코에 대한 언급이 아니라 세계를 망라하는 그물, 즉 천망天網의 이미지로 다가옵니다. '하늘을 망라하는 그물은 성글기 그지없지만 하나도 놓치는 법이 없다' 인자는 최대한의 관계성을 자각하고 있는 사람이라고 할 수 있습니다."

스승님께서 말씀하셨다. "제齊 나라가 한 번 변하면 노 나라에 이르고, 노 나라가 한 번 변하면 도에 이른다."

子曰, 齊一變, 至於魯, 魯一變, 至於道.

이것은 복고적인 관점에서 문제를 본 것이다. 노 나라나 제 나라나 모두 서주西周에서 분봉을 받았다. 그러나 노 나라는 주와 같은 성이고, 제 나라는 인척이다. 노 나라는 주의 옛 제도와 법률, 도덕을 많이 보존하고 있었다. 그러나 제 나라는 노 나라에 비해 새로운 제도의 시행이라는 측면에서 훨씬 앞섰다. 공자는 서주를 이상으로 삼았고, 그의 이상은 전혀 통용될 수 없었다. 문제를 거꾸로 바라 본 것이다.

내가 보기에, "제 나라 풍속이 공리功利를 우선으로 여기고 과장과 속임을 좋아했으며, 노 나라는 예교禮敎를 중시하고 신의를 숭상하여 선왕의 유풍이 남아 있었다"라고 한 주희의 해석 역시 복고주의에서 한 걸음도 나아가지 못했다. 오히려 나는 이러한 해석이 공자를 더욱 완고한 복고주의자로 만들어 놓지 않았는가 한다.

"한 번 변하면"이라고 한 데서 나는 불경스럽게도 '무기력한 공자'를 떠올린다. 정자程子가 "두 나라의 풍속은 오직 부자夫子만 변화시킬 수 있었는데, 한 번 시험해보지 못하였다. 그러나 이 말씀을 가지고 본다면, 그 시행함에 있어 완급의 순서를 또한 대략 볼 수 있다"라고 변호한 것은 궁색하다. 더구나 원문의 발언이, 공자가 제齊 나라에서 뜻을 펴지 못하고 떠나면서 한 것이라면, 더욱 처량하다.

✿

다산은, 제 나라가 한 번 변하면 노 나라가 될 수는 있지만, 노 나라가 한 번 변해 도에 이른다고 한 것은 말이 되지 않는다고 했다. 그만큼 주 나라가 대단했다는 것이다. 노 나라와 주 나라의 간격을 그렇게 간단히 볼 수 없다는 말이다. 공자보다 더 나아간 복고이다. 공자는 노 나라 사람이다. 본문의 언설은 복고를 강조하지만, 거기에 일종의 '애국주의' 같은 정서가 가로놓여 있음을 감출 수 없다. 당시 노 나라나 제 나라나 모두 도가 쇠퇴한 것이 사실인데, 다산이 "그래도 노 나라가 오히려 도에 가까웠다"라고 한 것은 그런 혐의를 반증해주는 것일지 모른다. 전통을 공부하는 학생들이 그러한 정서를 전가의 보도처럼 여길까 두렵다.

✿

나는 전통을 가르치는 대학에서 근무하고 있다. 정직하게 말하면, 우리는 지금 복고와 창신創新 사이에서 어정쩡하게 머뭇거리고 있다. '전통을 공부하려면 애국자가 되어야 하나요?'와 같은 사적인 질문이 나한테는 끊이지 않는다. 내가 몇 해 근무하면서 생각한 것은 다음 두 가지다. 전통은 이미 완성되어 있는 것이 아니라는 것이다. 완성된 전통이 저 옛날에 빛을 발하고 있다면, 우리에게 남겨진 일은 모사模寫뿐이다. '우리 시대의 전통'을 만들어 나가야 하는데, 그러기 위해서는 연암이 법고창신法古刱新을 강조한 이후 명맥이 끊긴 혹은 기형적으로 전개된 전통 논의를 처음부터 다시 시작해야 한다.

스승님께서 말씀하셨다. "팔아야 할까, 팔지 말아야 할까? 팔아야지! 팔아야지!"

子曰, 觚不觚, 觚哉. 觚哉.

---

❀

이 말은 무슨 뜻인지 도저히 알 수 없다. 고觚는 술 마실 때 쓰는 그릇의 일종이다. 송대 이후 금석학자들이 그렇게 불렀다. 그런데 그들이 말하는 고는 주로 상대商代와 주 나라 초기에 유행했던 것이다. 서주西周 중기에 이르면 이런 종류의 고는 이미 유행하지 않았다.

❀

고를 술잔이나 목간木簡 등 기물로 보면 의미가 전혀 통하지 않는다. 나는 팔 고沽의 가차假借이지 않을까 한다. 적당한 가격을 기다렸다가 판다는 의미가 아닐까 하는 의심이 든다. 공자는 이렇게 말한 것 같다. "나는 나 자신을 좋은 값에 팔아야 하지 않을까?" 그에 대한 대답은 "그래! 좋은 값에 팔아야 해!"였다. 다른 하나의 가능성은 고를 외로울 고孤로 보아, "나는 고독한가, 고독하구나. 고독해!"라는 자문자답으로 보는 것이다.

❀

내가 보기에, 리링의 해석은 다소 엉뚱해 보이지만, 사실은 고고학자로서의 근거를 가지고 언급한 것이어서 신뢰가 간다. 오히려 "모난 그릇이 그

모양과 제도를 잃으면 모난 그릇이 아니니, 천하 만물이 모두 그렇지 않음이 없는 것이다. 그러므로 임금으로서 임금의 도리를 잃으면 임금 노릇을 못하는 것이요, 신하로서 신하의 직분을 잃으면 빈자리가 되는 것이다"라고 한 정자程子의 풀이는 뜬금없어 보인다. 이 구절을 놓고 송대의 고담준론을 설파하는 선생들을 바라보고 있자면 난감하다. 이런 식이다. "공자가 간절히 여긴 언어와 실천, 또는 이름과 실재 간의 항등호인 신뢰가 망실된 시대상에 대한 비판이다. 공자의 어법을 빌리자면, 임금이 임금답지 못하고, 신하가 신하답지 못한 상황을 모난 잔에 비유한 것이다. 이는 곧 정명론正名論과도 통한다." 심하다, 천착이여! 다산도 고를 술잔으로 보기는 했지만, 공자가 아마 누군가와 명실名實에 대해 의논하다가 때마침 술잔이 앞에 있는 것을 보고, 그것을 가리키면서 비유를 들어 이야기한 것인지 모른다고 했는데, 조심성 있는 접근 태도가 다산답다.

고가 팔 고觚의 가차假借이지 않을까 한다는 리링의 관점은, 다산의 글을 읽으면서 어느 정도 이해가 되기도 한다. 다산은 "기물은 모두 제각기 그 이름이 있다. 궤簋, 형鉶, 변籩, 조俎 등은 그 이름이 모두 가차에서 온 것이 아닌데, 오직 고는 팔각으로 되어 있기 때문에 이 이름을 얻게 된 것이다"라고 했다. 말하자면 고를 가차의 하나로 해석해 볼 여지가 있다는 것이다. 다음6-26에서 보겠지만, "우물에 사람이 (빠져) 있다"를 정유인언井有仁焉이라 할 때 인仁은 인人의 가차이다. 반대로 "(어떤 사람이) 관중에 대해 묻자 (스승님께서) '사람이다'라고 하셨다"에 해당하는 원문은 문관중問管仲, 왈曰, 인야人也인데, 여기서 인人은 인仁의 가차이다. 가차란 본래 뜻과 상관없이 소리가 같은 다른 한자를 빌려 쓰는 방법이다. 제일 흔한 것으로 coca cola를 가구가락可口可樂이라고 쓰는 따위다. 한때 문화예술인들의 아지트가 되면서, 1960~70년대를 거쳐 최근까지 즐겨 찾는 명소가 되었던, 지금은 '송아통술'로 바뀐 남산의 외교 구락부俱樂部는 club의 가차이다.

리링의 해석이 옳은지의 여부를 떠나, 이 구절을 보면서, 무엇이든지 교과서, 곧 정전正典, canon으로 만들어 놓고야 마는, 그래서 더 이상의 토론을 용납지 않는, 딱한 학계의 현실을 생각해 본다. 유학儒學을 공부'한' 사람들의 특징 중 하나는 자신이 경전의 대의를 가장 정확히 꿰뚫고 있다는 자만이다. 그러다 보니 그들에게 애당초 토론을 요구할 수 없다. 그들에게는 '~라는 생각을 하고 있다'거나 '~가 아닐까 한다'는 식의 어법 대신 오직 '~이다'라는 단정만 있다. 그들이 하는 일은 늘 자기 생각(?)의 재확인이다. 그들은 상대가 무슨 생각을 하고 있는지에 대해서는 전혀 관심이 없다. 안쓰러운 독불장군들이다. 그런데 명망성 있는 강자 앞에서도 그들이 그런 어법을 구사하는지는 확인한 바 없다. 여하튼 그런 분들 덕분에, 교과서는 끊임없이 복사되어 팔려나간다. 나아가 시험 출제용 '소스'로 빈번히 활용됨으로써 그 존재의의를 거듭 재확인한다.

재아가 물었다. "어진 사람에게 어떤 사람이 우물에 빠졌다고 알려주면, 그 어진 사람은 우물 속으로 따라 들어가야 합니까?" 스승님께서 말씀하셨다. "왜 그렇게 해야 하느냐? 군자는 가도록 할 수는 있지만 빠지게 할 수는 없고, 그에게 거짓말할 수는 있지만 그를 속일 수는 없다."

宰我問曰, 仁者, 雖告之曰, 井有仁焉, 其從之也. 子曰, 何爲其然也. 君子可逝也, 不可陷也, 可欺也, 不可罔也.

---

서逝를 양보쥔은 "가서는 돌아오지 않는 것으로, 간다는 의미의 왕往과는 다르다"라고 했는데, 아닌 것 같다. 『노자』에서 "크면 떠나가고, 떠나가면 멀어지고, 멀어지면 되돌아온다大曰逝, 逝曰遠, 遠曰返"라고 했듯이, 서는 그렇게 돌아올 수 있다는 의미다.

함陷은 유인해서 우물에 빠뜨리는 것을 말한다. 기欺와 망罔은 모두 속인다는 뜻이지만, 완전히 같은 것은 아니다. 맹자는 "군자에게는 옳은 방법으로 거짓말할欺 수는 있지만, 부정한 방법으로 그를 속이기罔는 어렵다"라고 했다. 재아의 가설이 망에 속한다고 한 양보쥔의 비유는 타당하다. 사랑을 확인하려고 불량배를 시켜 남친이 자신을 구할 수 있는지 테스트하는 여자의 행위 같은 짓이 망이다.

재아의 가설은 매우 과장되어 있다. 악당들이 사람을 해친다면 너는 용감하게 나설 수 있겠느냐고 묻는 것과 같다. 그는 스승을 시험해 보고 있는 것이다. 공자는 이것을 매우 불만스럽게 생각해, '뭐 그럴 필요가 있겠느냐'고 한 것이다. 군자는 사람을 구해낼 수 있지만, 반드시 우물 속으로 뛰어들어가야만 하는 것은 아니다.

내가 보기에, 재아는 흥미로운 인물이다. 어떨 때는 '깡다구'로 공자에게 대들기도 하고, 어떨 때는 속이 좁아 옹졸해 보이기도 한다. 공자가 재아를 불인不仁하다고 꾸짖은 것이 『논어』 곳곳에 보인다. 앞으로 「양화陽貨」 편 17-21에서 다시 보겠지만, 재아는 '삼년상이 너무 길지 않느냐'고 공자에게 물었는데, 공자가 '좋은 음식 좋은 옷 입으면 넌 편하겠느냐'고 되묻자, '그렇다'고 대답할 정도로 '꼴통'이다. 재아의 특기는 '깐죽대기'인 것 같다. 재아는 이전「공야장(公冶長)」 5-10에 낮잠을 자다가 공자에게서 혼쭐이 난 적이 있었다. 그 후에 그는 꽁한 마음을 품고 스승을 골탕 먹일 기회를 엿보고 있었던 것 같다.

내가 경험한 바로는, 소인배의 장기는 한시도 복수심을 잊지 않는다는 것이다. 그것이 거대한 음모이든 사소한 앙갚음이든 반드시 되갚아줘야 직성이 풀린다. 시간이 걸리더라도 끈질기게 기다린다. 그런 자에게 발목을 잡히면 벗어나기 곤란하다.

스승님께서 말씀하셨다. "군자가 글을 널리 배우고, 그것을 예로 제약한다면, 역시 배반하지 않을 수 있을 것이다."

子曰, 君子博學於文, 約之以禮, 亦可以弗畔矣夫.

🦋

글文은 인문학술이고, 예는 행위규범이다. 군자는 시서詩書를 많이 읽고 글을 널리 배우고 나서 마지막으로 자신의 행위를 예라는 규범으로 결속해야 한다. 책을 많이 읽을수록 그 양이 늘어나지만, 예는 배울수록 적어진다.

🦋

내가 보기에, 『논어』에 두 번이나 등장하는 이 박문약례博文約禮에 대해서는 다음 세 가지 생각이 든다. 하나는 '널리 학문을 닦아 사리에 밝고 언행을 바로 하며 예절을 잘 지킴'이라고 한 사전 풀이에 대한 불만이다. 둘은 '박문' 이후에야 비로소 '약례'하는 것인가 하는 점이다. 셋은 이 구절에서 더 중요하게 봐야 할 것은 불반弗畔, 곧 배반하지 않음이지 않을까 하는 점이다.

🦋

첫 번째 문제는 길게 말할 필요 없겠다. 사전이니 뜻을 쉽게 풀어야 하는 것이 원칙이지만, 그렇다고 원의原義를 마음대로 재단해도 좋은 것은 아니다. 공자의 이 발언을 예절을 잘 지켜야 한다는, 중학교 시절 책상머리에 붙이던 달달한 아포리즘쯤으로 전락시켜서는 안 될 것이다.

두 번째 문제는 대단히 심오한 주제다. 과거에 예禮를 어떻게 이해했고, 현재 그것을 어떻게 이해하는가에 따라 관점이 달라질 수 있기 때문이다. 다만 여기서 생각해 보고자 하는 것은 문과 예를 수직적 혹은 선후적 관점에서 보는 것이 과연 옳겠는가 하는 점이다. 어느 학자의 지적대로 문은 예로 정제되기 위한 예비적 절차로 존재하는 것일까? 이것은 너무 도식적인 이해 아닐까? 지나치게 도덕주의적인 시각이 아닐까? 박문약례를 박문이약례博文而約禮로 볼 수 있지만, 반드시 순차적인 단계를 강조하는 것은 아닐 것이다. 둘은 동시에 서로에게 영향을 주면서 상승하는 관계라고 보는 것이 적절할 것 같다. '공부만 잘하면 뭐하냐! 먼저 사람이 되어야지'라고 꾸짖는 것은 이해할 수 있지만, 사실을 말하자면, 우리는 사람답게 살려고 공부를 하는 것이다. 물론 지금은 이런 이야기를 하면 하품 나는 시절이다.

세 번째 문제 역시 어렵다. 오규 소라이에 따르면, 이 구절은 "혹 배움이 넓지 못하고 혹 예로 요약하지 못하면, 그 폐단이 모두 반드시 선왕의 도에 위배되어 사설邪說을 따르게 됨을 말한 것이다." 이는 "(박문약례하면) 도에 위반되지 않을 것"이라고 한 주희의 설명보다 폭넓게 본 것이다. 나도 한마디 하자면, 더 넓게 보아도 무방하다고 생각한다. 영화 〈넘버 3〉에서 "배, 배, 배신, 배신이야! 배반이야!"라고 한 송강호의 절규가 정곡을 찌른 것이 아닌가 한다. 농담만은 아니다. 문이니 예니 하는 것이 사람의 본령을 이해하고 거기에 맞게 실천하자는 것 아닌가. 그렇다면 이러한 요구에 반하는 모든 것이 인간에 대한 배신이자 너절한 배반이 아니고 무엇이란 말인가.

참고로 1909년 10월 26일 하얼빈 역에서 안중근 의사에게 총을 맞고 죽은 이토 히로부미, 곧 이등박문伊藤博文의 이름은 바로 이 구절을 차용한 것이다.

남자南子를 만나실 때 자로가 달가워하지 않자, 스승님께서 맹세하며 말씀하셨다. "내가 부당한 짓을 했다면, 하늘이 싫어할 것이다. 하늘이 싫어할 것이야."

子見南子, 子路不說, 夫子矢之曰, 予所否者, 天厭之, 天厭之.

⚜

남자南子는 송 나라 여인으로, 성은 자子이고 씨는 남南이며, 위 나라 영공의 부인이었다. 미남인 송조宋朝와 간통하여 나쁜 소문이 났었다. 공자가 위 나라 영공을 만난 것은 기원전 495년이다. 사마천에 따르면, 남조가 공자에게 사람을 보내 영공을 만나기 전에 자신을 먼저 만나라고 했다. 이에 공자는 남자를 알현했고, 자로가 그것을 불만스러워 한다는 것을 알고는 특별히 자로에게 해명했다. 공자는 자로에게 예의를 갖춰 부득이하게 만났다고 했지만, 자로는 여전히 기꺼워하지 않았다. 그래서 공자는 하늘을 가리켜 맹세하면서, 그렇게 말한 것이다.

⚜

내가 보기에, 공자의 이 태도는 나 같은 범인凡人이나 할 만한 것 같아서 오히려 정이 간다. 제자 앞에서 그렇게까지 펄쩍 뛰고, 하늘에 맹세까지 하는 것을 보니, 이런 것이 바로 '인간 공자'의 면모이지 않을까 여겨져서다. 주희의 풀이대로 "성인은 도가 크고 덕이 완전해서 가한 것도 불가한 것도 없으니, 악한 사람을 만나 볼 적에 '나에게 만나볼 만한 예가 있다면 저 사람의 악행이 나와 무슨 상관이 있겠는가'라고 여긴다"라고 한다면, 굳이 그렇게까지 항변할 것까지야 없지 않을까 하는 것이다. 물론 그 경지를 잘 알지 못해서일 것이다. 그런데 다산이 수 페이지에 걸쳐 장황하게 해석하려고 한 것을 보면, 오히려 나의 '깐죽'도 아주 의미 없는 것은 아니지 않을까 넘겨짚어 본다.

공자가 남자를 만나는 장면은 『사기史記』에 좀더 상세히 나온다. "공자가 광匡 땅을 벗어나 포蒲 땅을 지나다 가던 길을 멈추고 방향을 바꾸어, 한 달여 만에 다시 위 나라로 돌아와 거백옥蘧伯玉의 집에서 묵었다. 당시 영공靈公의 부인은 남자南子였다. 그녀가 사람을 시켜 공자에게 자기의 말을 전하게 했다. '우리 군주와 만나 형제처럼 친하게 지내려고 하는 사방의 군자들은 필히 우리 군주의 부인을 먼저 만나야 합니다. 부인께서 공자를 뵙고 싶어 합니다.' 공자가 감사의 말을 전하고 사양하다가, 더 이상 미루지 못하고 들어가 남자를 만났다. 공자가 부인은 휘장 안에 앉아 있었다. 공자는 남자를 향해 북면하여 머리를 숙이고 인사를 드렸다. 남자도 휘장 안에서 절을 두 번 올렸다. 부인의 허리에 찬 패옥들이 맑고 아름다운 소리를 냈다. 공자가 부인을 만나고 나와서 말했다. '내가 만나는 것을 원하지 않았으나, 이왕 만나게 되었으니 예로 대해 주었을 뿐이다.' 자로가 듣고 기뻐하지 않았다. 공자가 하늘에 맹세를 하며 말했다. '내가 한일이 만일 잘못이라면, 하늘이 용납하지 않을 것이다! 하늘이 용납하지 않을 것이다!' 위나라에 돌아와 머문 지 한 달여가 되었을 때, 영공이 남자와 같은 수레를 타고 환관宦官 옹거雍渠를 시자侍者로 태워 궁문을 나섰다. 영공이 공자를 다른 수레에 타게 하고 뒤따라오게 하면서 거드름을 피우며 시내를 지나갔다. 공자가 보고 한탄했다. '나는 덕을 좋아하기를 마치 색을 좋아하는 것처럼 하는 자를 아직까지 보지 못했다.'"

스승님께서 말씀하셨다. "중용의 덕은 정말로 위대하다! 백성이 그것을 거의 실천하지 않은 지 오래되었구나."

子曰, 中庸之爲德也, 其至矣乎. 民鮮久矣.

---

❀

『예기』「중용」편에 있다. 중용의 중은 정도에 꼭 맞는 것이고, 양쪽의 극단 모두를 버리는 것이다. 용은 평상平常의 뜻이다. 현재 많은 사람이 중용의 도를 애매하고 기회주의적인 방법, 이것저것 뒤섞어놓는 방법, 심지어는 화합학和合學이라고까지 설명한다. 사실 중용의 도에서 중은 기준이고 원칙이다. 기준과 원칙을 중시하지 않는다면, 그것은 아예 중용의 도가 아니다.

❀

내가 보기에, 『중용』에는 민선구의民鮮久矣가 선능구의鮮能久矣로 되어 있어, 오래 지속하는 이가 드물다는 뜻으로 풀이 되는데, 실제 『예기』「중용」편에도 "능히 한 달도 지키지 못한다不能期月守也"라고 하였다. "백성이 그것을 거의 실천하지 않은 지 오래되었다"와 "(백성 가운데) 그것을 오래 지속하는 이가 드물다" 중 어느 것이 옳은지는 단지 선택의 문제는 아닌 것 같다.

❀

중용에서의 중은 선가禪家에서 말하는 불락양변不落兩邊 혹은 양변불락兩邊不落, 곧 어느 극단으로도 빠지지 않겠다는 무집착의 사유와 비슷하다. 물론

371

중용이 원칙이나 기준을 상정하는 데 비해 불락양변에는 그런 설정 자체가 없다. 나는 불락양변적 사유의 전형적인 양상이 김시습에게서 정확하게 실천되고 있다고 본다. 여기서 상론하기는 어렵지만, 그의 시 「고풍십구수古風十九首」 중 18을 읽어보자. "중니는 어떤 사람이기에 / 재재거리며 이리저리 떠들고 다녔나 / …… / 모니는 또 어찌 된 사람이기에 / 시끄럽게 천만 마디 찌걸여 댄건가 / …… / 평생 부질없이 일 많기보다는 / 차라리 일없이 사는 게 좋아라仲尼亦何人, 喃喃說東北, ……, 牟尼亦何人, 吧吧千萬說, …… 平生謾多事, 不如無事哉"

이 시에서 김시습은 공자를 '중니'라 하고 석가를 '모니'라 하여 짝을 맞춘 후, 각각 재잘거린다는 의미의 '남남'과 '파파'를 나란히 씀으로써, 지배적인 혹은 중심적인 이념과 가치체계라고 주장하는 것들이 사실은 허망한 것일 수 있음을 부러 우스꽝스러운 어조로 드러내고 있다. 말하자면 유교와 불교라는 지배적 사고방식의 그 어느 쪽에도 동화되지 않고 일정하게 거리를 두고 관망하려는 의식이다. 실제로 그는 삭발존염削髮存髥, 곧 머리는 중처럼 밀고 수염은 유자儒者처럼 기르고 다녔다. 중이냐 물으면 아니라 수염을 보이고, 유자냐 물으면 깎은 머리를 보였다. 나는 이것을 전형적인 반어Irony로 이해한다. 반어는, 상반되는 진리가 있고, 그것의 공존하는 의의가 상반되는 것이라면, 경험상 그들 중 어느 한 가지라도 단순히 옳다고 할 수 없고, 여러 가지 해석이 가능하며, 불일치가 공존하고 있는 것이 생존 구조의 한 부분이라는 것을 인정하는 인생관과 깊은 관련을 맺는다.

자공이 물었다. "만약 어떤 사람이 백성들에게 널리 베풀어 많은 사람을 구할 수 있다면 어떻습니까? 그를 어질다고 할 수 있을까요?" 스승님께서 말씀하셨다. "어찌 어진 데서 그칠 일이겠느냐. 분명히 성스러운 것이야. 요임금이나 순임금도 그렇게 하지 못함을 병으로 여기셨지. 인은 자기가 일어서고 싶으면 남을 일으켜주고, 자기가 이루고 싶으면 남을 이루게 해주는 것이야. 가까운 데서 구체적인 예를 찾을 수 있으면, 그것이 바로 인을 실천하는 방법이라고 할 수 있지."

> 子貢曰, 如有博施於民而能濟衆, 何如. 可謂仁乎. 子曰, 何事於仁, 必也聖乎. 堯舜其猶病諸. 夫仁者, 己欲立而立人, 己欲達而達人. 能近取譬, 可謂仁之方也已.

이 단락은 인仁과 성聖을 구별해 준다는 점에서 매우 중요하다. 인이 강조하는 것은 자기로부터 시작하여 마음으로 마음을 헤아려보고, 자기를 위하는 마음을 다른 사람에게까지 확장시켜 보는 것이다. 이것은 주로 개인의 수양에 해당된다. 개인의 수양이 좋다고 해서 꼭 사람에게 널리 은혜를 베풀어 천하의 백성을 구제해 낼 수 있다는 것은 아니다. 박애博愛는 그저 사랑하는 마음만으로 실천할 수 있는 것이 아니라 거기에 권력이 추가되어야 한다. 성聖은 왕자王者의 도인데, 공자는 권력도 세력도 없었기 때문에 결코 그것을 달성할 수 없었다.

앞으로 「헌문憲問」 편에서 보겠지만, 자로가 공자에게 군자가 어떤 사람인지 물었다. 공자의 대답은 세 단계로 나뉜다. 첫째, 공경하는 마음으로 자신을 수행하는 것. 둘째, 자기를 수양하여 다른 사람을 편안하게 해 주는 것. 셋째, 자기를 수양하여 백성을 편안하게 해 주는 것. 앞의 두 가지가 인이고 뒤의 것이 성聖이다.

꽃

하사어인何事於仁을 주희는 위아래 문장에서 추측하여 "어찌 인에서 그치겠는가"로 풀이했다. 사실 사事는 어떤 위치에 서는 것으로 오늘날의 말로 하면 이른바 '확정된 위치'라는 의미다. 인人은 상류층 군자이고, 민民은 하층의 대중을 가리키는 말이다.

꽃

내가 보기에, 이 단락은 "인욕人欲의 사사로움을 이겨내어 천리天理의 공정함을 온전히 함勝其人欲之私, 而全其天理之公矣"이라는 주자학의 대명제가 도출된 근거 중 하나이다.

꽃

기소불욕 물시어인己所不欲, 勿施於人, 곧 자기가 하고자 하지 않는 것을 남에게 베풀지 말라는 요구와 통하는 기욕립이립인己欲立而立人, 기욕달이달인己欲達而達人을 정자程子는 추기급인推己及人, 곧 나를 미루어 남에게 이른다고 요약한 바 있다. 요즘 말로 하자면 배려다. 나는 지금 우리 사회에서 가장 시급하게 필요한 것이 이 배려와 연대連帶라고 생각한다.

✿

정자는 불인不仁을 다음과 같이 설명했는데 적절한 비유인 것 같다. "의서醫書에 손발이 마비된 것을 불인이라 하니, 이 말이 인을 가장 잘 형용한 것이다. 인은 천지와 만물을 한 몸으로 여기니 자기 아닌 것이 없다. 천지만물이 모두 자기와 일체임을 인식한다면, 어느 것인들 이르지 못하겠는가. 만약 자신에게 소속시키지 않으면 저절로 자기와는 서로 관련이 되지 않는 것이니, 마치 손발이 불인, 곧 마비되면 기가 이미 통하지 않아서 모두 자신에게 소속되지 않는 것과 같다."

✿

이 단락에서 특히 마음에 와 닿는 것이 능근취비能近取譬, 곧 가까운 데서(일상의 삶) 취해 비유한다는 말이다. 교실에서 나는 좋은 글의 첫 번째 요건으로 누구나 다 잘 알아먹을 수 있어야 한다는 점을 든다. 무식한 이든, 못 배운 이든, 박사든, 누구나 편하고도 쉽게 읽을 수 있는 글을 쓰려면 여러 조건이 필요하겠지만, 가장 먼저 생각할 수 있는 것이 예시例示다. 예를 들어 설명한다는 것은 문제를 추상적이고 관념적으로 생각지 않고 구체적인 일상의 문제로 사고한다는 것이며, 말하고자 하는 바의 핵심을 정확히 장악하고 있다는 뜻이다. 예시의 목표는 '추상에서 구체로의 상승'이다.

7

술이
述而

스승님께서 말씀하셨다. "이전의 것을 설명은 하되 새로 만들어내지 않으며 옛것을 좋아하니, 나를 노팽과 슬쩍 비교해 본다."

子曰, 述而不作, 信而好古, 竊比於我老彭.

---

없던 것을 새로 만들어 내는 발명을 예전에는 작作이라 했다. 노팽이 누구인지에 대해서는 논란이 많으나, 은 나라의 현자이자 대부였던 팽조彭祖라 보아야 옳다. 전국과 진한 시기에 그는 장수한 것으로 유명했고, 살아있는 신선이었다. 800년 살았다는 전설도 전한다. 신선은 보통 사람이 수퍼맨으로 변한 것이다. 선仙은 본래 올라가는 것이다. 수련 뒤에 몸이 가볍게 변하고 팔에 긴 털이 자라나 매우 빨리 걸을 수 있고, 기분 좋을 때는 파닥파닥 날개를 움직여 글라이더처럼 천천히 날아오를 수 있으며, 하늘 위로 날아가기도 한다. 이것이 중국에서 생각하는 신선이다. 그런데 팽조는 지선地仙을 추구했다. 지선은 지상의 신선으로 오로지 먹고 마시고 즐기기만 한다. 인간의 환락을 즐기고, 특히 여자들을 데리고 논다. 그래서 양생술養生術, 방중술房中術에 관심이 많다.

---

공자는, 팽조가 옛것을 신뢰하고 좋아했기 때문에 자기와 비교를 했다. 그렇다면 팽조가 좋아했던 옛것은 무엇일까? 아마 몇몇 양생가, 자기보다 더욱 오래 산 사람, 예를 들어 용성씨容成氏 같은 사람일 것이다. 팽조는 이들

선배를 조술祖述, 곧 선인先人의 주장이나 학설을 본받아 서술한 것이다. 공자의 마음속에 팽조는 특히 오래 살았고, 사상 역시 특히 오래되었지만, 설명은 하되 새로 창작하지 않았기 때문에 대체로 아무 문제가 없었다.

❋

내가 보기에, 술이부작述而不作과 신이호고信而好古는 기본적으로 공자가 복고주의자임을 알려준다. 여기서는 신이호고보다는 술이부작에 대해 몇 가지 말하고 싶다. 이전 (성인의) 것을 전하여 서술하기만 하고 창작하지는 않는다는 논리를 고집하면, 공자는 결코 성인이 될 수 없다. 수학에서 말하는 미분微分을 예로 들어보자. 여기서 쏜 화살은 우선 과녁까지 거리의 반을 날아가고, 다시 그 반을 날아가고, 또 다시 그 반을 날아간다. 결국 그 화살은 과녁에 도달할 수 없다. 이 문제를 주희는 '겸손한 성인'이라는 관점에서 해결하고자 하면서, "공자가 하신 일은 비록 앞선 것을 이어받는 데前述에 불과하였지만, 그 공은 창작보다 곱절이나 된다"라고 주장했다. 내가 군이 주장했다고 한 것은 근거가 제시되어 있지 않을 뿐더러 "이 또한 알지 않으면 안 된다此又不可不知也"라는 강변强辯 때문이기도 하다.

❋

술이부작은 공부를 할 때, 옛사람의 생각을 충실히 이어 나가야지 함부로 내 이론을 창안해 내면 안 된다는 것이다. 요즘 논문에서 독창성을 주장하는 것과는 정 반대다. 자기만의 독창적 결론을 도출하지 않으면 논문의 존재의의는 없어지고, 술이부작의 태도는 표절이라고 지탄을 받는 것이 오늘의 현실이다. 내가 논문심사에서 독창성을 강조하자, 어느 선생이 세상

하늘 아래 독창이 어디 있겠느냐고 했는데, 그것은 대개 술이부작의 입장에 가까운 것일 테다. 나는 논문에서 대충 요식 행위로 치부하고들 마는 연구사研究史 검토야말로 대단히 중요한 작업이라 본다. 그런 면은 술이부작과 무관치 않을 터이나, 진정한 연구사 검토야말로 새로운 시각으로 해석하려 할 때 그 의미가 드러난다는 점을 중시한다는 점에서 복고주의는 아니다.

술이부작이 괴력난신을 말하지 않는다不語怪力亂神는 말과 더불어 선비들이 소설허구, fiction을 반대하는 논리로 활용된 것은 흥미롭다. 소설은 작作의 결과이기 때문이라는 것이다. 예전에는 소설을 가허착공架虛鑿空 혹은 착공가허鑿空架虛라고 했다. 허공에 시렁을 얹고, 공중에 구멍을 낸다는 말이다. 한 마디로 망유근거罔有根據, 곧 근거가 없다는 것이다. 그런데 선비들이 실제 소설을 짓거나 보지 않았느냐 하면, 그것은 또 아니다. 당장, 김시습은 우리나라 최초의 소설이라고 과장해서 설명하는 『금오신화』를 지었고, 그가 지은 작품인지 아닌지 정확히 알 수는 없지만, 그리고 최초의 한글소설이라고 강조해 가르치는 『홍길동전』은 허균이 지었다. 박지원의 여러 소설은 지금 고전이라 칭송 받는다. 그러나 물론 다산 같은 선비는 여전히 소설을 경멸했다.

스승님께서 말씀하셨다. "말없이 기억하고, 배우는 데 싫증을 내지 않으며, 남을 가르치는 데 피곤해 하지 않는 것 따위가 나에게 뭐 별것이겠는가?"

> 子曰, 默而識之, 學而不厭, 誨人不倦, 何有於我哉.

※

알고, 좋아하며, 즐기기 때문에 (이제 이만큼 하면 되었다고) 만족할 줄 모르고, 피곤한 줄 모르며, 꾸준히 지속해 나갈 수 있다. 묵이지지黙而識之는 묵묵하게 마음속으로 기억하는 것이다. 지識는 기록한다는 뜻이다. 학이불염學而不厭과 회인불권誨人不倦은 한결같음有恒이 있어야 가능하다.

※

학습은, 그것이 어떤 것이든지, 스스로 즐기는 것이고, 가르치는 것은 다른 사람이 즐기도록 도와주는 것이라 생각한다. 자기 스스로 학문하는 것을 재미없다고 여기면, 다른 사람에게도 재미없다는 느낌이 스며들게 만든다. 학문과 사람을 모두 망치는 것이다.

※

내가 보기에, 마지막 구절을 "~따위가 나에게 뭐 별것이겠는가"라고 옮기면, 다소 건방진 발언처럼 보인다. 주희는, 이것이 "겸손하고 또 겸손할 말씀"이므로, "이중에 어느 것이 내게 있겠는가?"라고 풀이해야 한다고 했다. 그런데 자부<sup>自負</sup>와 겸손 중 어느 하나를 의도적으로 선택하는 것은 공자답지 않다. 부족한 후학들의 천착일 뿐이라고 생각한다.

꽃

오규 소라이는 "말없이 기억하고, 배우는 데 싫증을 내지 않으며, 남을 가르치는 데 피곤해하지 않는" 이 세 가지가 서로 원인이 되는 관계에 있다고 했다. 묵묵히 알면 좋아하고, 좋아하면 배우고서 싫증내지 아니하며, 싫증내지 아니하면 즐겁고, 즐거우면 가르치는 데 게으르지 않게 된다는 것이다. 내가 선생으로서 가르치는 데 게으를 때가 언제인가 곰곰 생각해 보면, 공부하는 것이 즐겁지 않은데 억지로 하니 금방 싫증이 나고, 싫증이 나니 다시 배우지 않게 되었을 바로 그 때다.

꽃

위 본문을 「학이<sup>學而</sup>」 편의 확대 주해라고 보는 난화이진은, 특히 "배우는 데 싫증을 내지 않는 것"이 공자 학문 수양의 토대라고 했다. 이 말은 대단히 평범해 보이지만, 세상에서 가장 위대한 것이 바로 이 평범함이다. 이 평범함에 편안히 머물기는 아주 어렵다는 것을 알아야 한다고 하면서, 그것이 "남이 나를 알아주지 않아도 원망하지 않는다"라는 말의 확장된 의미라 했다. 나는 아직 이 경지의 한 끝도 제대로 경험해 보지 못해서 잘 알 수는 없으나, 학이불염<sup>學而不厭</sup>과 인부지이불온<sup>人不知而不慍</sup>을 연결해서 이해해 본 것은 의미 있는 발상인 것 같다. 싫증내지 않음<sup>不厭</sup>과 화내지 않음<sup>不慍</sup>을 내 인생 최고의 목표로 설정해 두기는 했지만, 그 실현은 언감생심 바라지도 않는다. 그래서 "생활을 하여 나가기 위해서는 / 요만한 경박성이 필요

하단다 / …… / 나는 공리적인 인간이 아니다 / 내가 괴로워하기보다도 /
남이 괴로워하는 양을 보기 위하여서도 / 나에게는 약간의 경박성이 필요
한 것이다"「바뀌어진 地平線」 종라고 한 김수영의 절규를 무슨 보물단지처럼 안
고 산다.

스승님께서 말씀하셨다. "덕을 닦지 못한 것, 학문을 익히지 못한 것, 의로운 것을 듣고서도 실천하지 못한 것, 불선한 것을 고치지 못한 것, 이것이 나의 근심거리다."

子曰, 德之不修, 學之不講, 聞義不能徙, 不善不能改, 是吾憂也.

앞 장이 근심할 가치가 없는 일을 말했다면, 이 장은 근심할 가치가 있는 일에 대해 말하고 있다. 의로운 것을 듣고서도 실천하지 못한 것은 들었으면 마땅히 실천해야 할 일, 반드시 해야 하는 일에 대하여 곁에서 바라보기만 하고 전혀 꿈쩍도 하지 않고 그 쪽을 향해 나아가지 않는 것이다. 사徙는 찾아본다는 뜻이다. 앞으로 「안연顏淵」편 12-10에서 보겠지만, 사의徙義는 의를 찾아간다는 의미다.

내기 보기에, 『집주集註』의 윤씨尹氏 풀이가 적절하다. "덕은 반드시 닦은 뒤에야 이루어지고, 학문은 반드시 연마한 뒤에야 밝아지며, 선을 보면 능히 옮기고, 허물을 고침에 인색하지 않는, 이 네 가지 일은 나날이 새롭게 하는 공부의 요체다. 만일 이에 능하지 못한다면 성인도 근심하였으니, 하물며 배우는 자에 있어서랴!"

「보왕삼매론寶王三昧論」에서는 "세상살이에 곤란 없기를 바라지 말라. 곤란이 없으면 업신여기는 마음과 사치한 마음이 생기나니, 근심과 곤란으로써 세상을 살아가라"고 했다. 누구나 근심 속에 산다. 문제는 어떤 근심을 하느냐이다. 단적으로 말해 대개는 별로 긴요치 않은 근심이다. 긴요치 않기 때문에 더욱 근심을 즐기는지도 모른다. 예전 당 나라 마조의 마조원상馬祖圓相과 조주의 끽다거喫茶去 두 일화를 들어 본다.(아래 이야기들은 내가 각색한 것이다)

마조馬祖가 제자 땡중 열 명을 모아놓고 시험을 봤다. 마당에 원을 그어 놓고, "이 안에 들어가도 내게 열 대를 맞고, 이 바깥에 있어도 열 대를 맞는다. 5분 동안 실시!" 선착순이니 땡중들은 마음이 급하다. 온갖 '짱구'를 굴린다. 어느 놈은 안과 밖에 양다리를 걸치고, 어느 놈은 선 위에 서려고 하고, 어느 놈은 '5분이 끝나는 그 순간에 공중에 떠 있어야지' 하며 만면에 희색을 띤다. 모두들 허겁지겁 난리가 났다. 그런데 한 놈은 구석에 쪼그리고 앉아 곰곰이 생각하다가, 원을 지워버렸다.

조주趙州가 어느 절에 왔다는 말을 듣고, 땡중 둘이 인사를 하러 갔다. 그 절의 주지와 함께 넷이서 차를 마시다가, 조주가 땡중 한 사람에게 물었다. "자네는 이 절에 와 본 적이 있나?" "예." "그래? 차나 한 잔 들고 가게."

다른 사람에게 물었다. "자네는 이 절에 와 본 적이 있나?" "아니오." "그래? 차나 한 잔 들고 가게." 그러자 주지가 물었다. "선생님, 와 본 사람에게나 와 보지 않은 사람에게 어떻게 똑같은 대답을 하십니까?" "그래? 그럼 차나 한 잔 들고 가게나."

✻

우리는 수많은 질문 속에서 살아간다. 질문은 요구ask이기도 하다. 우리의 삶은 대개들 피곤하다. 그 많은 질문과 요구에 응해야 하기 때문이다. 그런데 그 질문들 중에는 하찮은 것들이 대부분이다. '오늘 점심에 짬뽕을 먹을까, 짜장을 먹을까?'는 고민의 대상이 아니다. 이따위 고민에 빠져 산다면 피곤해 마땅하다. 모름지기 보다 덜 중요한 질문과 요구는 무시해야 한다. 그러나 우리 범인凡人은 바로 그 소소한 것들로 괴로워하는 존재다. 요즘 유행하는 소위 힐링에서는 그까짓 것들을 단번에 날려 보내라고 충고한다. 그 말을 듣는 순간 깨끗하게 치유가 된 듯하지만, 다시 현실로 돌아오면 우리는 '그까짓' 때문에 다시 괴로워한다.

✻

하늘은 사람이 감당할 만큼의 시련을 준다거나, 기독교에서 말하듯 '하나님이 있는데 무슨 걱정인가요?'라는 '말씀'은 그런 대로 들을 만하지 않나 생각한다. 그러니 기독교에서 자주 쓰는 대로 '담대하게' 살 필요가 있을 것이다.

의로운 것을 듣고서도 실천하지 못하는 것, 그것이 늘 문제다. 의로워서가 아니라, 늘 의롭지 못한 길을 생각하고 살기 때문이다. 의로운 일을 실천에 옮기면 현실적인 손해와 피해를 감수해야 한다는 것을 잘 알기 때문에, 그것을 모면해 보려고 온갖 분석을 해댄다. 변명을 찾기에 여념이 없다고 해야 보다 정확할 것이다. 요즘 나는 "communist는 자신의 견해와 의도를 숨기는 것을 경멸한다"「Menifest」라는 말을 의로움으로 삼고 있다.

## 술이述而 7-4

스승님께서 한가하게 계실 때에는, 온화하고 쾌적한 모습이셨다.

子之燕居, 申申如也, 夭夭如也.

---

이것은 공자가 퇴근한 뒤에는 어떻게 지냈는가 하는 점을 말한 것이다. 연거燕居는 조정을 나온 이후에 집에서 쉬는 것이다. '온화하고 쾌적한 모습'을 '단정하고 근엄한 모습'으로 풀이한 이도 있지만, 공자는 퇴근 후 집에 돌아와서는 분명히 허리와 발을 느긋하게 완전히 풀어놓고 있었지, 결코 엄숙하고 경건한 태도를 취하고 앉아 고집스럽게 지내지는 않았을 것이다.

내가 보기에, 신신申申과 요요夭夭의 용례가 별로 남아 있지 않아 그 정확한 의미를 밝히기는 어렵다. 정자程子가 지나치게 엄할 때나 게으르거나 멋대로 할 때 이 단어를 쓸 수 없다고 하고, 그것을 '중화中和의 기상'이라고 풀이한 것은 부회附會일 가능성이 없지 않다.

이 구절은 평상시 공자의 모습을 밝힌 것이니, 향당鄕黨이나 조정朝廷에 있을 때와 비교해 보면 되겠다. 앞으로 볼 「향당鄕黨」편 10-1에는, 공자가 각각 순순여恂恂如 사불능언자似不能言者, 편편언便便言 유근이唯謹爾라 했다. 향당에서는 신실하여 말을 잘하지 못하는 것처럼 했고, 조정에서는 말을 잘하되 다만 삼갔다는 것이다. '삼갔다'는 말 한 마디로 요약된다. 그러므로 집에서는 그냥 여유롭고 편안하게 쉬었다고 이해하면 될 일이다. 그런 상태가 "확 퍼져 있다는 서창舒暢과는 조금 다르다"라고 한 다산의 풀이도 천착이기는 마찬가지인 것 같다.

※

공자 제자들의 이러한 풀이는, 성인의 도를 배우면 되는데 성인을 배우고자 해서 생긴 무리수 같다. 여기서 살불살조殺佛殺祖, 즉 부처를 만나면 부처를 죽이고, 큰 스님을 만나면 큰 스님을 죽이라고 한 임제臨濟의 일갈이 적절한 참고가 된다. 이 구절을, 공부에 자신 있다면 수행 기간이 짧은 젊은 수행자라도 큰 스님에게 대등하게 맞설 수 있다는 식으로 풀이한 경우도 보았지만, 이는 수행의 목표가 구체적인 실존 대상을 향해 나아가는 것이어서는 결코 자유자재로운 도의 경지에 이를 수 없다는 뜻일 것이다.

※

휴식은 휴식다울 때 의미가 있다. 제대로 쉬어야 지겨운 삶을 다시 시작해 볼 수 있다. 그런데 21세기 한국을 살아가는 장삼이사들은 쉬지를 못한다. 쉴 줄 몰라서도 그렇고, 쉴 수 없어서도 그렇다. 이런 삶은 재앙에 가깝다. 그런데 '있는 것'들은 이런 사람들에게 놀 줄도 모르는 답답한 것들이라고 손가락질한다. 해외여행도 좀 다녀서 견문을 넓히고, 좋은 것도 많이 보고 먹고 해야 인생이 풍요로워지고 인간다워지지 않겠느냐고 떠든다. 너무 철딱서니 없이 그러지들 말라!

스승님께서 말씀하셨다. "너무 늙었나보다. 내가 너무 늙었나보다! 오래됐어, 꿈에 다시 주공을 못 뵌 지 오래됐어!"

子曰, 甚矣吾衰也. 久矣吾不復夢見周公.

이것은 공자 만년의 탄식이다. 죽음을 앞 둔 그에게 주례周禮를 부흥하려는 희망은 아득해졌다.

공자의 고향 노 나라는 주공의 봉국封國이다. 그가 주공을 사랑한 것은 노 나라를 사랑한 것이고, 노 나라가 보존하고 있던 주례를 사랑한 것이다. 이것은 '당시의 애국주의'다. 나중에 유가儒家는 모두 주공과 주공의 섭정을 미담으로 전하기를 좋아했다. 주공의 상징적 의미는 천하의 일을 처리하면서도 천자의 이름이 없었다는 것이다.

내가 보기에, 주희가 이것을 자탄自歎이라 풀이한 이후, 동양문학에서 탄로嘆老, 곧 '늙음을 탄식함'은 문학에서 중요한 주제의 하나가 되었다. "한 손에 막대를 쥐고 또 한 손에는 가시를 쥐고 / 늙는 길을 가시로 막고 오는 백발을 막대로 치려했더니 / 백발이 제가 먼저 알고서 지름길로 오는구나." 우탁禹倬, 1263~1343의 「탄로가」 두 수 중 하나다. 늙음과 백발을 가시로 막고

막대로 친다니, 그 허망함을 알겠다.

⁂

이 구절을 읽을 때는 늘 "차마 꿈엔들 잊힐리야"라는 정지용이 지은 「향수」의 한 구절이 떠오른다. 꿈에서라도 자주 주공을 만나려 했지만 그것마저 여의치 않았다는 공자의 탄식에서 그 간절함이 느껴지지만, 그런 만큼 허허로워 보이는 것도 사실이다. "질화로에 재가 식어지면, 비인 밭에 밤바람 소리 말을 달리고, 엷은 조름에 겨워 짚 벼게를 돋아 고이시는" 늙으신 아버지가 생각나는 것처럼 …….

⁂

꿈 하면 곧 장자莊子가 연상되는데, 장자는 "옛날의 진인眞人은 잠을 자도 꿈꾸지 않았고, 깨어 있어도 근심이 없었다"라고 했다. 이는 "(공자가) 자나 깨나 늘 주공의 도를 행하려는 마음을 두었다"라고 한 정자程子의 관점과 크게 다르다.

⁂

세상사 꿈 아닌 것이 무엇이겠는가. 『구운몽』에서 성진의 미몽을 깨쳐주려고 육관대사가 꺼낸 『금강경金剛經』의 일갈이 절절히 다가온다. "모든 유위有爲의 법은 꿈 같고 환각 같고 물방울 같고 그림자 같으며一切有爲法如夢幻泡影, 이슬 같고 번개 같으니 마땅히 이와 같이 볼지니라如露亦如電應作如是觀."

## 술이述而 7-6

스승님께서 말씀하셨다. "도에 뜻을 두고, 덕에 숙달하며, 인에 가까워지고, 예藝에 몰두한다."

子曰, 志於道, 據於德, 依於仁, 游於藝.

❦

내가 보기에, 마지막 "예에 몰두한다游於藝"에서 유游를 몰두한다로 본 한 리링의 풀이가 적절한지 의문이다. 논다는 의미의 유遊가 아니라 헤엄친다는 뜻의 유游를 쓴 것에 주목해야 할 것 같다. 아무리 도와 덕과 인을 체득했다 해도, 육예六藝, 곧 예禮, 악樂, 사射, 어御, 서書, 수數 등 요즘 말로 하면 예술art을 모르는 사람은 매력이 없다. 좀더 거칠게 말하면, 매력이 없는 데서 그치지 않고, 그의 인품도 학문도 신뢰하기 어렵다.

❦

주희가 "예에 노닐면 작은 일도 빠뜨리지 않아 움직이거나 쉬거나 끊임없는 수양이 있을 것"이라고 했지만, 육예가 작은 일小物인 것 같지는 않다. '도→덕→인→예'라는 위계는 도덕주의적 편견의 소산일 가능성이 없지 않다. 난화이진이 말하듯, "이 네 가지 중 어느 하나에 치우치려는 경향이 있는데, 이 네 가지는 모두 필요한 것으로 균형 있게 발전시켜야 할 것이다."

❦

유游를 헤엄친다는 뜻이라 했는데, 좀더 정확히 말하면 물고기가 헤엄친다는 의미다. 물고기가 헤엄치는 것을 보면 무애無碍, 곧 매일 데 없이 자유롭고 자재롭다는 느낌을 받는다. 물고기와 물이 하나가 되기 때문일 것이다. 이에 대해서는『장자』의 한 구절을 읽어 보는 것이 좋겠다. 단, 저 호한한 호량지변濠梁之辯에 대해서는 묻지 않기로 한다.

> 장자(莊子)와 혜자(惠子)가 호수(濠水) 다리 위를 거닐고 있었다.
> 장자 : 피라미가 한가롭게 헤엄치고 있군. 이것이 피라미의 즐거움일세.
> 혜자 : 그대는 피라미가 아닌데, 어찌 피라미가 즐거운지 아는가?
> 장자 : 그대는 내가 아닌데, 내가 피라미의 즐거움을 알지 못한다는 것을 어찌 아는가?
> 혜자 : 내가 그대가 아니니 물론 그대를 알 수 없네. 마찬가지로 그대도 피라미가 아니니 피라미가 즐거운지 알 수 없는 게 분명하네.
> 장자 : 처음으로 돌아가 말해 보세. 자네가 방금 말하기를 "그대가 어찌 피라미가 즐거운지 아는가"라고 말했을 때, 그대는 이미 내가 그것을 안다는 것을 알고 물은 걸세. 나는 지금 이 호수의 다리 위에서 저 호수 밑의 물고기와 일체가 되어 마음속으로 통해서 그 즐거움을 알고 있는 것이라네.

조선 시대 양반들의 방에는 대개 서너 마리의 물고기가 유유히 노니는 그림, 곧 어유도魚游圖가 걸려있었다. 작품도 많이 남아 전한다. 거기에는 장자와 혜자의 고담을 자신도 이해할 수 있다는 자부심, 세속에 얽매이지 않고 자유롭게 살아가고 싶다는 소망, 무엇보다도 비록 물고기에 비유한 것이지만 자신도 공자의 유어예游於藝를 이해할 수 있다는 공감 같은 여러 욕망들이 뒤섞여 있었을 것이다.

동네 자그마한 개울을 걷다 보면 '유어游魚 행위 금지'라는 푯말이 붙어 있다. 무슨 말인가? 부산의 한의사인 이창기 선생의 전언을 첨부한다. "유어라는 용어는 수산업법에 나온다. 유어란 낚시 등을 이용하여 놀이를 목적으로 수산동식물을 포획·채취하는 행위를 말한다. 그 말은, 중국의 포탈 바이두百度 검색에 잡히지 않고, 구글에서는 일본 사이트들에서 용례가 발견된다. 아마 일본 수산업 관련법의 용어를 그대로 사용하고 있는 것 같다. 전사 과정에서 고기 잡을 어漁가 물고기 어魚로 바뀌기까지 했다."

스승님께서 말씀하셨다. "말린 고기 열 묶음을 가져오면, 나는 가르쳐주지 않은 적이 없다."

　　子曰, 自行束脩以上, 吾未嘗無誨焉.

---

　　　　　　　　　　🌸

　고기를 저장하는 방법으로 연기에 쐬어 말린 훈육燻肉, 소금에 절여 말린 납육臘肉, 햇볕에 말린 화퇴火腿, 중국식 소시지 등이 있었다. 속수束脩는 말린 고기 열 묶음을 말한다. 이것은 스승을 뵙는 데 쓰는 예물이지 학비는 아니었다. 공자는 제자를 받으면서 출신을 따지지 않았고, 예물을 가지고 왔는가만 따졌다.

　　　　　　　　　　🌸

　말긴 고기 열 묶음이 얼마만큼의 값어치인지 모르나, 대략 10개의 납육 정도 크기의 한 다발이었을 것이고, 슈퍼에서 파는 소시지 한 봉지와 비슷했을 것이다. 고대에는 고기를 먹는 경우가 매우 드물었고, 소시지 한 봉지라도 굉장히 큰 호강이었다. 공자에게는 3천 명의 제자가 있었고, 한 사람이 납육 한 묶음을 가져왔다면, 그래도 3만 다발의 납육이 된다. 더군다나 속수 이상이라고 했으니, 더 내고 싶은 사람에게는 더 받았을 것이다. 따라서 그 양은 3만 다발보다 더 많았을 테고, 당시의 물가수준을 잘 알 수는 없지만, 값이 좀 나갔을 것이다.

내가 보기에, 한 속의 포는 지극히 적은 것이라는 주희의 풀이는 좀 옹색한 것 같다. 그냥 최소한의 예를 갖추고 찾아와 배움을 청하면 누구나 가르쳤다는 의미로 이해하면 될 것이다.

그래도 뭔가 대가를 바라거나 전제 조건을 달고 있는 듯한 느낌을 지울 수 없는 것이 솔직한 심정이다. 그래서 다른 해석이 없을까 찾아보니, 역시 '공자 숭배의 일인자(?)' 난화이진이 있다. 그의 생각을 들어보자. "내 생각에는 '자행속수이상'이라는 구절의 핵심은 자행自行이라는 두 글자에 두어야 한다고 본다. 만일 진짜로 공자에게 그슬린 고기 한 묶음을 바쳐야 했다면, 왜 하필 자행이라 했을까? 자행이라 하지 않고 자교自繳, 스스로 바침라 해도 되는데 말이다. 내 생각으로는 옛 사람들의 해석에 문제가 있다 …… 자행숙수는 스스로 점검을 행한다自行點檢는 뜻이다. 만일 속수가 그슬린 고기라면 공자의 삼천 제자는 어디서 그렇게 많은 그슬린 고기를 얻을 수 있었을까? 보관해 놓으려고만 해도 그렇게 큰 보관 장소가 없었을 텐데 말이다. 또, 공자의 제자 중 안회는 변변한 도시락 하나도 없었는데, 그슬린 고기가 어디서 나 선생님께 드렸을까? 공자는 그를 가르쳤을 뿐 아니라, 그를 가장 아끼는 제자로 생각했는데 말이다. 나는 공자의 이 말을 이렇게 해석해야 한다고 본다. '나는 자기를 반성하고 자기를 검토 단속하면서 한층 더 나은 배움을 향해 나아가고자 하는 사람은 누구든지 가르치지 않은 적이 없었다. 그런 사람이라면 나는 꼭 가르치겠다.' 이것은 내가 옛 사람과 견해를 달리

하는 점인데, 자행속수는 바로 스스로 점검 단속한다는 뜻이라고 본다.”

❧

이렇게 보면, 우선은 ‘공자의 난처함’(물론 ‘내 난처함’이겠지만)을 좀 피해 볼 수 있을 것도 같다. 더구나 그래야 다음에 곧 나올 구절[7-8]이 좀더 잘 이해될 것 같기도 하다.

❧

학생 혹은 제자들에게서 뭔가를 바라고 기대하는 선생들을 많이 보아 왔다. 물론 그런 선생들은 인격적으로뿐 아니라 학문적으로도 별 볼 일 없는 경우가 많다. 강의실 탁자에 음료를 가져다 놓지 않으면 ‘내가 너희에게 그 정도의 대접을 받을 자격이 없다는 말이냐’고 화를 내는 선생이 있다고 들었다. 나도 학창시절 비슷한 일을 직접 겪어 보았는데, 차마 여기서 필설로 밝힐 수는 없다. 내가 선생을 하는 동안은 끝까지 체면을 잃지 않으면 정말 다행이고 고맙겠다.

스승님께서 말씀하셨다. "마음속에 배움에 대한 열정이 가득하지 않으면 깨우쳐주지 않고, 표현하려고 애쓰지 않으면 표출하도록 도와주지 않는다. 한 귀퉁이를 예를 들어줄 때 세 귀퉁이로써 대답하지 않으면 더 이상 계속하지 않는다."

子曰, 不憤不啓, 不悱不發, 擧一隅不以三隅反則不復也.

---

분憤은 마음에 꾹꾹 눌러두는 것이고, 비悱는 입 안에서 말이 나올 듯하면서 나오지 않는 것으로, 이것들은 모두 충동이 일면서도 시원스레 뱉어내지 못하는 모습을 나타낸다. 가르침이 필요한 사람은 반드시 내적인 충동이 있어야 하고 문제를 제기해야만 한다. 그래야 비로소 이끌어주고 깨우쳐주어 그 스스로가 답을 찾도록 해 준다는 뜻이다.

"한 귀퉁이를 예를 들어줄 때 세 귀퉁이로서 대답하지 않으면"은 앞뒤가 꽉 막혀 융통성이 없어 깨닫지 못하는 사람을 형용한 말로, 탁자의 네 귀퉁이 중에서 한 귀퉁이를 보고서는 나머지 세 귀퉁이가 어떻게 생겼을지를 알지 못하는 것과 같은 사람을 말한다.

내가 보기에, 제자가 문제의식을 충분히 느꼈을 때 가르쳐야 확연히 깨우치게 된다는 공자의 생각은 사실 좀 무섭다. 배울 자격이 있는 놈한테만 가르쳐준다는 식으로 들려서이다. 약간 덜 떨어진 사람도 조금씩 배워가면서 문제의식을 더 탄탄히 그리고 예각적으로 세울 수 있지 않을까 생각하기 때문이다. 교학상장敎學相長이니 줄탁동시啐啄同時니 하는 멋진 말을 굳이 동원하지 않더라도, 교육이야말로 이른바 '서로주체성'*의 장이어야 한다. 더구나 요즘에는 특히 스승이라고 제자들보다 다 뛰어난 것은 아니지 않은가. "인을 놓고서는 스승에게도 양보하지 않는다當仁不讓於師"「위령공(衛靈公)」15-36라고 한 공자가 그것을 몰랐을 리 없다. 그래서 내 말은 지적을 위한 지적일 가능성이 짙다.

연전에 자크 랑시에르의 『무지한 스승』을 읽은 적이 있다. 이 구절과 관련해서 참고할 만하다고 생각해 써보려 하니, 막막하다. 감명 깊게 읽었다면 이럴 리 없을 것이다. 그냥 충격을 받았었다고 해야 옳겠다. 마침 출판사의 설명이 그럴 듯해 옮겨 본다. "조제프 자코토는 우연한 실험을 하기 전까지 스승이 해야 할 가장 중요한 일은 학생들에게 자신이 가진 지식을 전달하여 그들을 스승의 수준만큼 끌어올리는 것이라고 생각했다. 즉 스승의 전통적인 행위는 바로 '설명하는 것'. 그러나 앞의 우연한 실험을 통해 자코토는 설명자가 가진 체계의 논리를 뒤집었다. 그는 설명의 원리를 '바

---

* 김상봉은 이렇게 말한다. "나는 나를 부르는 너에게 응답함으로써 처음 주체로서 부름 받았다. 내가 너에게 응답할 때 나와 너는 부름과 응답 속에서 우리가 된다. 그렇게 나와 네가 서로를 부르고 대답 하면서 우리가 될 때 나와 너는 서로 주체성 속에서 주체로 생성되는 것이다. 한마디로 말하자면 나는 고립된 내가 아니라 오직 우리가 됨으로써만 주체인 나도 될 수 있는 것이다. 우리가 되지 못하는 나는 나도 되지 못한다. 그때 나는 주체가 될 수 없는 나, 사물이 될 수밖에 없는 나인 것이다."

보 만들기'의 원리라 칭했다. 설명은 교육자의 행위이기에 앞서 교육학이 만든 신화이며, 유식한 정신과 무지한 정신, 성숙한 정신과 미숙한 정신, 유능한 자와 무능한 자로 분할되어 있는 세계의 우화라고 여기게 되었다. 또한 랑시에르는 소크라테스주의가 이러한 바보 만들기의 개선된 형태라고 말한다. 모든 유식한 스승처럼 소크라테스는 지도하기 위해 질문한다. 하지만 인산을 해방하고자 하는 자는 인간의 방식으로 상대에게 질문해야지 식자의 방식으로 질문해서는 안 되며, 지도받기 위해서 질문을 해야지, 지도하기 위해서 질문해서는 안 된다고 강조한다."

스승님께서는 상을 당한 사람 곁에서 식사를 하실 때 배부르게 드신 적이 없다.

子食於有喪者之側, 未嘗飽也.

스승님께서는 곡을 하신 날에는 노래를 부르시지 않았다.

子於是日哭, 則不歌.

❧

공자는 상례에 참가하여 죽은 자의 곁에서 음식을 먹을 때는 결코 배부르게 먹지 않았다. 상을 치르는 데 슬퍼하지 않는 것은 눈뜨고 볼 수 없는 것이라고 말했다. 공자는 문상에 참여하여 만약 곡을 했다면, 그런 날에는 노래하지 않았다.

❧

내가 보기에, 공자의 이러한 태도가 과연 특기할 만한 일인지 잘 모르겠다. 『집주』에서 사씨謝氏가 "배우는 자들은 이 두 가지에서 성인의 올바른 성정을 볼 수 있을 것이니, 성인의 성정을 제대로 안 뒤에 도를 배울 수 있을 것이다"라고 한 것은 좀 과장된 것이 아닌가 하는 것이다. 한편 오규 소라이가 "성인에게 남은 슬픔은 있지만, 남은 노여움은 없었다"라고 했는데, 남은 슬픔이 무엇인지는 잘 모르겠다.

※

공자 당시에 일반인들은 상을 당한 사람 곁에서도 배부르게 먹고, 곡을 한 후에도 노래를 불렀었니? 그것을 못미땅하게 생각해서 이렇게 말한 것일까? 우리나라 장례에서 배부르게 먹었는지 아닌지는 모르겠지만, 장례식이 곧 잔치여서 먹고 떠들고 노름을 하며 보냈(낸)다. 대문 밖이 저승인데, 뭐 그리 슬퍼하냐고 생각했기 때문이었을지도 모른다. 그래서 오랑캐 풍속인가? 장례 기간 동안 대신 울어줄 곡비哭婢를 쓴 양반네들보다야 이 오랑캐 풍속이 오히려 더 나을 것이다.

※

기독교인에게 죽음은 하나님 나라에 들어가는 일이다. 경하할 일이 아닐 수 없다. 사랑하는 이가 죽어 곁에서 사라지는 것은 슬픈 일이기는 하지만, 그러나 평시에 예수를 사랑한 고인이 죽어 하나님의 나라에 들어갔으니 축하해야 마땅하다. 미국 흑인들은 장례식에서 신나게 노래 부른다. 축제다. 마이클 잭슨의 장례식에는 기라성 같은 가수들이 나와 멋진 노래들을 불렀다. 이해가 간다. 반면, "교통사고 중에서도 다행히도 우리 신도 아무개와 아무개를 살려주시니 하나님 감사합니다"라고 감격에 겨워 기도하는 목사가 있다면, 그는 과연 진정 기독교 신자인가?

스승님께서 안연에게 말씀하셨다. "쓰이면 뜻을 실행하고 버려지면 숨는 것은 오직 너와 나만이 할 수 있다." 자로가 물었다. "스승님께서 삼군을 거느리신다면 누구와 함께 하시겠습니까?" 스승님께서 말씀하셨다. "사냥용 수레를 타지 않고 호랑이를 잡으려 하며, 맨몸으로 강물을 건너려다가 죽어도 후회하지 않을 사람이라면, 나는 그런 사람과는 함께 하지 않을 것이다. 반드시 일에 임해서는 두려워할 줄 알고, 미리 계획하여 성공하는 것을 좋아하는 사람과 함께 할 것이다."

> 子謂顔淵曰, 用之則行, 舍之則藏, 惟我與爾有是夫. 子路曰, 子行三軍, 則誰與. 子曰, 暴虎憑河, 死而無悔者, 吾不與也. 必也臨事而懼, 好謀而成者也.

폭호暴虎는 무기를 쓰지 않고 맨손으로 호랑이를 잡는 것이고, 빙하憑河는 배와 노의 힘을 빌리지 않고 걸어서 강을 건너는 것이다. 그런데 추시구이裘錫圭는, 폭호의 폭은 원래 포虣로 썼는데, 그것은 창을 들고 호랑이를 잡는 것을 형상화한 것이고, 맨손이라는 풀이는 나중에 발생했을 것이며, 원래는 사냥용 수레를 타지 않고 호랑이를 잡는 것을 가리키는 것이지 결코 무기를 사용하지 않는 것이 아니었다고 고증했다.

자로는 '그거야 또 누가 있겠는가. 너 자로이다. 나는 너와 함께 수레를 탈 것이며, 네가 나를 안전하게 보호하고 나를 도와 계획을 수립하고 결정하도록 하겠다'는 스승의 말을 기대했을 것이다. 그러나 공자가 좋아한 것은 계획이지 용기가 아니었다. 거칠고 사나운 장비 같은 필부의 용기를 공자를 좋아하지 않았다.

✤

내가 보기에, 공자의 안연 사랑은 정말 대단하다. 글자 그대로 전폭적인 지지다. 안연은 그런 대접을 받을 만한 사람이다. 안자顏子라고 하는 것이 근거가 있다. 선생이나 부모에게 그런 제자나 자식이 있다는 것은 대단한 행운일 것이다. 그런데 이 구절에서 나는 자로가 더욱 살갑게 다가온다. 스승이 안연을 칭찬하자 살짝 삐치고, 자기에게 유리한, 비루한 질문을 던져 스승의 인정을 이끌어내려다가 실패하고 마는 자로가 사랑스럽기까지 하다. 무식하지만 단순해서, 말하자면 얍삽하게 '짱구'를 굴리지 않아서 좋다. 어쩌면 공자가 너무한 것 아니냐 하는 생각까지 든다.

✤

쓰이면 뜻을 실행하고, 버려지면 숨는 것用之則行, 舍之則藏을 이른바 유교적 출처관出處觀이라 한다. 우리나라 사림파의 정신 구조는 기본적으로 여기에 근거하고 있다. 영남학파의 거두 남명南冥 조식曺植, 1501~1572은 "근래 군자로 자처하는 사람들이 많지만 출처가 의리에 맞는 자는 거의 없는 것 같다"라고 했다. 저간의 사정을 미루어 짐작해 볼 수 있겠다. 근래 지식인들 중에서 출처관이 잘못되어 망가진 사람이 꽤 많다. 그런데 그들에게도 변절의 변은 있게 마련이다. 대개들 호랑이를 잡으러 호랑이 굴에 들어간다고 한다.

결국은 예쁜 고양이로 변신해 주인님의 귀여움을 독차지하려 서로 발톱을 내민다. 은근히 기다리는 데에서 더 나아가 자기를 뽑아 달라고 적극적으로 꼬리를 흔들어 결국 자리에 오른 자를 본 적이 있는데, 악취가 코를 찌른다.

✦

용기와 만용은 구별해야 마땅하지만, 그것이 그리 간단치 않다. 내가 하면 용기고, 남이 하면 만용인 경우가 많다. 용기는 우선 자기에게 돌아올 손해나 피해를 감수하는 데서 나온다. 비판과 비난의 차이와 마찬가지다. 비난만 일삼는 사람은 대개 그로 인해 자기에게 돌아올 불이익을 감당하지 않거나 못한다. 그것을 두려워해서는 제대로 된 비판을 할 수가 없다. 그래서 이 가볍고 추악한 '비난과 조롱의 시대'에는 정정당당하게 비판하는 사람에게 만용을 부린다고 손가락질한다. 그런데 그것은 욕이 아니라 오히려 영광이다. 질 줄 알면서도 싸우는 사람이 있어서, 사람은 '겨우' 귀한 존재가 되는 것이다.

스승님께서 말씀하셨다. "부富라는 것이 추구할 수 있는 것이라면, 비록 시장 문지기라도 나는 그것도 하겠다. 만약 추구할 수 없는 것이라면, 나는 내가 좋아하는 일에 종사하련다."

子曰, 富而可求也, 雖執鞭之士, 吾亦爲之. 如不可求, 從吾所好.

부富는 녹봉이고 오늘날로는 수입과 노임이다. 귀貴는 지위이고 오늘날 말로는 직함과 직위다. 상주商周 시대에 부와 귀는 출신과 혈통에 따라 태어나면서 바로 결정되었기 때문에 선택할 방법이 없었고, 오직 하늘과 운명에 따를 수밖에 없었다. 그런데 공자 시대에 그러한 혈통론은 아래서부터 위에 이르기까지 전면적으로 타격을 받았다. 그러나 공자는 여전히 부귀는 추구해서는 안 되는 것이라고 생각하여, 학생들이 그로 인해 마음이 흔들리지 않도록 했다.

세상이 바뀌었다고 하지만 "죽고 사는 것은 운명에 달려 있고, 부귀는 하늘에 달려 있다"「안연(顏淵)」 12-5라고 한 자하의 말은 아직 유효하다. 이 단락의 의미는 이렇다. '만약 부귀라는 것이 추구한다고 해서 실현가능한 것이라면, 지위가 아무리 낮아도 나 역시 한번 시도해 보겠다. 그러나 만약 그것이 꿈에 불과하고 근본적으로 실현 불가능한 것이라면, 너는 차라리 나처럼 안빈낙도하는 것이 좋을 것이다.'

집편지사執鞭之士는 원래 지위가 낮은 말단 관리를 말하는데, 이 단락의 맥락이 부와 관련되어 있으니, '시장의 문지기'라고 한 양보쥔의 해석을 따른다.

내가 보기에, 세상이 크게 변했어도 이전의 생각을 여전히 유지, 실천하는 공자를 시대착오적이라 손가락질하기는 손쉬운 일이지만, 그것이 의미 있는 지적은 아닌 것 같다. 세상이 변했다고들 하지만, 그 기본 구조는 변치 않고 그대로 작동하고 있다고 본 것은 공자에게 혜안이 있었기 때문이다. 브로델의 이른바 '장기지속의 역사'를 연상케 한다. 그러나 이러한 상찬 역시 과도한 것이다. 공자는, 사정이 그러하니 안분지족安分知足과 안빈낙도를 하는 것이 좋겠다고 한바, 이는 시대 변화의 구체적 무게를 관념적 명분으로 대응하고자 한다는 점에서 기본적으로 보수保守이다. 『집주』에서 "군자는 부귀를 싫어해서 구하지 않는 것이 아니라, 그것이 하늘에 달려 있어서 구할 수 있는 방도가 없기 때문"이라고 한 사씨謝氏의 말에서 감당키 어렵게 변화하는 현실을 운명론으로 견뎌내려는 유가儒家의 안간힘을 엿볼 수 있다. 이것을 한사코 '외물外物에 대한 초연한 자세'라고 분식하면 곤란하다. 현실의 한계를 인정하고, 그 안에서 활로를 찾는 태도와 세속에 얽매이지 않고 태연하게 살아가자는 초연의 태도는 다른 차원의 것이다. 관념을 또 다른 관념으로 부회하는 일종의 메타비평이 늘 문제다.

안빈낙도는 학창시절 배웠던 고전문학의 키워드 중 하나이다. 그러나 우리 양반네는 언제나 그렇게 주장들 하지만 실제로는 대부분 부귀공명을 그리워하였다. 부귀공명이 실현되기 어려우니 안빈낙도로 포장하지만, 그 럴수록 현실의 삶은 더 고달파지고, 그만큼 출세의 원망顯望도 강렬해졌다. 그리고 그 욕망이 간절해질수록 안빈낙도를 읊는 주문呪文의 목소리도 따라 서 높아졌던 것이다.

세속을 초탈하여 글자 그대로 유유자적한 이는 실제 몇 되지 않는다. 안빈낙도는 대개 포우즈의 일종인 셈이다. 그런데 옛날에만 그랬던 것은 아니다. 우리 학창 시절 김소운의 「가난한 날의 행복」 같은 수필은 청소년 들에게 지대한 영향을 미쳤다. 이런 '품격 있는'(?) 발언들이 교과서를 채우 고 있으니, "가난이야 가난이야 원수년의 가난이야"라고 절규한 우리 흥부 는 품위 없고 천박한 존재가 되어 버리고 만다. 우리에게 가와카미 하지매河 上肇, 1879~1946의 『빈곤론貧乏物語』 같은 저작이 안 나오는 것은 어찌 보면 당 연하다.

## 술이述而 7-13

스승님께서 신중하신 것은 재계齋戒와 전쟁과 질병이었다.

子之所慎, 齊戰疾.

❦

제齊는 재齋와 같다. 제사 지내기 전에는 재계해야 한다. 옛날 사람은 제사가 생명의 연속과 관련이 있다고 생각했기 때문에, 그것은 중대사였다.

❦

내가 보기에, 세상사 신중하게 생각할 것이 많은데, 그 중에서 공자가 이 셋을 고른 것은, 그것이 모두 생명과 관련이 깊어서인 것 같다. 『집주』에서 공자는 조심하지 않은 것이 없었는데 제자들이 그 큰 것만 기록했을 뿐이라고 한 윤돈尹焞의 '변호'는 편협하다 하겠다. 그것보다는 차라리 그것들이 다 나로서는 어쩔 수 없는 순전히 외부적인 요소들이기 때문이라는 배병삼의 풀이가 그럴 듯해 보인다. 배병삼은 마키야벨리의 『군주론』에 빗대 이렇게 썼다. "이들은 나의 비르투Virtu를 아무리 발휘하여도 극복할 수 없는 포르투나Fortuna의 영역에 속하는 것이다. 즉 덕성의 영역이 아닌, 운명의 영역에 속한다는 것. 그러므로 이들에 대해서는 삼가 조심하여 대하지 않을 수 없는 것이다."

❦

재계를, 주희는 "가지런히 한다는 뜻이니, 장차 제사 지내려 할 적에 가지런하지 못한 사고를 가지런하게 하여 신명과 사귀는 것"이라 하였는데, 난화이진의 설명이 더 간명하다. "재계는 마음을 깨끗이 하고 욕심을 적게 하는 것이다 …… 고대의 재齋는 내심의 수양을 말하는 것으로, 기질의 변화에 중점을 두었다. 『예기』에서는 기질을 변화시키는 첫째 공부가 곧 재심齋心으로서, '사람은 언제나 공경하지 않음이 없고 언제나 도의를 생각하는 것처럼 엄숙해야 한다'고 했다. 오늘날 말로 하면 마음을 정화하는 것이다."

✿

사족 삼아 한 마디. '삼가다', '재계하다' 이런 말을 쓰다 보니, '정한수' 생각이 나 찾아보다가 이런 것이 있다는 것을 알게 되었다. "정한수淨寒手는 범어梵語에서 '군지軍持'라고 한 것이니, 병에 항상 물을 담아서 손을 깨끗이 씻는다." 조재삼趙在三, 1808~1866의 『송남잡지松南雜識』「방언류方言類」에 보인다.

스승님께서 제齊 나라에 계실 때 소韶를 들으시고는 석 달 동안 고기 맛을 알지 못하셨는데, 그 느낌을 이렇게 말씀하셨다. "음악이 이런 경지에까지 이를 줄은 생각지도 못했다."

子在齊聞韶, 三月不知肉味, 曰, 不圖爲樂之至於斯也.

---

✿

이때는 대략 기원전 517년쯤, 공자 나이 35세였고, 아직 비교적 젊었다. 소韶는 순 임금의 음악이고, 당시에 가장 우아한 고전 예술이었다.

✿

아름다운 음악을 고기 맛과 비교한 것을 이해하기 위해서는 당시 고기의 위상을 알아야 한다. 고기는 귀족과 우대 받는 노인만 먹을 수 있었다. 그래서 귀족을 육식자肉食者라고 했다. 공자가 음악 때문에 맛난 고기를 포기했는데, 이는 고아한 선비만이 비로소 할 수 있는 일이다.

✿

내가 보기에, "고기 맛을 몰랐다는 것은 마음이 여기에 전일해서 다른 것에 미치지 못한 것이다"라고 한 주희의 풀이는 거의 공론이 되었다. 그러나 공자가 고기 맛을 모른 것은 주로 음악 자체의 아름다움 때문이 아니라, (그 음악을) 배우는 데 너무 전념했기 때문이라는 이 풀이는 당시의 식생활과 관련지어 볼 때 적절치 않아 보인다.

이 구절은 『설원說苑』에 자세히 나와 있다. "공자가 제 나라 성문 밖에 이르러 손에 병을 쥐고 있는 한 어린이를 만나 서로 함께 가게 되었는데, 그 아이의 눈은 정精하고 마음은 올바르며 행실은 단정하였다. 공자는 말을 모는 사람에게 말하기를, '빨리 몰아라. 빨리 몰아라. 소악韶樂이 바야흐로 연주되고 있다'고 했다. 공자는 제 나라에 이르러 소악을 듣고 석 달 동안 고기 맛을 알지 못했다. 그러므로 음악이란 홀로 자신만을 즐겁게 할 수 있는 것이 아니라 또 남을 즐겁게도 할 수 있고, 음악이란 홀로 자신만을 바르게 할 수 있는 것이 아니라 또 남을 바르게 할 수 있는 것이다."

앞7-6의 "예술에 푹 빠진다游於藝"에서 말했듯이, 예술을 모르는 사람은 매력이 없다. 좀더 과격하게 말하면, 매력이 없는 데서 그치지 않고, 그의 인품도 학문도 신뢰하기 어렵다. 나는 아직 잘 모르지만, "음악이 이런 경지에까지 이를 줄은 생각지도 못했다不圖爲樂之至於斯也"라고 한 공자의 고백은 예술에 대한 어떤 경지에 도달했을 때 비로소 할 수 있는 고백일 터이다.

염유가 물었다. "선생님께서 위 나라 임금을 도와주실까?" 자공이 대답했다. "알았네, 내가 여쭤보도록 하지." 그는 들어가서 물었다. "백이와 숙제는 어떤 사람입니까?" "옛날의 현인이시다." "원망했습니까?" "인을 추구하다가 인을 얻었는데, 또 무엇을 원망했겠느냐?" 자공은 나와서 말했다. "선생님께서는 그렇게 하지 않으실 것이네."

> 冉有曰, 夫子爲衛君乎. 子貢曰, 諾. 吾將問之. 入, 曰, 伯夷叔弟何人也.
> 曰, 古之賢人也. 曰, 怨乎. 曰, 求仁而得人, 又何怨. 出, 曰, 夫子不爲也.

기원전 492년 위 나라 영공이 죽고 출공이 즉위하자 공자는 위 나라를 떠났는데, 이것은 위 나라를 떠나기 전에 한 말이다. 위 나라 임금은 출공을 말한다. 이 말을 한 뒤 그들은 정말로 위 나라를 떠났다.

내가 보기에, 백이와 숙제의 고사를 들어 공자의 생각을 간접적으로 알아보고자 하고, 공자의 답변을 듣고 스승의 의중을 확인한 자공은 '언어'에 능한 것이 분명하다. 그렇다고 그가 스승을 상대로 '외교'를 한 것은 아니다. 스승의 깊은 생각을 더 정확히 알고 싶어서 그렇게 한 것이다. 멍하고 둔한 나 같은 사람이야 시도조차 하기 어려운 대화술이다. "군자가 그 나라에 머물 때는 그곳의 읍재를 비난하지 않는 법인데, 하물며 임금에 있어서랴. 그래서 자공이 위 나라 임금을 곧바로 언급하지 않고 백이숙제를 들어

질문을 한 것"이라는 주희의 설명이 근거가 있는 말이겠지만, 그렇게 보면 이 대화의 멋은 사라지고 만다. 패륜적 군주인 출공을 위해 정치를 하겠느냐고 스승에게 단도직입적으로 묻는다면, 그것은 '빨리 당신의 정체를 밝히라'고 다그치는 것과 다르지 않다. 그래서 다산도 "부자께서 가령 몸소 그 처지에 놓였다면, 하고 말한다면 이는 언사가 무례한 것"이라 했다.

🦋

나는 언제쯤 이런 멋진 대화를 나누어 볼 수 있을까? 누구와? 요즘 인터넷에 떠도는 '멋진 대화'는 대강 이렇다. "자세를 바르게 한다. 적당한 유머가 필요하다. 시선은 상대방의 눈을 자연스럽게 바라본다. 혼자 아는 척하지 마라. 남의 말을 가로채지 마라. 지나친 농은 삼간다. ……" 내용은 빠져 있고, 태도와 기술만 드러내고 있다. 허망한 얘기가 아닐 수 없다. 언뜻 떠오른 '멋진 대화'로 염화미소拈華微笑가 있다. 석가가 영취산에서 설법할 때, 말없이 연꽃을 들어 대중에게 보였더니, 제자인 가섭迦葉만이 그 뜻을 알아차리고 살짝 미소 지었다는 고사에서 유래한 말이다. 석가와 가섭 사이에 말은 없었지만, 둘 사이에는 깊은 대화가 오고 갔다. 이심전심以心傳心이다. (가섭이 석가의 뜻을 이해하지 못해서 멋쩍게 웃은 것이라는 우스개도 있다.)

🦋

백이숙제와 관련하여 자공이 물은 것은 그들이 원망했느냐 하는 점이다. 이는 위 나라 임금이 3대에 걸쳐 자식은 아비를 원망하고 아비는 자식을 원망했기 때문이다. 이것이 백이숙제와 영공출공을 연결 짓는 고리다. 다산 말마따나 "이 원은 곧 원대怨懟이다. 예를 들면 적수敵讐와 같은 것이다."

이렇게 볼 때, 주희가 그것을 후회悔로 본 것은 번지수가 한참 틀렸다고 하겠다.

스승님께서 말씀하셨다. "잡곡밥을 먹고 물마시며 팔 베고 누우면, 즐거움이 그 속에도 있더라. 불의로 얻은 부귀는 내게는 뜬구름만 같더라."

子曰, 飯疏食, 飲水, 曲肱而枕之, 樂亦在其中矣. 不義而富且貴, 於我如浮雲.

반소사飯疏食는 잡곡밥을 먹는 것이다. 맷돌이 발명되기 전 고대에는 분식이 없었다. 모든 곡물은 낟알 형태로 먹었고, 거기에는 부드러움과 거침의 구분이 있었는데, 그것은 도정 정도를 보고 결정하는 것이다. 둘째, 맛이 있는가 없는가의 구분이다. 소사疏食에 대해서는 이견이 분분한데,『석문釋文』에서는 소식蔬食이라 썼다. 이것은 채식 먹거리를 말한다.

음수飲水는 찬물을 마시는 것이다. 따뜻한 물은 탕湯이다. "팔 베고 누우면曲肱而枕之"에서 팔肱은 위팔로, 위팔을 구부리고 그 위로 머리를 얹어 베는 것이다. 즉 베개 대신 팔을 베는 것이다.

내가 보기에, 이 구절은 옛사람들에게 대단히 인기가 있었다. 상황이 어렵고 힘들어도 나는 그깟 것에 흔들리지 않고 꼿꼿하게 살아가겠다. 돈 따위는 내게 뜬구름일 뿐이라는 의지의 표명이었다. 아닌 경우도 물론 있었지만, 그런데 그 대부분은 포우즈에 불과했다. 이에 대해서는 앞에서 안빈낙도安貧樂道를 말하면서 언급했기에 반복해 말하지 않는다.

스승님께서 말씀하셨다. "내가 몇 년 동안 틈을 내어 50세의 나이로『주역』을 배웠더니 큰 잘못이 없었다.

子曰, 加我數年, 五十以學易, 可以無大過.

❀

『역』은 고대에는 운수運數를 가르쳐주는 것이었다. 공자는 이것을 배운 후에 비로소 벼슬에 나아갔다. 50에 천명을 알았다는 것은 아마도 이것과 관련이 있을 것이다. 예전 학자들은 50세의 나이로『역』을 배웠다는 말을 믿을 수 없다고 했다.『사기』에는 "공자는 만년에『역』을 좋아했다"라고 했기 때문이다. 공자가『역』을 배운 것은 70세였을 것이라고 생각했던 것이다. 그래서 오십五十을 졸卒이나 칠십七十 등으로 고쳐 읽었는데, 이는 잘못이다. 공자 시대에 50이면 이미 만년이었다.

❀

공자가 50에『역』을 배웠고, 천명을 알았다는 것은 우연의 일치가 아니다. 옛사람들이 천명을 아는 것은 주로 술수術數에 의존했던 것이다. 옛사람들은 천도天道를 말하기 좋아했고, 공자는 당시의 사상적 환경에서 벗어날 수 없었지만, 그가 관심을 가졌던 것은 천도 자체가 아니라 운명이 어떻게 전개될 것인가 하는 것이었다. 공자가『역』을 배운 것은 운명을 알기 위함이었고, 자기가 세상으로 나와서 관리가 되어야 할 것인가 아닌가를 알기 위함이었다.

"내가 몇 년 동안 틈을 내서"에 해당하는 가아수년加我數年은 『사기』 등 다른 책에는 모두 가아수년假我數年으로 되어 있다. 가加와 가假는 통용되었지만, 후자로 쓰는 것이 맞는 것 같다.

내가 보기에, 쉰이라는 나이는 참 곤란한 때다. 뭔가 새로운 인생을 열기도 늦었고, 그렇다고 인생을 정리할 시기도 아니다. 그런데 난화이진에 따르면, "현대의학에서 인류의 지혜 발달이 가장 성숙하는 시기는 50세에서 60세 사이의 시기라고 한다. 그러므로 거백옥遽伯玉이 '내 나이 50에 비로소 49년간의 잘못을 알았다'고 한 말이 옳은 것으로 증명된 것이다. …… 이 시기에 두뇌가 가장 성숙하므로 진정으로 학문을 탐구할 자격이 있다." 50도 이미 반을 넘긴 나 같은 사람에게 참으로 용기를 주는 말이 아닐 수 없다. 낯 뜨거운 말이지만, 나도 이제 조금 알겠다는 생각이 이전보다는 자주 들기도 한다. 전공 여부를 떠나서 그렇다. 그런데 한 가지 분명한 것은 나이가 좀 드니까 이제 뭔가가 보인다는 것이 아니라, 그나마 젊었을 때 딴에는 책도 좀 읽고 공부한답시고 보낸 세월 덕분에 이 정도나마 되지 않았나 하는 점이다. 나이 들면 보이는 것이 다 후회라고, 젊어서 열심히 했으면 지금 세상을 좀더 잘 볼 수 있지 않을까 다시 생각해 본다. 죽은 자식 불알 만지는 격이지만, 사실이 그렇다.

## 술이述而 7-18

스승님께서 표준말로 삼으신 것은 『시경』과 『서경』이었다. 예를 집행하실 때도 모두 표준말을 쓰셨다.

子所雅言, 詩書. 執禮, 皆雅言也.

⁂

아언雅言은 표준말이다. 고서에 나오는 아雅자는 하夏자와 관련이 있다. 하는 삼대三代의 첫째로서 고대에는 문명의 표지였다. 옛사람들은 중국 주변국인 이夷와 중국인 하의 구별이 주로 문명과 야만의 구별이라는 것을 분명히 알고 있었다. 아언은 하언夏言이고, 하언이 바로 고대의 표준어다. 이 단락에서는 공자가 예를 집행할 때 쓰는 말은 모두 당시의 표준어였고, 『시경』과 『서경』을 당시의 표준어로 인용하여 낭송했다는 것을 말하고 있다.

⁂

내가 보기에, 리링의 이 해석은 설득력이 있다. 주희는 아를 상常이라 하고, "시서詩書. 집례執禮"가 아니라 "시서집례詩書執禮"로 끊어, "공자께서 평소 늘 말씀하시는 것은 『시경』과 『서경』과 예를 지키는 것이었으니, 이것이 평소에 늘 하시는 말씀이다"라고 풀이했다. 공자가 표준어를 쓴 것은 사투리를 혐오하거나 수도중심를 동경해서가 아니다. 『집주』에서 정현鄭玄이 말한 대로 공자가 시서집례를 표준어로 한 것은 선왕의 전법典法을 읽음에 반드시 그 음을 바르게 한 다음에야 뜻이 온전했기 때문이다. 그런데 다산은 "(정현의 견해가) 사리에 맞지 않는데도 뒷사람들이 오히려 그 말을 따르려 하니, 어찌 미혹된 것이 아니겠는가"라고 했다. 다산은 "아언이란 그 음성을 바르게 하고 구두를 분명히 알아야 장중하게 표현하는 것을 이르니, 세속적인 말과는 전혀 다른 것을 아언이라 한다"라는 모기령毛奇齡의 풀이에 대해 "아니다. 오직 『시경』과 『서경』과 일에 임해 집행하는 예에만 말을 장중하게 표현한다면, 그 나머지 다른 말들은 모두 희롱하고 경시하는 말이란 것인가?"라고 반박했다. 다산의 엄정한 면모를 다시 볼 수 있다. 동시대 연암의 유머러스한 기질과는 날카롭게 대비된다.

꿈

사족 삼아 한 마디 한다. 우리나라 표준어는 "교양 있는 사람들이 두루쓰는 현대 서울말로 정함을 원칙으로 한다." 그런데 '교양 있는'의 기준은 무엇이고, '두루'는 정확히 어느 정도인가 궁금하다. 무엇보다도 그것을 결정하는 주체는 누구인가? 각설. 시방도 사투리를 '촌스럽다' 여기고 표준어를 써야 지성인이라 생각하는 사람이 많다. 요즘은 그렇지 않지만, 드라마에서 가정부는 대개 특정지역 사투리를 써야 가정부다웠다. 그녀가 만일 서울말을 쓴다면, 그 집은 아마 대단한 부잣집일 것이다. 전라도 어느 초등학교 2학년 최윤민이 쓴 「사투리」라는 시를 읽어본다.

난 그냥 말한것인디
왜 자꾸 사투리쓴다고 하는 것이여

난 그냥 말한것인디

왜 자꾸 촌스럽다고함가

응? 뭐시 잘못된 것이여?

## 술이述而 7-19

섭공이 자로에게 공자에 대해 물었는데, 자로가 대답하지 못했다. 스승님께서 말씀하셨다. "너는 왜, 그분은 공부에 빠져들면 밥 먹는 것마저 잊고, 즐기느라 근심마저 잊으며, 늙음이 찾아오는 것마저도 모른다고 말하지 않았느냐?"

> 葉公問孔子於子路, 子路不對. 子曰, 女奚不曰, 其爲人也, 發憤忘食,
> 樂以忘憂, 不知老之將至云爾.

섭공은 초 나라 섭현葉縣의 수장이었다. 초 나라에서 공公은 큰 현의 우두머리, 윤尹은 작은 현의 우두머리다. 큰 현은 대부분 다른 나라를 멸망시킨 지역에 설치했고, 중신重臣을 파견하여 군대를 주둔시키며 요새를 지키게 한 군사적 요충지였다. 공자가 섭공을 만난 것은 기원전 489년, 63세 때였다.

내가 보기에, 공자의 말은 좀 민망하게 들린다. 물론 자로는 스승의 인품과 덕을 한 마디로 단정해 말하기 어려워서 그랬을 테고, 공자는 변치 않는 호학好學의 자신감을 보인 바임을 모르는 바 아니지만, 나는 이 구절에서 연전에 유행한 모 드라마에서 남자 주인공인 여주인공에게 "저 남자가 내 사람이라고 왜 말 못해?"라고 했다는 말이 떠올라 실소를 금치 못한다.

"(공자의 말) 전체가 지극하여 순수함이 그침이 없는 묘妙"라고 한 주희의 말이 수긍이 간다. 공자에게서 순진무구한 동심 같은 것을 느꼈다면 지나칠까? 내 짧은 독서에 비추어 '동심설童心說' 중에서 최고는 역시 명 나라 말기의 사상가 이탁오李卓吾, 1527~1602의 것이다. "동자童子는 사람의 처음이요, 동심은 마음의 처음이다. 그런데 어떻게 해서 동심을 갑자기 잃게 되는 것일까? 처음에는 듣고 보는 것이 귀와 눈을 통해 들어오고, 그것이 마음의 주인이 됨으로써 동심을 잃는다. 자라면서는 도리라는 것이 견문을 좇아 들어오고, 그것이 마음의 주인이 됨으로써 동심을 잃게 된다. 오래되면 도리와 견문이 나날이 많아지고, 그러면 지식과 지각의 범위가 나날이 더욱 넓어지게 되므로 그로 인해 훌륭한 이름을 떨치는 것이 좋다는 것을 알아 이를 떨치는 데 힘쓰려고 하는 과정에서 동심을 잃게 되고, 좋지 않은 명성이 추하다는 것을 알아 이를 감추는 데 힘쓰려고 하는 과정에서 동심을 잃게 된다."

이 구절로 유명해진 말이 발분망식發憤忘食이다. 분발하여 무엇을 하는 데 끼니조차 잊는다는 뜻이니, 무엇에 집중해서 열중함을 말한다. 내게도 발분망식의 경험이 없지 않다. 이상하게도 학창 시절 시험 때면 소설을 읽고 싶어 안달을 했고, 일단 잡으면 배고픈 것도 잊었다. 그 이후 그런 경험을 해본 지가 몇 해 전인지 까마득했는데, 최근 논문 마감을 며칠 앞두고 다시 그 습관이 작동하였다. 아프가니스탄 출신의 작가 할레드 호세이니의 장편

소설들, 『연을 쫓는 아이』, 『천 개의 찬란한 태양』, 『그리고 산이 울렸다』를 연이어 읽으면서 논문 마감의 압박과 공포에서 벗어났다. 참고로 요즘은 '발분' 대신에 '분발'을 쓴다.

스승님께서 말씀하셨다. "나는 나면서부터 아는 사람이 아니라, 옛것을 좋아하고 부지런히 탐구하는 사람이다."

子曰, 我非生而知之者, 好古, 敏以求之者也.

뒤의 「계씨季氏」 편에서 공자는 "나면서부터 아는 사람은 상등급이고, 배워서 아는 사람은 그 다음이며, 곤란을 겪고 나서 배우는 사람은 또 그 다음이고, 곤란을 겪고도 배우지 않는 사람은 백성으로서 하등급이다"라고 말했다.

공자는 자신이 상등급이 아니라, 다만 배우기를 좋아한다고 했다. 그런데 무엇을 배운다는 것일까? 공자 이전 '고대의 것'을 배우는 것이다. 그는 부지런함으로 우둔한 부분을 보충했고, 고대의 것에 대하여 몹시 간절한 마음으로 지식을 탐구했으며, 배우는 것을 매우 즐겼다. 이를 통해 그는 중상등급이라고 자처했음을 알 수 있다.

내가 보기에, 공자의 이 말을 단순히 겸양의 언사로만 이해하는 것은 적절치 않다. 나는 타고난 천재가 아니라, 옛것을 좋아하고 부지런히 공부하는 사람이라는 고백에는 제자를 독려하려는 진정성이 들어 있다. 난화이진의 말대로, 이 말은 공자가 평범한 길을 걸었음을 뜻한다. 주희가 급급汲汲 이라고 풀이한 데서 보듯이, 민敏에는 이미 노력이 전제되어 있는 것이다. 앞에서 말한 발분發憤도 같은 맥락에서 이해할 수 있다.

🌿

그러면 생이지지자生而知之者, 곧 생래적인 천재는 누구인가? 중국 전한前 漢의 대덕戴德이 공자의 72제자의 예설禮說을 모아 엮은 책인 『대대례大戴禮』에 "황제黃帝는 태어나면서부터 신령스러워 어려서 말을 했고, 제곡帝嚳도 나면 서부터 신령스러워 스스로 자기 이름이 무엇이라고 말했다"라고 했다. 다 산은 현실주의자답게 "이는 모두 제齊 나라 동부 지방 사람들의 믿을 수 없 는 말처럼 근거는 없다"라고 했다.

🌿

앞에서도 말한 바 있지만, "옛것을 좋아한다"라고 할 때, 옛것은 요즘 식으로 말하면 전통이다. 그런데 전통을 공부하는 것은 무조건 좋은 일인 가? 쉽게 단정해서 말하기 어려운 문제다. 이에 적절히 답하려면, 우선 '전 통이란 무엇인가'에 대해 정확히 이해해야 한다. 이 작업을 하지 않고 그런 질문을 한다면, 내용 없이 그렇고 그런 대답을 강요하는 헛된 짓에 불과하 다. 그런데 '전통이란 무엇인가'에 대한 탐구는 별로 혹은 거의 하지 않는 것이 현실이다. 그럴 듯한 아포리즘 몇몇을 만들어 내어 놓고는 마치 전통 에 대해 이미 알고 있다고 자부하는 수준이라면 아예 '전통을 공부하는 것 은 좋은 일인가' 묻지 않는 편이 낫다. 참고로 불과 얼마 전까지만 해도 전 통은 시급히 극복해야 할 인습이었고, 모질던 시절에는 특정 정치적 목적으로 '불러낸 과거', 곧 '만들어진 전통'에 불과했다. 이 문제에 대해서는 『만들어진 전통The Invention of the Tradition』홉스봄 외, 휴머니스트, 2004과 『전통, 근대가 만든 또 하나의 권력』인물과사상사, 2010을 참고할 수 있다.

스승님께서는 초자연적인 것이나 강압적인 것이나 질서를 어지럽히는 것이나 귀신에 대한 것 등에 대해서는 말씀하시지 않았다.

子不語怪力亂神.

괴怪는 초자연적이고 반자연적인 각종 기적을 말한다. 옛날에는 이른바 이상한 것을 수집하는 수기搜奇, 괴이한 것을 기록하는 지괴志怪 종류의 책이 있었는데, 항상 이런 초자연적인 현상을 기록했다. 역力은 포악하고 위세 부리는 것, 힘으로 사람을 굴복시키는 것을 가리킨다. 난亂은 도리나 질서를 어지럽히는 것, 신神은 귀신에 대한 일을 말한다.

내가 보기에, 괴력난신을 요즘 말로 하면 합리적, 이성적으로 이해하기 어려운 것을 말하는데, 그런 것들에 대해서는 관심이 없다고 했으니, 공자는 (유교적) 현실주의자이다. 그의 현실주의적 면모는, 곧 다시 보겠지만, "삶도 모르는데 어찌 죽음을 알 수 있겠는가"라든가 "사람 섬기는 일도 잘 못하면서 어찌 귀신을 섬길 수 있겠는가"라는 발언 등에 잘 드러나고 있다.

현실주의라는 말을 하니, "그는 현실적인 사람이다. 신이나 종교와 같은 추상적 관념에 대해서는 전혀 알려고 하지 않는다. 또 자기의 이익은 절대로 양보하지 않는다. 요컨대 그는 합리적으로 사고하고 예측이 가능한 행동을 하는 사람이다"라는 논증의 오류를 지적하라는 문제가 생각난다. 이 논증 구조 안에서 현실적이라는 말은 혼란스럽게 사용되고 있다. 한 번은 추상적 관념의 상대어로, 한 번은 이해타산적이라는 뜻으로, 또 한 번은 합리적이라는 의미로 쓰고 있는 것이다. 동일한 말이 서로 다른 문맥과 차원에서 사용되어서는 제대로 된 논증이 이루어질 수 없다.

❀

내가 이해하는 바로 괴怪의 상대어는 상常이다. 곧 괴는, 변하지 않는 구조 같이 합리적으로 이해하고 예측할 수 있는 것이 아니라는 말이다. 괴이怪異하다는 알 수 없을 만큼 이상야릇하다고 풀이하지만, 합리적 혹은 이성적으로는 설명할 수 없을 때 쓴다.

❀

앞에서도 말했지만, 이 원문의 구절은 소설, 곧 허구의 발달에 심각한 타격을 주었다. 괴력난신, 곧 요즘 말로 판타지를 이야기한다는 것은 허공에 선반을 걸고 공중에 구멍을 내는, 곧 가허착공架虛鑿空에 지나지 않는다는 인식을 심어준 것이다. 그러나 아무리 그래도 환상을 좋아하는 인간의 욕구를 멈추게 할 수는 없다. 그래서 청대의 원매袁枚, 1716~1798는 『자불어子不語』라는 필기소설筆記小說을 썼는데, 주로 귀신 등 기괴한 일들에 관한 내용이 들어있다. 원매는 아예 공자가 그런 이야기를 하지 않았기 때문에 자신이 나서서 펴냈다고 했다. 이런 판타지의 대표적인 것으로 포송령蒲松齡, 1640~1715의 『요재지이聊齋誌異』 등이 있다. 참고로 원매는 유가의 문학론인 효용론, 구체적으로는 도덕주의적·감계주의적 문학론인 격조설格調說에 반대하고, 성령론性靈論을 주장했다. 성령론은 개성, 즉 성정性情을 중시하는 관점이다. 성정이 드러나면 글이 저절로 쓰여진다는 것이다. 그래서인지 원매는 부녀자의 문학 활동을 장려하고, 문하에 여성제자를 두기도 했다.

___

지금 이 나라가 처한 상황을 생각해 보면, 괴력난신이 난무하고 있는 것 같다. 합리적인 이성으로는 도저히 받아들일 수 없는 일들이 도처에 넘쳐나고 있다. "하나의 유령이 유럽을 떠돌고 있다"라고 한 맑스의 '선언'을 흉내 내보면 이렇다. "괴력난신이라는 유령이 한반도를 배회하고 있다." 이전에는 사스와 신종플루가 퍼지더니, 이번에는 메르스가 확산되고 있다. 조만간 탄저균이 창궐할지 모른다. 모두 현대판 괴력난신이다.

스승님께서 말씀하셨다. "세 사람이 길을 가면, 그 가운데 반드시 나의 스승이 있기 마련이다. 그 가운데 좋은 점은 따르고, 좋지 않은 점은 고친다."

子曰, 三人行, 必有我師焉. 擇其善者而從之, 其不善者而改之.

다른 두 사람과 함께 길을 간다면, 그 가운데 반드시 내가 배울 만한 점을 가진 사람을 찾을 수 있으며, 그의 장점을 찾아내서 나 자신의 귀감으로 삼고, 그의 결점을 찾아서 나 자신에게도 그런 점이 있는지 살펴보고, 있으면 바로 고쳐야 한다는 말이다.

(중국현대소설가인) 왕쉬王朔는 이 말을 비웃으면서 허튼소리라고 했다. 나는 왕쉬의 말이 재미있다고 생각한다. 주로 지식인을 비판하는 데 쓸모가 있다. 지식은 지식의 분업 체계 아래 있는 정신적인 불구자로서, 절름발이는 장님을 무시하고, 장님은 절름발이를 무시하며, 수중에는 진리를 지니고 있으면서 사람을 죽이는 칼이라고 잘못 생각하여, 특히 자기 스스로를 총聰, 명컵이라 여기는 사람에 대해서는 누구든 가리지 않고 잡히는 대로 없애버린다. 사실 자세히 생각해 보면 누가 나보다 강하지 않을까? 나는 특수한 기능을 가진 여러 종류의 사람, 특히 지식인 이외의 노동자, 농민, 운동가, 예술가 등을 대단히 존경한다. 내가 가장 싫어하는 것은 바로 권력

이나 재물에 빌붙는 지식인이다.

❧

　내가 보기에, 공자의 이 말을 지식인 비판으로 읽는 리링의 풀이에는 더 붙이고 덜 것이 없다. 지식인은 대개 자기보다 나은 사람에게서 배우기는커녕 그를 어떻게든 깎아내리려 하고, 자기보다 못한 사람을 반면교사反面敎師로 삼기보다는 무참히 짓밟아 버리려는 속성이 있다. 자기보다 힘이 센 사람 앞에서는 기가 죽어 눈치를 보고, 자기보다 약한 사람에게는 군림하는 너절한 계층으로 지식인만한 존재가 없다. 그리고 그들만큼 권력과 돈에 민감한 집단도 없다. 겉으로는 그것을 혐오하는 척하면서도 내심으로는 끝 모를 탐욕에 시달리는데, 그것은 대개 열등감 혹은 비겁함에 기인한다. 이것은 지식인의 사회적 존재 자체가 그렇게 되어 있기 때문이기도 하다. 참 지식인의 면모를 실천하는 몇몇 스승과 선후배들이 있어 그나마 다행이다.

❧

　앞의 「이인里仁」 편 4-17에서 "현명한 자를 보면 그와 같아지고 싶어 하고, 현명치 못한 사람을 보면 속으로 나 자신을 반성한다"라고 한 것에 비추어 볼 때, 『집주』에서 선과 악이 모두 나의 스승이라 한 말은 이해가 된다. 그러나 그것을 흔쾌히 받아들이기는 대단히 어렵다. 시방 살아 움직이는 이 나라를 지배하는 '악'이 내 인간성 자체를 갉아먹을 정도로 막강하기 때문이다. 배우다니, 지금 내게 그 악은 척결의 대상일 뿐이다. 그런데 공자도 앞의 「학이學而」 편 1-8에서 "자기보다 못한 사람을 친구로 삼지 말라" 하지 않았던가. 불선자不善者를 대하는 내 방식은 가능한 한 그를 멀리 하거나 비판하는 것이다. 그를 가까이 하려면 악취를 감수해야 한다. 그를 비판하면 당장에 여러 불이익들이 몰려오지만, 나는 그것을 기꺼이 감내하겠다. 간혹 『채근담菜根譚』의 다음 구절로 위안을 얻기도 한다. "도덕을 지키면서 사는 자는 한때 고요하고 막막하나, 권세에 아부하는 자는 만고에 처량하다. 달인達人은 물욕에서 벗어나 진리를 보고, 몸이 죽은 후의 명예를 생각하나니, 차라리 한때의 적막을 받을지언정 만고의 처량함을 취하지 말라."

다산의 다음 말이 재미있다. "세 사람이 우연히 동행할 때 어떻게 매양 어김없이 반드시 한 사람은 착하고 한 사람은 악하겠는가? 군자가 동행할 때는 혹 세 사람이 모두 착하기도 하며, 군도群盜들이 동행할 때는 혹 세 사람이 모두 악하기도 한 법이다."

공자의 말대로, 모든 사람들이 잘난 이를 귀감으로 삼고, 못난 이를 보고 자기 잘못을 고쳐나간다면, 세상 만민은 모두 동지가 될지 모른다. 적어도 소위 통일전선Einheitsfront은 가능할 것이다. 베르톨트 브레히트가 같은 제목으로 노래한 시에서처럼 "동지가 있는 광장으로! 노동자 통일전선의 대열로"가 과격하다면, 이것은 어떤가? "모두 다 같이 나가는 지평선의 대열 / 뮤즈는 조금씩 걸음을 멈추고 / 서정시인은 조금만 더 속보로 가라 / 그러면 대열은 일자가 된다."김수영의 「바뀌어진 地平線」

스승님께서 말씀하셨다. "하늘이 나에게 덕을 주었는데, 환퇴 그 자가 나를 어떻게 하겠느냐?"

子曰, 天生德於予, 桓魋其如予何.

---

❧

공자가 커다란 나무 아래에서 강의하고 있을 때, 사마환퇴가 사람을 보내 그곳을 휘저어놓고 나무를 넘어뜨리도록 했다. 기원전 492년 공자 60세 때의 일이다. 그 4년 전에도 광匡에서 포위당한 적이 있는데, "광의 사람들이 나를 어떻게 하겠느냐"라고 했다. 천명을 받은 자신의 몸을 어쩌겠냐는 것이다.

❧

내가 보기에, "환퇴 그 자가 나를 어떻게 하겠느냐"라는 공자의 이 말은 후대의 학인들에 의해 '~이 감히 나를 어찌 하겠는가'라는 자신감(?)으로 줄곧 변주한다. 자신감이라 했지만, 물론 그것은 대개의 경우 허풍이거나 두려움의 다른 표현이기도 하다. 『사기』에는 이 상황이 좀더 상세히 나타나 있다. "공자가 송 나라를 지나가는데, 송의 사마환퇴가 미워하여 공자를 죽이려 하였으나 공자가 변장하여 피했다"라고 했는데, 여기서는 그런 자신감을 읽을 수는 없다. "공자가 조曹를 떠나 송으로 가는 길에 제자들과 큰 나무 아래에서 예를 익혔다. 송의 사마환퇴가 공자를 죽이려고 그 나무를 뽑자, 공자는 피해 떠났다. 이에 제자들이 '빨리 움직이셔야겠습니다'라 하니, '하늘이 내게 덕을 내리셨는데, 환퇴 따위가 나를 어쩐단 말이냐'라고 했다"라는 데에서도 마찬가지다. 빠르게 갔든 천천히 갔든, 피한 것은 피한 것이다. 『논어』에는 피했다ᵇ는 말이 없어, 곧바로 공자의 자신감으로 해석하였다. 내가 이렇게 얘기하는 것은 공자를 깎아내리자는 것이 아니다. 공자도 난처한 상황에 처했을 텐데, 그런 장면도 있는 그대로 봐야 '살아있는 공자'를 볼 수 있겠기 때문이다. 『논어』에는 그런 장면이 꽤 나온다. 당장 다음 7-24도 그 중 하나이다.

스승님께서 말씀하셨다. "너희는 내가 숨긴다고 생각하느냐? 나는 너희에게 숨기는 것이 없다. 나는 너희와 함께 하지 않는 것이 아무것도 없다. 이것이 바로 나다."

子曰, 二三子以我爲隱乎. 吾無隱乎爾. 吾無行而不與二三子者, 是丘也.

공자는 몸으로 가르치는 것을 말로 가르치는 것보다 중시했다. 그는 묻지 않으면 말하지 않았다. 그런 태도가 사람들로 하여금 뭔가 감추거나 숨기고 있는 것 같다는 생각이 들게 했다. 그 때문에 공자가 이렇게 해명한 것이다.

내가 보기에, 앞7-23에서와 마찬가지로 이 구절에서도 '인간 공자'의 난처함을 읽을 수 있다. 일이관지一以貫之의 서恕를 체현한 성인이라면, 『집주』에서 여씨呂氏가 말했듯이, '성인은 도를 체행體行함에 숨김이 없어 마치 천상天象과 같이 환하다'면, 누가 좀 의심을 하더라도 굳이 이처럼 변명할 필요가 있었을까? 자신의 참뜻을 제대로 알아주지 못하는 제자들이 답답해서 그런 간절한 말을 했겠지만, 그것은 나 같은 사람이나 할 만한 일이라 여기는 것이다. "(스승의 경지를) 진실로 따라갈 수 없다고 여긴다면, 도를 추구하는 마음이 태만해지는 데 가깝지 않겠는가. 그래서 성인의 가르침은 늘 낮추어서 나아가기를 이와 같이 하신 것"이라는 정자程子의 해명은 아무래도 작위적이다. 나와 무관하게 저 멀리서 빛나는 '공자 이데아'라는 것이 있기나 한 걸까? 또 그런 공자는 내게 어떤 의미가 있을까? 대상에 자신을 투사投射해 보는 것은 시도해 볼 수는 있지만, 그 투사가 대상을 대체하면 곤란하다는 생각을 해 본다.

스승님께서는 네 가지를 가르치셨다. 그것은 문과 행과 충과 신이다.

子以四敎. 文行忠信.

❧

문文은 학문을 가리키고, 행行은 덕행을 말한다.

❧

내가 보기에, 정자程子가 "이 중에서 충신忠信이 근본이다"라고 한 것은 근거가 모호하다. 어느 풀이에서 이를 받아 '충신은 진정성과 신뢰로서 체體요, 문행은 용用'이라 한 것도 마찬가지다. 나는 근거가 충분히 마련되지 않으면 작은 것이라도 주장해서는 안 된다고 가르친다. "대통령은 민생을 중시한다고 했다. 그러므로 그는 우리에게 반드시 필요하다" 따위의 발언을 믿는 것은 한심한 일이 아닐 수 없다. 그는 그렇게 '말'을 했을 뿐이다. 그래도 그것이 사실이라 주장한다면, 나도 어쩔 수는 없다.

❧

오규 소라이는 문행충신文行忠信을 네 가지 교과목이라고 했다. 문은 문학, 행은 덕행, 충은 정치, 신은 언어라는 것이다. 그런데 그렇게 볼 수 있는지 의문이다. 난화이진이 말하듯이, 그것은 '교육의 취지'를 말한다고 보기 때문이다. 문은 일체의 지식과 문학을 포함하고, 행은 행위와 품덕이자 사업의 성과이며, 충은 성실한 마음을, 신은 신의를 가리킨다. 이 네 가지는 서로 떼어서 생각할 수 없다.

　다산이 문행文行을 외적인 것으로, 충신忠信을 내적인 것으로 본 것도 쉽게 이해하기 어렵다. "집안으로 들어오면 효도하고 집 밖으로 나가면 공경하는 것은 행이고, 남을 향해서 정성을 다하는 것을 충이라 하고, 남과 사귀어서 배신함이 없는 것을 신이라 한다"라고 했는데, 그것을 단지 '태도의 문제'로 볼 수 있는지 모르겠다.

스승님께서 말씀하셨다. "내가 성인은 보지 못하더라도, 군자를 볼 수 있다면 그것으로 좋겠다." 스승님께서 말씀하셨다. "내가 선한 사람을 보지 못하더라도, 한결같은 사람을 볼 수 있다면 그것으로 좋겠다. 사람은 없어도 있는 척하고, 비었으면서도 차 있는 척하며, 가난하면서도 부자인 척하니, 한결같기란 참으로 어렵구나!"

> 子曰, 聖人, 吾不得而見之矣. 得見君子者, 斯可矣. 子曰, 善人, 吾不得而見之矣. 得見有恒者, 斯可矣. 亡而爲有, 虛而爲盈, 約而爲泰, 難乎有恒矣.

공자는 좋은 사람을 네 그룹으로 구분했다. 제일 높은 자리에 있는 성인은 품격과 능력을 가지고 있으며 권력과 자리를 가지고 있기 때문에 천하를 두루 구제할 수 있다. 공자가 인정한 몇 안 되는 성인은 요임금, 순임금 같이 모두 죽어서 만나볼 수 없다. 거백옥蘧伯玉, 복부제宓不齊 등 군자는 수가 적지만 그래도 살아있다. 선인의 반대는 포악하고 나쁜 사람이다. 그런데 공자가 선인은 좋다고 했을 때, 어느 정도 좋다는 것인가 검토해 볼 필요가 있다. 현인이라 하면 사실에 가깝지만 좀 모호하다. '바탕은 아름답지만 배움이 없는 사람'은 너무 낮게 평가한 것이다.

사람들은 세상에 아직 좋은 사람이 많다고 말한다. 어떤 사람이 좋은 사람인가? 기준도 척도도 없고 아무도 조사해 통계를 낸 적이 없는데, 마치 불변의 진리인 양 말들을 한다. 장자만 "세상에 선인은 적고 선하지 않은 이는 많다", "선인이 천하를 이롭게 하는 것은 적고 해를 끼치는 것은 많다", "성인이 죽지 않으면 큰 도둑이 그치지 않는다"라고 했다.

🦋

공자는, 성인이란 태어나면서부터 완전히 총명한 일등급에 속하는 사람이라 했다. 선인은 조금 낮다. 그러나 그 역시 대단히 높다. 살아있는 사람 중에서는 찾아볼 수 없을 정도로 높고, 그와 가까운 사람은 어진 사람仁人밖에 없다. 어진 사람은 세속에 물들지 않고 자신을 깨끗이 돌볼 뿐 아니라 다른 사람이 즐겁게 살도록 돕지만, 성인보다 낮고 군자보다 높으며, 죽지 않고서 그런 사람이 될 수는 없다. 공자마저도 "성聖과 인仁을 내가 감히 자임할 수 있겠는가"라고 했다. "한결같은 사람"은 평생 동안 좋은 일을 하고, 그런 일을 즐기면서 피곤해 하지 않는 사람으로, 등급을 따지면 성인이나 선인보다 낮고 대체로 군자와 비슷하다. "배우는 데 싫증을 내지 않고 남을 가르치는 데 피곤해 하지 않았던" 공자는 한결같은 사람이다.

🦋

좋은 일을 꾸준히 하는 데 어려움은 무엇일까? 공자는 세 가지 조건을 말했다. "없어도 있는 척, 비어 있으면서 차 있는 척, 가난하면서도 부자인 척"이다. 결정적인 요인은 돈이라고 본다. 그런데 '없음'을 넘는 유일한 방법은 '있음'이다. 가질 때는 실컷 갖게 하는 것이다. 『금병매』에서 '선음宣淫', 즉 노골적으로 음란한 짓을 함으로써 여색을 경계한 방법 따위다. 다른 방법은 노자처럼 애초부터 못 보게 하는 것이다. 욕심 낼만 한 것을 보지 않으면 마음이 흐트러지지 않을 것이기 때문이다.

✤

내가 보기에, 리링의 설명이 상세하고 설득력이 있어 더 이상 덧붙일 말이 별로 없다. 단, 라캉의 다음 말이 생각나 옮겨 본다. "인간은 동물과 달리 식욕, 성욕 같은 자신의 생리적 욕구$^{need}$를 언어로 표현한다. 즉 인간은 자신의 무의식에 잠재해 있는 욕구를 언어화함으로써 의식적으로 끌어내는 것이다. 이러한 욕구의 언어적 상징적 표현이 요구$^{demand}$이다. 그러나 이때 모든 욕구가 언어로 전부 표현될 수는 없다. 그래서 말로 표현되지 않고 남아 있는 욕구인 '잔여 욕구'가 억압되어 무의식적 욕망$^{desire}$을 형성한다는 것이다. 결국 생리적 욕구와 언어적 욕구 사이의 메울 수 없는 어두운 심연에 욕망이 자리하고 있는 것이 무의식적 욕망이다." 그래서 라캉은 욕망을 결핍이라 말한다. 이것을 라캉은 S/s라는 도식으로 정리했다. 기표가 기의에서 미끄러진다는 말인데, 아마 그것을 공자는 "척하다$^{爲}$"라는 말로 설명하려 했는지도 모를 일이다.

✤

동양에서는 선하다나 악하다가 깊은 철학적인 의미를 지니지만, 서양에서는 대개 단지 good이냐 bad냐의 문제일 뿐이다. 미국에서 자주 일어나는 총기 난동사건을 두고 총기류 판매 및 소지에 대해 논란이 심한 모양이다. 미국 대통령이 총기류 관련 특별위원회를 꾸려서 대응하겠다고 하자, 무기 판매업자는 이렇게 말했다고 한다. "총을 가진 나쁜 사람을 물리치는 가장 유일하고 확실한 방법은 선한 사람이 총을 갖는 것이다." 미국답다.

스승님께서는 낚시를 하시지만 그물을 쓰지는 않으셨고, 주살을 쓰되 잠
든 새는 쏘지 않으셨다.

　　子釣而不綱, 弋不射宿.

───────────────────────────────

꧁

공자는 낚시와 새 사냥을 좋아했다. 조釣는 낚시 바늘로 고기를 잡는 것
인데, 공자가 그물을 훑지 않은 것은, 물고기를 모두 잡아버리면 나중에 먹
을 물고기가 없어질까 걱정이 되어서였다. 익弋은 긴 끈을 묶은 화살을 사냥
감을 향해 쏘는 것이다. 숙宿은 둥지로 돌아온 새다. 공자가 그 새를 쏘지
않은 것은 불인지심不忍之心 때문이었을 것이다.

꧁

내가 보기에, 이 구절은 요즘 식으로 따지자면 좀 억지 같다는 생각이
든다. "공자가 젊었을 때 가난해서 부모의 봉양과 조상의 제사에 바치기 위
해 혹 마지못해 낚시질과 주살질을 했다"라고 한 『집주』의 풀이는 더욱 그
렇다. 그냥 당시의 풍속에 따라 설명하면 충분하다고 본다. 오규 소라이는
"옛날에는 그물질과 잠자는 새를 주살질하는 것은 백성들이 하는 것이었으
니, 군자는 하지 않았다 …… 천자와 제후는 제사를 지내거나 손님을 접대
하게 되면 사냥을 하였다 …… 몸소 사냥을 하는 것이 그 손님을 공경하는
것이었기 때문이다 …… 따라서 제사를 지내거나 손님을 접대하게 되면 낚
시질과 주살질을 한 것이다. 대체로 예에 있어서는 반드시 그렇게 해야 마

땅했던 것이다"라고 했다. 난화이진처럼 "공자는 낚시를 하든 무엇을 하든 교활한 수단을 써서 남을 괴롭히기를 좋아하지 않았다"라는 식으로 이해해 도 좋겠다.

···

이 구절을 주희가 불인지심不忍之心으로 이해한 것은 맹자의 영향일 것이 다. 배병삼은 이 구절에서 공자의 생태주의적 생활 태도를 읽어냈지만, 부 회인 것 같다. 그렇게 이야기하려면 최소한 이규보의 「슬견설蝨犬說」 정도는 되어야 한다. 슬은 이고, 견은 개다. 이런 이야기다. "어떤 손이 나에게 말하 기를, '어제 저녁에 어떤 불량자가 큰 몽둥이로 돌아다니는 개를 쳐 죽이는 것을 보았는데, 그 광경이 너무 비참하여 아픈 마음을 금할 수 없었네. 그래 서 이제부터는 맹세코 개나 돼지고기를 먹지 않을 것이네' 하기에, 내가 대 응하기를, '어제 어떤 사람이 불이 이글이글한 화로를 끼고 이蝨를 잡아 태 워 죽이는 것을 보고 나는 아픈 마음을 금할 수 없었네. 그래서 맹세코 다시 는 이를 잡지 않을 것이네' 하였더니, 손은 실망한 태도로 말하기를, '이는 미물이 아닌가? 내가 큰 물건이 죽는 것을 보고 비참한 생각이 들기에 말한 것인데, 그대가 이런 것으로 대응하니 이는 나를 놀리는 것이 아닌가?' 하 기에, 나는 말하기를, '무릇 혈기가 있는 것은 사람으로부터 소·말·돼지 ·양·곤충·개미에 이르기까지 삶을 원하고 죽음을 싫어하는 마음은 동일 한 것이네. 어찌 큰 것만 죽음을 싫어하고 작은 것은 그렇지 않겠는가? 그렇 다면 개와 이의 죽음은 동일한 것이네. 그래서 그것을 들어 적절한 대응으 로 삼은 것이지, 어찌 놀리는 말이겠는가? 그대가 나의 말을 믿지 못하거든 그대의 열 손가락을 깨물어 보게나. 엄지손가락만 아프고 그 나머지는 아프지 않겠는가? 한 몸에 있는 것은 대소 지절支節을 막론하고 모두 혈육이 있기 때문에 그 아픔이 동일한 것일세. 더구나 각기 기식氣息을 품수稟受한 것인데, 어찌 저것은 죽음을 싫어하고 이것은 죽음을 좋아할 리 있겠는가? 그대는 물러가서 눈을 감고 고요히 생각해 보게나. 그리하여 달팽이 뿔을 쇠뿔과 같이 보고, 메추리를 큰 붕새처럼 동일하게 보게나. 그런 뒤에야 내가 그대와 더불어 도道를 말하겠네' 하였다."

이 구절을 보면서 우리가 얼마나 주희의 관념적 해석에 긴박되어 사고하고 있는지 알 수 있다. 좀더 냉정한 역사주의적인 접근이 요구된다 하겠다. 그런데 그런 것이 어디 여기서만이겠는가. 형이상학적으로 말하고 관념적으로 분식해야만 그럴듯해 보인다고 여기는 천박한 풍조를 이겨내야 한다. 지금 절실하게 필요한 것은 '추상에서 구체로의 상승'이다.

스승님께서 말씀하셨다. "아마 잘 알지도 못하면서도 책을 쓴 사람이 있
겠지만, 나는 그런 적이 없다. 많이 듣고 그 가운데서 좋은 것을 선택해
서 따랐고, 많이 보고 기억하였다. 지능은 그 다음의 일이다."

子曰, 蓋有不知而作之者, 我無是也. 多聞, 擇其善者而從之, 多見而識
之. 知之次也.

이것은 무지하면서도 함부로 쓰는 것을 경계한 말이다.

내가 보기에, 지금까지 본 공자의 말 중에서 이 구절이 가장 매섭다. 그
동안 잘 알지도 못하면서 잘 알고 있는 척 줄곧 떠들고 써댔다. 정직하게
말하면, 나는 내가 뭘 알고, 뭘 모르는지조차 잘 모른다. 공자는 그래서 나
같은 사람 들으라고 "아는 것을 안다고 하고, 모르는 것을 모른다고 하는
것, 그것이 앎이다知之爲知之, 不知爲不知, 是知也"「위정(爲政)」2-17라고 했는지 모른다.
단지 겸사가 아니다. 근래 홍세화 선생이 역설하고 있듯이, '내 생각은 어떻
게 해서 내 생각이 되었나'라고 하는 문제에까지 이르면, 더 이상 할 말이
없다. 그렇지만 이러구러 부대끼다보면 언젠가 뭔가 흐릿하게나마 상像이
맺힐 때가 있지 않을까 막연히 기대하면서 오늘도 쓰고 떠든다.

마지막 구절 "지능은 그 다음의 일이다"를 주희는 "나면서부터 아는 자의 다음"이라고 풀었다. 난화이진의 말대로 "남의 의견을 많이 듣고, 많이 보고, 많이 경험하고, 남에게 많이 배우는 것"이야말로 천재가 아닌 사람이 취할 학문하는 자세다. 양보쥔도 같은 해석을 내놓았다. 그러나 다산은 "태어나면서부터 아는 자는 없다"라고 했다.

다문多聞이니 다견多見이니 하는 것은 이른바 유가적 현실주의의 근간이 되는 말들이다. 그런데 다문은 원래 불교용어였다. 다문은 많은 법문法門을 듣고 수지受持하여 잊지 않는 것, 곧 널리 들어서 지식이 많은 사람을 말한다. 뛰어난 불제자佛弟子를 가리키는 말로도 쓰인다. 『잡아함경雜阿含經』의 「다문경多聞經」에 이런 말이 나온다. "나는 이와 같이 들다. 어느 때 부처님께서 사위국 기수급고독원에 계셨다. 그때 어떤 비구가 부처님께 찾아와 부처님께 예배하고 물러나 한쪽에 서서 여쭈었다. '세존께서는 많이 들음多聞을 말씀하시는데, 어떤 것을 많이 들음이라 합니까?' 부처님께서 그 비구에게 말씀하셨다. '훌륭하고, 훌륭하구나. 네가 지금 나에게 많이 들음의 뜻을 물었느냐?' 비구가 부처님께 아뢰었다. '그렇습니다. 세존이시여.' 부처님께서 비구에게 말씀하셨다. '자세히 듣고 잘 사유하라. 내 너를 위해 설명하리라. 비구야, 마땅히 알라. 만일 '색은 싫어하는 마음을 일으키고, 탐욕을 떠나며, 완전히 없애고, 고요하게 해야 할 법이다'라고 듣는다면 이것을 이름 하여 많이 들음이라 한다. 이와 같이 '수·상·행·식受想行識은 싫어하는

마음을 일으키고, 탐욕을 떠나며, 완전히 없애고, 고요하게 해야 할 법이다'
라고 듣는다면 이것을 이름 하여 많이 들음이라 하느니라. 비구야, 이것이
여래가 말하는 많이 들음이니라.' 이때 그 비구는 부처님의 말씀을 듣고 기
뻐 뛰면서 예배하고 물러갔다."

더불어 말하기 어려운 호향의 아이를 만나시니 문인들이 의아하게 생각하였다. 이에 스승님께서 말씀하셨다. "진보하는 것이 퇴보하는 것보다는 좋으니, 뭐가 문제란 말이냐? 사람이 과거의 잘못을 깨끗이 반성하고 앞으로 나아가면, 그것을 인정해야지 그의 과거를 붙들고 늘어져서는 안 된다."

> 互鄉難與言童子見, 門人惑. 子曰, 與其進也, 不與其退也, 唯何甚. 人潔己以進, 與其潔也, 不保其往也.

이 장의 배경은 자세히 알 수 없다. 호향은 동네 이름인데, 어디인지 고증하기 어렵다. 그 소년이 왜 공자를 찾아왔는지도 분명치 않지만, 사과하려고 온 것 같다. 우리는 살아가는 동안 말붙이기 어려운 사람과 마주치는데, 그가 우리에게 말하지 않으면 우리는 절대로 적극적으로 먼저 나서서는 안 된다. 그러나 주동적으로 앞으로 나오면 또 당연히 환영해야 한다.

내가 보기에, 주희가 착간錯簡, 곧 문맥상 오류가 있다고 한 이 장을 리링은 무난하게 풀이했다. 리링에 따르면, 이 장의 키워드는 반성이다. 우리가 세상을 살면서 가장 인색한 것이 바로 반성이다. 여유가 좀 있을 때 용서는 간혹 하지만, 그때도 반성은 대개 힘이 든다. 적어도 나로서는 그렇다. 마음은 그렇게 먹어도 행동으로 옮기기는 정말 어렵다. 남에게는 쉽게 반성을 요구하면서도 스스로는 반성치 않은 이런 태도야말로 한심하고도 너절한 행태가 아닐 수 없다. 그런데도 일언반구 반성도 없이 시치미를 뚝 떼고 뻔뻔하게 떠들어대는 사람을 보면 참기 어렵다. 나도 그러니 눈 감아 줄 수도 있건만, 또 그러지 못한다. 나에게는 관대하고 남한테는 매몰찬 나는 구제불능이다.

내가 옆에 두고 가끔 열어보는 『악마의 사전』에서 반성<sup>reflection</sup>을 찾아보니 좀 의외다. "박식 : 학문에 정진하는 자가 지닌 일종의 무지"와 같이 상식을 뒤집는 위트나 비아냥으로 일관된 이 사전이 반성에 대해서는 깐죽거리지 않은 것이다. "어제의 사건과 현재 우리의 관계를 좀더 명확하게 보고, 위험이 두 번 다시 되풀이되지 않도록 피할 수 있게 하는 정신적 작용"이라고 한다. 저자 엠브로스 비어스가 반성만은 제대로 하고 싶었던 모양이다.

반성이라 하면, 당장 김수영이 떠오른다. 「동요도 없이 반성도 없이」라는 시다.

> 저이는 나보다 여유가 있다
> 저이는 나보다 가난하게 보이는데
> 저이는 우리집을 찾아와서 산보를 청한다
> 강가에 가서 돌아갈 차비만 남겨놓고 술을 사준다

아니 돌아갈 차비까지 다 마셨나보다
식구가 나보다도 일곱 식구나 더 많다는데
일요일이면 빼지 않고 강으로 투망을 하러 나온다고 한다
그리고 반드시 4킬로 가량을 걷는다고 한다

죽은 고기처럼 혈색없는 나를 보고
얼마전에는 애 업은 여자하고 오입을 했다고 한다
초저녁에 두번 새벽에 한번
그러니 아직도 늙지 않지 않았느냐고 한다
그래도 추탕을 먹으면서 나보다도 더 땀을 흘리더라만
신문지로 얼굴을 씻으면서 나보고도
산보를 하라고 자꾸 권한다

그는 나보다도 가난해 보이는데
남방셔츠 밑에는 바지에 혁대도 매지 않았는데
그는 나보다도 가난해 보이고
그는 나보다도 짐이 무거워 보이는데
그는 나보다도 훨씬 늙었는데
그는 나보다도 눈이 들어갔는데
그는 나보다도 여유가 있고
그는 나에게 공포를 준다

이런 사람을 보면 세상사람들이 다 그처럼 살고 있는 것같다

나같이 사는 것은 나밖에 없는 것 같다

나는 이렇게도 가련한 놈 어느 사이에

자꾸자꾸 소심해져만간다

동요도 없이 반성도 없이

자꾸자꾸 小人이 돼간다

俗돼산나 俗돼간나

끝없이 끝없이 동요도 없이

스승님께서 말씀하셨다. "인이 멀리 있는가? 내가 인을 원하면, 인은 바로 내게로 다가온다."

　　子曰, 仁遠乎哉. 我欲仁, 斯仁至矣.

✤

　　공자는, 인이 정말로 우리와 멀리 떨어져 있을까 묻고, 마음속으로 인을 생각하면 인이 곧 다가온다고 말했다. 제자를 격려하는 방법이다. 그것은 마치 승려들이 아미타불을 외면 바로 극락왕생할 수 있다고 생각하는 것과 같다.

✤

　　내가 보기에, 공자를 승려에 비유한 리링의 생각은 민망하기도 하지만 새롭고도 유쾌하다. 리링의 지적을 보니, 루시안 골드만이 『숨은 신』에서 상동관계라고 한 말이 떠오른다. 예컨대 이런 것이다. 숙종 때 김만중은 『서포만필』에서 "불서佛書가 비록 번다하지만, 그 핵심은 진공묘유眞空妙有 네 글자에서 벗어나지 않는다. 규봉圭峰 종밀宗密은 진공이라는 것은 차 있는 것이 비어 있다는 말과 다름이 없고, 묘유란 것은 비어 있는 것이 차 있다는 것과 다름이 없다고 하였다. 그런데 이 말은 주렴계周濂溪의 무극이태극無極而太極이란 말과 아주 비슷하다"라고 했다. 논리상 진공묘유나 태극무극은 확실히 상동관계에 있다는 것이다.

"내가 인을 원하면, 인은 바로 내게로 다가온다"라는 공자의 말은 일종의 숭고崇高의 세계관을 보여준다. 숭고는 현실의 결핍이 기원 혹은 기도로 곧바로 성취될 수 있다고 믿을 때 생겨난다. 이것은 신화와 종교의 세계에 서나 있을 수 있다. 가락국 신화에서 구간九干이 구지봉에 올라 임금을 내어 달라고 노래하고 춤추니 수로首露가 나왔다는 식이다. 이러한 세계관을 오늘날 그대로 준신하기는 대단히 어렵다. 물론 "원하는 것은 무엇이든 얻을 수 있고, 뜻하는 것은 무엇이건 될 수가 있다"는 〈아, 대한민국〉은 예외다.

한문에서 허사의 용례는 대단히 까다롭고 어렵다. 이 구절 인원호재仁遠乎哉에서 호재乎哉는 대개는 '~ㄴ가?'라는 의문, 곧 '인은 멀리 있는가?'로 풀지만, 오규 소라이는 '~구나!'라는 감탄, 곧 '인은 멀리 있구나!'로 이해했다. 오규 소라이는 "인이 어찌 멀리 있지 않겠는가? 멀지 않다고 말하는 것은 실재로는 멀기 때문에 그렇게 표현한 것이다"라고 했다. 어느 것이 옳은지 단정할 수 없지만, 분명한 것은 꿈이나 이상을 대하는 자세에서 이 둘은 큰 차이를 보인다는 점이다. 꿈이나 이상은 대단히 멀리 있어 신성하니, 그것에 도달하기 위해서는 우선 내 몸과 마음을 신성하게 닦고 참아내야 한다는 것이 그 하나이다. 꿈이나 이상은 사실 지극히 세속적인 현실에 구체적으로 편재遍在해 있으니, 가능한 한 몸을 낮추고 있는 그대로 맞이하고 찾아야 한다는 것이 다른 하나이다. 나는 이것을 『삼국유사』를 읽으면서, 관음을 친견親見하려고 한 의상과 원효의 기도방식을 통해 약간이나마 이해하게 되었다. 조동일 선생에 따르면, 의상은 숭고한 것을 숭고하게 추구한 반면, 숭고하지 않고 전혀 비속하기만 한데, 숭고한 것과 비속한 것은 사실 둘이 아니어서 숭고한 것은 비속한 데서 찾아야 비로소 진실에 이를 수 있다는 것을 원효가 행동으로 보여주었다.

진사패가 물었다. "소공은 예를 알았습니까?" 공자께서 대답하셨다. "예를 알았습니다." 공자께서 물러나자 (진사패가) 무마기에게 (읍하고) 들어오라 하고서는 이렇게 말했다. "나는, 군자는 편을 가르지 않는다고 들었는데, 군자 역시 편을 가르나요? 노 나라 임금은 같은 성인 오씨를 아내로 맞아들이고도 그를 오맹자라고 부릅니다. 그 임금이 예를 안다면 누가 예를 모르겠소?" 무마기가 그 말을 전해주자 스승님께서 말씀하셨다. "나는 운이 좋아. 만약 잘못이 있으면, 다른 사람이 반드시 알아차리거든."

陳司敗問, 昭公知禮乎. 孔子曰, 知禮. 孔子退, 揖巫馬期而進之, 曰, 吾問君子不黨, 君子亦黨乎. 君取於吳, 爲同姓, 謂之吳孟子. 君而知禮, 孰不知禮. 巫馬期以告. 子曰, 丘也幸, 苟有過, 人必知之.

진사패는 누군지 알 수 없다. 단, 사패는 주대周代 육경六卿의 하나인 사구司寇이다. 소공은 노 나라 임금이다. 무마기는 공문 제2기 제자다. 무마는 말을 치료하는 무의巫醫였는데, 복성으로 변했다.

"군자는 편을 가르지 않는다"에 해당하는 원문 군자부당君子不黨에서 당은 본래 향당鄕黨, 즉 동향의 관계를 가리키는 말이었는데, 나중에 뜻이 확장되어 불법적으로 결탁하는 모든 부당한 관계를 의미하게 되었다. 진사패는 공자가 노 나라 군주를 위해 그 치부를 숨겼다고 비판했다. 공자가 당동벌이黨同伐異, 즉 같은 무리끼리 한패가 되어 다른 무리를 배척하는 것, 말하자면 자기편 사람이면 어떻든 다 좋게 보는 것이라 생각했다.

✿

고대에는 동성끼리 혼인하지 않았다. 노 나라는 주공의 후예고, 오 나라는 태백의 후예로, 둘 다 희성姬姓이어서 통혼하면 안 되었다. 그래서 소공은 자기 부인을 오희吳姬라 부르는 것을 싫어해 오맹자라 부른 것이다. 진사패는, 이것이 예를 모르는 것인데, 공자가 그것을 숨겼기 때문에 사리에 맞지 않다고 본 것이다.

✿

공자는, 자식은 아버지를 위해, 신하는 군주를 위해 숨겨주어야 할 것이 있다고 생각했다. 그래서 일부러 소공이 예를 안다고 말한 것이다. 물론 공자 역시 진사패의 비판이 옳고 자기의 말이 틀렸다는 점을 인정했다. 그러나 공개적인 장소에서 그는 반드시 그렇게 이야기할 수밖에 없었다. 이것은 마음속으로는 분명히 알고 있으면서 겉으로는 어리석은 척하는 것이다.

✿

내가 보기에, 이 구절을 간단히 정리하면, 공자가 군주의 잘못을 숨겨주는 예를 지켰다는 것이다. 예를 강조하는 이 구절에서 눈여겨보아야 할 것은 "군자는 편을 가르지 않는다", 곧 군자부당君子不黨이다. 이 말은 앞으로 나올 "무리를 짓되 편을 가르지 않는다", 곧 "군이부당群而不黨"과 상통한다.

"어울리지만 똑같이 되지는 않는다"라는 화이부동和而不同,「자로(子路)」 13-23도 마찬가지다. 그런데 이것은 보통 어려운 일이 아니다. 소인배는 혼자서는 아무 일도 못한다. 떼거리로 다녀야만 용감해지는 것이 소인배다. 깡패들도 몰려다닐 땐 눈에 뵈는 것이 없지만, 집에 갈 때는 버스나 지하철을 타고 혼자 조용히 간다. 직장에서도 보면, 꼭 실력 없고 못난 것들이 끼리끼리 모여 앉아 허구한 날 남 욕이다. 이 좀팽이들은 무리에 섞여 있어야지, 혼자 있으면 불안해 못 견딘다. 집단의 세勢를 믿고 나댄다. 여우가 호랑이의 위엄을 빌려 까불거린다는 호가호위狐假虎威야말로 이들의 장기다. 운동권에도 소인배들이 판을 친다. 이들은 "너는 어느 편이냐? 입장을 분명히 밝히라"고 다그친다. 이때 가장 적절한 대답은 송경동의 시「사소한 물음에 답함」이다.

스물여덟 어느 날

한 자칭 맑스주의자가 새로운 조직 결성에 함께 하지 않겠냐고 찾아왔다

얘기 말엽에 그가 물었다

그런데 송 동지는 어느 대학 출신이요? 웃으며

나는 고졸이며, 소년원 출신에

노동자 출신이라고 이야기해 주었다

순간 열정적이던 그의 두 눈동자 위로

싸늘하고 비릿한 유리막 하나가 쳐지는 것을 보았다

허둥대며 그가 말했다

조국해방전선에 함께하게 된 것을

영광으로 생각하라고.

미안하지만 난 그 영광과 함께하지 않았다


십수 년이 지나 요 근래
다시 또 한 부류의 사람들이 자꾸 내게
어느 조직에 가입되어 있느냐고 묻는다
나는 다시 숨김없이 대답한다
나는 저 들에 가입되어 있다고
저 바닷물결에 밀리고 있으며
저 꽃잎 앞에서 날마다 흔들리고
이 푸르른 나무에 물들어 있으며
저 바람에 선동당하고 있다고
없는 이들의 무너진 담벼락에 기대 있고
걷어 채인 좌판, 목 잘린 구두
아직 태어나지 못해 아메바처럼 기고 있는
비천한 모든 이들의 말 속에 소속되어 있다고
대답한다. 수많은 파문을 자신 안에 새기고도
말 없는 저 강물에게 지도받고 있다고

스승님께서는 다른 사람과 노래하다가 좋으면 반드시 한 번 더 하도록
하시고, 그런 다음에 화답하셨다.

子與人歌而善, 必使反之, 而後和之.

---

공자는 다른 사람과 노래를 부를 때 만약 노래를 잘 부르면, 반드시 한
번 불러달라고 요청했고, 자기는 따라 불렀다.

내가 보기에, 반드시 반복해서 노래를 부르게 한 것은 그 상세함을 알아
그 좋은 점을 취하려는 것이요, 뒤에 따라 부른 것은 자세한 것을 알아 기뻐
서 그의 좋은 점을 인정해 준 것이라는 주희의 설명은 다소 작위적인 느낌
이 든다. 굳이 그렇게까지 엄숙하게 의미를 찾으려 할 필요는 없어 보인다.
뭔가 애써 심오한 경지를 찾으려는 태도는 관념론자의 장기이자 현학 취미
다. 그냥 좋아서 다시 한 번 듣고 싶었고, 너무 좋아 자신도 따라 불렀다고
이해하면 될 것이다. 미욱한 나도 노래방에 가서 누가 노래를 잘 부르면,
앵콜을 청하고, 신이 나서 덩달아 따라 부르기도 한다.

이 구절에서 예술, 특히 음악을 좋아하는 '인간 공자'의 정감어린 모습
을 볼 수 있어 좋다. 곧 나오지만, "(공자는) 온화하면서도 엄격하셨고, 위엄

이 있으면서도 사납지 않으셨으며, 정중하면서도 편안하셨다"[7-38]라는 전언이 살갑게 다가온다. 일전에도 언급한 바 있지만, 예술을 모르는 학자라는 존재가 과연 가능한지 모르겠다. 공자가 "아는 것은 좋아하는 것만 못하고, 좋아하는 것은 즐기는 것만 못하다"라고 했을 때, 그 즐기는 대상이 바로 예술이다. 이렇게 보면 지식의 최종 목표는 예술이라 할 만하다. 재미도 없고, 예술적 흥취도 없는 학인은 어쩌면 관념에서나 가능할지 모른다. 플라톤은 이상국理想國에서 예술가를 추방했는데, 그런 나라에서는 단 하루도 살고 싶지 않다.

스승님께서 말씀하셨다. "나나 다른 사람이나 노력하는 것은 같다. 그런데 나는 아직 군자처럼 행동하지는 못한다."

子曰, 文莫, 吾猶人也. 躬行君子, 則吾未之有得.

✺

문막文莫은 민막忞慔으로 읽으며 노력한다는 뜻이다. 공자가 분류한 인물 등급에서 군자는 인자仁者보다 낮으며, 성인聖人보다 더욱 낮다. 그러나 군자마저도 노력해야만 이 칭호에 걸맞게 될 수 있다.

✺

내가 보기에, 이 구절에 대한 리링의 풀이 역시 새롭다. 주희는 막莫을 의문사라고 하여, "문文은 내가 남과 같지 않았겠냐마는"이라고 풀었다. 그런데 문文이라 하면 다음 하고 연결이 자연스럽지 못하다. 문과 궁행躬行이 대구對句가 되지 않는다는 말이다. 오규 소라이는 "연燕과 제齊에서는 노력하고 힘쓰는 것을 문막이라 한다"라고 하면서, "힘쓰고 노력함은 내가 남과 같다"라는 말은 공자 당시의 속담이라 하였다. 고문자, 고문헌학의 대가답다. 참고로 문막을 노력으로 본 것은 난조欒肇의 『논어박論語駁』에 근거를 두는데, 다산은 이 견해를 잡설이라 부정하고 그것에 현혹되지 말라고 했다.

✺

주희는 마지막의 미지유득未之有得도 전혀 얻음이 없다全未有得라고 했는데, 득은 '~할 수 있다'는 뜻으로 보는 것이 적절하다. 다른 사람과 같다獨人를 남보다 낫지는 못하지만, 그래도 남에게 미칠 수는 있다不能過人, 而尙可以及人라고 한 것도 천착인 듯하다. 『집주』에서 "문文은 비록 성인이라도 다른 사람과 같지 않음이 없으므로 겸양하지 않은 것"이라고 한 사씨謝氏의 풀이는 더욱 그렇다.

이 구절의 키워드는 겸양이다. 난화이진은 "(공자의) 이러한 자세는 대단히 소박하여 일부러 비틀고 펴서 꾸민 흔적이 조금도 없다"라고 했다. 좀 엉뚱한 얘기처럼 들리겠지만, 우리가 지금 공자를 성인이라 부르는 것에 대해 리링은 『논어, 세 번 찢다』에서 다음과 같이 냉혹하게 비판하고 있다. "천부적으로 총명해야 한다는 것, 대단히 총명해야 한다는 것은 귀족-혈통론적인 개념인데, 공자는 그 점을 믿었고, 옛사람들 모두 그 점을 믿었다. 그런데 공자는 자신이 천부적으로 총명하다고 말한 적이 없고, 도리어 자신은 그런 사람이 아니라고 재차 선언했다. 그는 자신이 첫 번째 조건을 갖추지 못했다고 말했다. 그리고 두 번째 조건 역시 공자는 갖추지 못했다. 그는 일생에서 총 14년 동안 관직에 있었다. 노 나라에서 4년, 위 나라에서 총 7년, 진陳 나라에서 3년 벼슬을 했을 뿐이며, 그는 군주도 아니었다. 성인은 요와 순이며, 요순은 죽은 사람이다. 공자는 결코 자신을 요순에 비하지 않았다. 그러니 우리가 그를 성인이라 칭하는 것은 그를 욕하는 것과 같다. 그라면 그렇게 말하지 않았을 것이다."

궁행躬行이란 몸소 실천한다는 뜻이다. 실천궁행 혹은 궁행실천이라고 붙여 쓰기도 한다. 아무리 좋은 말과 생각이라도 실천하지 않으면, 단지 구두선口頭禪에 지나지 않는다. 구두선은 행동이 따르지 않는 실속 없는 빈말이다. 불가에서는, 입으로 불경을 읽기만 할 뿐 참된 선禪의 이치를 닦지 않는 태도를 그렇게 말하는데, 비슷한 말로 공염불空念佛이 있다.

스승님께서 말씀하셨다. "성聖과 인仁을 할 수 있다고 어찌 장담할 수 있 겠는가? 다만 그것을 실천하는 데 싫증을 내지 않고, 다른 사람을 가르치 는 것을 피곤해 하지 않는다는 점에서는 그렇다고 말할 수 있을 뿐이다." 공서화가 말했다. "그것이 바로 저희 제자들이 배울 수 없는 것입니다."

子曰, 若聖與仁, 則吾豈敢. 抑爲之不厭, 誨人不倦, 則可謂云爾已矣.

公西華曰, 正唯弟子不能學也.

성스러움은 태생적으로 그리고 절대적으로 총명한 사람의 것으로 혈통 론적 개념이다. 인은 자기 마음을 다른 사람에게까지 미루어나가고, 다른 사람을 자신으로 여기며 그 인애仁愛의 마음을 주변 사람, 곧 상류사회의 사 람에게 베푸는 것이다.

성스러움과 인을 구별하는 것은 무엇인가? 인은 오직 상류층 사람들의 도덕적 범주에 속하는데, 성스러움은 절대적으로 총명한 사람이 천하, 곧 천하의 백성을 다스리는 것으로 정치적 범주에 속한다. 백성을 편안하게 하고 뭇사람을 구제하는 것은 이미 인의 범위를 초월하기 때문에, 요임금 과 순임금같이 권력 있고 성스러운 사람도 고민했다. 권력도 지위도 없는 어진 사람仁人은 도저히 해 볼 수 없는 차원의 일이다.

군자는 공경하는 마음으로 자신을 수양하는 사람으로, 성인과 어진 사람의 다음이다. 공자는 성인과 어진 사람을 만나볼 수 없어서 군자라도 좀 만났으면 좋겠다고 했다. 군자는 한결 같은 마음을 가진 사람이다.

이렇게 보면, 공자가 "성과 인을 할 수 있다고 어찌 장담할 수 있겠는가?"라고 한 것은 일부러 겸손한 척하는 것이 아니다. 앞<sup>7-33</sup>에서도 말했지만, 이렇듯 권력도 없고 귀족도 아닌 공자를 성인이라 부른다면, 그것은 그를 욕하고 웃음거리로 만드는 것과 같다.

공자를 성인화한 것은 제자들이다. 자공은 대대적인 선전을 시작했고, 재여와 유약은 그에 협조했으며, 맹자와 순자 역시 부채질하고 선동했다. 공자가 민간인으로서 권력도 세력도 없어 백성의 구세주가 될 수 없다는 것을 자공도 당연히 알고 있었다. 그러나 스승이 성인에 해당하지 않는다면, 제자가 어떻게 그에 해당되겠는가? 스승을 대대적으로 선전한 결과 자기 자신도 성인이 되었다.

내가 보기에, 역시 리링이 공자를 바라보는 시각에는 가감이 없다. 대상에 핍진하게 다가간다. 주희가 "공자의 이 말은 겸사이다"라고 한 것은 성인인데 겸손하여 스스로 성인이라 하지 않는 (자랑스러운) 스승을 기리는 헌사의 결정판이다. 공자의 말을 듣고 공서화가 "그것이 바로 제자들이 배울 수 없는 부분입니다"라고 한 말 가운데 이미 그 '성인 만들기'의 단초가 보인다. 우선, "바로 그것正唯"이라는 반응이다. 나는, 제자가 내가 한 말에 '바로 그것입니다'라고 맞장구를 치면, '허 이 놈 봐라?' 하는 생각이 들 것이다. 스승이 미처 깨우치지 못한 바를 내가 확실하게 짚어주겠다는 자만심 같은 것을 느껴 불편하다. 물론 내가 못나서이겠지만, 그렇게 말하는 이들 가운데 실력과 내공이 있는 이를 별로 본 적이 없다. 그리고 "배울 수 없다弗學"라는 말도 다시 생각해 보아야 한다. 성인은 후천적으로 배워서 아는 사람이 아니라 날 때부터 이미 다 알고 있는 사람, 곧 생이지지자生而知之者인데, 공자의 말이 배울 수 없는 것이라면, 그것은 이미 공자가 성인의 반열에 올랐다는 일종의 선포宣布, shew이다.

스승의 격을 높이는 사례는 오늘날도 많이 볼 수 있다. 이른바 학연學緣이다. 학문적 계보나 학파學派야 있을 수 있지만, 스승을 높임으로써 덩달아 자기도 올라가고, 그래서 결국 그 집단이 행세한다면, 그것은 결코 용인할 수 없다. 앞에서 끌어주고 뒤에서 밀어주느라 학문, 실력, 내공 쌓기는 뒷전이다. 이 문제에 대해서는 더 이상 말조차 하기 싫다. '21세기의 군사부일체'를 실천하는 학인들의 이 고질은 이 나라가 망하기 전까지는 고쳐지기 어려울 것 같다. 아니, 그 너절한 꼴들을 다시 보지 않기 위해서라도 이놈의 나라는 발본적으로 바뀌어야 한다.

스승님께서 병이 나시자, 자로가 기도할 것을 요청했다. 스승님께서 말씀하셨다. "기도해 본 적이 있느냐?" 자로가 대답했다. "있습니다. 기도문에 '당신을 위해 천지신명께 기도드립니다'라고 씌어 있습니다." 스승님께서 말씀하셨다. "네가 나를 위해 기도드린 지 오래되었구나."

子疾病, 子路請禱. 子曰, 有諸. 子路對曰, 有之. 誄曰, 禱爾于上下神祇.
子曰, 丘之禱久矣.

"기도문에~"에 해당되는 뇌왈誄曰을 『설문說文』에서는 뇌왈讄曰로 인용했다. 아울러 뇌讄를 기도드리는 것, 뇌誄를 시호를 주는 것이라고 풀이했다. 앞의 것은 살아있는 사람을 위해 복을 구하는 것이고, 뒤의 것은 죽은 자를 위해 시호를 짓는 것이다.

옛사람은 병이 나서 의약이나 침 등이 효과가 없을 때 신령에게 기도했다. 병원에서 포기한 말기 암 환자가 마지막으로 기공사氣功士를 찾는 요즘과 다르지 않다.

기도하고 제사 드리자는 자로의 제안에 대한 전통적인 해석은, 공자는 천명을 믿었지만 귀신을 추구하는 데 반대했고, 귀신에게 사함을 받을 죄가 없는데 왜 기도하겠느냐는 것이다. 한 마디로 공자가 자로의 제안을 거절했다는 것이다. 그런데 왜 "기도를 드려 본 적이 있느냐"라고 물었을까? 혹시 풍자가 아닐까? 기도문이라고 한 『뇌서誄書』는 죽은 뒤에 애도를 표하는 글이고, 거기에 씌어 있는 기도와 제사 등은 모두 죽은 자의 생전의 일에 관한 것인데, 당시 공자는 아직 살아있음에도 불구하고 자로가 그것을 가져다 쓰려 했으니 대단히 어울리지 않았다. 그래서 공자는 화가 나서, '네가 나를 위해 기도한 지가 아주 오래되었나보구나. 너는 내가 빨리 죽기를 바라고 있구나'라는 뜻으로 말했다. 비꼰 것이다.

내가 보기에, 리링의 이 해석 역시 재미있다. 제자의 실수에 대해 스승이 삐쳐서 비꼬고 있다고 본 것이다. 이는 주희의 풀이와 크게 다르다. 이러한 해석의 차이는 기본적으로 문맥 해석상의 차이에 기인한다. 주희는 마지막 문장인 구지도구의丘之禱久矣를 "나는 기도한 지가 오래되었다"라고 풀이했는데, 리링은 "(네가) 나를 위해 기도드린 지 오래되었구나"라고 이해했다. 어느 것이 옳은지 확언하기 어렵지만, 리링의 해석이 좀더 현실적이고 인간적이어서 좋다. 공자가 기도하자는 자로에게 유저有諸라고 한 것을, 리링은 "네가 기도해 본 적이 있냐?"라는 식으로 경험을 물은 반면, 주희는 "(거기에) 이치가 있느냐?"라고 물었다고 이해했는데, 전자가 좀더 현실적이라고 생각한다. 그래야 스승이 중병에 걸리자 모든 수단을 동원해 스승의 병을 고치려 애쓰는 제자의 마음이 피부로 다가온다. 평소에는 향도 피우지 않더니, 급하고 보니 부처님 다리 안고 사정한다平時不燒香, 急時抱佛脚는 중국 속담이 절실한 상황이었던 것이다. 더구나 "나는 기도한 지가 오래되었다"라고 해석하면, 공자가 이전에는 귀신에게 기도한 적이 있음을 실토한 것이 되어 버리지 않은가.

✿

공자의 태도를 풍자라고 본 리링의 해석은 전통적인 풀이와는 크게 다르다. '인간 공자' 대 '성인 공자'의 나둠에서 이러한 차이가 발생한 것일까? 나는 이러한 차이가 좋다. 우리 전통이나 고전에 대해서는 이런 해석의 차이가 거의 없다. 일방적이다. 무조건 정전正典으로 만들어 토론 자체를 차단한다. 그렇게 만들어 놓고서는 그 앞에 무릎 꿇어 빌기만 바란다. 그 canon의 반석에 균열을 내어 토론의 여지를 확보해야 한다. 텅 빈 위선의 엄숙주의를 깬다면, 그것이 풍자든 냉소든 다 선善이다. 김수영은 「누이야 장하고나! – 新歸去來 7」에서 "풍자가 아니면 해탈"이라 했다.

> 누이야
> 풍자가 아니면 해탈이다
> 너는 이 말의 뜻을 아느냐
> 너의 방에 걸어놓은 오빠의 사진
> 나에게는 '동생의 사진'을 보고도
> 나는 몇번이고 그의 진혼가를 피해왔다
> 그전에 돌아간 아버지의 진혼가가 우스꽝스러웠던 것을 생각하고
> 그래서 나는 그 사진을 십년만에 곰곰이 정시하면서
> 이내 거북해서 너의 방을 뛰쳐나오고 말았다
> 십년이란 한 사람이 준 상처를 다스리기에는 너무나 짧은 세월이다

누이야

풍자가 아니면 해탈이다

네가 그렇고

내가 그렇고

네가 아니면 내가 그렇다

우스운 것이 사람의 죽음이다

우스워하지 않고서 생각할 수 없는 것이 사람의 죽음이다

팔월의 하늘은 높다

높다는 것도 이렇게 웃음을 자아낸다


누이야

나는 분명히 그의 앞에 절을 했노라

그의 앞에 엎드렸노라

모르는 것 앞에는 엎드리는 것이

모르는 것 앞에는 무조건하고 숭배하는 것이

나의 습관이니까

동생뿐이 아니라

그의 죽음뿐이 아니라

혹은 그의 실종뿐이 아니라

그를 생각하는

그를 생각할 수 있는

너까지도 다 함께 숭배하고 마는 것이

숭배할 줄 아는 것이

나의 인내이니까

"누이야 장하고나!"
나는 쾌활한 마음으로 말할 수 있다
이 광대한 여름날의 착잡한 숲속에
홀로 서서
나는 돌풍처럼 너한테 말할 수 있다
모든 산봉우리를 걸쳐온 돌풍처럼
당돌하고 시원하게
도회에서 달아나온 나는 말할 수 있다
"누이야 장하고나!"

스승님께서 말씀하셨다. "사치하면 불손해지고, 검소하면 고루해진다.
그런데 불손한 것보다는 차라리 고루한 것이 낫다."

子曰, 奢則不孫, 儉則固. 與其不孫也, 寧固.

❧

사치는 사람을 불손하고, 한없이 기어오르게 만들고, 뜻을 이루면 곧
미쳐 날뛰게 만든다. 절검節儉은 사람을 고루하고, 식견이 짧고, 안목이 좁
고, 옹졸하고, 완고한 사람으로 만든다. 사치와 절검, 둘 다 병폐지만, 공자
는 불손보다는 고루한 것이 낫다고 했다.

❧

내가 보기에, 사치스러운 사람이 건방지고, 지나치게 아끼는 사람이 꽉
막혀 있는 것은 언제나 그런 것 같다. 그런데 그 반대, 곧 불손한 사람은 사
치스럽고, 고루한 사람은 검소할까? 반드시 그런 것은 아닌 것 같다. '불손'
이라는 말을 사전에서 찾아보니, '예의 바르지 않고 겸손하지 못함'이라고
풀이되어 있다. 심할 경우, 그 앞에 방자하고 잘난 체하여 건방지다는 뜻의
'오만'을 붙여 '오만불손'이라 한다. 고루하다는 사람이나 그 언행, 마음가
짐이 보고 들은 것이 없어 변변하지 못하고 융통성이 없다는 뜻이다. 한자
고固에서 보듯이, 그것은 옛것을 부여잡은 채 사방이 꽉 막힌 곳에 들어앉아
있음을 나타낸다. 옛날에는 사치스럽고 건방지며, 거기다가 인색하고 고집
불통인 사람에게는 돌차咄嗟라고 하면서 손가락질을 했다. 요즘 말로 "쯧쯧"

혀를 차는 것이다.

❧

그런데 '사치냐 검소냐' 하는 이항대립은 그 설정 자체에 문제가 없지 않다. 예컨대 이런 것이다. '건강에는 육체적 건강과 정신적 건강이 있는데, 육체적 건강보다는 정신적 건강이 낫다'는 설정은 작위적일 뿐 아니라 현실적이지도 않다. 그런데 그런 것은 단지 설정으로 끝나지 않는다. 일제 때인 1926년 신소설 작가 조중환趙重桓, 1863~1944이 번안해 공전의 대히트를 친『이수일과 심순애』는 '사랑이 중요하냐, 돈이 먼저냐' 하는 식의 설문으로 식민지 조선인의 정신을 호도하였다. 참고로『이수일과 심순애』의 정확한 명칭은『장한몽長恨夢』인데, 그 원작은『곤지끼야샤金色夜叉』이고, 그것의 원작은 영국소설 *weaker than a woman*이다.

❧

그리고 이 설문은 물론 "마지못해 당시의 폐단을 경계한 것"『집주』이기는 하겠지만, 차선을 강조하거나 이른바 열등비교를 하는 것 같아, 거기에 깊은 의미를 두고 싶지는 않다. 차선책을 선택하거나 열등비교를 시도하는 것은 상대적으로 손쉬운 편의便宜에 가깝기 때문이다. 열등비교에 대해서우리 학생들은 영어 시간에 'A less~than B'나 한문 시간에 '與其 A 寧 B'와 같은 문형으로 배운다. 그러나 이 문제는 좀더 깊이 다루어야 할 과제다. 열등비교는 하향비교downward comparison라기도 하는데, 이는 불안과 위협이 가중되는 상황에서 빈번하게 발생한다. 자아에 손상을 입었을 때, 자기보다 못한 사람과 비교함으로써 주관적인 평안을 확보하는 것이다. 그것이 자신감의 회복에는 일정 부분 보탬이 될는지 모르지만, 결국 한갓된 자위 self-consolation에 지나지 않는다. 루신의 정신승리법精神勝利法이 그것이다.

스승님께서 말씀하셨다. "군자는 평탄하고 널찍하며, 소인은 항상 근심 걱정에 휩싸여 있다."

子曰, 君子坦蕩蕩, 小人長戚戚.

﹡

군자는 사람에 대하여 받아들이지 않는 것이 없다. 그러므로 마음에 거리낌이 없다. 소인은 하루 종일 다른 사람을 이리저리 따져본다. 그러므로 항상 뱃속이 불만으로 가득하다.

﹡

내가 보기에, "소인은 하루 종일 다른 사람을 이리저리 따져본다. 그러므로 항상 뱃속이 불만으로 가득하다"라는 리링의 판단은 정곡을 찔렀다. 소인배는 언제나 시선이 남에게 가 있다. 남에게 신경 쓴다기보다는 절대로 자기를 돌아보지 않는다는 말이다. 술자리에서든, 교실에서든, 야외에서든, 집에서든 소인배는 입만 열면 남 얘기다. 그리고 그 얘기의 핵심은 험담이고 욕이다. 그는 불만과 비난의 화신이다. 재미난 얘기는 도대체 할 줄 모른다. 그와 함께 있으면, 그 자리에 없는 모든 사람들은 비웃음을 받거나 비열한 도적놈이 된다.

﹡

"소인은 늘 근심과 걱정에 휩싸여 있다"라는 말을 들으면 누구나 뜨끔

할 것이다. "근심 없기를 바라지 말라, 근심이 없으면 마魔가 낀다"고 한『보왕삼매경寶王三昧經』은 큰 위안이 되기는 하지만, 그 약효가 가시는 순간 다시 걱정에 빠져들어 간다. 그런데 우리가 품고 사는 그 걱정과 근심의 많은 부분은 사실 대단히 심각한 내용이 아닌 경우가 대부분이다. 어쩌면 그래서 더 피곤한 삶인지도 모른다. 앞에서 마조馬祖와 조주趙州의 선화禪話를 언급한 바 있지만, 우리를 피곤하게 만드는 걱정의 많은 부분은 얼토당토하지 않게 하찮은 것일 때가 많다.

『장자』의 조삼모사朝三暮四는 이른바 '국민성어'이다. 그런데 누구나 그 의미를 잘 아는 것은 아닌 것 같다. 내용은 대략 이렇다. "송 나라 저공狙公이 원숭이를 많이 기르고 있었다. 먹이가 부족하게 되자 원숭이들에게 '앞으로 너희에게 주는 도토리를 아침에 3개, 저녁에 4개 주겠다'고 했다. 이에 원숭이들은 화를 내며 '아침에 3개를 먹고는 배가 고파 못 견딘다'고 했다. 그러자 저공은 '그렇다면 아침에 4개, 저녁에 3개를 주겠다'고 했다. 원숭이들은 좋아 날뛰었다." 돌아선 저공의 미소가 떠오른다. 원숭이들은 결국 같은 결과를 놓고 놀림을 당한 것이다. 내 피곤도 혹 저와 같지 않을까?

주희는 "탄坦은 평탄한 것이고, 탕탕蕩蕩은 너그럽고 넓은 모양"이라고 했다. 어느 해설가는 "장長은 계곡처럼 깊고 길쭉함이요, 척척戚戚은 조급하고 근심스러운 것"이라고 했다. 그렇다면 의문이 든다. "군자탄탕탕君子坦蕩蕩, 소인장척척小人長戚戚"은 '군자-소인', '탄-장', '탕탕-척척'이 서로 대對

가 되는 문장이다. 그렇다면 '탄-장'은 동일한 맥락에서 해석해야 마땅하다. 각각 형용사면 형용사로, 부사면 부사끼리 맺어줘야 한다는 말이다. 예컨대 '탄'이 '평탄하다'라면, '장'은 '길쭉하다'로 보아야지, 리링처럼 '항상'이라고 하는 것은 자연스럽지 않다.

스승님께서는 온화하면서도 엄격하셨고, 위엄이 있으면서도 사납지 않으셨으며, 정중하면서도 편안하셨다.

> 子溫而厲, 威而不猛, 恭而安.

　

이것은 공자의 제자들이 공자에 대해 느낀 인상이다. 공자는 온화하면서도 엄격했고, 위풍당당하면서도 기세등등하지 않았으며, 공손하고 경건하면서도 편안한 모습이었다는 것이다.

　

내가 보기에, 이 구절은 공자의 인간됨의 요체를 여실히 묘사한 것 같다. "중화中和의 기상"이라 한 주희의 요약이 적실해 보이지만, "문인들이 익히 관찰하여 상세히 기록하였으니, 또한 그 마음씀씀이가 치밀하다"라고 한 것은 받아들이기 어렵다. 중화의 기상이 적실한 표현이라면, 그것은 어떻게 관찰하느냐에 따라, 마음씀씀이가 치밀하냐 아니냐에 따라 달리 묘사될 수 없겠기 때문이다. 그것은 주희의 말처럼 "지혜가 성인을 알 만하고 덕행을 잘 표현할 수 있는 자가 아니면 기록할 수 없는 것"이 아니다. 말하자면 일정 수준에 도달한 사람만이 평가하고 이해할 수 있다면, 그것은 이미 중화의 기상이 아닌 것이다. 그런 기상이 뭐 그리 대단하겠는가. 무지렁이들의 직관으로도 알아차릴 수 있는 것이어야 진정한 것이다. 여기서 송나라 유학자들의 엘리트 의식을 잘 볼 수 있다. 그런데 요즘도 송유의 후예들이 여기저기서 조금씩 다른 얼굴들을 하고 앉아 나름 내공을 쌓고 있다.

꽃

'A하면서도 B하다'는 것은 현실에서 상당히 어려운 일이다. 균형을 잡는다는 것은 말처럼 쉬운 일이 아니다. 한 쪽으로 치우치거나 이것도 저것도 아닌 것이 되기 십상이다. 우리는 대개 기분에 따라 온화할 때도 있고 지나치게 엄격할 때도 있으며, 위엄을 부리고 싶은데 실제로는 상대를 사납게 윽박지르고, 공손하게 행동하려니 불편하기 짝이 없을 때가 많다.

꽃

이 구절은 스승의 인품에 대한 제자들의 묘사이다. 인품 평가는 아니지만, 나는 한 학기에 한 번씩 수강생들에게 강의평가를 받는다. 요즘 학생들이 인간미가 없고 대단히 이해타산적이어서 강의평가를 신뢰할 수 없다는 선생들이 있지만, 나는 산만하게 떠드는 것처럼 보여도 학생들은 다 듣고 있고, 나름 다 생각하고 있다고 생각한다. 세 사람이 길을 가도 거기에 스승이 있다 했거늘, 수십 명 학생들의 말 중에서 귀담아 들을 것이 없다는 것은 들을 자세가 안 되어 있다는 뜻인지도 모른다. 좋은 말만 기대하거나 혹은 듣기 거북한 말에 화를 내지만 않으면, 그리고 한 마디 한 마디에 일희일비하지만 않으면 된다.

8

태백

泰伯

스승님께서 말씀하셨다. "태백은 최고의 덕을 가졌다고 할 수 있을 것이다. 태백은 세 번이나 천하를 양보했고, 백성들은 그를 어떻게 칭송해야 할지 알지 못했다."

子曰, 泰伯, 其可謂至德也己矣. 三以天下讓, 民無得而稱焉.

❀

태백은 주 나라 태왕의 맏아들이었다. 태왕에게는 아들이 셋태백, 중옹, 계력이 있었는데, 태백과 중옹은, 태왕이 현명한 계력에게 왕위를 물려줄 것을 알고 오 나라로 도망가 왕위를 양보했고, 오 나라에서는 그를 시조로 받들었다.

❀

세 번이나 천하를 양보했다는 점에 대해서는 이설이 많다. 공자는 현명한 사람에게 왕위를 양보하는 것은 매우 숭고한 미덕이라 생각했다. 이는 유독 공자만이 아니라 옛사람 모두 흥미진진하게 이야기했다. 공자는 그것을 극찬했지만, 그러나 태백은 상 나라에서 주 나라로의 전환기에 살았기 때문에, 여전히 그와 같은 구도덕을 말한다는 것이 정말로 쉽지는 않았을 것이다.

❀

내가 보기에, 삼이천하양三以天下讓, 민무득이칭언民無得而稱焉을 주희는 "세 번 천하를 굳이 사양하였으나, 백성들이 그 덕을 칭송할 수 없게 하였구나"
라고 풀었고, 배병삼은 "세 번이나 천하를 사양하였는데도, 백성들은 알지
못하여 칭송할 줄조차 몰랐다"라고 이해했는데, "세 번이나 천하를 양보했
는데, 백성들은 무슨 말로 그를 칭송해야 할지 알지 못했다"라고 한 리링의
해석과는 크게 다르다.

⁂

　　오규 소라이는, 주희가 삼三을 '세 번씩이나', '굳이', '한사코'라고 이해
한 것은 잘못이라 하면서, "삼년, 삼월, 삼사三思, 삼외三畏, 삼변三變 같은 것은
모두 실재로 그 수가 있는 것"이라 하였다. 다산 역시 "세 번 주고 세 번 사양
한 것三受三讓이 반드시 그 사실이 있었을 터인데, 지금은 전적이 잔멸하여
고징考徵할 길이 없다. 그런데도 정현鄭玄과 범녕范寧의 무리는 한편으로는 의
심하면서도 한편으로는 추측하며 이리저리 천착해서 종일토록 말하고 있
으나, 사람들은 달갑게 믿고 따르지 않으니, 내 생각에 의심나는 것은 그냥
놓아두는 것이 상책이다"라고 했다.

⁂

　　이 역사적 사건에 대한 해석은 대단히 분분해서 간단히 정리하기 어렵
다. 여기서는 인용한 다산의 마지막 구절에 대해 간략히 생각해 본다. 주워
들은 이야기지만, 고고학에서는 유적이 발견되었다고 해서 무작정 발굴을
하지 않는다고 한다. 현재의 학문과 기술 수준으로 거기에 있는 유물들을
온전히 발굴해 낼 수 없다고 판단되면, 훗날을 기약하고 일단 덮어놓는다
는 것이다. 이런 자세는 대단히 소중하다. 이와 관련하여 회의주의자들이

자주 인용하는 '오캄의 면도날Occam's Razor', 곧 단순성의 원리the principle of simplicity가 생각난다. 오캄에 따르면, "이론체계는 간결할수록 좋다. 필요 없이 많은 전제를 설정하지 않는다. 존재는 필요 이상으로 수를 늘려서는 안 된다. 존재는 필연성 없이 증가되어서는 안 된다. 될 수 있는 한 많은 사실을 가능한 한 적은 사유의 노력으로 기술"하는 것이 좋다. 비트겐쉬타인의 "말할 수 없는 것에 대해서는 침묵해야 한다"라는 말도 떠오른다. 이것이 "다 알기 전까지는 입 닥치고 있으라"는 공갈이나 협박이 아님은 물론이다.

스승님께서 말씀하셨다. "공손하지만 예가 없으면 수고롭고, 신중하지만 예가 없으면 소심해지며, 용감하지만 예가 없으면 문란해지고, 정직하지만 예가 없으면 융통성이 없다. 군자가 친족들에게 돈독한 감정을 가지면, 백성들에게 인이 퍼질 것이다. 군자가 옛 친구를 잊지 않으면, 백성들의 인심이 야박해지지 않을 것이다."

子曰, 恭而無禮則勞, 愼而無禮則葸, 勇而無禮則亂, 直而無禮則絞. 君子篤於親, 則民興於仁. 故舊不遺, 則民不偷.

"소심해지다"라고 한 사葸는 담력이 작아 일을 겁낸다는 뜻이다. "융통성이 없다"라고 한 교絞는 지나칠 정도로 극단적이라는 뜻이다. 이런 사람은 대놓고 꾸짖는 것을 좋아하고, 하는 말마다 귀에 거슬리며, 말로 사람에게 상처를 입힌다.

이 장은 예의 중요성을 말한 것이다. 예는 행위규범이고 중화中和와 절제의 효능이 있다. 공자는 만약 예에 의한 절제가 없다면, 아무리 미덕이라도 그 맛이 변할 것이라 생각했다. 예를 들면, 공경은 미덕이지만 일률적으로 허리를 굽혀 읍을 한다면 얼마 안 가 금방 피로해질 것이고, 근신은 미덕이지만 일률적으로 근신하고 조심한다면 소심해지고 일하는 데 겁을 낼 것이며, 용기는 미덕이지만 일률적으로 용기를 좋아하고 다투기를 일삼는다면 재앙을 불러들일 것이고, 솔직함은 미덕이지만 일률적으로 속마음을 털어놓고 입바른 소리를 한다면 극단적인 입장에 빠질 것이다.

*

내가 보기에, 리링의 풀이가 적실해서 더 이상의 덧붙일 말이 없다. 그런데 나는 예란 다른 것이 아니라 사람을 사람으로 대하는 것이라 생각한다. 사람을 어떤 도구나 수단으로 여기지 않는 것이 예라는 말이다. 과공비례過恭非禮, 즉 지나치게 공손한 것은 예가 아닌 이유는, 그 지나친 공손을 통해 상대를 이용하려고 하기 때문이다. 지나치게 공손한 사람들은, 내가 경험한 바로는 대개 아부와 아첨의 달인들이다. 굳이 달인이라고 한 것은 아무도 쉽게 하기 어려운 연옹지치吮癰舐痔도 서슴지 않기 때문이다. 그들은 아부의 상대에게 종기가 나면 그 고름을 빨아주고, 치질을 앓으면 그 밑을 핥아줄 정도로 아첨을 한다. 그런데 그들은 대개 두 가지의 다른 얼굴을 가지고 있기도 하다. 하나는 구밀복검口蜜腹劍이다. 입으로는 상대가 듣기 좋게 달콤한 말을 하지만, 속으로는 복수의 칼날을 간다. 둘은 안면몰수顏面沒收이다. 간이라도 빼줄 듯하다가도 상대가 힘이 빠지면 이전의 일은 전혀 없었던 듯 모른 체한다.

*

이 구절의 마지막에서, 군자가 잘하면 민民도 따라 잘한다고 했다. "윗물이 맑아야 아랫물이 맑다"라는 말이다. 그런데 이는 반反민주적인 발상이기도 하다. 『논어』와 같은 경전이 이런 식의 비민주적 주장을 내면화 하도록 놓아두어서는 안 된다. 우리 헌법 1조 2항에는 "대한민국의 주권은 국민에게 있고, 모든 권력은 국민으로부터 나온다"라고 명시되어 있다. 이 조항을 휴지 쪼가리로 만들어서는 안 된다. 지도자는 잘 뽑아야 하겠지만, 그 지도자가 모든 일을 다 결정하는 것이 아니다. 민이 못나서 못난 지도자를 뽑았으니, 그것은 민의 책임이다. 누구를 원망하고 누구를 탓하겠는가. 이 명확한 사실을 인식하지 못하면, 우리에게 미래는 없다.

증자가 병들었을 때 문하의 제자를 불러 말했다. "나의 다리를 들어 올려 보아라, 나의 손을 들어 올려 보아라. 『시경』에서는 '두려워하고 조심하라. 깊은 연못가에 있는 것처럼, 살얼음 위를 걷는 것처럼'이라고 했는데, 이제 죽음의 위험에서 벗어났음을 알겠구나. 제자들아."

曾子有疾, 召門弟子曰, 啓予足, 啓予手. 詩云, 戰戰兢兢, 如臨深淵, 如履薄氷. 而今而後, 吾知免夫, 小子.

"나의 다리를 들어 올려 보아라, 나의 손을 들어 올려 보아라"에 대해 다음 두 가지 해석이 있었다. 하나는 이불을 걷고 손과 발이 드러나도록 하라는 것이고, 하나는 살펴본다는 것이다. 둘 다 맞지 않은 것 같다. 그냥 만져보고 확인하라는 뜻으로 보면 좋다. 죽음에서 살아난 기쁨을 그렇게 표현한 것이다. 인용한 『시경』의 말은 목숨이 한 가닥 끈에 매달려 있는 느낌을 묘사한 것으로, 증자가 죽음의 문턱에서 막 벗어났을 때의 느낌이다.

내가 보기에, 이 구절을 증자가 『효경』에서 "내 몸과 터럭, 그리고 피부마저 모두 부모에게서 물려받은 것이니 감히 훼손할 수 없다"라고 한 말과 곧바로 연결시키는 주희의 설명은 마뜩하지 않다. 『집주』의 풀이들이 갖는 '효孝 감계주의'로는 생명 그 자체의 신비로움을 다 드러낼 수 없을 것이다. 그야말로 죽음 앞에서 전전긍긍하다가 겨우 목숨을 건진 이의 '재생의 기뽐'을 그 자체로 받아들이는 편이 좋다. 그것이 어디 하찮은 느낌인가. 세상을 다 얻은 느낌일 터이다. 그 벅찬 감정을 제자들과 나누고 싶어 하는 증자의 마음을 읽으면 된다. 거기서 무엇을 더 느끼고 얻기를 바라는가?

✻

생명이니 몸이니 하니까, 난화이진의 다음 말이 다가온다. "사람의 생기는 보통 발부터 사라진다. 갓난애들이 작은 침대에 누워 노는 걸 보면 초기에는 손을 그리 움직이지 않고 양발을 구르면서 노는데, 이 기간에는 생명력이 발쪽에 있기 때문이다. …… 늙어 갈수록 하반신이 둔해지고 생명력이 없어진다. …… 죽음에 임박하면 소수의 예외를 제외하고는 다리가 먼저 감각을 잃는 것이 정상이다." 증자가 다리를 먼저 들어 올려 보라고 한 말이 이해된다. 개인적인 얘기지만, 선친이 의식을 찾지 못하고 계실 때, 동생이 항상 선친의 발을 주무르는 것을 보았다. 동생은 선친한테 참으로 끔찍한 아들이었다.

✻

살얼음을 밟는 것처럼 위태위태하다는 여리박빙如履薄氷 하면 핑크 플로이드의 〈The Wall〉에서 보았던 〈The Thin Ice〉의 충격적인 노래와 장면이 선명하게 떠오른다. "엄마는 널 사랑할거고 아빠도 그럴 거야. …… 바다는 너에게 따뜻하게 보일 거고, 하늘은 마냥 푸르게만 보이겠지. …… 하지만 아가야, 네가 지금 세상이라는 살얼음판 위를 지쳐 나가야 한다면, 네 발 아래에서 금이 가기 시작하더라도 놀라지 마. …… 네가 그 얇은 얼음 조각들을 움켜쥐려 발버둥 칠 때, 네 등 뒤에서 밀어닥치는 공포와 함께 너는 그 속으로 빠져들어 버릴 테고, 곧 미쳐버릴 거야." 핑크의 탄생과 함께 들려오는 이 음악, 우리가 살고 있는 근대의 허상을 적나라하게 보여주고 있지 않은가. 핑크 플로이드를 단지 사이키델릭으로만 한정해서 평가할 수 없는 이유다. 명불허전이다.

증자가 병들었을 때 맹경자가 문병을 갔다. 증자는 다음과 같이 말했다. "새가 죽어갈 때는 그 울음소리가 구슬프고, 사람이 죽음에 임해서는 그가 하는 말이 선하다. 군자가 도보다 소중하게 여기는 것 세 가지 있다. 몸을 움직일 때는 조급함과 게으름을 멀리하고, 표정을 바로잡을 때는 믿음에 가깝게 하며, 말을 내뱉을 때는 비속하거나 사리에 맞지 않는 것을 멀리한다. 그리고 예의의 세부적인 사항은 일을 직접 처리하는 이에게 맡겨둔다."

> 曾子有疾, 孟敬子問之. 曾子言曰, 鳥之將死, 其鳴也哀, 人之將死, 其言也善. 君子所貴乎道者三, 動容貌, 斯遠暴慢矣. 正顔色, 斯近信矣, 出辭氣, 斯遠鄙倍矣. 籩豆之事, 則有司存.

몸을 움직임과 표정을 바로잡음은 사람의 겉모양에 속한다. 옛날 용容과 색色은 모두 사지를 가리키는 말이었다. 오늘날 체면이라 함은 몸과 얼굴을 말하지만, 더욱 중요한 것은 얼굴이다.

죽음이 임박하면 마음속에 감추어두었던 말이나 진심 어린 말, 그리고 의미 있는 말을 하게 마련이다. 그러나 증자의 말은 유난히 맥 빠지는 소리이고 온통 군자의 풍모에 대해 말한 것이다. 첫째, 자기감정이 새나가는 것을 통제하여 다른 사람이 난폭하다고 느끼거나 성가시다고 느끼게 해서는 절대로 안 된다는 것이다. 둘째, 얼굴 가득 바른 기상이 나타나도록 하여 반드시 사람이 충분히 믿을 수 있다고 느끼도록 노력해야 한다는 것이다. 셋째, 격에 맞는 말을 하는 것으로 저속하거나 이치에 맞지 않는 구석이 있어서는 절대로 안 된다는 것이다.

✻

내가 보기에, 죽음을 앞둔 증자의 태도는 지나치게 도덕적이어서 심지어는 작위적이라는 느낌이 들 정도이다. 윤리 교과서에서나 볼 수 있는 '말씀'이어서 나 같은 범인凡人은 쉽게 다가가기 어렵다. 리링의 해설로 족하니, 몇 가지 다른 이야기를 한다.

✻

"새가 죽어갈 때는 그 울음소리가 구슬프고, 사람이 죽음에 임해서는 그가 하는 말이 착하다"라는 말은 율곡이 인용해서 더욱 잘 알려지게 되었다. 죽음을 앞둔 이준경李浚慶, 1499~1572이 문병을 온 선조에게 상소를 올려 조정에서 동서 분당이 있을 테니 조심하라고 당부했다. 율곡은 이 말이 분열을 조장하고 있다고 비판했다. 죽음을 앞두고 이준경은 새만도 못하게 어찌 그리 간악한 소리를 내뱉느냐는 것이다.

✻

조선 후기 한글 동물우화소설 중 『장끼전』이 있다. 평소 가부장적 권위주의가 몸에 배어 있던, 곧 '마초 장끼'가 겨울철에 독이 든 콩을 먹고 죽으면서 철저하게 부려먹던 그 아내 까투리에게 마지막으로 하는 말은 이렇다. "불쌍

한 나는 너처럼 상부살喪夫煞을 가진 계집을 만나 허무하게 죽는구나. 나 죽거들랑 너는 수절해서 정렬부인 되거라." 이 정도면 양심에 털 났다고 할 만하다.

✦

새가 죽을 때, 그 울음소리가 구슬프다는 말을 서양에서는 swan song 이라 했다. 백조는 우리말로는 고니다. 고니는 일생 동안 울지 않다가 죽기 전에 딱 한 번 아주 아름다운 울음소리로 운다고 한다. 물론 전설이다. 이런 이유로 주로 예술가들이 죽기 전에 마지막으로 남기는 작품을 swan song 이라 하였다. 슈베르트가 마지막 가곡집을 『백조의 노래schwanengesang』라고 한 이유도 마찬가지다. 지금은 '마지막'이라는 의미를 강조하기 위한 비유로 쓰인다. "His swan song is consolidating NATO's military integration of the region of Southeast Europe.그의 마지막 작품은 남동부 유럽 지역에 대한 NATO의 군사력을 확고하게 결집시킨 것이다" 따위다.

✦

유사한 맥락에서 단말마斷末摩라는 말이 있다. 말마末摩가 끊어졌다는 뜻이다. 말마는 신체에 노출된 치명적인 부분으로서 조금만 상처를 입어도 목숨이 끊어지는 급소이다. 그러니 그것이 끊어질 때는 비명을 지르게 되어 있다. 처절한 죽음이다. "요사이 종북분자들은 분별력이 약한 일부 젊은 이들을 속이는 데 성공하였다고 기고만장하지만, 단말마의 비명처럼 들린다. 김정일이란 썩은 새끼줄을 잡았다는 초조감과 불안감이 이들을 이상상태로 몰아붙이는 듯하다"라고 할 때 쓰지만, 이런 무식한 말이야말로 단말마로 제격이다. 흔히 사전에 마摩 대신에 마魔를 쓴다고 비판하지만, 원래

음을 빌려 한자로 표기한 가차假借이니, 크게 문제 삼지 않아도 좋겠다.

증자가 말했다. "능력이 있으면서도 능력이 없는 이에게 묻고, 많이 알고 있으면서도 적게 알고 있는 이에게 물으며, 배운 것이 있어도 없는 듯이 행동하고, 가득 차 있으면서도 비어 있는 듯이 행동하며, 다른 사람이 나를 속일지라도 반항하지 않는 것, 예전에 내 친구가 이렇게 행동했다."

曾子曰, 以能問於不能, 以多問於寡, 有若無, 實若虛, 犯而不校, 昔者吾友嘗從事於斯矣.

---

⚜

아랫사람에 묻는 것을 부끄러워하지 않는 것, 곧 불치하문不恥下問에 대해 말하고 있다. 범이불교犯而不校에서 교校는 저항하는 것이지 따지는 것이 아니며, 보복한다는 의미를 포함하고 있다.

⚜

내가 보기에, 이 말은 특히 젊은 학자들이 귀담아 들어야 한다. 자신의 주위 학인들 대부분이 자신보다 훨씬 나은 수준에 도달해 있다고 생각하는 것이 좋다. 그것이 사실이기도 하다. 그러니 무엇이든지 단정해서 하는 말은 삼가야 한다. 젊은 학자들은 아직 여전히 배우는 학인이지 이미 통달한 도인이 아니다. 더구나 상대방의 수준을 떠보거나 그를 함정에 빠뜨리기 위한 알량한 술책 따위를 능사로 여기는 사람에게 그 지식은 독약이 되어 자신에게 되돌아올 것이다.

다른 사람이 나를 속일지라도 반항하지 않는 것, 이것은 대단한 내공 없이는 거의 불가능에 가깝다고 생각한다. 반드시 복수는 아니더라도 대부분은 마음에 새겨두고 거기서 쉽사리 벗어나지 못한다. 그리고는 옹졸하게 욕을 한다. 김수영이 「어느날 고궁을 나오면서」 느꼈던 그대로다. "왜 나는 조그만 일에만 분개하는가 / 저 王宮 대신에 왕궁의 음탕 대신에 / 오십 원 짜리 갈비가 기름덩어리만 나왔다고 분개하고 / 옹졸하게 분개하고 설렁탕집 돼지 같은 주인년한테 욕을 하고 / 옹졸하게 욕을 하고 // 한 번 정정당당하게 / 붙잡혀간 소설가를 위해서 / 언론의 자유를 요구하고 월남 파병에 반대하는 / 자유를 이행하지 못하고 / 이십 원을 받으러 세 번씩 네 번씩 / 찾아오는 야경꾼들만 증오하고 있는가."

증자가 말했다. "여섯 자 크기의 어린 군주를 맡길 수 있고, 백 리 정도 되는 작은 나라의 운명을 맡길 수 있으며, 나라의 중대한 일을 처리할 때 그의 뜻을 빼앗을 수 없다면, 그는 군자다운 사람일까? 군자다운 사람이다."

曾子曰, 可以託六尺之孤, 可以寄百里之命, 臨大節而不可奪也, 君子人與, 君子人也.

여기서 말하는 군자다운 사람은 현명한 군주를 보필하는 충신으로서 첫째, 나이 어린 군주를 맡길 수 있고, 둘째 국토를 맡길 수 있고, 셋째 국가의 안위가 걸린 큰일을 처리할 때는 시련을 겪더라도 지조를 훼손치 않을 사람이다.

내가 보기에, 어린 군주를 사심 없이 보필한다는 것은 현실정치에서 대단히 어려운 일이었을 것이다. 신하들이 그 기회를 이용하여 자기의 권력을 확보하려 다투기 때문이다. 단종애사端宗哀史가 그렇고, 헌종의 경우가 그렇다. 헌종 때 발발한 이른바 '홍경래난'의 격문에 이런 말이 나온다. "현재 나이 어린 임금이 위에 있어서 권세 있는 간신배가 날로 치성하여 김조순金祖淳, 박종경朴宗慶 등의 무리가 국병國柄을 절롱竊弄하니, 어진 하늘이 재앙을 내려 겨울 번개와 지진이 일어나고 살별과 바람과 우박이 없는 해가 없으며, 이 때문에 큰 흉년이 거듭 이르고 굶어 부황 든 무리가 길에 널려 늙은이와 어린이들이 구렁에 빠져서 산 사람이 거의 없을 지경에 이르렀다." 지금 우리의 경우, 생물학적으로는 어린 군주가 아니지만, 완장을 차고 권력을 휘두르는 인사들이 너절한 지존至尊의 주위를 둘러싸고 일종의 대리청정을 하고 있다.

⁂

"여섯 자 크기의 어린 군주六尺之孤"에서 육척이면 장신인데 어리다고 한 이유가 무엇인가 하는 의문이 제기될 수 있다. 그런데 여기서 척은 지금의 단위하고 다르다. 기록에 따르면, 주周 나라의 6척은 138.6cm이다. 알다시피 도량형은 시대와 지역, 나라에 따라 조금씩 달랐다. 한편『삼국유사』「가락국기」에 나오는 듯이 김수로왕이 구척이었다고 하는 것은 과장법이다. 해당 원문은 이렇다. "어린이孺子는 나날이 자라 십수 일이 지나니 키가 9척임은 은 나라 천을天乙과 같았고, 얼굴이 용안龍顔임은 한 나라 고조와 같았으며, 눈썹이 팔채八彩임은 당 나라 요임금과 같았고, 겹눈동자를 가짐은 우 나라 순임금과 같았다." 대단한 인물임을 그렇게 나타낸 것이다.

증자가 말했다. "선비는 굳세고 단호하지 않으면 안 된다. 임무는 무겁고
갈 길은 멀기 때문이다. 인을 자기의 임무로 삼고 있으니 무겁지 않은가?
죽고 나서야 끝나니 멀지 않은가?"

> 士不可以不弘毅, 任重而道遠, 仁以爲己任, 不亦重乎. 死而後已, 不亦
> 遠乎.

❦

선비는 굳세지 않을 수 없는데, 임무는 무겁고 가야 할 길은 멀기 때문
이다.

❦

내가 보기에, 이 구절 중에서 임무는 무겁고 갈 길은 멀다任重而道遠는 말
은 예전에 특히 인기가 있었다. 심지어는 연전에 검찰총장이라는 자가 총
선을 앞두고 이 말을 했다. 가가소소呵呵笑笑가 따로 없다. 일어로 하면 이로
이로いろいろ, 곧 가지가지다. 이 말에 시간적인 제약을 덧붙이면 일모도원日
暮途遠이 되지 않을까 한다. 해는 지는데 갈 길은 멀다는 뜻으로, 할 일은 많은
데 시간이 없음을 비유한 말이다.

❦

부여 부산浮山 기슭 백마강변에 대재각大哉閣이 있다. 병자호란으로 청 나
라에 잡혀갔던 이경여李敬輿, 1585~1657가 낙향하여 거처하던 곳에 그의 손자

504

이이명李頤命, 1658~1722이 세운 정자이다. 이경여가 병자호란 때 당한 치욕을 보복하고자 효종에게 북벌을 하자는 상소를 올렸는데, 그 비답批答에 "성이 지통재심, 유일모도원의誠以至痛在心, 有日暮途遠意"라는 글귀가 있었다고 한다. 그 뒤 송시열宋時烈, 1607~1689이 "지통재심일모도원至痛在心日暮途遠"이라는 여덟 글자를 이경여의 아들 이민서李敏敍, 1633~1688에게 전한 것을, 이민서의 아들 이이명이 1700년 돌에 새기고 이 누각을 세웠다고 한다. 대재각이라는 말은 『상서尙書』의 "크도다, 왕의 말씀이여大哉王言"라고 한 데에서 따온 것이다. 맥락은 다르지만, "지극한 아픔은 마음속에 있는데, 해는 저 물고 갈 길은 멀다", 간절히 읊어봄직 한 요즘이다.

스승님께서 말씀하셨다. "시로 시작하고, 예로 근간을 세우며, 음악으로
완성한다."

子曰, 興於詩, 立於禮, 成於樂.

시에는 가사가 있다. 본래는 그것으로 노래를 불렀다. 읽기만 하고 노래
를 부르지 않는 것을 송誦이라 했고, 음악에 맞춰 노래 부르는 것을 가歌라
했다. 당시에 예의를 차려야 할 상황에서는 시를 읊는 풍속이 있었고, 시를
배우지 않으면 이러한 상황에서 말을 할 수가 없었다. 군자가 예를 익힐 때
는 가사를 암기하는 것부터 시작하여 유창하게 암송하는 단계까지 이르러
야 하는데, 이것이 첫 번째 단계다. 두 번째 단계는 각종 의식에 참가하여
자신의 생각을 발표할 기회가 생기면 이들을 능숙하게 인용하여 자신의 뜻
을 펼쳐야 한다. 그러나 이러한 시도 완벽한 것은 아니다. 반드시 음악과
가사 외에 악기의 반주를 곁들이고 음악에 맞춰 노래하면서 춤을 추어야
한다. 시가는 노래로 구현되고, 예는 음악에서 구현되어야 하는 것이다.

내가 보기에, 이 구절은 예술, 특히 문학 분야에서 활발히 논의되었던
것 같다. 간단히 요약할 수 없는 문제이기에, 여기서는 다산의 설명으로 갈
음한다. "시는 착한 마음을 감발하는 것이고, 예는 몸을 단속하는 것이며,
악은 뜻을 화和하게 하는 것이다. 감발하기 때문에 흥기할 수 있고, 단속하

기 때문에 입신할 수 있으며, 화하게 하기 때문에 덕을 이룰 수 있다."

※

　"시로 시작하고"에 대해서는 오규 소라이의 말을 경청할 만하다. "『시경』의 언어는 인정과 세태가 포함되지 않은 것이 없고, 자질구레하고 미세한 것도 모두 갖추어져 있으며, 은근하면서 직설적이지 않다. 그 말은 애당초 반드시 교훈이 될 수 없고 또 반드시 경계로 삼을 수도 없지만, 사람들은 각각 자기의 생각대로 뜻을 취하는데, 뜻의 종류가 일정하지 않아 끝없이 이리저리 구르고, 또 풍자하고 읊조리며 뜻을 드러내면서도 남들로 하여금 깨닫지 못하게 한다. 그러므로 반드시 『시경』을 배우고 난 후라야 고무되는 바가 있고, 종류에 다라 확장되어 생각이 드러남이 더욱 넓고, 새로운 지혜가 어지럽게 생겨나, 이에 뭇사람들 가운데에서 떨쳐 일어나는 바가 있어 찬란하게 문장을 이룰 수 있다. 이렇게 계속해 나아가면 거의 그 재덕을 이룰 수 있다." 오늘날의 시 감상에서도 참조가 되기에 충분하다. 이렇게 시를 배우면서 시작하는 공부는 재미도 있고 깊이도 있을 것이다.

스승님께서 말씀하셨다. "백성들을 따르게 할 수는 있지만, 그들에게 알게 할 수는 없다."

子曰, 民可使由之, 不可使知之.

---

통치자는, 불평등에는 합리성이 있다고 말한다. 그것은 주로 인류에게 실제로 존재하는 불평등, 예를 들어 출신, 재화, 권력, 도덕 등과 체력, 지적 능력, 성별의 차이, 특히 지적 능력 등에 착안하고 있다. 부모의 입장에서는 어린 자식이 자질구레하고 하찮은 일에 대해서는 알고 있지만, 거창한 이치를 그들에게 이야기할 수 없다고 생각하고, 남편은 여자란 견식이 짧으며 어르고 달래는 것이야 할 수 있지만, 거창한 도리에 대해서 이야기할 수 없다고 여긴다. 고대 통치자들도 백성에 대해 같은 생각을 했다. 우민정책이란 이런 것이다.

옛날부터 지금까지의 통치자들은, 모든 백성들이 온 힘을 다하면서 아무런 생각을 하지 않기를 바랐지만, 정말로 백성의 대뇌를 없애버린다면 그들은 전력을 다해 일할 수 없을 것이라고 루쉰은 말했다. 독재는 부모가 독단적으로 정해버린 혼인과 같다. 현대사회라 하더라도 민의는 또 가장 강력한 권력을 지닌 이익집단에 의해 조정되며, 우민의 그림자는 떨쳐 버리려 해도 떨쳐버릴 수 없다. 독재는 고대의 우민정책이다. 민주라는 이름

아래서도 우민정책은 존재하는데, 기만당하는 쪽은 항상 일반 백성이다.

⁂

내가 보기에, 이 구절에는 민에 대한 무시 혹은 모멸이 전제되어 있다. 공자를 따르는 주석가들이 상당히 난감해 한 것은 이해할 만하다. 억지 해석도 많이 제출된 바 있다. 5·4운동 당시 '공자 타도'의 깃발 아래 바로 이 구절의 비민주성이 폭로되자, 캉유웨이康有爲와 량치차오梁啓超는 이렇게 대변했다. '공자는 절대로 민주적이었다. 옛 사람들은 이 두 마디에 구두점을 잘못 찍은 것이다. 민가사유지民可使由之는 민가사, 유지民可使, 由之로 읽어야 한다. 즉 백성들의 지식이 높아져서 스스로 선택하여 투표할 수 있으니, 그들에게 정치적 자유를 주어도 된다는 것이다. 또 불가사지지不可使知之는 불가사, 지지不可使, 知之로 읽어야 한다. 즉 백성들의 교육이 아직 수준에 이르지 못했으니, 그들을 교육시켜 그들로 하여금 알게 해야 한다는 것이다.' 5·4운동을 주도한 사람들이나 캉유웨이, 량치자오는 양쪽 모두 '비판 대상으로서의 공자' 혹은 '그렇게 되기를 바라는 공자'를 보고 있다. 모두 현재 자신의 관점에서 공자를 재구성하고 있는 것이다. 내 생각에는 리링이 하듯이, 철저히 역사주의적 관점에서 그 의의와 한계를 솔직하게 짚어내는 것이 좋다.

⁂

이미 언급한 바 있지만, 허균은 「호민론」에서 당시 백성의 수준과 종류를 셋으로 나누었다. 항민恒民, 원민怨民, 호민豪民이 그것이다. 허균의 주장은 요즘의 민중론으로서도 손색이 없다. "천하에 두려워할 것은 오직 백성뿐이다. 백성은 홍수나 화재 또는 호랑이나 표범보다 더 두렵다. 그런데도 윗자리에 있는 자들은 백성들을 업신여기면서 모질게 부려먹는다. 도대체 어찌 그러한가? 무릇 이루어진 일이나 함께 즐기면서 늘 보아 오던 것에 얽매여, 순순히 법을 받들며 윗사람에게 부림을 받는 자는 항민이다. 이들 항민은 두려워할 존재가 아니다. 모질게 착취당하여 살가죽이 벗겨지고 뼈가 부서지면서도, 집안에 들인 것, 땅에서 나는 것 다 바쳐 한없는 요구에 이바지하느라, 시름겨워 탄식하면서 윗사람을 책망하는 자는 원민이다. 이러한 원민도 꼭 두려운 존재는 아니다. 자신의 자취를 푸줏간 속에 감추고 몰래 딴마음을 품고서, 세상을 엿보다가 때를 만나면 자기의 소원을 풀려는 자가 호민이다. 무릇 이 호민은 몹시 두려워해야 할 존재이다. 호민이 나라의 틈을 엿보고 탈만한 기회를 노리다가 팔을 걷어 부치고 밭이랑 위에서 한 번 소리를 지르게 되면, 원민들은 소리만 듣고도 모여들어 모의하지 않고서도 함께 소리를 지르고, 항민도 또한 제 살길을 찾느라 어쩔 수 없이 호미, 고무래, 창, 몽둥이를 들고 쫓아가서 무도한 놈들을 죽이지 않을 수 없는 것이다."

스승님께서 말씀하셨다. "용기를 좋아하고 가난을 싫어하면 혼란이 생긴다. 됨됨이가 어질지 못한 사람을 지나치게 미워하면 혼란이 생긴다."

子曰, 好勇疾貧, 亂也. 人而不仁, 疾之已甚, 亂也.

용기를 좋아하고 가난을 싫어한다는 것은, 주로 가난한 사람이 그 가난함을 받아들이지 못하고 불평을 거대하게 쌓아간다는 것을 말한다. 용기를 좋아하는 것은 폭력적인 경향이고, 가난을 싫어하는 것은 자기가 극도로 가난한 것을 원망하는 것이다. 고생이 크고 원한이 깊으면 폭력에 호소하기 마련이기 때문에 당연히 혼란이 일어난다.

사람 됨됨이가 어질지 못한 것은 주로 부자로서 어질지 못한 것을 말하고 있다. 가난한 사람을 사람으로 취급하지 않는 것이 부자이면서 어질지 못한 것이다. 가난한 사람은 부자를 원망하면서도 자연스럽게 지내지만, 원망이 지나치게 커지면 바로 혼란이 일어난다. 가난한 사람은 그 고통을 하소연할 데가 없다. 용기를 좋아해서도 안 되고 자기의 가난을 원망해서도 안 되며 부자들의 부를 원망해서도 안 된다. 이런 것들은 모두 혼란을 조성할 수 있다.

내가 보기에, "그러면 어떻게 할까? 공자는 그 점에 대해 설명하지 않았다. 내가 공자 대신 말한다. 참아라"라는 리링의 말이 정답 같다. 참을 인忍 자 셋이면 살인도 면한다는 것이 공자가 생각한 유일한 해결 방안이지 않았을까 하는 것이다. 오늘날에도 그렇게 생각하는 사람이 많다. 그러나 이제 약한 자의 원망이 하늘을 찔러 세상을 바꿀 것이다.

"용맹을 좋아하고 분수를 편안히 여기지 못하면 반드시 난을 일으킨다"라고 한 주희의 설명은 오늘날에는 하나의 욕설에 불과하다고 본다. 민民이 "분수를 알아라"라는 지배자의 말을 혐오하면서 중세가 끝나고 근대가 시작된 것인데, 다시 중세로 되돌아가자고 할 수는 없다. "어질지 못한 사람을 미워하여 용납할 곳이 없게 하면 반드시 난을 일으킨다"라고 한 것도 마찬가지다.

배고프고 추우면 도적질할 마음이 일어난다는 말은 만고의 진리다. 그것을 없는 자의 인격이나 품성 탓으로 돌리는 것이야말로 없는 자를 두 번 죽이는 짓이다. 1970년대 초 어느 저명한 중견학자는 놀부의 '근면(?)'을 옹호하면서, 흥부를 거지 기질을 가진 비렁뱅이라고 비난했다. 물론 박정희의 10월 유신과 새마을운동에 발맞추어 '나발'을 불어댄 것이다. 곡학아세의 전형이다.

나는 어느 나라 속담인지 모르지만, 그리고 정확한 기억인지도 잘 모르지만, '내 눈이 아름다운 광경을 구경하는 동안 내 발은 땀내 나는 신발 속에서 절고 있다'는 서양의 격언을 항상 되새기려고 노력한다. "부잣집 곳간에 곡식도 많고 / 거리거리에 거지도 많다." 근대민요 〈아리랑〉의 증언은 지금도 여전히 적실하다.

스승님께서 말씀하셨다. "주공과 같은 훌륭한 재능을 지녔다 하더라도, 교만하고 인색하다면, 나머지는 볼 것도 없다."

子曰, 如有周公之才之美, 使驕且吝, 其餘不足觀也已.

오만과 인색이라는 결점이 있으면 장점이 아무리 많아도 볼 만한 가치가 없다는 말이다. 교만하고 사치스럽고 음란하고 방탕한 것은 부자로서 어질지 못한 것이다. 그런데 공자는 왜 항상 오만과 편견을 비판했을까? 거기에는 가난하고 천하게 자란 어린 시절의 상처가 있을 것이다.

내가 보기에, 교만과 인색은 동전의 양면이다. 교만한 사람치고 인색하지 않은 사람을 보지 못했다. 그리고 그들은 대개, 부자는 아닐지 몰라도, 먹고 살기에 부족함이 없는 이들이다.

교만하다는 것은 건방지다는 말인데, 건방지다는 것은 지나치게 잘난 체하여 주제넘다는 뜻이다. 이런 사람들은 글자 그대로 방약무인傍若無人, 마치 옆에 아무도 없는 듯 설쳐댄다. 그러다가 자기보다 좀 세다 싶은 사람이 나타나면 금방 꼬리를 내린다. 한마디로 하는 짓이 꼴불견에 가관可觀이다. 인색한 사람은 절대 조금이라도 손해 보지 않는다. 불의는 참아도 불이익은 받아들이지 못한다. 그는 이해타산의 달인이다. 교만하고 인색한 사람의 특징은 자기 세계에 사로잡혀 있다는 점인데, 그런 의미에서 그들은 전후좌우가 꽉 막혀 있다. 언뜻 고집과 강단과 결단이 있어 보이지만, 그의 내부는 언제나 불안하다. 그래서 공자는, "소인은 교만하지만 태연하지 못하다"라고 했다.

난화이진은 "교만하지 않아야 겸허하게 되고, 인색하지 않아야 동정, 포용, 기백을 갖출 수 있다"라고 했다. 그의 말을 들어보니, '적어도 교만하거나 인색하지는 않다'고 자위하는 나야말로 교만하고 인색한 자임을 알겠다. 겸허하지도 않고, 동정과 포용과 기백도 없는 나를 어찌 교만하지 않고 인색하지 않다고 하겠는가. 다산은 "교驕는 자신을 사랑하는 것이고, 인吝은 베푸는 일에 인색한 것이다"라고 하면서, "교란 스스로 자신의 선을 자랑하는 것이고, 인이란 자신의 악을 고치지 않는 것이라 풀이하였다." 영락없다! 공자 말마따나 "다른 것은 볼 가치도 없다."

스승님께서 말씀하셨다. "3년을 배우고도 관직에 나아가지 못한 사람은 쉽게 찾아볼 수 없다."

子曰, 三年學, 不至於穀, 不易得也.

---

『주례』에 "3년에 한 번씩 전국적으로 관리 시험을 치렀다三年大比"라고 했다. 관직에 나아가지 못한 사람에 해당하는 원문 부지어곡不至於穀에서 곡穀은 녹봉祿俸이다. 고대의 봉급은 소미小米, 곧 좁쌀로 계산했기 때문에 녹미祿米라고 했다. 참고로 중국에서 1949년 직후 공급제에서는 소미로 지급했고, 문화재를 정부에 헌납하면 상으로 준 것도 소미였다.

공자진龔自珍은 "글을 쓰는 것은 모두 도량稻粱을 얻기 위함"이라 했는데, 도량이 곧 곡이다. 옛 사람은 곡식을 얻기 위함이라는 이 구절을 그대로 인정하기 어려웠다. 이익을 추구할 수 없다는 것이다. 그래서 주희는 지禾를 지止로 바꿔 읽었다. 그러면 당연히 고결해 보이지만, 실상은 그렇지 않았다.

내가 보기에, 주희 식의 고상한 해석에서 일정하게 거리를 두어야 실상에 접근할 수 있다. 우리는 너무 주희의 해석에 긴박되어 있다. 주자학의 후예들답다. 지나친 감계주의鑑戒主義는 듣기는 좋으나 실상을 왜곡하는 것이 문제다.

✿

　나는 왜 공부하는가? 과거에 무슨 목적을 가지고 공부했는가? 딴에는 거창한 목표가 없지 않았다. 그러나 그것만은 아니었다. 이에 대해서는 난화 이진의 말을 들어본다. "과거에는 오식 책 읽는 것이 최고였는데, 모든 직업 중에서도 벼슬하는 직업이 가장 좋았기 때문이다. '십년 동안 힘들게 공부할 땐 관심도 없더니, 과거에 급제하여 이름이 나자 천하가 아는구나'라는 말이 있듯이, 책을 읽으면 벼슬할 수 있고, 벼슬하면 재산을 모을 수 있다는 것이 수천 년 간 내려온 생각이었다. 우리 모두 예전에 집에서 글공부할 때 이런 생각이 머릿속에서 오락가락하지 않았나? 엄격히 말해서 나 자신도 그렇지 않았다고 말할 수 없다." 솔직하게 말하자는 것이다. 그러나 그것이 전부는 아니다. 지금은 남들보다 돈 더 벌고 좀더 좋은 직장 얻기 위해 공부한다고 누구나 대놓고 말한다. 대학도 취업학원이 된 지 오래다. 이런 상황을 무시하자는 것이 아니다. 그것이 대세라 해도 대학이 대학이어야 하는 이유나 근거는 최소한 남겨두어야 한다는 말이다. 이런 천박한 풍조는 세계 대학들에서 찾아보기 어렵다.

✿

　이 구절에 대해서는 역시 다산이 깔끔하게 정리해 주고 있다. "군자가 도를 배우는 것은 벼슬하기 위한 것이 아니다. 그러나 군자는 일찍이 벼슬하려고 하지 아니함이 없다. 만약 봉록에 뜻을 둔 사람이라고 해서 이들을 모두 그르다고 여기면, 덕을 온전히 한 자는 적을 것이다." 나는 다산의 이 말을 곡해하여 실천하는 자를 보았다. 그는 이렇게 떠벌린다. '지식인이 허위의식 때문에 돈 얘기를 잘 안 하는데, 솔직하지 못하다. 그렇게 점잖을 떠니까 당장 손해를 보는 것이다.' 그러나 나는 이 말에 진정성이 들어 있다고 생각지 않는다. 실제 그자가 돈에 미쳐 매문賣文에 광분하고 있는 것만 봐도 알 수 있다. 그냥 챙기는 게 낫다. 굳이 그렇게 강변하지 않아도 좋지 않겠나. 돌차咄嗟!

스승님께서 말씀하셨다. "신념을 굳게 지키고 배우기를 좋아하면서 죽음으로써 선한 도를 지킨다. 위험한 나라에는 들어가지 말고, 혼란한 나라에는 살지 않는다. 천하에 도가 있으면 세상에 나오고, 천하에 도가 없으면 숨는다. 나라에 도가 있는데도 빈천한 상태에 있는 것은 부끄러운 것이고, 나라에 도가 없는데도 부귀를 누리는 것은 부끄러운 것이다."

子曰, 篤信好學, 守死善道. 危邦不入, 亂邦不居. 天下有道則見, 無道則隱. 邦有道, 貧且賤焉, 恥也. 邦無道, 富且貴焉, 恥也.

❦

신념을 굳게 지키고 배우기를 좋아하면서 죽음으로써 선도善道를 지킨다는 말은 죽기 살기로 학문을 하고, 죽기 살기로 진리를 추구한다는 것이다. "천하에 도가 있으면 나타나고, 천하에 도가 없으면 숨는다는 말은 다시 나온다. 공자는, 봉급과 지위는 좋은 것이지만 어떤 상황에서 관직에 나아가고, 어떤 상황에서 관직에 나아가지 말아야 할 것인가 하는 것이 문제라고 생각했다. 그는 나라에 도가 있으면 당연히 관직에 나아가 정부의 돈을 받아야 하는데, 그렇지 않으면 그것을 대단히 수치스러운 일이라 여겼고, 나라에 도가 없으면 마땅히 집에 숨어서 생명을 보전해야 하는데, 그렇지 않으면 역시 부끄러운 것이라 생각했다.

❦

내가 보기에, 독신호학篤信好學은 요즘에도 여전히 새겨들어야 하겠지만,

나머지 말은 맹목적으로 따라서는 곤란하다. 우선, 천하에 도가 있으면 나타나고, 천하에 도가 없으면 숨는다는 출처관出處觀은 전형적인 은사隱士, 혹은 고사高士 또는 처사處士의 것이다. "공자가 은사와 다른 점이 있다면, 그는 성인으로서 포부를 가지고 사회와 국가에 대해 어찌해 볼 수 없음을 잘 알면서도 끝까지 노력했다는 점"을 난화이진이 특기했지만, 나는 수긍하기 어렵다. 잘 몰라서 하는 말이겠지만, 천하에 도가 없으면 적극 나서서 쓰러진 도를 다시 세우는 것이야말로 지식인의 임무일 것이다. 더구나 지금은 은사가 필요한 시절이 아니다.

※

서경식 선생에 따르면, 일본의 지식인들을 표상하는 말로 시라케しらけ가 있다고 한다. 시라케는 시들시들하다는 말로, 정치에 무관심한, 무기력한 사람들을 지칭한다. 나라가 개판인데도 돈을 버는 것은 부끄러운 일이라는 지적에는 동의하지만, 나라가 제대로 굴러가는데도 가난하게 사는 것도 부끄러운 일이라는 지적에는 동의할 수 없다. 나라가 제대로 돌아가는데도 가난한 사람들이 고통 받는다는 것은 자가당착이자 모순이다. 요즘 정치꾼들이 '국민, 국민' 하는데, 거기에 끼지 못하는 '궁민窮民'들이 너무 많다. 세상은 썩어 가는데, 지식인들이 너나 나나 고매한 은사를 자처하니 악취가 진동을 한다.

스승님께서 말씀하셨다. "그 지위에 있지 않으면, 그 지위에 해당되는 정사에 대해서는 의론하지 않는다."

子曰, 不在其位, 不謀其政.

정사에 대한 의론의 전제는 그에 상응하는 지위를 갖는 것이다. 그에 상응하는 지위가 없다면 조작 상태에 들어가서 여러 가지 실행 가능성에 대한 연구를 진행해서는 안 된다. 예를 들어 내가 총장이 아니라면 총장의 일을 간섭할 수 없다. 내가 그것에 관심을 가진다면 그저 보통 교원의 입장에서 한번 관심을 가져볼 수 있을 뿐이다. 지위가 없는 것은 곧 지위의 입장에서 생각하지 않는 것이고, 지위의 속박을 받지 않는 것이다. 공자가 스스로 성인이 아니라고 한 것은 지위가 없었기 때문이다.

내가 보기에, 이 구절은 논란이 될 만하다. 요즘 보기에 그렇다는 말이다. 지식인은 누구든 정치 이야기를 한다. 그리고 그 대부분은 진보적인 입장을 천명한다. 바람직한 일이다. 그러나 어떨 때 그 논설을 보면 지나치게 단순하고 단편적이다. 우리가 지금 이러저러한 이야기를 나누고 있을 때, 저 정치꾼들이 어디에서 무엇을 논의하고 있는지 우리는 잘 모른다. 얼마 전 고종석이 절필을 선언했는데, 그 이유 중 하나는 다음과 같다. "분단체제 극복을 위해 그리도 많은 글을 쓴 백낙청이 통일부 중하급 관료나 외교통상

통일위원회 소속 국회의원의 보좌관만큼이라도 대한민국의 통일정책에 영향을 끼칠 수 있을까? 미심쩍었다. 글은, 예외적 경우가 있긴 하겠으나, 세상을 바꾸는 데 무력해 보였다."

이렇게 생각하니, 공자의 위 구절을 이해할 수도 있겠다. 지식인은 생리적으로 정치에 관심을 갖지 않을 수 없다. 정치가 많은 사람의 삶을 좌지우지하는데, 공부하는 사람이 거기에 관심을 두지 않을 수 없는 것이다. 그런데 비뚤어진 정치의 세월에 공부는 '추상에서 구체로 상승'해야 마땅하다. 아무도 듣지 않는 이야기를 모호하게 형이상학화해서 결국 한갓된 관념으로 떨어뜨리고 마는 논의는 대개 빈껍데기다. 하나마나한 뻔한 이야기를 번다한 전거를 그럴 듯하게 인용하면서 마치 무슨 학술담론이나 되는 양 떠벌리는 글은 그저 쓰레기일 뿐이다.

스승님께서 말씀하셨다. "태사인 지가 처음 연주를 할 때 들었던 관저의 마지막 악절 소리가 내 귀에 쟁쟁하게 남아 있구나."

子曰, 師摯之始, 關雎之亂, 洋洋乎盈耳哉.

---

태사는 고대 악관樂官의 우두머리다. 관저지란關雎之亂은 『시경』 「주남周南」 '관저'에 대한 연주를 마치는 것이다. 네 개의 악절로 이루어진 고대 음악에서 시始는 제1절, 즉 악곡의 시작이고, 난亂은 제4절, 즉 악곡의 종결이다.

음악의 마력은 듣는 사람으로 하여금 그 속으로 녹아들어가게 하여 오래도록 잊지 못하게 하고, 잊지 못할 뿐만 아니라 기억 속에서 언제나 떠올려 귀와 뇌리에 빙빙 맴돌게 하면서 당시의 정경과 그림과 감정, 심지어는 온도와 냄새에까지 휩싸이게 한다는 데 있다.

내가 보기에, 이 구절과 관련해서는 한자 어휘에 특히 주의해야 한다. 이에 대해서는 오규 소라이의 전언을 옮긴다. "주희의 주석에서는 난을 음악의 마지막 악장이라 하고, 사지지시師摯之始를 악관에 임명된 초기라고 했는데, 살펴보면 시始와 초初의 뜻이 다른데 주희가 혼동하였으니 잘못이다. 또 공자가 그의 악관에 임명된 초기에 아름답게 여긴 것이라면, 어찌 말년에 늙어 폐하여졌겠는가? 난을 음악의 마지막 악장이라고 여긴 것은 부賦의 끝에 난이 있기 때문인데, 난은 노래할 수 있지만 부는 노래할 수 없다는 것을 전혀 모른 것이다. 난은 부의 끝장일 뿐이니, 어찌 음악의 마지막 악장이 될 수 있겠는가? …… 『사기』에 관저의 난은 「국풍」의 시작이 된다고 했고 ……『한서漢書』의 「방중가房中歌」에는 칠시화시七始華始는 모두 음악 가운데의 명목이니, 지금의 음악에 난성亂聲이 있다는 것에서 알 수 있다. 이것은 악사인 지가 사시四始를 연주할 때, 관저의 합주亂가 가장 성대하고 아름다웠음을 말한 것이다."

반면 다산은 그렇게 생각하지 않았다. "『초사楚辭』의 주에, 난이란 악절의 명칭이다. 『국어』에 나邶로써 맨 첫째 편으로 하니, 그 완성된 노래의 난에 예로부터 옛날에 …… 라고 하는 가사가 있다고 했으니, 이를 볼 때 무릇 편장篇章이 이미 이루어지면 그 대요大要를 취하여 난시亂辭로 하였다. 『예기』「악기樂記」에 연주를 시작할 때는 문文으로 하고 끝날 때는 무武로 한다고 했고, 옛 부賦에 난왈亂曰이라 한 것은 모두 졸장卒章이라고 했다. 그런데 『사기』에 이르기를, 관저지란이 국풍의 시작이 된다고 했으니, 이는 사마천이 난 자를 잘못 읽고 해석한 것이다."

어느 해석이 옳은지 나는 잘 모르겠다. 난화이진의 말을 들어보니, 고대 한자는 어렵기도 하다. "관저지란의 난 자는 고대와 현대의 의미가 다르므로 꼭 주의하기 바란다. 고대에 이 난 자는 지금과는 정반대의 뜻을 가지고 있어서 치治의 뜻이었다. 진한秦漢 이전의 책에서는 이렇게 사용했는데, 당대 이후로는 대부분 이렇게 사용하지 않았다. 그밖에도 예를 들면, 독毒 자는 진한 이전에는 치료와 치유의 뜻이 있었다. 어떤 사람이 우리를 칼로 한 번 찍었다면 상해가 되겠지만, 손이나 발에 종기가 나서 의사가 손이나 다리 하나를 잘라냈다면 이것은 상해가 아니고 오히려 치료인 이치와 같다. 고대에는 문자가 적었기 때문에 한 글자에 많은 뜻을 차용했다."

공자가 음악을 거의 마니아 수준으로 좋아한 것은 잘 알려진 사실이다. 음악을 진정으로 좋아하면, 리링의 말처럼 "정경과 그림과 감정, 심지어는 온도와 냄새"까지도 세세하게 불러낸다고들 한다. 누구는 '요즘 베토벤을 들으면 자꾸 눈물이 난다'고 하던데, 나는 아직 그 경지에까지 가 본 적이 없다. 그런데 거기까지 가려면, 음악에 천재적 재능을 타고난 경우가 아니라면, 대개 많은 시간의 훈련이 있어야 할 것이다. 언젠가 판소리 강의 시간에 비슷한 이야기를 하자, 어느 학생이 '판소리도 예술인데, 예술이란 그저 좋은 것 아닌가요? 그렇게 훈련을 통해 억지로 좋아해야 한다면, 그것이 진정한 예술일까요?'라고 물은 적이 있었다. 갑작스러운 질문에 나는 대충 얼버무리고 말았다. 지금이라면 설득까지는 아니더라도 조금 더 설명해 보려고 노력해 보았을 것이다.

스승님께서 말씀하셨다. "자유분방하면서 솔직하지 못하고, 흐리멍덩하면서 성실하지 못하며, 무지하면서도 신용이 없는 사람을 어떻게 해야 할지 모르겠다."

子曰, 狂而不直, 侗而不愿, 悾悾而不信, 吾不知之矣.

꽃

이 구절은 인심이 예전 같지 않고, 오늘날은 옛날보다 못하다는 것을 말하고 있다. 나는 그런 사람을 어떻게 해야 할지 모르겠다吾不知之矣는 말은, 공자가 불만을 표시하는 습관이었다.

꽃

내가 보기에, 이 구절은 공자가 싫어하는 인간 유형을 말하는 것 같다. 인간에 대한 한없는 애정을 갖고 있던 분도 이렇게 미워하는 감정을 갖는구나, 생각하니 나 같은 사람도 안심이 좀 된다. 아마 인간에 대한 평가만큼 흥미진진한 것도 없을 것이다. 내가 본 것으로는, 중국 후한 시대 유소劉劭가 쓴 『인물지人物志』가 있다. 물론 『사기』 「열전」은 말할 필요조차 없겠다. 그런데 이런 인물평들을 읽다보면, 나 자신을 되돌아보기보다는 내가 싫어하거나 미워하는 사람을 떠올리게 되는데, 이는 나의 내공이 부족해서일 것이다.

광狂을 리링은 자유분방하다고 풀었다. 적절한 번역인 것 같다. 공자는 「자로子路」편에서 "광자狂者는 진취적이다"라 했고, 주희는 "광자는 뜻은 지극히 높으나 행동이 말을 가리지 못하는 자"라고 풀이했다. 근래 널리 알려지게 된, 미치지 않으면 미칠 수 없다는 불광불급不狂不及에서의 광도 아마 이렇게 이해해야 하지 않을까 한다. 양광佯狂이라는 말이 있다. 거짓으로 미친 척한다는 뜻이다. 세상이 자신의 능력과 포부를 알아주지 않기 때문에 취하는 포우즈이다. 자신과 세상이 서로 어그러진다는 신세모순身世矛盾이나 세상과 맞지 않는다는 세여불합世與不合이라는 판단이 그 근거이다. 이런 대표적인 인물로 김시습을 들 수 있다. 요즘도 제대로 살려면 어느 정도 양광을 하지 않고는 살기 어렵지 않나 한다. 물론 그럴 만한 내공이 먼저 있어야 하겠지만.

난화이진의 풀이로 이 구절을 다시 읽으면, 공자는 "겉으로는 호방하면서도 속마음은 정직하지 않는", "외모로는 성실하면서도 속마음은 너그럽지 못한", "속은 텅텅 비어 있으면서도 남도 자기도 믿지 않는" 사람을 미워했다. 한 구절씩 생각해 보니, 얼굴이 화끈거려 외면하고 싶어진다.

사람 관계에서 제일 마지막에 하는 것이 포기라고 생각한다. 리링과 난화이진 그리고 오규 소라이는 공자가 "어떻게 해야 할지 모르겠다"라고 한

것을 각각 '습관적인 불만 표시', '유머러스한 표현', '가르칠 수 없다는 말'
이라 했는데, 나는 주희가 "심히 거절하는 말"이라고 한 것에 동의한다. 상
대와의 관계를 이제 포기하고 싶다는 표명으로 읽힌다. 더 이상 상종하기
싫다는 것이다. 내 짧지 않은 인생을 살아오면서, 정말 더 이상 상종하고
싶지 않은 사람이 몇이나 될까 하고 생각하니, 조직 관계상 마주칠 수밖에
없어 괴로운 자의 얼굴이 떠오른다. 참을 인 자 셋이면, 살인도 면한다忍忍忍,
免殺人는 말도 아울러 되뇐다.

스승님께서 말씀하셨다. "배울 때는 (목표에) 도달하지 못할 것처럼 하고, (배운 것을) 잃어버릴까봐 두려워하듯이 한다."

　　子曰, 學如不及, 猶恐失之.

---

※

공부는 항상 앞과 뒤를 살펴야 한다. 앞을 살피는 것은 배우지 못할까봐 두려워하는 것이고, 뒤를 살피는 것은 금방 배운 것을 잃어버릴까봐 두려워하는 것이다.

※

내가 보기에, 학인은 이 구절을 특히 귀담아 들어야 한다. 어설프게 아는 사람은 조금만 공부해도 세상을 다 가진 듯 자아도취에 빠져든다. 나는 대학 때 도서관파에 속하지 않았다. 연속으로 학사경고를 받을 수 없어 몇 학년 때인가 모르지만 친구들 몰래 도서관 구석에서 시험공부를 한 적이 있었다. 늦은 밤 언덕을 내려오는데 마음이 그리 뿌듯할 수가 없었다. 금방 무엇이라도 될 듯한 착각에 들뜬 나를 축하해 주듯, 달님인지 별님인지 길을 훤히 비춰주고 있었다.

※

이 구절에서 학여역수행주, 불진즉퇴學如逆水行舟, 不進則退라는 말이 나온 것 같다. 배움은 물을 거슬러 올라가는 배와 같아서 나아가지 않으면 퇴보한다는 말이다. Qui non proficit, deficit<sup>진보하지 않는 자 퇴보한다</sup>에서 보듯, 이 경구는 동서고금에 두루 통한다. 그런데 이 말은 한창 공부하는 젊은 이에게만 해당되는 것이 아니다. 특히 중년 이후 더욱 새겨야 한다고 본다. 나처럼 선생을 오래 한 사람들은 더 이상 탐구하지 않는 경우가 많다. 더 이상 배울 것이 없다고 건방을 떠는 것이거나, 더 이상 머리가 따라주지 않아서일 것이다. 그러니 더욱 공부해야 한다. 그렇지 않으면 남는 것이라고는 아집뿐이다. 자기중심적인 생각이나 좁은 소견에 사로잡힌 고집뿐이다.

✿

오규 소라이는, 잃는다<sup>失之</sup>라는 것은 때와 사람을 잃는 것이라 하면서, 『세설신어<sup>世說新語</sup>』의 금일시차수근, 막약산하<sup>今日視此雖近, 邈若山河</sup>라는 말을 인용했다. 이런 고사이다. "진의 왕융이 황공로를 지나다가 뒤 수레에 탄 손님에게 '내가 전에 혜강, 완적과 함께 이 술집에서 술을 거나하게 마셨는데, 그들이 죽고 난 뒤로 세상사에 얽매여 살았다. 지금 이곳을 보니 비록 가까이 있지만, 아득하기가 산하를 격한 것 같다'고 했다." 오규 소라이는 이 구절을 "만났다 한 번 헤어지면 강이나 산처럼 아득하니 어찌 아끼지 않겠는가"라고 풀었다. 나도 이제 초초해야만 하는 나이가 되었다.

✿

덧붙이자면, 다산은 잃을까 두려워한다는 말을 다음과 같이 풀었는데, 쉽게 수긍하기 어렵다. "공자의 말뜻은 이미 얻은 것을 잃을까 걱정함을 말한 것이 아니라, 도를 향해 갈 때 마치 귀중한 보배가 앞에 있는데 다른 사람이 먼저 그것을 얻으면 어쩌나 하고 두려워함과 같은 것을 말한다." 이 말을 무슨 경영經營 상의 효율 문제로 곡해할까 봐 그렇다.

스승님께서 말씀하셨다. "높고도 높구나! 순임금과 우임금은 천하를 갖고서도 천하의 일에 간섭하지 않았다."

> 子曰, 巍巍乎. 舜禹之有天下也而不與焉.

❧

이 구절은 순임금과 우임금이 유능한 신하의 보필을 받아 직접 정사에 임하지 않고 무위정치無爲政治를 했다는 것을 말한다. 요순은 선양禪讓, 곧 천자가 살아있으면서 유덕자有德者에게 제위를 물려주었는데, 유가儒家는 이러한 통치를 찬미했다. 묵가墨家는 우임금만 찬미했고, 도가道家에서는 황제黃帝만 칭송했다.

❧

내가 보기에, 주희가 "간섭하지 않았다"를 "그 지위를 즐겁게 여기지 않았음을 말한 것이다"라고 한 것은 "성인의 마음은 혼연한 천리여서 지위를 즐겁게 여기지 않는다"라고 한 맹자의 말을 계승한 것인바, 지나친 도덕주의적 해석이다. 오규 소라이에 따르면, "불여不與와 불상관不相關은 다른 뜻이다. 불여는 자기가 천하를 소유하고 있음을 잊었다는 말이고, 불상관은 자기는 자기고 천하는 천하이므로 서로 간섭하지 않음을 말한다."

❧

이 구절은 노자의 무위이치無爲而治, 곧 성인聖人의 덕이 커서 아무런 일을 하지 않아도 천하가 저절로 잘 다스려짐을 말하고 있다. 단, 공자는 '유능한 인재를 얻어서'라는 전제를 달고 있다. 간섭하지 않았다는 것은 유능한 신하의 보필을 전제로 하는 것이다. 정도전이 생각한 조선의 이상적 통치구조는 재상 중심의 정치인바, 그 이론적 근거가 바로 이 구절이다. 이 부분에 대해서 일반인은 제대로 이해하지 못하고 있다. 왕이 독단으로 국가의 운명을 결정한 것으로 믿고 있으며, 그래서 이른바 어진 임금善君에 대한 열망도 지나치다. 중세가 끝난 지 이미 한참이건만, 아직도 많은 인민이 '좋은 혹은 착한 대통령'에 대한 선망을 버리지 않고 있다. 그만큼 우리 정치 수준은 반半봉건적이다. "이조 오백년은 끝나지 않았다"「종로5가」라고 한 신동엽의 절규가 아프게 다가온다. "대한민국은 민주공화국이다. 대한민국의 권력은 국민으로부터 나온다"라는 헌법 1조 1~2항이 단지 종이에 적힌 잉크에 불과해서야 쓰겠는가.

여기서 이른바 '빠 문화'를 지적해야만 하겠는데, 이에 대해서는 아무래도 자칭 'B급 좌파' 김규항의 「지지자, 빠, 파시즘」을 읽어보는 게 좋겠다. "종종 '지지자'와 '빠'를 혼동하는 경우를 보는데 지지자와 빠는 전혀 다르다. 지지자는 말 그대로 어떤 대상을 지지하는 사람이다. 그리고 대상에 대한 지지를 통해 자신의 철학과 세계관을 표현하는 사람이다. 차이와 존중이라는 민주주의 원칙에 따라 우리는 모든 종류의 지지자를 존중하는 걸 원칙으로 할 필요가 있다. 빠는 어떤 대상을 지지 혹은 '강하게 지지'하는 사람이 아니라, 그 대상에 투영한 자기애에 빠진 사람이다. 자기애의 실체는 물론 열등감이다. 빠는 대상을 추앙함으로써 열등감을 해소하려 한다. 빠는 또한 '까'이기도 하다. 자신이 집착하는 대상은 무조건 이상화[빠] 하고 그 이상화를 방해하는 대상은 무조건 평가절하[까]하는 이른바 '분리 splitting' 행동기제는 경계성 인격장애 등에서 나타나는 전형적인 병증이다. 빠에게 필요한 건 비판이나 토론이 아닌 치료다. 지지자와 빠를 구분하는 기준은 그 대상에 대한 비판에 보이는 태도다. 지지자는 대상에 대한 비판 이 대상에게 이로울 경우 받아들이려 한다. 그러나 빠는 대상에 대한 비판 에 무작정 반발하며 증오감을 드러낸다. '나에 대한 모욕이자 공격'으로 느 끼기 때문이다. 노무현 지지자는 박근혜 지지자보다 나은 사회의식을 가진 사람일 것이다. 그러나 박근혜 빠와 노무현 빠는 같은 병을 앓는 환우일 뿐 이다. 거대한 경쟁 체제 속에서 한 개의 부품처럼 살아가는 후기 자본주의 사회는 빠의 양성소다. 경쟁과 미래에 대한 불안감은 더 정신없이 일하고 분주하게 살아가게 만드는 동력이 되기도 하고, 이른바 복지시스템으로 얼 마간 진정되기도 하지만, 심각한 경제 불황이나 양극화, 불안정 노동의 만 연에 의해 그 불안감을 이겨낼 수 없는 경우 어떤 대상에 나를 복속시켜 거 짓 위안을 받으며 살아가는 빠들이 늘어나게 된다. 결국 빠는 오늘 누구나 쉽게 걸릴 수 있는 병증이며 한국의 경우 인터넷에서 가장 활동적인 사람들 이기도 하다. 가장 심각한 문제는 빠가 '파시즘의 원료'라는 점이다. 어떤 빠든 빠들의 행태를 살펴보면 파시즘의 징후를 쉽게 발견할 수 있다. 독일 의 나치즘이나 이탈리아의 파시즘도 빠 현상의 결과였으며, 신처럼 추앙된 히틀러도 처음엔 '웃기는 놈'에 불과했음을 기억할 필요가 있다."

스승님께서 말씀하셨다. "크도다, 요임금의 군주 됨됨이여. 높고도 높다. 오직 하늘이 큰데, 요임금만이 그것을 본받았다. 넓고 넓어서 백성들이 뭐라고 이름을 붙일 수 없었다. 높고도 높다, 그 공적을 이룸이여. 눈부시도다, 그 예악 법도여."

子曰, 大哉堯之爲君也. 巍巍乎. 唯天爲大, 唯堯則之. 蕩蕩乎. 民無能名焉. 巍巍乎. 其有成功也. 煥乎其有文章.

---

✾

공자는 위대하고, 가장 높으며, 끝없이 넓고, 휘황찬란하다고 요임금을 찬미했다. 백성들이 뭐라고 이름을 붙일 수 없었다는 것은 앞[8-18]에서 백성들이 그를 어떻게 칭송할지 말지 못했다는 뜻이다. 문장文章은 예악법도를 가리킨다.

✾

내가 보기에, 이 구절은 칭송과 찬미 중에서 최고이다. 그런데 대개 이런 식의 극찬은 칭송받는 자의 내면보다는 외적인 것, 좀더 정확히는 칭송하는 자의 욕망이 투사된 경우가 많다.(공자의 경우는 물론 예외일 것이다) 우리는 그러한 '비뚤어진 맹목의 흠모'를 한반도 북쪽에서 보고 있다.(남쪽은 많이 다른가?) 나는 "백성들은 (요임금의) 그 덕(이 너무 위대해서) 그것을 표현할 수 없다. 단지 그 업적과 문장이 우뚝하고 찬란하다고 말할 것뿐이다"라는 『집주』의 풀이를 이런 맥락에서 이해한다.

순임금은 다섯 명의 신하가 있었기 때문에 천하가 다스려졌다. 무왕은 "나는 유능한 신하 열 명이 있다"라고 말했다. 공자께서 말씀하셨다. "재능 있는 사람을 구하기 어렵다. 그렇지 않은가? 요순 이후로 도덕이 찬란했다. 부인이 한 명 포함되어 있으니, 신하는 아홉 명이었을 뿐이다. 천하의 3분의 2를 차지하고 있으면서도 여전히 은 나라를 섬겼다. 주 나라의 덕은 최고의 덕이라고 할 만할 것이다."

> 舜有臣五人而天下治. 武王曰, 予有亂臣十人. 孔子曰 才難, 不其然乎.
> 唐虞之際, 於斯爲盛. 有婦人焉, 九人而已. 三分天下有其二, 以服事
> 殷, 周之德, 其可謂至德也已矣.

순임금의 다섯 신하는 우禹, 직稷, 설契, 고요皐陶, 백익伯益을 말한다.

"나는 유능한 신하 열 명이 있다"에 해당하는 원문은 여유난신십인予有亂臣十人인데, 여기서 난亂은 옛 의미로는 다스린다는 뜻의 치治고, 따라서 난신은 세상을 다스린 유능한 신하라는 말이다. 열 명은 주공단周公旦, 소공석召公奭, 태공망太公望, 필공畢公, 영공榮公, 대전太顚, 굉요閎夭, 산의생散宜生, 남궁괄南宮适, 문모文母이다. 옛날 책에는 신臣 자가 없고, 당 나라 석경石經에서 처음으로 난 자 아래에 신 자를 방주旁注로 붙였고, 그 뒤로 본문 속으로 끼어 들어갔다. 고서에서는 흔히 여성을 낮추었지만, 각 왕조의 개국 군주는 종종 처가 쪽 사람의 도움을 받았다. 북방 소수민족이 부상할 때는 특히 이런 경향이 강했다.

✿

당우지제唐虞之際는 요순 이후이지 요순 교체기가 아니다. 주 나라가 천하의 3분의 2를 차지하고 있으면서도 여전히 신하로서 은왕을 섬겼는데, 이는 도덕의 고상함이 극에 도달했음을 보여주는 것이라고 말하고 있다.

✿

내가 보기에, '자왈'이라 하지 않고 '공자왈'이라 한 것은, 무왕의 말과 이어져 군신의 도리를 소중히 여겨 삼간 것이다. 이 구절의 열쇳말은 아마 재난才難, 곧 인재는 얻기 힘들다는 말 같다. 앞8-18에서 "순임금과 우임금은 천하를 갖고서도 거기에 간섭하지 않았다"라고 했는데, 이것이 가능하려면 무엇보다도 훌륭한 인재를 얻어야 한다. 인사철이 되면 어중이떠중이들이 '간택'을 받으려고 온갖 수를 쓰고, 결국 그들이 뽑혀 올라가는 것을 보면, 우선 그 상관의 됨됨이를 알겠고, 그 상관이 그들을 어떤 용도로 이용해 먹을까 하는 것도 짐작할 수 있겠다.

✿

난亂이 그 정반대 의미인 치治로 읽히는 이유가 궁금하다. 오규 소라이에 따르면, 그렇게 보는 근거는 난亂이 원래는 치乿였다는 것이다. "다만 더러움을 맑게 한다淸汙는 것을 오汙라고 한 것은 거성去聲으로 변환 시킨 것이지만, 난은 본래 상성上聲인데, 치治라고 해석하면서 어찌 거성으로 바꿀 수 있겠는가?" 참고로 오규 소라이는 난신을 난리를 평정한 인재로 풀었다.

스승님께서 말씀하셨다. "우임금에 대해서는 트집을 잡을 것이 없다. 간소하게 먹고 마시면서 귀신에게 효를 다했고, 좋지 않은 옷을 입으면서 예복과 예관에 대해서는 아름다움을 다했으며, 궁실은 누추하게 하면서도 물길을 트는 데는 힘을 다 쏟았다. 우임금에 대해서 나는 트집을 잡을 일이 없다."

子曰, 禹, 吾無間然矣. 菲飲食而致孝乎鬼神, 惡衣服而致美乎黻冕, 卑宮室而盡力乎溝洫, 禹, 吾無間然矣.

간間은 의의를 제기하는 것이다. 비菲는 빈약하다는 뜻이다. 보黻는 예복이고, 면冕은 예모禮帽이다. 구혁溝洫은 밭과 밭 사이의 수로이다. 우임금이 치수할 때, 중국 전역을 아홉 구역으로 나누었다.

우임금의 미덕은 검소함이다. 첫째, 그가 먹은 음식은 매우 간단했고, 맛있는 음식은 모두 귀신을 공경하는 데 썼다. 둘째, 그가 입은 옷은 매우 조악했지만, 예를 행할 때는 오히려 화려했다. 셋째, 그의 집은 매우 좁았지만, 수리시설을 건조하는 데는 힘을 쏟았다.

내가 보기에, 우임금의 미덕을 한 마디로 하면 선공후사先公後私, 곧 공적인 일을 우선시하고 사사로움은 뒤로 미룬 것이다. 이는 중학교 한문시험에 나 나올 말이지만, 대단히 엄중한 의미를 담고 있다. 지금 세태는 위아래 없이 선사후공先私後公을 일삼는다. 선공후사를 실천하는 사람이 오히려 손가락질 받을 지경이다. 혼자 잘났다는 듯이 웬 수작이냐는 것이다. 서로 같이 나누어 해먹어야 마음이 편하다는 것이다. 세상에서 제일 꼴불견은 몸으로는 선사후공을 실천하면서 입으로는 선공후사를 떠드는 치들이다.

❦

오규 소라이에 따르면, 귀신에게 효를 다했다는 것은 선조를 공경했다는 말이고, 예복과 예관에 대해서는 아름다움을 다했다는 것은 성인을 공경했다는 말이며, 물길을 트는 데는 힘을 다 쏟았다는 것은 백성을 섬겼다는 말이다. 오늘날 대한민국의 정치꾼들은 돈만 공경하고 섬긴다.

❦

간間에 대한 다산의 설명은 이렇다. "간은 달빛이 문틈으로 새어 들어오는 것을 형상한 것이다. 무간無間은 흡연翕然히 애모하여 아무 부족한 틈이 없는 것임을 말한다." 흡연은 말과 행동이 일치하거나 화합하는 모양을 말하는데, 한유韓愈의 「당고조산대부상서고부랑중정군묘지명唐故朝散大夫尚書庫部郎中鄭君墓誌銘」의 불위흡흡연不爲翕翕熱, 곧 남들과 어울려 다니기를 좋아하지 않다는 말에서 유래했다. 참고로 翕翕熱이 翕翕然으로 되어 있는 이본異本도 있다고 한다.

9
———

자한
子罕

스승님께서 재물에 대해서는 드물게 말씀하셨고, 운명이나 인에 대해서
는 허용하셨다.

子罕言利, 與命與仁.

이 구절을 둘러싸고는 논쟁이 많았다. 그 중 한 가지는 재물利과 운명命
과 인을 모두 공자가 정면으로 부정한 것으로 보는 것이다. 여與를 화和나
이급以及 같은 접속사로 보고, 이 여덟 글자를 하나로 붙여 읽으면서, 공자가
그것들에 대해서 드물게 말을 했다는 해석이다. 다른 하나는 여를 찬동 혹
은 허락의 뜻으로 보아, 공자가 부정한 것은 재물이라는 해석이다.

공자는 재물과 운명에 대해서는 말을 많이 하지 않은 반면, 인은 자주
언급했다. 만일 대상에 대해 이야기기를 많이 했는가 적게 했는가 하는 점
을 중심에서 보자면, "공자는 이와 운명에 대해서는 드물게 말씀하셨다子罕
言利與命"라고 끊어 읽는 것이 좋다. 운명과 인을 함께 두지 않음으로써 재물
과 대조되도록 했어야 했거나, 혹은 세 가지를 같은 것으로 여겼어야 했다.
반면 언급 대상을 긍정한 것인가 부정한 것인가를 중심으로 논한다면, "공
자는 이에 대해서는 드물게 말씀하셨는데, 다만 운명과 인에 대해서는 찬
동하셨다子罕言利, 但贊同命和仁"라고 했어야 옳다.

내가 보기에, "공자는 이와 명과 인에 대해 드물게 말씀하셨다"라고 한 주희의 풀이는 사실과 어긋난다. 알다시피 공자는 『논어』에서 이와 명에 대해서는 많은 말을 하지 않았지만, 인에 대해서는 수많은 언급을 했다. 주희(와 이후의 학자들)도 이 사실을 모를 리 없었을 텐데, 왜들 이렇게 읽었는지 궁금하다. 오규 소라이의 설명을 들어도 명확히 와 닿지는 않는다. 이와 명과 인이 아주 어렵고 귀한 주제여서 함부로 발설치 않았다는 식으로 이 문제를 넘어갔는데, 선뜻 동의하기 어렵다. 인이야말로 공자와 『논어』의 근본 화두가 아닌가.

이 문제에 대해서는 나로서는 더 이상 상론할 수 없기에, 이利 곧 이끗에 대해서 잠시 생각해 본다. 사람은 누구나 이익과 손해에 민감하다. 이익을 보고 손해를 모면하려는 것은 인지상정이다. 손해를 보고서도 담대해진다면, 그는 이미 범인凡人은 아닐 것이다. 그럼에도 인간적인 품위에 대해서도 어느 정도는 예민해질 필요가 있지 않을까 한다. 질 줄 알면서도 싸울 때가 있듯이, 손해를 조금 보더라도 과도하게 반응하지 않는 체면도 필요하다. 그렇지 않으면, 너무나도 옹졸하고 천박한 행태들을 부끄러움 없이 자행할 때가 많아지고, 그래서 결국 우리의 삶은 누추하고 너절해질 것이다.

달항의 시골 사람이 말했다. "위대하십니다. 공자님이시여, 박학하시면
서도 명성을 이룬 분야가 없으시군요." 스승님께서 들으시고 제자들에
게 말씀하셨다. "내가 무엇에 종사할까? 수레 모는 일을 할까, 아니면 활
쏘는 일을 할까, 나는 수레 모는 일을 해야 할까보다."

達巷黨人曰, 大哉孔子. 博學而無所成名. 子聞之, 謂門弟子曰, 吾何
執? 執御乎? 執射乎? 吾執御矣.

---

달항은 거리 이름이고, 당인黨人은 시골 사람이다. 『공자세가孔子世家』에
서는 당인 다음에 동자童子를 덧붙였다. 『한서』 맹강孟康의 주에서는 항탁項槖
이라고 했다. 항탁은 흥미로운 어린이로, 전설에 따르면 배우지 않아도 절
로 아는 신동이었다.

고대 전설에서 공자와 관련이 있는 것에는 항상 이런 어린아이가 있고,
모두 공자의 학문이 높았는데, 어린아이까지 찾아가 그를 괴롭혔다는 것이
몹시 재미있다고 생각했다. 이 구절은 나중에 공자 비판의 근거가 되었다.

이 구절은 박식한데도 오히려 한 전문 분야에서 일가를 이루어 이름을
내지 못했으니 헛공부를 한 것이 아니냐고 달항당인이 공자를 비꼰 데 대한

공자의 대답이다. 오랫동안 활쏘기보다 더욱 비천한 수레몰이를 하겠다는 공자의 답변에서 겸손을 읽어왔다. 그러나 활쏘기는 고정된 목표를 주시하면서 활을 쏘아야 하기 때문에 응시하는 것은 한 점이지만, 수레몰이는 이리저리 달려야만 적절한 목표를 찾을 수 있다. 이는 박학과 정통精通을 의미한다. 공자는 정통보다는 박학을 선택하겠다고 했다. 공자는 열린 사람이지 하나만 파고드는 폐단에 빠진 전문가는 아니었다.

✿

내가 보기에, 이 구절을 박학에 대한 변호로 읽은 리링의 시각은 참신하다. 활쏘기와 수레몰이를 박학과 정통의 예시로 보아야 달항당인의 질문과의 호응이 자연스럽다.

✿

이 구절은 문화대혁명의 배신자라고 하는 린뱌오林彪와 공자를 묶어서 비판하는 이른바 비린비공批林批孔 시절 자주 입에 오르내렸다. "공자는 스스로 천재라고 생각했지만 총명이 지나쳐서 실제로는 어린아이보다도 못했다"라고 하면서 공자를 조롱한 것이다. 그 연장선상에서 교수들도 학교 운동장으로 끌려 나왔다. 그런데 리링의 말마따나 "과거에 공자를 비판한 것 중 어떤 것은 타당했고, 어떤 것은 타당하지 않았으며, 어떤 것은 겉모습이 그럴듯해 보였고, 맞는 것 같았지만 틀렸다."

✿

실력이 있다고 소문이 자자한 사람이 사실은 어린아이한테도 지더라는 식의 이야기는 조선 시대에도 두루 퍼졌던 이야기다. 어사 박문수의 실패담이 대표적이다. "박문수는 산길을 걷고 있었다. 그 때 한 사람이 도망쳐 와서 박문수에게 '저를 숨겨주세요. 나를 죽이려고 악한이 쫓아오고 있습니다. 그리고 제가 숨은 곳을 가르쳐 주지 말아 주세요'라고 말하면서 덤불 속에 몸을 숨겼다. 잠시 후 무서운 얼굴을 한 남자가 쫓아와서 박문수의 눈잎에 미수를 들이대면서 '지금 여기로 도망 온 남자가 숨은 곳을 대라. 꾸물거리면 너의 목숨은 없다'라고 위협하기에 박문수는 어쩔 수 없이 그 남자가 숨은 장소를 가리켰다. 그 남자는 악한에게 죽임을 당했다. 그날 박문수는 하루 종일 이것 때문에 마음이 괴로웠다. 저녁이 되어 어떤 마을에 들어갔을 때, 아이들이 길가에서 사또놀이를 하고 있는 것을 보았다. 두 아이가 동전 세 닢을 사또 앞에 바치면서 '이 세 닢을 두 사람에게 공평하게 나눠 주십시오'라고 하소연하자, 사또 역을 맡은 아이는 판결을 내릴 수가 없었다. 그러자 옆에서 다른 한 아이가 '그건 간단한 일이다. 자, 그 돈을 나에게 건네라'고 하고는 두 아이에게 한 닢씩 주고 남은 한 닢은 자신의 돈주머니에 넣으면서 '이건 내 구전이다. 공평하지?'라고 말했다. 박문수는 감탄해서 난생 처음 실수한 앞의 사건을 그 아이에게 말하고 '네가 그런 일을 당했다면 어떻게 하겠는가' 물었다. 그러자 아이는 즉시 '그건 쉬운 일입니다. 쫓기는 사람을 덤불 속에 숨겨두고, 나는 장님처럼 흉내 내며 걸으면 됩니다'라고 하였다. 박문수는 아이의 지혜에 감탄하지 않을 수 없었다." 물론 아무리 잘났어도 아이의 맑은 지혜에 비하면 별 것 아니라는 교훈을 전하고 있지만, 그저 재미난 이야기를 지나치게 심각하게 받아들이는 것도 문제다.

스승님께서 말씀하셨다. "마면이 예에 맞다. 오늘날에는 순면을 쓰는데, 검소하기 때문에 나는 여러 사람이 하는 대로 따르겠다. 나는 여러 사람이 하는 것을 따르겠다. 아래쪽에서 절하는 것이 예다. 지금은 위에서 절을 하는데, 거만하다. 비록 여러 사람의 경우와는 위배되지만, 나는 아래서 하는 쪽을 따르겠다."

> 子曰, 麻冕, 禮也. 今也純, 儉, 吾從衆. 拜下, 禮也. 今拜乎上, 泰也. 雖違衆, 吾從下.

공자 이전에는 마로 만든 예모禮帽가 유행했고, 나중에는 그것을 만들기 어려워서 대신 비단으로 만든 것을 썼다. 비단 옷보다 마포 옷이 비싼 것은 재료가 비싸기 때문이지만, 마면은 만드는 과정이 복잡하고 사치스럽다. 그래서 공자는 시류에 따라 순면을 쓰고 검박함을 따르겠다고 한 것이다.

위에서 절한다는 말은 공자 당시의 새로운 예로서 대청 아래에서 절하지 않고, 대청 위에 올라가서 절을 하는 것이다. 태泰는 사치하다는 것이다. 대청 아래서 절을 하는 것은 검소하고 대청 위에서 절하는 것은 사치스러워 앞 예모의 예와는 상반된다. 공자는 여기서는 시류에 역행했다. 이렇게 보면, 공자에게 중요한 것은 시류가 아니라 검박儉朴이다.

내가 보기에, 공자는 뚝심이 있는 사람이다. 많은 사람들이 하는 대로 따라하는 것이 아니라 자신의 주체적 판단 위에 굳건히 서 있는 것이다. 대개 이런 사람은 고집스럽고 꽉 막혀 있기 마련인데, 공자의 경우는 그렇지 않았다. 원칙에 얽매여 사는 삶은 소외된 것이다. 원칙도 사람의 삶을 풍요롭고 행복하게 만들기 위해 사람이 만든 제도의 하나인데, 그것 때문에 사람이 속박되고 억압당한다면, 그것이야말로 심각한 소외다. 자유를 속박하는 원칙은 굴레일 뿐이다.

현실과 원칙의 관계는 늘 문제가 된다. 현실의 요구에 부응하자니 원칙에 위배되고, 원칙을 지키려니 현실의 요구를 실현하기 어렵다. 쉽게 판단하기 어렵다. 한 가지는 분명하다. 불안정하고 혼란스러운 사회일수록 원칙을 중시하지 않거나 무시하는 경향이 강한데, 그럴수록 사회는 더욱 어려워진다. 「현실과 원칙」이라는 짧은 글을 지어보았다.

1990년대 중반 프랑스에서는 우루과이 라운드로부터 시작된 W.T.O. 체제, 곧 '미국식 자본주의의 세계화'에 대응하여 자국의 고유성을 지키고자 하는 분위기가 고조되고 있었다. 프랑스인들은, 외국 관광객이 영어로 길을 물을 때 냉담한 반응을 보일 정도로 자국어에 강한 자긍심을 갖고 있다고 흔히 알고 있었지만, 당시 프랑스의 현실은 전혀 그렇지 않았다. 미국의 싸구려 애국주의를 선전하는, 가장 너절한 배우로 실베스터 스텔론을 지목했던 프랑스인들이 급기야 '람보'에게 명예 파리시민증을 헌납할 정도로, 그리고 미국 록의 홍수 속에서 상송 쿼터제를 시행해야 할 만큼 프랑스의 자존심은 처참하게 무너지고 있었던 것이다.

❧

그러한 현실에서 프랑스어 보호를 주장하는 운동이 일어난 것은 자연스런 귀결이었다. '프랑스어 보호법', 일명 '투봉법'은 그렇게 해서 전 세계의 주목을 받게 되었다. 이 법안의 주요 내용은 '공개적인 자리나 공식적인 문건에서 프랑스어 이외의 말을 사용할 경우 벌금 등 법적 제재를 가할 수 있다'는 것으로 요약된다. 프랑스 정부로서는 자국어 보호를 위해 가장 강력한 제재 장치를 동원한 셈이다. 이러한 움직임은 W.T.O. 체제의 출범으로 곤혹스런 상황을 맞이할 수밖에 없었던 여러 나라의 전폭적인 지지를 받았다. 우리나라 유수 일간지의 사설들이 일제히 강한 연대의 의지를 피력한 것은 물론이다. 그러나 그러한 지지와 연대에도 불구하고 정작 이 법안은 프랑스 대법원에 의해 전격 거부되었다. '아무리 현실적인 이유가 충분히 있다 하더라도 프랑스인 각자 하고 싶은 나라의 말로 자유롭게 표현할 수 있는 기본권적 권리를 침해할 수는 없다'는 것이다.(현재는 대부분 승인됨)

❧

이 '사건'은 현실적 요청과 당위적 원칙 간의 갈등 혹은 상충의 문제를 반성케 한다. 프랑스 대법원이 택한 것은, 어떤 사회적 요구가 현실적으로 매우 시급하고 절실한 것이라 해도, 그것 때문에 한 사회를 지탱·유지하는

데 절대적으로 요청되는 기본적인 약속이 무시되어서는 안 된다는 대원칙이었다. 현실의 요구에 둔감한 앙상한 원칙주의자가 되자고 말하고 싶은 것이 아니다. 원칙만으로 세상을 살아갈 수 없음은 물론이다. 삶이란 많은 경우 우연적인 요인에 지배받기 일쑤이다. 그러나 '최소한' 어떤 원칙 때문에 괴로워하고 고민하는 자세가 필요하다. 현실적 요구만을 부박하게 추수하는 개인, 원칙을 헌신짝처럼 버리는 집단, 현실과 원칙의 경계에서 고민하는 않는 사회는 미래가 없기 때문이다.

　　오늘 한국의 대학이 직면하고 있는 현실은 거부할 수 없는 실용주의다. 이 실용주의 요체는 아마 대학이 현실과 괴리되어서는 안 된다는 점인 듯하다. 이 문제는 사실 대학의 존립 근거를 따지는 매우 중요한 화두일 수 있다. 그러나 현실에서 구체적으로 작동하고 있는 실용주의의 내용은, '혁신과 개혁'의 이념으로 분식하고 있기는 하지만, 한마디로 '자격증 취득과 취업률 제고'이다. 인문학을 포함한 기초학문의 붕괴를 걱정하고 대학이 취업을 위한 사설 학원으로 전락했다고 우려하는 목소리는 그래서 안이한 진단으로 치부하기 어렵다. 그렇지만 지금 세상은 분명 이른바 '무한경쟁의 시대'에 접어들었다. 고답을 품위의 밑천으로 삼던 상아탑은 이제 설 곳을 잃게 되었다. 대학은 현실의 변화에 민감해야 할 뿐 아니라 현실의 요구를 적극 수용하여 새로운 변화를 주도적으로 모색·창조해야 한다는 소명에서 한 치도 자유롭지 못하게 된 것이다.

그러나 한 가지만 생각해 보자. 이렇듯 거스를 수 없는 거대한 실용주의의 물결 속에서 대학이 지켜 내야 할 덕목은 과연 무엇인가? 이 최소한의 질문마저 제기하지 않는다면 대학은 스스로 설 자리를 포기하게 될 터이다. 이 문제를 고민하는 데 프랑스에서 투봉법안을 둘러싸고 일어난 일련의 사건은 적실한 참조의 척도가 될 것이다.

스승님께서는 네 가지를 절대 하시지 않았다. 억측을 하지 않았고, 독단을 일삼지 않았으며, 고집을 부리지 않으셨고, 편견에 사로잡히지 않으셨다.

子絶四. 毋意, 毋必, 毋固, 毋我.

의意는 추측으로, 까닭 없이 추측하고 상상하는 것이며, 전혀 근거가 없는 것이다. 필必은 독단으로, 결론이 지나치게 절대적이고 대단히 단호하고 여지를 전혀 두지 않는 것, 혹은 무엇이 아니면 절대로 안 되는 것으로 기존의 방법에 얽매여 융통성을 모르는 것이다. 고固는 고집 부리는 것, 타협할 줄 모르고 쓸데없거나 불가능한 일에 기를 쓰고 매달리는 것이다. 아我는 주관이다. 모든 것을 주관적 상상에서 출발하며 객관적 상황을 고려하지 않는 것이다.

내가 보기에, 이 구절은 참으로 귀담아 들어야 할 것 같다. 억측, 독단, 고집, 편견, 이 네 가지야말로 모든 병폐의 근원이다. 자기만 파괴하는 것이 아니라 주위 사람들 모두를 거꾸러뜨린다. 예단을 일삼아 그것을 즉각 실행에 옮기는 사람은 자신이 중병에 걸린 것을 알지 못해 언제나 위태위태하다. 억측을 일삼고 편견에 휩싸이는 사람은 대개 사실과 의견을 구분하지 못한다. 자신이 생각하고 믿는 것이 사실이고 진리라 믿는다. 이런 사람들

하고는 소통이 불가능하다. 그들의 유일한 무기는 억압과 강요이다.

⁂

고집을 자기 의견을 바꾸거나 고치지 않고 굳게 지키는 것으로 아는 사람이 있는 모양이다. 그러나 고집은 거기에 우김이 더해진다. 억지를 부려 자기 의견이나 주장만을 강하게 내세우는 것이 고집인 것이다. 고집스러운 사람의 속성 중 하나는 단정과 확언을 잘한다는 점이다. 여지와 공백을 남기지 않는다. 겸손이라고는 찾아볼 수 없다. 그리고 그들은 곧잘 남의 생각을 단견이라거나 유치하다고 하면서 자신은 '절대로' 틀리지 않다고 '반드시' 이야기한다.

스승님께서 광 지역에서 포위되었을 때 이렇게 말씀하셨다. "문왕은 죽었지만, 문文은 내게 있지 않은가? 하늘이 문을 버리려 했다면, 내가 이 문에 간여할 수 없었을 것이다. 하늘이 아직 이 문을 버리지 않았으니, 광 지역 사람들이 나를 어떻게 하겠느냐?"

> 子畏於匡, 曰, 文王旣沒, 文不在玆乎. 天之將喪斯文也, 後死者不得與
> 於斯文也. 天之未喪斯文也, 匡人其如予何.

외畏를 주희 등은 조심한다는 계戒나 두려워한다는 구懼로 해석했지만, 『순자』와 『사기』「공자세가」에서는 붙잡는다는 구拘로, 『장자』「추수秋水」에서는 포위한다는 위圍로 풀이했다.

「공자세가」에서는 공자가 광에서 닷새 동안 구금되었다고 했다. 과거에 양화陽貨가 광 지역 사람을 속였는데, 그들은 공자를 양화로 오인했기 때문이다. 양화는 공자와 생김새가 비슷했다.

"여기"와 "뒤에 태어난 자"는 공자 자신을 가리킨다. 공자는 문왕이 죽은 뒤 문文을 계속 전수하는 중임이 전부 자기 어깨에 내려져 있기 때문에, 하늘이 이 문을 단절하려고 하지 않는다면 광 지역 사람이 나를 어떻게 할 수 없을 것이라고 생각했다.

❧

　내가 보기에, 위험에 처한 공자가 "광 지역 사람들이 나를 어떻게 하겠느냐"라고 한 것은 사마환퇴司馬桓魋의 공격을 받고 "환퇴, 그 자가 나를 어떻게 하겠느냐"「술이(述而)」 7-23라고 한 것과 같은 맥락이다. 천도天道가 자신에게 있다는 강한 믿음 때문에 위험에 처해서도 저처럼 담대하게 대처했다는 것이다. 이런 믿음 혹은 신념이야말로 엄혹한 현실에 꺾이지 않고 꿋꿋하게 살아가게 하는 힘의 원천일 것이다. 그런데 그것은 자칫 루쉰의 한갓된 정신 승리법 같은 것으로 전락할 위험이 있음도 알아야 할 것이다. 남산 언덕배기에 띠집을 짓고 한겨울 혹한에 오들오들 떨면서도 '이 놈의 추위야, 내년 오뉴월에 보자'고 한 딸깍발이들은, 그 오기로 추위를 견뎌냈을지 모른다. 하지만 그를 기다리고 있는 것은 곧 닥칠 더위와 허기였다. 천도에 대한 공자의 강렬한 믿음이, 대단히 송구스럽지만, '예수님이 있는데 왜 걱정하십니까?'라고 강변하는 한국 교회의 캐치프레이즈와 겹쳐진다.

태재가 자공에게 물었다. "선생님은 성자이신가? 어찌 그리 다방면에 재능이 많으신가?" 자공이 대답했다. "선생님은 하늘이 내리신 위대한 성인이시고, 또 많은 능력을 가지고 계십니다." 스승님께서 그것을 들으시고 말씀하셨다. "태재가 날 알겠는가? 나는 어려서 천하게 자랐기 때문에 여러 가지 비천한 일에 능숙하다. 군자는 많은 재능이 있어야 하는가? 많을 필요는 없다."

> 太宰問於子貢曰, 夫子聖者與. 何其多能也. 子貢曰, 固天縱之將聖, 又
> 多能也. 子聞之, 曰, 太宰知我乎. 吾少也賤, 故多能鄙事. 君子多乎哉,
> 不多也.

공자는, 많은 재능과 성자가 아무런 직접적인 관계가 없고, 자기 개인적인 입장을 말하자면 자신은 고귀한 출신과는 아무 관련이 없으며, 오히려 그와는 반대로 소년 시절의 비천함이 자신을 그렇게 만들었다고 말했다. 공자는 자기가 성인이라고 한 번도 인정한 적이 없었는데, 그것은 고의로 겸손을 부린 것이 아니었다. 두 가지 이유가 있다. 첫째, 자기는 권력도 없고 세력도 없기 때문에, 요임금이나 순임금처럼 전국 인민의 구세주가 될 수 없다는 것, 둘째, 자신은 굉장히 노력을 했을 뿐이지, 결코 자기가 총명함을 타고났다고는 생각하지 않았다는 점이다.

내가 보기에, 태재-자공-공자의 대화에는 의심과 그것을 불식하고 싶은 마음, 그리고 그런 논쟁 자체를 못마땅해 하는 입장이 중첩되어 있다. 특히 많은 재능과 성인됨 사이에는 아무런 필연적인 관계가 없다는 공자의 해명은 추상 같다. 이런 논증을 생각해 보자. "법관의 80%는 안경을 쓰고 있다. 그러므로 법관이 되려면 안경을 쓰는 편이 좋다." 길게 따질 필요 없이 법관 됨과 안경 씀 사이에는 필연적인 연관이 전혀 없으므로, 이 2단논법은 오류이다.

나는 공자가 "어려서 천하게 자랐기 때문에 여러 가지 비천한 일에 능숙하다"라고 한 말을 새겨듣는다. 과한 감계주의적 조언이기는 하지만, 이에 대해서는 난화이진의 다음 언급을 들어 볼 필요가 있다. "진정으로 크게 성공하고 대업을 이루려는 사람은 반드시 풍부한 인생 경험이 있어야 한다. 솔직히 말해서 우리들 늙은 세대가 그들보다 낫다. 우리가 겪은 한 시대의 대란을 오늘의 청년들은 구경도 하지 못했다. 피난하고, 배를 곯고, 나라가 무너지고, 집이 망하는 고통은 더더욱 겪어 보지 못했다. 혹시 영화에서 본 적이 있다고도 하겠지만, 그것은 냉방시설이 된 소파에 앉아서 본 것일 뿐이다. 학문은 체험에서 오는 것이다." 이 말은 물론 "아프니까 청춘이다" 따위의 감언이설하고는 다른 차원의 것이다. "천 번을 흔들려야 어른이 된다"라는 말은 "남자는 군대에 갔다 와야 인간이 된다" 따위의 낭설과 다를 바 없다.

그런 '구라'로 돈과 명성을 거머쥔 이들에게 박노자가 쓴 「노예화, 그 개인적 대가」라는 글의 일부를 전해 주고 싶다. "2007년 4월의 한 여론조사에서 약 70%의 한국 대학생들이 자본주의를 긍정했으며, 2006년 초의 한 국제여론 조사에서는 한국인 일반의 자본주의 지지율 역시 70% 안팎이었다. 이는 미국이나 중국과 같은 수준이지만 프랑스에서는 자본주의 지지율이 36%, 유럽의 경우 평균 50% 이하이며, 남미 아르헨티나에서는 42% 정도였다. '자본주의 지지율'은 어떻게 보면 추상적인 이야기라 할 수 있다. 그렇다면 현실적으로 보자. 직장을 못 구해 실업자가 된 한국 청년은 프랑스 청년에 비해 이 현실적 상황을 '사회문제'가 아닌 '내 무능력 탓'으로 해석할 확률이 훨씬 더 높다."

금뢰가 말했다. "스승님께서 '나는 시험을 보지 않았기 때문에 재능이 많다'고 말씀하셨지."

牢曰, 子云, 吾不試, 故藝.

---

🌸

시試는 정밀하게 조사하고 채용하고 벼슬길에 나아가 관리가 되는 것, 즉 후세 사람이 말하는 '(과거)시험'을 말한다. 예藝는 기능, 곧 바로 앞에서 말한 다능多能할 때의 능이다. 요컨대 공자는 비천한 출신이어서 51세 이전에는 관리가 될 기회가 없었고, 아주 많은 시간 공부했다. 때문에 많은 재능을 쌓게 되었다.

🌸

내가 보기에, 공자의 말에는 회한과 자부가 동시에 담겨 있는 것 같다. 누구나 다 회한에 휩싸일 때가 있다. 그런데 공자는 그것을 딛고 일어섰다. 자부심도 누구나 지녀볼 수 있다. 그러나 공자의 그것은 한갓된 자만감이 아니었다.

🌸

전혀 다른 맥락이지만, 이 구절을 읽으면서 나는 법률가에 대해서 잠시 생각해 보았다. 세칭 일류대학의 인재들 중에는 전공에 무관하게 일찌감치 국가고시를 준비하는 사람이 많다. 이 시험은 대단히 어려운 모양이어서,

삼수나 사수는 경력에도 못 끼는 모양이다. 합격이냐 불합격이냐를 가르는 것도 대개 1점 내외라는 말을 들었다. 다들 자신이 간발의 차로 떨어졌으니, 조금만 더 노력하면 곧 합격할 수 있다고 생각하는 것이다. 그래서 20대는 물론 심지어는 30대의 젊음을 기꺼이 고시원에 저당 잡힌다. 그들은 젊은 시절 십여 년을 고시원과 학원에 갇힌 채 빨리 이 구렁텅이에서 벗어나 성공해야 한다는 일념으로 하루하루를 버티고 있다. 오로지『육법전서』에 매달리니 세상 경험도 태부족이다. 좀 과하게 말하면, 동년배와 술 한 잔 나누면서 인생과 사회에 대해 토론을 해 볼 수가 있나, 애틋하거나 치열한 연애를 해 볼 수가 있나, 그 흔한 공연이나 극장에 가서 여유를 즐겨볼 수가 있나……문제는 바로 거기에 있다. 우선, 그들은 살아 움직이는 '세상의 주름'에 대해 잘 모른다. 그러면서 그 주름의 갈피들에 최종 판결을 내린다. 어불성설이다. 둘째, 그렇게 참고 참아 온 세월은 가능한 한 빠른 시간 내에 벌충해야 한다. 그래서 물불 안 가리고 이익을 챙기려고 혈안이 되어 산다. '돈줄은 어디에 있나, 누구 눈치를 봐야 하나'가 그들 처세의 기본이다. 이런 말이 소위 '정의사회 구현'에 뜻을 둔 많은 법조인을 싸잡아 욕하는 부당한 짓임을 잘 알고 있다. 그러나 한 편으로 권력의 눈치나 보는 너절한 치들이 방자하게 나대는 꼴들을 보면, 그리 과해 보이지도 않는다.

스승님께서 말씀하셨다. "나는 아는 것이 있는가? 아는 것이 없다. 어리석은 사람이 내게 물으면 나는 머릿속이 텅텅 빈 것처럼 된다. 그러나 나는 내 지식의 양쪽 끝을 두드려 몽땅 쏟아낸다."

子曰, 吾有知乎哉. 無知也. 有鄙夫問於我, 空空如也. 我叩其兩端竭焉.

고叩는 두드리다 혹은 여쭙다는 뜻이다. 양단兩端의 의미에 대해서는 대개 근본과 지엽이니 처음과 끝이니 하는 식으로 풀이해 왔는데, 공자가 무식한 사람을 깨우치도록 돕는 것으로서 긍정적인 측면과 부정적인 측면 등 두 방면에서 깨우치는 것이라 생각한다.

"나는 양쪽 끝을 두드려 몽땅 쏟아낸다"라는 말은 멍청한 사람을 두드리는 것이 아니라, 공자 자신을 두드리는 것으로 자기를 속이 텅텅 빈 항아리 같은 것이라고 여기고, 마술가가 자신이 가지고 나온 도구를 두드리는 것처럼 하는 것이다. 다시 말하면 마술사가 빈 항아리의 양쪽 끝, 즉 위쪽을 탁탁 두드리고 아래쪽을 탁탁 치면서 관중에게 그 속에 아무것도 없다는 것을 말하는 것과 같다.

내가 보기에, 이 구절을 둘러싸고 많은 논란이 있었다. 나는 그냥 쉽게 이해하고 싶다. 공자가 스스로 아는 것이 없다고 한 것은, 어리석은 사람이 멍청한 질문을 해오면 그것을 조리 있게 그리고 설득력 있게 설명하거나 해명할 실력이 자신에게는 충분치 않다는 말이다. 단순한 겸사가 아니다. 어리석은 사람의 멍청한 질문 따위는 요즘 말로 '즉답'을 해야 마땅한데, 공자는 "머릿속이 텅 빈 것 같다"라고 했으니, 대단히 당황했던 모양이다. 선생이라면 이런 경험을 한 번씩은 해 보았을 것이다. 어느 학생이 내용을 정확히 모르고 막연하게 던진 질문이 상당히 중요한 문제를 건드렸을 경우, 이것을 도대체 어떻게 설명하지, 하면서 갑자기 머릿속이 하얘지는 경험 말이다. 그때 이렇게도 설명해 보고 저렇게도 해명해 보면서 가능한 한 많은 말을 쏟아내는데, 공자도 그런 상황을 "내 지식의 양쪽 끝을 두드려 몽땅 쏟아낸다"라고 한 것이 아닌가 한다.

✻

이에 대해서는 난화이진의 다음 설명이 설득력이 있어 보인다. "공자가 말한 무지無知는 통에 물이 반만 차면 소리가 나지만, 가득 차면 소리가 나지 않는다는 속담과 같다. 학문이 충실해지면 자신이 무지하다고 느껴지고, 진정으로 자신에게는 아무것도 없다고 여기게 된다. 텅텅 비어 아무것도 없는 것이 학문의 진정한 경지다. 만일 어떤 사람이 자신에게 대단한 학문이 있다는 것을 드러낸다면, 말할 필요도 없이 그 사람은 통에 물이 절반만 찬 것이다. 무예를 배우는 사람을 보면 쉽게 알 수 있듯이, 수련이 제대로 되어 있지 않은 사람들은 손찌검하기를 좋아하는데, 그것은 근골이 부풀어 올랐기 때문이다. 그렇지만 제대로 수련이 된 사람은 서 있는 모습이 부는 바람에 쓰러질 것 같아도, 그의 따귀를 때리면 피할 줄 알기에 절대로 손을 쓰지 않는다."

※

이 구절에서 자크 랑시에르의 『무지한 스승』을 다시 언급하지 않을 수 없다. 랑시에르에 따르면, 소크라테스와 같은 '훌륭한 스승'의 지도는 '바보 만들기'에 다름 아니다. 제자를 언제나 스승의 불완전한 앎을 추종, 답습하는 이로 묶어두기 때문이다. 반면 랑시에르가 주장하는 '무지한 스승'은 학생의 지능이 쉼 없이 자발적 의지를 통해 실행되도록 강제하는 이다. 진정한 교육은 사회의 각종 위계적 구분을 깨고 우리 각자가 주어진 지적능력과 삶의 경험을 바탕으로 자신을 가르치고 해방하는 일이다.

스승님께서 말씀하셨다. "봉황새는 날아오르지 않고, 황하에서는 그림이 나오지 않는구나. 이제 내가 끝났다는 것이겠지."

子曰, 鳳凰不至, 河不出圖. 吾已矣夫.

---

여기서 봉황새는 초 나라 미치광이 접여接輿가 공자를 비유하여 기롱한 말이다. 공자를 만났을 때, 접여는 "봉이여, 봉이여. 어찌 덕이 쇠하였는가"라고 공자를 비웃었다. 봉은 세상에 도가 있으면 나타나고, 도가 없으면 숨는다고 한다.

---

하도河圖는 황하에서 나왔다는 그림이다. 이것이 보통 역학자들이 이야기하는 그 하도라고 단언할 수 없다. 참고로 하도는 중국 복희씨 때 황하에서 용마가 지고 나왔다는 쉰다섯 점으로 된 그림으로, 낙서洛書와 함께 『주역』의 기본 이치가 되었다.

---

봉황과 하도는 모두 상서로운 조짐이다. 이 이야기는 앞 「술이(述而)」 7-5의 "꿈에 다시 주공周公을 못 뵌 지 오래 됐어"라고 한 것과 비슷하다. 공자가 임종하기 전에 내뱉은 서글픈 탄식이다.

내가 보기에, 공자가 탄식한 이유는, 왕충<sup>王充</sup>이 『논형<sup>論衡</sup>』에서 말하듯이, 공자 스스로 왕자<sup>王者</sup>가 될 수 없음을 슬퍼해서가 아니라, 『예기<sup>禮記</sup>』에서 "밝은 임금이 나오지 않으니 천하에 그 누가 나를 높일 수 있겠는가"라고 한 데 있다.

나는 공자의 이 한탄에서 한 생애를 뜻대로 펼쳐 보이고자 했지만, 여의치 않았던 한 사상가의 좌절을 약간이나마 느껴볼 수 있을 것 같다. 어찌보면 이 좌절감도 공자처럼 평생을 전력투구해 온 사람에게나 합당한 것인지 모른다. 밥을 좀더 먹고 싶었는데, 그러지 못했을 때 좌절이라고 말하는 것은 우스개에 불과하다. 탄식이나 한탄 같은 것도 마찬가지일 것이다. 너무 쉽게 좌절하고, 그때마다 한탄하는 우리의 삶은 도대체 얼마나 얕은 것인가.

스승님께서는 자최를 입은 사람이나 면류관과 의상 등 예복을 입은 사람이나 장님 등과 마주치면, 비록 나이가 어려도 보자마자 반드시 일어났고, 그들 곁을 지날 때는 반드시 빠른 걸음으로 지나가셨다.

子見齊衰者, 冕衣裳者與瞽者, 見之, 雖少必作, 過之必趨.

---

자최齊衰는 상복의 일종으로 삼베로 만든다. 면류관과 의상에서 면은 모자, 의는 상의, 상은 하의로 예복을 말한다. 고자瞽者는 장님이다. 안구는 있는데 눈동자가 없는 눈뜬장님을 맹盲이라 하고, 눈을 감은 장님을 고瞽라 한다.

---

작作은 일어나는 것으로, 앉아 있던 자세, 곧 무릎을 꿇은 자세에서 일어선 자세로 고치는 것이다. 추趨는 빠르게 앞으로 나아가는 것이다.

---

내가 보기에, 공자가 상복이나 예복을 차려 입은 사람에게 예를 표하는 것은 이해할 만한데, 장님 앞에서는 왜 그랬을까 의문이다. 앞으로 볼 「위령공」편에 나오는 구절「위령공(衛靈公)」15-42, 곧 "악사 면冕이 공자를 뵈올 적에 뜰에 이르자 공자께서 뜰이라고 말씀하셨고, 자리에 미치자 자리라 말씀하셨으며, 모두 다 앉자 아무개는 여기에 있고 아무개는 저기에 있다고 말씀해 주셨다"라는 말에 근거해서, 장님이 악樂을 담당하였기 때문이라고 보는

사람도 있다. 오규 소라이도 고가 스승을 말한다고 하면서, "옛날에 예악으로 사람을 가르쳤는데, 예를 가르치는 사람을 예를 집행하는 사람이라 불렀다. 음악을 가르치는 사람은 장님이었다…… 장님은 다른 사람의 스승이 된 사람이다. 그래서 사師라고도 부른다. 공자가 공경을 일으켰던 까닭은 그래서일 뿐이다"라고 했다.

❧

오감, 곧 시각, 청각, 후각, 미각, 촉각 중 어느 하나만 그 기능을 상실해도 우리는 제대로 살아갈 수 없다. 눈이 안 보이면 세상은 온통 암흑이어서 움직일 수 없게 된다. 듣지 못하면 말할 수도 없다. 냄새를 맡지 못하면 맛도 알지 못한다. 만져서 느껴 볼 수 없다면 사랑도 하기 어려울지 모른다. 그런데 그 어느 하나를 잃으면 다른 기능이 강화되는 경우가 있다. 시각을 잃으면 그 대신 청각이 비상하게 발달한다. 안드레아 보첼리, 레이 찰스, 스티비 원더, 호세 펠리치아노, 이용복 등 여러 가수들이 그것을 증명한다.

❧

참고로, 齊衰는 제최가 아니라 자최라 읽는다. 자齊는 하단을 기웠다는 뜻이다.

안연이 아! 하고 탄식하면서 말했다. "우러러보면 더욱 높으시고, 파헤쳐 보려고 하면 더욱 견고하시구나. 바라보면 앞에 계시다가 어느 순간에 뒤에 계신다. 선생님께서는 차근차근 사람을 잘 이끌어 주시고, 문으로 나를 넓혀 주시며, 예로 나를 다잡아 주시니 그만두려 해도 그럴 수가 없구나. 내 있는 재주를 다하면 마치 홀로 서 있는 것 같기도 하지만, 우뚝 앞으로 가로막고 서 계시니, 비록 따르고 싶어도 어떻게 시작해야 할지 길이 없다."

顔淵謂然歎曰, 仰之彌高, 鑽之彌堅, 瞻之在前, 忽焉在後. 夫子循循然善誘人, 博我以文, 約我以禮, 欲罷不能. 旣吾才, 如有所立, 卓爾, 雖欲從之, 末由也已.

이 구절은 안연이 스승을 찬양한 것으로 스승의 학문이 넓고 깊어 포착하기 어렵다는 것을 형용한 것이다. "문文으로 나를 넓혀 주시고, 예禮로 나를 다 잡아 주시니"는 앞의 「옹야雍也」편 6-27에 나온 바 있다. 군자는 시서詩書를 많이 읽고 글을 널리 배우고 나서 마지막으로 자신의 행위를 예라는 규범으로 결속해야 한다는 말이다.

내가 보기에, 이 구절에서 안연 스스로 자신의 위상을 높이려는 의지를 느껴볼 수 있다. 대학시절 자신이 아무개 선생의 직접 제자, 말하자면 그

분의 소위 법통을 물려받았음을 표 나게 강조하는 선생을 만난 적이 있다. 어린 시절이었지만, 상대를 높이는 대가로 자신의 위상을 높이고자 하는 안간힘 같은 것이 느껴져 안쓰러웠던 기억이 있다.

꽃

참고로 맹자는 사람의 등급을 여섯 단계로 매겼다. 사람들이 좋아하는 선인善人, 선을 지니고 있는 신인信人, 선에 충실한 미인美人, 선에 충실하여 빛이 나는 대인大人, 대인이면서 저절로 화化한 성인聖人, 선인이면서 측량할 수 없는 신인神人이 그것이다. 나는 이 여섯 단계 중 최하위인 선인에도 미치지 못하니, 맹자가 말하는 사람 축에도 끼지 못한다.

꽃

우러러보면 더욱 높으시고仰之彌高는 〈스승의 노래〉의 첫 구절, 곧 "스승의 은혜는 하늘같아서, 우러러 볼수록 높아만지네"에서 다시 나온다. 〈스승의 노래〉는 내가 교사를 하던 시절 4번을 들은 적이 있는데, 참으로 민망했던 기억이 난다.

꽃

'한 번 찍히면 끝'이라는 말이 단적으로 보여주고 있듯이, 오늘 대학의 사제지간은 문제가 많다. 사제 간의 관계가 지나치게 사적인 것도 문제지만, 모든 면에서 교수가 제자를 통제하고 장악하려는 욕구가 과한 것도 문제다. 이는 전적으로 학문적으로나 인간적으로 성숙하지 못한 교수 탓이다. 그들은 기껏해야 우물 안 개구리 왕국의 초라한 왕에 불과하다.

스승님께서 병이 나시자 자로가 자기 문하의 제자를 장례 집행 신하로 삼았다. 병이 조금 차도가 있을 때, 스승님께서 말씀하셨다. "자로의 거짓 행위가 오래되었구나. 신하도 없는데 신하가 있는 것으로 하다니. 내가 누구를 속일까? 하늘을 속일까? 나는 신하의 보살핌 속에서 죽는 것보다는 오히려 너희 보살핌 속에서 죽는 것이 좋지 않겠느냐? 내가 거대한 장례식을 치르지 못한다 해도 차마 길바닥에서 죽기야 하겠느냐?"

> 子疾病, 子路使門人爲臣, 病間, 曰, 久矣哉, 由之行詐也. 無臣而爲有臣. 吾誰欺. 欺天乎. 且予與其死於臣之手也, 無寧死於二三子之手乎. 且予縱不得大葬, 予死於道路乎.

꽃

공자의 병이 위중했던 것 같다. 공자는 아직 죽지 않았는데, 자로는 장례위원회를 구성하고 제자들을 조직했다. 공자가 이 일을 듣고 너무나도 화가 났다. '네 이놈 자로야, 너는 줄곧 진실하지 못했고 항상 거짓을 일삼고 있어. 나는 분명히 이런 대접을 받을 만한 자격이 없는데, 너는 스스로 똑똑하다고 생각하고 기어코 이런 일을 벌였구나. 너는 내가 누구를 속였으면 좋겠느냐? 하늘을 속일까?' 자로는 좋은 마음으로 한 것이지만 일을 망쳐버렸고, 공자가 엄청나게 화를 냈기 때문에, 그는 분명 굉장히 속이 상했을 것이다.

내가 보기에, 자로가 공자의 죽음을 예단한 것은 분명 잘못이다. 그런데 공자의 반응은 좀 뜻밖이다. 자로를 거짓말쟁이로 꾸짖으면서, 속사포를 쏘듯 말을 쏟아내는 공자의 모습에서 그가 크게 화가 났음을 느낄 수 있다. 산 사람을 죽었다 여기고, 특히 신하의 보살핌을 받을 수 있는 제후의 장례를 준비했으니, 내가 공자였더라도 참기는 힘들었을 것 같다. 그런데 공자는 나 같은 범부凡夫가 아니지 않은가? 바로 이런 순간에 발휘해야 하는 것이 인仁 아닌가?

대단히 송구스러운 비유이지만, 『구약성서』에는 '복수하는 하나님'이 등장한다. "여호와는 투기하시며 보복하시는 하나님이시라. 여호와는 보복하시며 진노하시되, 자기를 거스르는 자에게 보복하시며, 자기를 대적하는 자에게 진노를 품으시며 …… ."나훔 1 : 2 새삼스레 '진노'의 의미를 찾아보니, 존엄한 존재가 몹시 노함이라고 설명하면서, "그 신학자는 로마의 몰락과 폼페이의 멸망은 모두 인간에 대한 하느님의 진노 때문이었다고 주장했다"라는 예시까지 들어주고 있다. 화에도 등급이 있음을 알겠다.

자공이 물었다. "아름다운 보석이 있다면 잘 싸서 상자에 보관하시겠습니까? 값을 잘 쳐주는 사람을 찾아 파시겠습니까?" 스승님께서 말씀하셨다. "팔아야지! 팔아야지! 나는 제 값을 쳐줄 사람을 기다리고 있다."

子貢曰, 有美玉於斯, 韞匵而藏諸, 求善賈而沽諸. 子曰, 沽之哉. 沽之哉. 我待賈者也.

---

이 구절은, 공자가 줄곧 정치에 미련을 버리지 못하고 있었음을 말해준다. 『홍루몽』에서 "옥은 상자 안에서 좋은 값을 기다리고 있고, 옥비녀는 함 속에서 하늘로 날아갈 기회만 엿보고 있다"라는 구절이나 "값이 오르기를 기다렸다 판다"라는 말은 바로 여기에서 나왔다.

내가 보기에, "값을 기다려야 할 것이요, 팔리기를 구해서는 안 된다"라고 한 것, 그리고 "선비가 예우를 기다리는 것은 옥이 값을 기다리는 것과 같다"라고 한 『집주』의 풀이는 분식粉飾이 가해진 것이라고 본다. 그래서는 공자의 안타까움이 제대로 전달되지 않는다. 시방 공자가 점잖게 위엄을 세울 때가 아닌 것이다.

"나는 제 값을 쳐줄 사람을 기다리고 있다"라는 말도 세심하게 볼 필가 있다. 만일 공자가 주머니 속 송곳처럼 능력과 재주가 뛰어나서 스스로 두각을 나타내는 특출 난 사람이라 자부하고 있었다면, 그의 기다림은 느긋한 것일 터이다. 반대로 자신의 포부를 현실 정치에서 마음껏 발휘해 보고 싶은데, 누구도 써주는 사람이 없었다면, 그의 기다림은 초초한 것일 터이다. 나는 공자에게 이 두 감정이 다 있었다고 본다.

스승님께서 구이에 살고 싶어 하셨다. 그러자 누군가 이렇게 말했다. "누추할 텐데 어떻게 사시겠습니까?" 스승님께서 대답하셨다. "군자가 사는데 어찌 누추할 것이 있겠느냐?"

子欲居九夷. 或曰, 陋, 如之何. 子曰, 君子居之, 何陋之有.

---

구이는 야만족이 살고 있는 낙후된 지역을 가리킨다. 그러나 상주商周 시기에는 일반적으로 오늘날 산둥지역의 동이東夷와 회수淮水 유역의 회이淮夷를 가리켰다. 이후 여러 견해가 있었는데, 하남河南, 안휘安徽 일대에서 활동한 회이淮夷의 후예가 아닐까 추측된다.

내가 보기에, 공자가 살고 싶어 한 곳이니 구이는 대단히 좋은 곳일 것이라 생각하고, 주변의 나라들에서 '그곳이 바로 여기'라고 비정하는 것은 좀 딱해 보인다. 오규 소라이는, 진사이가 구이를 일본이라 추정한 것은 아첨이라 했다. 공자라면 다 좋다는 맹목과 크게 다르지 않다. 이 구절에서 구이는 누추한 곳이다.

나는 이 구절에서 공자의 좌절감 같은 것을 느낀다. 이제 자기의 포부를 실현할 가망이 없으니, 오랑캐 땅이라도 찾아가 다시 시작해 보고 싶다는 것이다. 여기에 무슨 포부나 비전 같은 것이 있을 리 없다. 언제인가부터 그리고 왜 그런지 몰라도 비전$^{vision}$이라는 말이 흔히 쓰인다. 비전이 없다거나 미래의 비전을 제시했다거나 하는 따위다. 그런데 그런 말을 쓰는 사람들이나 집단을 가만히 관찰해 보면, 그야말로 말의 성찬일 뿐 내실은 거의 없다. 더구나 내부 구성원을 제쳐 놓고 외부 단체에 용역을 의뢰해서 이른바 '미래 비전'을 수립하는 조직을 보면 참으로 딱하다. 용역을 맡은 곳에서 미래 비전이랍시고 내 놓은 것은 그야말로 탁상공론이거나 사상누각인 경우가 대부분이다. 그렇게 또 한 해의 '혁신 사업'이 수행되는 것이다.

스승님께서 말씀하셨다. "내가 위 나라에서 노 나라로 돌아오고 나서야 「아」와 「송」이 각기 제 모습을 찾았다."

子曰, 吾自衛反魯, 然後樂正, 雅頌各得其所.

공자는 음악광이었다. 그는 특히 고전음악을 좋아했으며, 아울러 그런 음악으로 제자들을 가르쳤다. 그가 말한 예교禮教는 시에 대한 가르침으로 시작해서 음악에 대한 가르침으로 끝난다.

공자가 위 나라에서 노 나라로 돌아온 것은 기원전 484년이었다. 여기서 「아」와 「송」이 각기 제 모습을 찾은 것을 악정樂正, 곧 음악이 바로잡혔다고 한다. 이런 점에서 볼 때, 그가 음악을 정리한 것은 기원전 484년 이후, 즉 그의 만년의 일인 것 같다.

내가 보기에, 공자가 음악을 정리한 사정에 대해서는 『집주』가 잘 설명하고 있다. "(공자가 노 나라에 돌아왔을 때) 주 나라의 예가 노 나라에 남아 있었다. 그러나 시와 음악이 또한 많이 손상되고 빠져 순서를 잃었다. 이에 공자께서 사방의 나라들을 주류하시며 (각 나라의 것들을) 이리저리 상고하고 조사하여 그 내용을 아시게 되었는데, 만년에 도가 끝내 행해질 수 없음을 아셨기 때문에 노 나라로 돌아와 음악을 바로잡으신 것이다." 이것을 난화이진은 다음과 같이 간명하게 정리하고 있다. "공자가 위 나라에서 노 나라로 돌아와 문화를 정리하고 난 후에 전통문화의 중심은 바로잡혔다."

그런데 이 구절에서 눈여겨보아야 할 것은 각득기소各得其所라는 말이다. 제 각각 자기의 마땅한 자리를 잡았다는 말인데, 그렇다면 이전에는 무질서하고 혼란스러웠음을 알겠다. 좀 과감히 추론을 해 보자면, 혼란스럽고 어지러운 세상을 공자가 전통문화를 바로잡음으로써 정리하였다는 말이다. 그런데 이 말 속에는 좀 묘한 논리가 들어 있다. 세상이 잘못된 것은 전통문화가 무너졌기 때문이라는 말인지, 전통문화가 무너진 것은 세상이 잘못 돌아가서 그렇다는 것인지, 하는 점이다. 내 생각에는 오늘날에도 이 두 가지 관점이 많은 부분에서 서로 뒤엉켜 있다. 공자는 전자의 경우일 터인데, 그런 의미에서 공자는 문화 복고주의자가 분명하다.

스승님께서 말씀하셨다. "밖에 나가면 지체 높은 사람을 섬기고, 집에 들어오면 아버지와 형을 섬기며, 장례에서는 감히 힘쓰지 않으면 안 되고, 술주정하지 말아야 한다. 이런 것들이 내게 어떤 어려움이 있겠느냐."

子曰, 出則事公卿, 入則事父兄, 喪事不敢不勉, 不爲酒困, 何有於我哉.

옛날에 교류의 중심은 남성이었다. 밖에 나가면 지체 높은 사람을 섬기고, 집에 들어오면 아버지와 형을 섬기는 일은 오직 남자만 했다.

내가 보기에, 이 구절에서 "나에게 무슨 어려움이 있겠느냐"라는 말은 독해하기 어렵다. 리링은 북송 때 형병邢昺, 932~1010을 이어받아 "이런 것들이 나에게 무슨 어려움이 있겠느냐"라고 했는데, 다산은 너무 오만하다고 비판했다. "어찌 나에게 있겠는가"라는 풀이는 또 너무 겸손하다고 했다. 그래서 다산은 "어찌 나에게 있다 없다 할 필요가 있겠는가"라고 풀었다. 말하자면, 앞에서 말한 세 가지 일에 능하지만, 그런 것들이 그리 장한 것도 아닌데, 있다 없다 할 필요가 없다는 것이다. 한편 오규 소라이는 "어느 것이 나에게 있겠는가"라고 이해했는데, 그런 것들이 모두 나의 힘에 의한 것이 아니라 예의 힘이기 때문이라는 것이다. 나는 난화이진처럼 쉽게 해석하고 싶다. "나는 평범한 인간이다. 나가서는 공무원으로서 성실하게 공무를 보고, 집에 들어와서는 성실하게 가족의 일원이 된다. 친구지간에 어려운 일, 특히 상사喪事가 있을 때는 반드시 힘을 다해 도와준다. 평소에는 그 어떤 것에도 취해 있지 않다. 이 몇 가지 점 이외에는 나에게 장점이 하나도 없으며 조금의 학문도 없다."

사족 삼아 한 마디. 리링은 주곤酒困을 술주정이라 했다. 주정은 만취의 결과이다. 그런데 만취는 漫醉, 滿醉 둘 다 쓰는 모양이다. 유사어도 굉장히 많다. 광취狂醉, 굉취轟醉, 난취爛醉, 대취大醉, 명정酩酊, 숙취熟醉, 이취泥醉, 진취盡醉, 침취沈醉, 황취荒醉 등등. '곤드레만드레'는 내 오랜 '전통'이다.

스승님께서 냇가에서 말씀하셨다. "흘러가는 것이 이와 같구나. 밤이고 낮이고 그치지 않아."

子在川上曰, 逝者如斯夫, 不舍晝夜.

---

＊

흔히들 시간은 흘러가는 물과 같다거나 물처럼 흘러가는 세월이라고 한다. 공자는 아마도 시간이 쉬 흘러가는 것을 탄식한 것 같다.

＊

내가 보기에, 공자는 냇가에 앉아 간단間斷 없는 시간에 대해 생각했을 것이다. 그런데 『집주』는 여기서 '도체道體의 본연本然'을 읽어냈다. 송유宋儒의 천착이다. "공자가 세상사는 한 번 가버리면 다시 회복할 수 없는 것을 한탄하였다"라는 풀이도 썩 마음에 들지 않는다. 나이를 되돌릴 수 없으니, 때에 맞게 힘쓰라는 식으로 보는 것도 감계주의 같아 마뜩하지 않다. 시간의 지속 앞에 인간은 얼마나 미물인가. 아무리 발버둥 쳐도 시간의 흐름은 거스를 수 없다. 뜻대로 막아둘 수도 없다. 부정하고 거부해도 올 시간은 오고야 만다. 시간 앞에서 할 수 있는 일은 조바심뿐이다. 그래서 짐 크로체는 "병 속에 시간을 가둬 두었으면If I could save Time in a bottle"이니 "하루하루를 영원히 지속할 수 있다면If I could make days last forever"이니 하면서 애절하게 노래했다. 그렇게 하기 싫으면 비틀즈처럼 "Ob-la-di ob-la-da"를 신나게 외쳐야 한다. 이것은 아프리카 나이지리아의 요루바Yoruba 부족의 말로 '인생은 흘러가는 것'Life goes on'이라는 뜻이다.

✦

요즘 대한민국 직장인은 '이 또한 지나가리라'를 거의 신념처럼 여긴다고 한다. 일단 시간만 지나가면 된다는 것이다. 일용할 양식을 얻으러 지옥같은 직장생활을 견뎌내야만 하는 이들의 참담함과 무기력이 읽혀 서글퍼진다.

## 자한子罕 9-18

스승님께서 말씀하셨다. "나는 여색을 좋아하듯이 덕이 있는 이를 좋아하는 사람을 보지 못했다."

子曰, 吾未見好德如好色者也.

❦

이 말은 앞으로 볼 「위령공衛靈公」편 15-13에 다시 나온다. 남성이 여색을 좋아하는 것은 생리적인 반응으로 때때로 자기 스스로 억제하지 못하기도 한다. 유덕한 사람을 좋아하는 것은 그것과 다르다. 때때로 본능을 억압해야 한다. 공자는 모든 사람이 여색을 좋아하듯이 유덕한 사람을 좋아하기를 원했지만, 그렇게 되기는 어렵다.

❦

내가 보기에, 이 구절은 공자가 든 예시 중에서 가장 설득력 있어 보인다. 여색을 한 마디로 치지도외하고 근엄하게 꾸미지 않아 믿음이 더 간다. 『사기』에 따르면, 이 말의 맥락은 좀 다르다. 공자가 위 나라에 있을 때 영공이 자기 부인인 미녀 남자南子와 수레를 함께 타고 공자에게는 다음 수레를 타게 하고서는 의기양양하게 시내를 지나가자, 공자가 그를 추하게 여겨 한 말이다. 추하게 여겼다지만, 거기서 '나 같은 사람을 몰라주고, 여색이나 좇는 놈'이라는 질타 혹은 질투 같은 것을 느꼈다면 좀 지나칠까?

덕을 좋아하는 것은 도심道心이고, 여색을 좋아하는 것은 인심人心이다. 그런데 인심에는 도리어 진절眞切하고, 도심에는 도리어 냉담하다고 한 풀이가 있다. 나는 이 해석을 김만중의『서포만필』을 읽으면서 깨달았다. "『중용中庸』서문에 '인심人心은 도심道心에서 명命을 받는다'고 한 말은 해독하기가 매우 어렵다. 이미 '허령虛靈과 지각知覺은 하나일 뿐이다'라고 이미 말했으니, 인심과 도심이 어찌 두 마음이겠는가? 이를 임금에 비유하면, 도심은 임금이 조정 회의를 보거나 강론을 하고 있을 때와 같다면, 인심은 잔치를 벌이거나 한가롭게 놀 때와 같다. 그것은 사실은 한 사람의 몸인 것이다. …… 사람의 한 몸 안에는, 마치 두 가지 마음이 있는 것과 같을 때가 있다."

서포의 이런 논리는 "불서佛書가 비록 번다하지만, 그 요점은 진공묘유眞空妙有 네 글자에서 벗어나지 않는다. 규봉圭峰 종밀宗密은, 진공이라는 것은 차 있는 것이 비어 있다는 말과 다름이 없고, 묘유란 것은 비어 있는 것이 차 있다는 것과 다름이 없다고 하였다. 이 말은 주염계周濂溪의 무극이태극無極而太極이라는 말과 대단히 비슷하다"라고 한 것과 상통한다. 영원할 것만 같던 중세의 논리는 이렇게 조금씩 균열을 일으키고 있었다.

584

스승님께서 말씀하셨다. "예를 들어 산을 쌓을 때 한 삼태기 때문에 완성하지 못하고 그만두는 것은 내가 그만두는 것이다. 예를 들어 땅을 고를 때 비록 한 삼태기를 쏟아 붓고 나아가더라도 내가 가는 것이다."

子曰, 譬如爲山, 未成一簣, 止, 吾止也. 譬如平地, 雖覆一簣, 進, 吾往也.

궤簣는 흙을 담아 짊어지는 광주리다. 비유를 들어보자면 흙을 쌓아 산을 만드는데, 눈으로 보기에 거의 다 쌓았다 해도 오직 한 광주리의 흙이 부족한 상태에서 그 일을 멈춰버린다면 산을 쌓는 그 일은 완성될 수 없을 것이다. 무슨 일이든 계속해서 나가는 것이 중요하며, 성공하고 못하고는 전적으로 자기에게 달려 있다는 것이다. 오吾는 모든 주체를 가리킨다.

내가 보기에, 이 구절은 모든 것이 나에게 달렸음을 말한다. 남을 탓할 일이 아니라, 결국 내가 책임을 져야 한다는 것이다. 그런데 이 좋은 말을 아무 데나 마구 적용해서는 곤란하다. 모든 것을 남의 탓으로 돌리는 것은 무책임한 짓이 분명하지만, 내가 아닌 남, 넓게는 사회의 탓도 분명히 있음을 직시해야 한다. 지금 우리 청년들이 제대로 된 직장을 갖지 못하고 이른바 알바나 비정규직으로 전전하는 것은 전적으로 그들의 탓만이 아니다. 그들이 스펙을 충분히 갖추지 못해서만이 아니라는 말이다. 그들이 그렇게 될 수밖에 없게 한 이 사회, 경제 체제에도 그 책임을 물어야 마땅하다.

근래 이른바 명망가 교수와 성직자의 자기계발서들이 힘들어 지친 청년들을 위무하고 있다. 나는 그 책들을 제대로 읽어 보지는 않았지만, 간혹 접하게 되는 구절들을 보면, 모든 것이 내 마음에 달렸다거나 세상사 단순 명쾌하게 설명할 수 있다고 강변한다. 그러나 세상은 나 혼자만 사는 것이 아니다. 세상은 그리 만만치도 않다. 그런 책을 읽는 동안 위로와 격려에 힘이 날지 모르지만, 문제는 책을 덮고 난 이후다. 모든 것이 내가 못나고 부족한 탓이라는 좌절감이 그들을 짓누를까 두렵다.

농담처럼 하는 말이지만, "가다가 중지하면 아니 감만 못하다"라는 속담도 준신할 것은 못된다. 이왕 시작한 일 끝을 보고야 말리라는 다짐이 소중하다는 말이겠지만, '중도에 그만두어서는 어쩌지' 걱정을 해서 시작도 못해서는 안 된다. '가다가 중지하면 간 만큼 이득이다'라고도 생각해 볼 필요가 있다. 그러니 되든 안 되든 일단 덤벼 보자는 각오도 소중하다. 물론 실패가 자산이 되는 사회 구조가 선결 조건이다. 지금처럼 한 번 무너지면 재기불능의 나락으로 떨어지는 사회에서는 그런 각오도 만용에 지나지 않는다.

스승님께서 말씀하셨다. "설명해주면 게으름 피우지 않고 익힐 사람은 안회가 아닐까?"

子曰, 語之而不惰者, 其回也與.

이것은 공자가 안회를 칭찬한 것이다. 설명해주면 게으름을 피우지 않는 것이 안회의 우수함이다.

스승님께서 안연에 대해 말씀하셨다. "아깝구나. 나는 그가 앞으로 나아가는 것은 보았어도 그가 멈추는 것을 보지 못했다."

子謂顔淵, 曰, 惜乎. 吾見其進也, 未見其止也.

안연은 생명이 남아 있는 한 전투는 계속된다는 확고한 태도를 지니고 있었다. 이 장 역시 게으르지 않음에 대해 이야기하고 있다. 아깝다고 한 것은 안연의 죽음을 두고 한 말이다.

내가 보기에, 게으르지 않음을 달리 말하면 늘 한결같음이다. 이에 대해서는 『집주』의 비유가 적실하다. "마음에 이해되고 힘써 행하여 조차전패造 次顚沛라도 어긴 적이 없다." 조차는 경황이 없는 시간을, 전패는 위급한 상황을 말한다. 어떤 경우라도 쉬지 않고 노력한다는 말이다. 사람이 어찌 쉬지 않고 계속 앞으로만 나아갈 수 있는가, 그것은 너무 비인간적인 처사가 아닌가 하는 생각이 들기도 하지만, 그것이 습관이 되고 일상이 되면, 크게 문제가 되지 않지 않을 것이다. 나로서는 언감생심이지만 말이다.

❦

그런데 난화이진은 이 구절을 좀 달리, 곧 '몹시 안타깝구나. 나는 그의 진보만 보았지, 그의 성취는 보지 못했다'고 이해했다. 진보가 있으면 큰 성취가 있어야 하는데, 아깝게도 안회는 단명하였기 때문에 그러한 성취를 이루지 못하였다는 것이다. 그래야 다음 구절 9-22와 자연스레 연결된다고 한다.

❦

누구를 칭찬한다는 것은, 원하든 원치 않든 간에 그를 다른 이들과 비교 혹은 대조한다는 것이다. 그래서 칭찬은 칭찬을 받는 그 사람에게만 해 주는 것이 좋다. 경쟁을 유도하여 분발하도록 격려한다는 좋은 취지에서이겠지만, 여러 사람이 있는 자리에서 특정인을 칭찬하는 것은 바람직하지 않을 수 있다.

스승님께서 말씀하셨다. "싹이 나도 이삭을 피우지 못하는 것이 있더라! 이삭이 피어도 열매를 맺지 못하는 것이 있더라!"

子曰, 苗而不秀者有矣夫. 秀而不實者有矣夫.

---

이것은 아마도 학생들을 이야기한 것 같다. 우리의 학생들에게도 반*제품이 무척 많다. 싹을 틔우기는 해도 이삭을 피우지는 못하고, 이삭을 피우기는 해도 열매를 맺지 못한다.

내가 보기에, 이 구절은 후회나 회한과 어울려 보인다. "이 유별난 시대에 태어나, 젊었을 때는 어떻게 되고 싶었다는 꿈이 있었는데, 결국 지금에 이르러 얻은 결론은 자신이 별 볼 일 없는 사람임을 알게 되는 것"이라는 난화이진의 말이 아프게 다가온다. 그러나 이렇게만 보면 인생이 너무 쓸쓸하다. 이삭을 못 피워도 싹이 날 때는 얼마나 흐뭇했던가, 비록 열매는 맺지 못했어도 이삭은 또 얼마나 대견했던가. 자위라고만 생각하지 말자. 그런 삶도 있는 것이 현실이다. 최종 결론만으로 인생이 한방에 결정 난다고 하면, 사는 동안 우리는 얼마나 한심한 존재들인가.

스승님께서 말씀하셨다. "젊은이들이 두렵다. 새로 자라나는 사람이 지금 한창때인 사람만 못하리라는 것을 어찌 알겠는가? 그러나 나이 마흔 혹은 쉰이 되어도 이름이 알려지지 않으면 그 역시 두려워할 만한 않다."

子曰, 後生可畏, 焉知來者之不如今也. 四十五十而無聞焉, 斯亦不足畏也已.

젊은이들이 두렵다는 말은 오늘날 항상 탁월하고 생각이 깊은 젊은 신예가 자주 쓰는 상투적인 말이다. 이 말은 특히 자기 제자를 추켜세우는 데 자주 쓴다. 루쉰은 새로운 것이 항상 오래된 것보다 좋고, 젊은 사람이 항상 나이 많은 사람보다 좋다고 믿었다. 그러나 반드시 그렇다고 할 수는 없다. 그 역시 나중에 그 말을 후회했다. 젊은이들이 두렵다는 것은 그저 전도가 양양하다는 것 말고 그밖에 무슨 두려워할 만한 것이 있겠는가? 늙으면 또 어떤가? 그 역시 원래 젊지 않았던가? 젊으면 또 어떤가? 그 역시 조만간 늙을 것인데. 늙은 티를 내면서 거만하게 행세하는 것은 꼴사납고, 젊음만 믿고 경솔하게 행동하는 것 역시 꼴사납다.

내가 보기에, 후생後生을 젊은 세대의 전칭全稱으로 봐서는 물론 안 된다. 선두 그룹을 맹렬히 쫓아오는 후발 주자 중에는 두려운 존재들이 수두룩하다. 그러나 나같이 간신히 달리는 흉내나 내는 사람에게는 해당되지 않는다. 오십 중반인데도 이름이 알려지지 않았으니, 더 말할 나위 없다.

✦

　"이름이 알려지다"에 해당되는 원문 문[聞]을 "도[道]를 듣지 못함이지 명성이 알려지지 않는 것이 아니다"라고 풀이한 해석도 있지만, 그냥 세상에 이름이 나다 정도로 여겨도 좋다. 오히려 그것이 원래의 뜻에 가까울지 모른다. 문제는 어떤 이름이냐는 것이다. 악명을 떨쳐서 어디에다 쓰겠는가. 후손들에게 민폐만 끼칠 뿐이다. 그런데 이런 식의 도덕주의로만 접근하면 세상사의 여러 주름을 쉽게 간과하게 된다. 어떤 사람에게 장점과 단점이 있으면, 그것을 지적하는 쪽에도 장점과 단점이 있게 마련이다. 세상은 이처럼 아이러니한 것이다.

스승님께서 말씀하셨다. "엄정한 말은 따르지 않을 수 있는가? 고치는
것이 중요하다. 공손하고 정중한 말은 기뻐하지 않을 수 있겠는가? 음미
하고 연구하는 것이 중요하다. 기뻐하기만 하고 연구하지 않으며 따르기
만 하고 고치지 않으면, 나는 그런 사람에 대하여 어찌할 도리가 없다."

子曰, 法語之言, 能無從乎. 改之爲貴. 巽與之言, 能無說乎. 繹之爲貴.
說而不繹, 從而不改, 吾未如之何也已矣.

⁂

엄정한 말에 해당하는 원문 법어지언法語之言은 정언正言, 곧 엄정한 말이
라는 뜻인데, 비평적 어감을 가진 말로서 비교적 곧으면서도 날카롭고 또
비교적 귀에 거슬리는 말인 것 같다. 이런 종류의 말은 맞기만 하다면 듣지
않을 수 없고, 듣고 난 다음에 가장 중요한 것은 그에 따라 고칠 수 있는
것이다.

⁂

손여지언巽與之言은 공손하고 정중한 말이다. 그것은 법어지언과 달리 비
교적 정중하고 완곡하다. 이런 종류의 말은 상대방이 들으면 편안하다. 그
러나 그가 이런 종류의 말을 듣고 나서 그저 기뻐하기만 해서는 안 된다.
중요한 것은 말한 사람의 생각에 따르고, 말한 사람의 뜻에 따라 자신을 연
마해나가는 것이다.

내가 보기에, 구체적으로 어떠한 것이 법어지언이고, 무엇이 손여지언인가 하는 점이 궁금하다. 『집주』에서는 "법언은 맹자가 왕도정치를 시행할 것을 논한 것이고, 손언은 (맹자가) 재물을 좋아하고 여색을 좋아함을 논한 것과 같다"라고 했다. 오늘 이 각박한 세상에서는 과연 어떤 말들이 그런 것일까?

오규 소라이가 말했듯이, 손여巽與의 의미는 정확히 이해하기 어렵다. 난화이진은 자기 뜻에 순종하는 말, 곧 자기에게 아첨하는 말로 풀면서, 다음 두 예를 들었다. "한 친구가 외국에 나가기 전에 한 화교상인에게 선물하려고 축지산祝枝山의 그림 한 폭을 준비했다. 선물을 받은 상인은 그림을 펼쳐서 축지산의 이름을 보더니 '아, 그가 그린 그림이군요. 그는 나를 아는데, 왜 내 이름을 써넣지 않았을까요'라고 했다. 이 친구는 듣고 나서, 그것이 명 나라 때의 고화古畵라 밝히기 난처해서 손여지언을 말할 수밖에 없었다. '아마 그가 잊어버렸는가 봅니다. 내 돌아가면 그에게 써 넣으라고 하지요.'"

학창시절 책상머리에 Boys, be ambitious! 따위의 글귀를 적어둔 경험은 누구나 다 있을 것이다. 문제는 대개 그렇게 써 붙여 놓고 무엇을 야망의 내용으로 삼을지는 찬찬히 따져 보지 않는다는 것이다. 그냥 야망을 갖자고 굳게 다짐하고 만다. 대부분의 표어가 그렇다.

딴에는 신중에 신중을 기해 부드럽게 타이르는데, 상대가 대수롭지 않게 여길 때가 있다. 더욱 난처한 것은 외려 되받아쳐서 한 수 가르쳐 주려고 할 때다. 그럴 때는 유쾌하게 웃어넘기면 되는데, 그것이 쉬운 일은 아니다.

스승님께서 말씀하셨다. "충과 믿음을 위주로 하되 자기만 못한 사람을 친구로 삼지 말며, 잘못이 있으면 고치는 것을 꺼리지 말아야 한다."

子曰, 主忠信, 毋友不如己者, 過則勿憚改.

❧

이 장은 앞의 「학이學而」편 1-8 뒤쪽 세 구와 중복된다.

❧

내가 보기에, 다소 중복 되지만, 간략하나마 다시 생각해 보는 것도 좋을 듯하다. 자기만 못한 사람을 친구로 삼지 말라는 말은 어찌 보면 난센스이다. 나보다 나은 친구는 나처럼 못난이를 친구로 삼아주고 있지 않은가. 그래서 이 말은 난화이진처럼 자기보다 못한 벗은 없다고 풀이하는 것이 좋겠다. 친구를 사귀는 데 반드시 자기보다 나은 사람만 택하라는 뜻으로 읽어서는 안 된다는 말이다.

❧

그런데 어떤 친구는 아쉬울 때가 없지 않다. '훨씬 더 의미 있는 시간을 나눌 수 있을 텐데, 그리고 좀더 고양된 관계를 유지할 수 있을 텐데, 나아가 서로 자극이 되고 격려가 될 수도 있을 텐데' 하고 욕심을 부려보고 싶을 때가 있다. 그러면서도 한 편으로 '만일 그런 친구라면 또 대하기 어려워서 사귀기는 힘들겠다'고 생각하기도 한다. 그런 친구에게는 우스꽝스럽게도 열등감을 느낄 수도 있다. 열등감을 해소한답시고 친구를 경쟁상대로 대하면, 그이하고는 이미 친구 사이가 아니다.

스승님께서 말씀하셨다. "삼군에게서 장수를 빼앗을 수는 있지만, 필부에게서 그 뜻을 빼앗을 수는 없다."

子曰, 三軍可奪帥也, 匹夫不可奪志也.

⁂

사람은 대단히 취약한 존재다. 대개는 환경을 지배할 수 없고, 특히 운명과 대결할 방법이 없으며, 어찌할 수 없는 상황에서는 항상 패배를 인정하고, 그에 복종하며 굴복하거나 타협한다. 때로는 현실을 인정하기도 하고 때로는 현실을 회피하면서 신이나 귀신을 찾고 종교에 빠져들기도 한다. 그런데 만약 현실에서 어쩔 수 없는 상황이고, 무지몽매한 사람처럼 신이나 귀신을 찾을 수 없다면 어떻게 해야 할까? 오직 한 가지 길, 즉 이 한 구절밖에 없다. 이것은 아큐阿Q정신이 아니고, 정신승리법도 아니다. 그것은 정신적인 저항이다. 설령 아무 데도 의지할 데 없고, 아무런 지원이 없다 해도 나쁜 세력에게 머리를 숙이지 않는 것이다.

⁂

내가 보기에, 뜻을 빼앗을 수는 없다고 한 것은. 뜻은 그리 쉽사리 빼앗을 수 있는 것이 아니라거나 쉽사리 빼앗기지 않아야 참 뜻이라 할 만하다는 정도로 이해하면 좋을 듯하다.

그들이 필부인지 영웅인지 잘 모르겠지만, 이 말을 들을 때면 언제나 이른바 장기수들을 생각하게 된다. 그들에게 전향은 곧 빼앗김일 터인데, 수십여 년 긴 세월 동안 일관되게 자기를 지켜 온 것은, 이념의 당파성을 떠나 대단한 일이 아닐 수 없다. 그들을 두고 '이념의 희생자'라는 평가도 하는 모양인데, 아마 그들은 인정치 않을 것이다. 연전에 「송환」이라는 필름을 보고 든 생각이다.

＊

난화이진이 지조라고 풀이한 지<sup>恥</sup>를 연암은 『양반전』에서 "사<sup>士</sup>와 심<sup>心</sup>이 합하면 지<sup>恥</sup>가 된다. 세리<sup>勢利</sup>를 도모하지 않고 현달하거나 곤궁하여도 사<sup>士</sup>를 잃지 말아야 한다. 명분과 절의를 닦지 않고 단지 문벌이나 판다면 장사치와 무엇이 다르겠는가"라고 했다. 요즘 현달한 자들의 면면을 보면 잇속을 차리려고 혈안이 되어 있는 장사치보다 훨씬 못하다.

＊

지조는 다른 말로 절개라고 할 수 있겠는데, "군자로서 절개를 바꾸는 것은 소인이 스스로 잘못을 고쳐 새롭게 되는 것만 못하다"라는 『채근담』의 일갈이 매섭다. 지조는 군자의 덕인데, 군자가 지조를 꺾는 것은 소인이 잘못을 뉘우치는 것만도 못하다는 말이다.

스승님께서 말씀하셨다. "낡고 해진 온포를 입고 여우 가죽 옷을 입은 사람과 나란히 서 있어도 부끄러워하지 않을 사람은 자로일 것이다. '원망하지도 않고 탐내지도 않으니 무엇이든 좋지 않으리'는 말이 있지 않더냐?" 자로는 죽을 때까지 이 말을 외우고 다니려 했다. 그것을 보고 스승님께서 말씀하셨다. "이 정도의 도리만으로써 어찌 충분히 좋다고 할 수 있겠느냐."

> 子曰, 衣敝緼袍, 與衣狐貉者立, 而不恥者, 其由也與. 不忮不求, 何用不臧. 子路終身誦之, 子曰, 是道也, 何足以臧.

<br>

"낡고 헤진 온포를 입고"에 해당하는 의폐온포衣敝緼袍에서 폐敝는 본래 몽둥이로 수건巾에 묻은 먼지를 때리는 것을 형상화한 글자이다. 그것은 먼지를 통해 수건이 매우 낡고 허름하다는 것을 표시하고 있다. 고대의 옷은 세 종류로 구분되는데, 홑옷을 선의禪衣라 했고, 두 겹으로 된 옷을 습의褶衣, 속에 솜을 넣은 옷을 복의複衣라고 했다. 속에 누에고치 솜을 넣은 것을 견포繭袍, 삼베 솜을 넣은 것을 온포라 한다. 여기서 폐온포는 비교적 값싼 것으로, 후세의 낡은 면포綿袍에 해당한다.

<br>

여우 가죽 옷에 해당하는 호학狐貉은 여우 가죽 혹은 오소리 가죽으로 만든 도포이다. 공자는 온포를 입고서 가죽으로 만든 겉옷을 입은 사람과

함께 서 있으면서도 얼굴이 붉어지지 않을 사람은 아마도 자로뿐이라 했다. 요즘 아이들은 브랜드를 쫓아가고 유행을 따르기 때문에, 이런 상황과 태도에 대해서는 아예 이해할 방법이 없을 것이다.

✤

원망도 않고 탐내지도 않으니, 무엇이든 좋지 않으랴不忮不求, 何用不臧라는 말은 『시경』「패풍邶風」'웅치雄稚'에 나온다. 다른 사람이 아무리 부자라도 샘을 내지 않고, 자기가 아무리 가난해도 탐내서 추구하지 않는데, 만약 이런 것을 해낼 수 있다면 무엇을 하든 순조롭게 잘 된다는 뜻이다. 이 말은 공자가 자로를 칭찬한 것인데, 자로가 의의양양할 때면 항상 바로 꾸짖었다.

✤

내가 보기에, 이 구절은 공자가 비근하지만 실행하기 어려운 예를 들어 설명한 것 같다. 사람은 자기 주머니 속에 든 돈만큼 생각한다는 말을 들은 적이 있다. 가진 것에서 자유로울 수 없는데, 자로처럼 하기는 쉬운 일이 아니다. 조금 살벌하기는 하지만, "가난한 자가 부자와 사귈 때 강한 자는 반드시 부자를 해치고, 약한 자는 반드시 탐한다"라는 『집주』의 주장을 인정하지 않을 수 없다. 달리기 시합에서 세계적인 브랜드 나이키와 아디다스를 신은 아이들을 제치고 국산 월드컵을 신은 아이가 일등을 했다는, 한창 '레뗴르상표'가 주목을 받기 시작할 무렵의 이야기가 생각난다. '나이스'니 '아디도스' 하는 짝퉁도 기세를 부리던 시절이다.

600

스승님께서 말씀하셨다. "날이 추워진 뒤에야 소나무와 잣나무가 늦게 시든다는 것을 알 수 있다."

子曰, 歲寒, 然後知松柏之後彫也.

❀

세한歲寒은 24절기에서 가장 뒤에 속하는 두 절기, 즉 소한과 대한이고, 일 년 중에서 날씨가 가장 추운 시기다.

❀

"소나무와 잣나무가 늦게 시든다"에서 조彫는 시들 조凋와 같다. 소나무와 잣나무가 시드냐고 문제제기한 사람이 있다. 그러나 공자는 많은 나무가 낙엽을 떨어뜨린 뒤에 오직 소나무와 잣나무만이 울창하고 무성하다는 것을 말한 것일 뿐이지, 결코 자연과학적 관찰을 필요로 하는 그런 문제는 아닐 것이다. 후대 사람은 항상 송백과 같은 사람이라는 말로 지조 있는 사람을 형용했다.

❀

내가 보기에, "소인은 치세에 군자와 다를 바 없지만, 오직 이해를 당하고 사변을 만난 뒤에야 군자의 지킴을 볼 수 있다"라는 『집주』의 풀이는 여러 변주를 가능케 한다. 선비는 궁할 때 절의를 볼 수 있고, 세상이 어지러울 때 충신을 알 수 있다는 따위다. 요즘은 반대로 가고 있는 것 같다. 세상이 살기 어려워지면서 자기 이익 챙기려 혈안이 되는 공직자들이 그야말로 준동하고 있다. 자동차세를 다섯 번씩이나 내지 않아 결국 차를 압류당한 법무부장관 후보자가 시민들에게 준법을 강조하는 시대인 것이다.

🌿

여기서 〈세한도歲寒圖〉 이야기를 하지 않을 수 없다. 1844년 제주도에서 유배를 살던 추사 김정희. 모두들 그에게서 등을 돌릴 때, 제자인 역관譯官 이상적李尙迪은 두 번씩이나 북경에서 귀한 책을 구해주었다. 이에 탄복한 추사가 이 구절을 화제로 삼아 그려준 것이 바로 〈세한도〉이다. 그림에 붙인 추사의 발문을 읽으면서 당시 대인들의 교유를 짐작이나마 해 본다.

🌿

"지난해엔 『만학집晚學集』과 『대운산방문고大雲山房文藁』 두 책을 보내주더니, 올해에는 하장령賀長齡의 『경세문편經世文編』 보내왔다. 이들은 모두 세상에 늘 있는 것이 아니고 천만 리 먼 곳에서 구입해온 것들이다. 여러 해를 걸려 입수한 것으로 단번에 구할 수 있는 책들이 아니다. 게다가 세상의 풍조는 오직 권세와 이권만을 좇는데, 그 책들을 구하기 위해 이렇게 심력을 쏟았으면서도 권세가 있거나 이권이 생기는 사람에게 보내지 않고, 바다밖의 별 볼 일 없는 사람에게 보내면서도 마치 다른 사람들이 권세나 이권을 좇는 것처럼 하였다. 태사공太史公은 '권세나 이권 때문에 어울리게 된 사람들은 권세나 이권이 떨어지면 만나지 않게 된다'고 하였다. 그대 역시 세상의 이런 풍조 속에 사는 사람인데, 초연히 권세나 이권의 테두리를 벗어나 권세나 이권으로 나를 대하지 않는단 말인가? 태사공의 말이 틀린 것인

602

가? 공자께서는 '겨울이 되어서야 소나무와 잣나무가 시들지 않는다는 것을 알게 된다'고 하셨다. 소나무와 잣나무는 사시사철 시들지 않는다. 계절이 되기 전에도 소나무와 잣나무이고, 겨울이 된 뒤에도 여전히 소나무와 잣나무인데, 공자께서는 특별히 겨울이 된 뒤의 상황을 들어 이야기하신 것이다. 지금 그대가 나를 대하는 것은 이전이라고 해서 더 잘하지도 않았고, 이후라고 해서 더 못하지도 않았다. 그러나 이전의 그대는 칭찬할 것이 없었지만, 이후의 그대는 성인의 칭찬을 받을 만하지 않겠는가? 성인이 특별히 칭찬한 것은 단지 시들지 않고 곧고 굳센 정절 때문만이 아니다. 겨울이 되자 마음속에 느낀 바가 있어서 그런 것이다. 아! 서한西漢 시대처럼 풍속이 순박한 시절에 살았던 급암汲黯이나 정당시鄭當時 같이 훌륭한 사람들의 경우에도 권세에 따라 찾아오는 손님이 많아지기도 하고 줄어들기도 하였다. 하비下邳 사람 적공翟公이 문에 방문을 써서 붙인 일은 절박함의 극치라 할 것이다. 슬프구나! 완당노인이 쓴다."

스승님께서 말씀하셨다. "지혜로운 사람은 흔들리지 않고, 어진 사람은 근심하지 않으며, 용감한 사람은 두려워하지 않는다."

子曰, 知者不惑, 仁者不憂, 勇者不懼.

꽃

어진 사람은 근심하지 않는다. 오늘날 우리는 그와는 반대로 우환의식을 입에 달고 산다. 불가에서는 사람이 살아가는 것은 바로 번뇌이고, 생로병사가 모두 번뇌 아닌 것이 없다고 한다. 사람의 한평생에는 근심스러운 일이 매우 많다. 직함, 칭호, 돈, 집, 아이, 사회적 교류, 인사 등등 근심 걱정을 털어버린다는 것은 말하기는 쉽지만, 실제로 그리 하기는 어렵다. 근심하지 않는다는 것은 매우 평범한 말이지만, 매우 높은 경지이기도 하다.

꽃

내가 보기에, 리링이 인자불우仁者不憂를 자세히 설명한 것은 이해할 만하다. 만사가 근심이다. 근우원려近憂遠慮라고 했듯이, 모든 것이 다 걱정이다. 그런데 근심과 어짊仁을 맺어 놓은 것은 그야말로 적실하다. 어질지 못해서 근심에 휘둘려 사는 것이다. 『집주』에서는 "천리天理가 사욕私慾을 이길수 있어서 근심하지 않는다"라고 했다. 나 같은 치는 감조차 잡을 수 없는 말이다. 사리사욕의 화신으로서 내 좌표는 전전긍긍, 안절부절, 노심초사이다.

예전에 '지자→인자→용자'의 순서에 무슨 뜻이 있지 않나 생각한 적이 있는데, 지금 『집주』를 보니 "이는 학문의 순서이다"라고 하였다. 주희는 "덕을 이루는 것은 인을 우선으로 삼고, 학문에 나아가는 것은 지를 우선으로 삼는다"라고 했다. 이것은 앞의 「이인里仁」편 4-2에서 "어질지 못한 사람은 오랫동안 가난에 처하지 못하고, 오랫동안 즐거움에 처하지 못한다. 어진 사람은 인을 편안하게 여기고, 지혜로운 사람은 인을 이용한다"라고 한 말에 근거를 둔 해석이다. 그런데 이것에 대해서는 오규 소라이의 비판이 설득력이 있다. "인한 사람이 지혜로운 사람보다 낫다고 고집하는 것일 뿐이고, 덕은 각각 본성을 따라 달라짐을 전혀 알지 못한 것이다. 지혜로운 사람이나 인한 사람이나 역시 그 본성을 따라 덕을 이룰 뿐이다. 인이나 지혜나 모두 큰 덕이다. 그러므로 간혹 지혜가 인 위에 있을 수 있으니, 어찌 고집할 수 있겠는가."

스승님께서 말씀하셨다. "함께 배울 수 있지만 반드시 함께 도에 나아갈 수 있는 것은 아니고, 함께 도에 나아갈 수 있다고 해서 반드시 함께 지켜갈 수 있는 것은 아니며, 함께 지켜갈 수 있다고 해서 반드시 함께 응용할 수 있는 것은 아니다."

子曰, 可與共學, 未可與適道, 可與適道, 未可與立, 可與立, 未可與權.

---

🦋

이것은 학습 환경에 대해 이야기한 것이다. 첫째는 도를 배우는 것, 즉 이른바 함께 배우는 것이고, 둘째는 도에 나아가는 것, 즉 도를 추구하는 것이며, 셋째는 도를 지키는 것, 이른바 자립自立이고, 넷째는 도를 쓰는 것, 이른바 응용權이다. 똑같은 학생이라도 그저 앞쪽의 몇몇 단계까지만 도달하는 사람이 대다수이고, 마지막 단계까지는 도달하지 못한다.

🦋

내가 보기에, 지극히도 지당한 말씀이지만, 교육을 하는 사람이 이것을 만고불변의 진리로 삼아서는 곤란할 것 같다. 대한민국 교육에서 시급하게 실현해야 하는 것은 함께 배우는 것이다. 그런 과정이 참답게 이루어지면, 그 결과는 상대적으로 덜 중요한 것일 수 있다. 지금 우리의 현실은 화폐든 재주든, 있는 사람끼리 따로 배우고, 따로 진보하며, 따로 성과를 지키고, 따로 활용하여 먹고 산다. 아이들이 이러한 구조를 운명이나 숙명으로 여기는 사회에는 미래가 없다. "나는 가마 앞에 앉아 생각했습니다. 그 속에서 살아가고 있는 우리와 우리들의 삶을 저마다 훌륭한 예술품으로 훈도薰陶해 주는 커다란 가마는 없는가?"라고 한 신영복 선생의 고뇌에 동감한다.

꽃

이번 구절에서 응용이라고 한 권權, 곧 권도權道는 흥미로운 말이다. 시중 時中이라고도 하는데, 예외적이고 특수한 상황에 적절하게 대처하는 임기응 변을 말한다. 『집주』에서는 "권도는 성인의 큰 쓰임用이다. 능히 서지 못하 고서 권도를 말하는 것은, 마치 사람이 서지도 못하면서 걷고자 하는 것과 같아서 넘어지지 않는 자가 드물다"라고 했다. 함부로 권도 운운하지 말라 는 것이다. 내 짧은 독서를 통해 보면, 권도는 대개 선비가 자기합리화의 근거로 활용하고 있다.

꽃

서거정의 『필원잡기筆苑雜記』에 이런 일화가 전한다. "세조가 일찍이 조 용히 나에게 말하기를, '그대는 유자儒者이니 예로부터 임금이 부처에게 절 을 해야 하는가. 그대는 숨김없이 말하라' 하므로, 내가 '옛날 송 태조가 상 국사相國寺에 갔을 적에 불상 앞에서 향을 태우면서 마땅히 절을 해야 하는지 아닌지를 물었더니, 중 찬녕贊寧이, 현재 부처에게는 절하고 과거의 부처에 게는 절을 아니 하는 것입니다, 하므로, 태조가 웃고 절을 하지 않았다 하였 으니, 그렇다면 임금이 부처에게 절을 하지 않음은 정도正道이고, 절을 하는 것은 권도라고 생각합니다' 라고 하니, 세조가 크게 웃었다."

다산이 "형수가 물에 빠졌을 때 손으로 잡아당긴다"라는 『맹자』의 예화를 인용하면서 "이 뜻을 잘못 강론하면 매양 불의에 빠지니, 아! 두려워할 만한 것이다"라고 했는데, 다산답다는 생각이 든다. 당시 선비들에게 이 권도가 없었다면 곤란하고 난처한 일이 상당히 많았을 것이다. 일상의 삶이 권도와 시중의 연속인 나, 지금 이 추악한 세상에서나마 살고 있는 것이 다행이라면 다행이겠다.

"당체 꽃잎 나부끼는 이때, 그대를 어찌 그리워하지 않으리, 그대의 집이 멀 뿐." 스승님께서 말씀하셨다. "그립지 않은 것일 테지, 멀기는 뭐가 멀단 말인가?"

唐棣之華, 偏其反而, 豈不爾思, 室是遠而. 子曰, 未之思也, 未何遠之有.

🦋

인용한 시는 사라지고 없다. 이 시는, 내가 어떻게 그대를 그리워하지 않겠는가, 다만 그대가 너무 먼 곳에 있을 뿐이라고 말하고 있다. 공자는, 뭐가 멀단 말인가, 아마도 그리워하지 않았을 테지라고 말했다. 정말 그립다면 멀다는 것이 어떻게 있을 수 있겠냐는 말이다.

🦋

당체唐棣는 이시진李時珍의 『본초강목本草綱目』에 따르면 백양목에 속하는 나무로, 『시경』에 나오는 상체常棣, 곧 산앵두나무와는 다른 종이다.

🦋

내가 보기에, 오규 소라이가 "이 장을 살펴보면 옛사람들이 시를 배우던 방법에 대해 생각이 반은 넘어설 것이다"라고 했지만, "생각이 깊으면 천리도 내 집 마당처럼 가깝고, 정이 소원해지면 한 집안도 산하처럼 멀게 느껴진다"라고 한 다산의 말이 쉽게 다가온다.

『시경』등에 나오는 식물들을 조사하고, 행杏이 은행나무인가 살구나무인가 하는 따위의 정확하지 않거나 잘못된 용례들을 바로잡으려고 노력하는 학인들이 있다. 이분들의 도움을 받아야 이 시에서 '임 생각'과 관련해 하필이면 당체가 문제되고 있는가를 알 수 있겠다. 당체를 주희는 욱리郁李라 했다. 다산의 『아언각비雅言覺非』에 이들에 대한 설명이 없는 것을 보니, 착오가 없이 쓰이는 모양이다. 사전에 욱리는 보이지 않고, 채진목에 대해서는 이렇게 설명하고 있다. "장미과에 속한 낙엽 활엽 소교목. 높이 10미터 내외로 난형卵形 또는 긴 타원형의 잎이 어긋난다. 4~5월에 흰 꽃이 피며, 9월에 짙은 자줏빛의 타원형 이과梨果가 익는다. 목재는 주로 세공재細工材로 쓰이고, 열매는 먹는다. 산중턱에서 자라며 제주도 및 일본 중부 이남에 분포한다. 학명은 Amelanchier asiatica이다." 무슨 말인지 모르겠다. 도감이 필요한 대목이다.

그런데 다산의 둘째 아들이자 유명한 『농가월령가』를 쓴 정학유의 『시명다식詩名多識』을 보니, 이렇게 서술되어 있다. "주희가 말하였다. 당체는 체栘니 백양白楊과 비슷하다. 육씨가 말했다. 당체는 욱리薁李니, 다른 이름으로 작매雀梅고, 또 차하리車下梨라고 한다. 산속에 여기저기 있는데, 어떤 것은 희고, 어떤 것은 붉다. 6월에 열매를 맺으면 이자李子와 같고 먹을 수 있다. 『본초』에 말했다. 당체는 달리 부이扶栘, 체양栘楊, 고비高飛, 독요獨搖라 부른다. 나무 크기는 열 몇 아름이다. 잎은 둥글고 꼭지가 약해 작은 바람에도 크게 흔들린다. 꽃도 뒤집혀서 서로 등진다. 나는 이렇게 생각한다. 육씨가 당체를 욱리라 한 것은 잘못일 것이다. 욱리는 바로 상체<sup>常棣</sup>지 당체가 아니다." 이 중에서 『본초』의 설명을 보니, 『시경』과 공자가 하필이면 당체를 언급했는지 알 만하다. 포인트는 홀로 나부낀다는 뜻일 독요<sup>獨搖</sup>에 있다. 이것이 "꽃잎 나부끼는"과 어울리는 것이다. 그런데 한편 생각하면, 나부끼는 것이 어디 당체뿐이랴. 무언가를 정확히 고증한다는 것은 이렇게 어려운 일이다.

10
—

향당
鄉黨

공자께서는 고향에 계실 때에는 떠듬떠듬해서 마치 말을 못하는 사람 같 았다. 종묘나 조정에 계실 때는 청산유수였지만, 그러나 신중했다. 조정 에서 하대부들과 말씀하실 때는 즐거워하셨고, 상대부들과 말씀하실 때 는 부드럽고 엄숙하셨다. 임금님이 계실 때는 긴장하면서 떠는 듯하면서 도 품위를 잃지 않으셨다.

> 孔子於鄕黨, 恂恂如也, 似不能言者. 其在宗廟朝廷, 便便言, 唯謹爾.
> 朝, 與下大夫言, 侃侃如也, 與上大夫言, 誾誾如也. 君在, 踧踖如也, 與
> 與如也.

❀

　말은 상황이나 신분에 따라 매우 신중해야 한다. 상황은 크게 향당鄕黨과 종묘 혹은 조정이다. 향당에서는 어른들이나 이웃사람과 함께 말하고, 조 정에서는 입조入朝하는 대신이나 군주와 말한다.

❀

　순순恂恂은 전전悛悛, 곧 신중하고 중후한 모습에 말을 잘하지 못하는 모 양이다. 변변便便은 변변辯辯으로 순순과는 반대다. 말재주가 좋거나 말을 잘 한다는 뜻이다. "즐거워 하셨고"에 해당하는 간간侃侃은 홀가분하고 유쾌하 다는 의미다. 이는 하대부와 이야기하는 것이다. 하대부는 지위가 비교적 낮기 때문에 조금 마음대로 말했다. "부드럽고 엄숙함"에 해당하는 은은誾誾 은 치우치지 않은 올바른中正 모습이다. 상대부와 이야기할 때는 마음대로 함부로 할 수 없고, 비교적 공손하고 엄숙해야 한다. "긴장하면서 떠는"에 해당하는 축적<sup>蹴踖</sup>은 임금 앞에서 부들부들 떠는 모양을 말한다. 공경하고 두려워서 어색하고 불안스럽고 긴장하기 때문이다. "품위를 잃지 않으셨다"에 해당하는 여여<sup>與與</sup>는 엄숙하고 장중함이 적당한 모양이라 하지만, 의미가 불분명하다.

✿

내가 보기에, 이 「향당」 편을 읽을 때는 지루함을 잘 견뎌내야 한다. 여기에는 사람이 등장해서 구체적으로 활동하는 이야기는 거의 없고, 지켜야 할 예의범절 같은 덕목과 준수해야 할 규범들만 건조하게 나열된다.

✿

이 구절을 보면, 신분제 사회의 윤리가 수직적 위계의 확립을 통해 질서를 잡는 것임을 알겠다. 내 소견으로 공자가 일이관지<sup>一以貫之</sup>라고 한 것은 신분적 범주 내에서의 일관됨을 의미한다고 본다. 참고로 『논어』에서 합리적으로 설명할 수 없는 부분을 만날 때마다 '우리가 이해할 수 없는 성인의 경지' 운운하면서 아무데나 일이관지를 갖다 붙이면 정말 곤란하다. 유학을 전공한다는 어느 선생에게 관중에 대한 공자의 평가가 일관적이지 못한 것 아니냐고 물으니, 그는 '일이관지의 경지는 우리 같은 범인의 잣대로 함부로 평가할 수 없는 것'이라고 당당하게 말했다. 그의 말을 듣는 주위의 선생들은 모두 그의 말을 마음 깊이 수긍한다는 표정을 보였다. 오호, 통재라!

임금님의 명으로 손님을 접대하실 때는, 금방 표정을 바꾸셨고 발걸음을 빨리 옮기셨다. 함께 서 있는 사람에게 읍을 하실 때는, 손을 왼쪽으로 그리고 오른쪽으로 향하게 하셨는데 옷깃이 앞뒤로 펄럭이면서 나부꼈다. 달려 나갈 때는 조심조심하셨다. 손님이 돌아가고 나면 반드시 "손님께서 이미 떠나가셨습니다"라고 보고하셨다.

> 君召使擯, 色勃如也. 足躩如也. 揖所與立, 左右手, 衣前後, 襜如也. 趨進, 翼如也. 賓退, 必復命曰, 賓不顧矣.

손님 접대에서는 체면을 중시해야 한다. 체는 몸뚱어리고, 면은 얼굴이다. 손과 발의 움직임, 그리고 얼굴에 나타나는 표정이 적절해야 한다. 군소사빈君召使擯은 임금의 명을 받아 손님을 접대하는 것이다. 빈擯은 손님을 맞이하는 예다.

"금방 표정을 바꾸셨고"에 해당하는 색발여야色勃如也에서 색은 곧 안색이다. "얼굴색을 바꾸는 것"은 손님의 신분이나 지위 그리고 만나는 장소나 분위기 등에 따라 얼굴 표정을 바꾸는 것이다. 주변 사람이 즐거워하면 그들을 따라 즐거워해야 하고, 주위 사람이 슬퍼하면 그들을 따라 슬퍼해야 한다. 만약 큰 인물이라면 보다 더 극진히 공손해야 한다. 그러나 추파를 던지거나 지나친 행동은 안 된다. 발여勃如처럼 여자를 달고 있는 홑 글자는 중첩어로 발발勃勃의 뜻이다. 발은 발發로, 얼굴 표정이 풀어져 있는 상태에서 갑자기 싹 떨어버리고 새로운 표정으로 바꾸는 것을 말한다.

❁

"함께 서 있는 사람에게 읍을 하실 때는 손을 왼쪽으로 그리고 오른쪽으로 향하게 하셨다"라는 말은 주변에 서 있는 사람에게 끊임없이 허리를 굽혀 읍을 하면서 왼쪽으로 한 번 공수拱手하고, 오른쪽으로 한 번 공수하는 것이다.

❁

"옷깃이 앞뒤로 펄럭이면서 나부꼈다"라는 말은 몸을 굽혀 읍할 때 몸을 한 번 굽히고 한 번 위로 우러르는 동작과 함께 옷이 앞뒤로 나부끼는 모습을 형용한 것이다. "펄럭이면서 나부꼈다"에 해당하는 첨여襜如에서 첨은 무릎을 덮는 앞치마를 뜻한다.

❁

"달려 나갈 때는 조심조심하셨다"라는 말의 원문에 익翼 자가 있는데, 『설문說文』에서는 주丯 부에 속하고 이異는 소리를 나타내는 부분이며 칙翼으로 읽는다고 했다. 익익翼翼은 경건하고 삼가는 모습이다.

❁

내가 보기에, 이 구절은 손님을 맞이하고 보내는 예절을 설명하고 있다. 요즘에는 일일이 지키기 힘들다. 다만 손님은 공손하게 접대한다는 마음가

618

짐은 배울 일이다. 그런데 주희가 익翼을 "새가 날개를 편 듯하다"라고 풀이한 것은 좀 생뚱맞다. "달려 나갈 때 날개를 편 듯했다"라고 하면 체면이 안 선다. 예전에 양반네가 서민문화를 대개 접했지만, 유일하게 민요만은 따라 불러서는 안 되었다. 팔자걸음을 걸으면서 "처어나안 삼~거리 흐흐 흐웅"이라고 읊조리면 경박해 보이기 때문이었다. 물론 속으로는 읊조렸을지 모른다.

❀

리링은 빈불고의賓不顧矣를 "손님께서 이미 떠나가셨습니다"라고 풀이했는데, 이에 대해서는 오규 소라이의 해설이 적실해 보인다. "『빙례聘禮』에 따르면 …… 빈객이 나가면 공公은 재배하고 전송하는데, 빈객은 돌아보지 않는다고 했다. 정현은 그 주에서 공이 이미 절을 하면 객은 재빨리 피한다. 임금이 상빈上賓에게 빈객이 떠나가는 것을 전송하라 명하면, 돌아와 빈객이 돌아보지 않았다고 고하는 것이다. 그러면 임금은 정침으로 돌아갈 수 있다고 했다."

❀

이 구절에서 요즘 젊은이가 배워두면 좋은 것이 복명復命이다. 일을 하고 난 후, 그 처리 여부를 정확히 보고하는 것이 필요하다. 필요한 것이 아니라 반드시 요구된다. 일은 대단히 성의껏 열심히 했지만, 그 처리 여부에 대해서는 보고할 줄 모르는 젊은이를 보면 좀 아쉽다. 내가 상명하달上命下達 시스템에 익숙해져 있는 것이 아닌가 반성도 해보지만, 일의 시작과 끝을 분명히 하는 것은 다음 일을 제대로 하기 위한 필요충분조건이다. 나이 한 살

더 먹었다고 '요즘 젊은이', '요즘 젊은 것들' 운운하는 것은 참 꼴불견이지만, 복명이 제대로 안 되는 이유 중 하나는 아마 사람 관계에 대한 개념이 점차 옅어져 가기 때문일 것이다. 인간을 예전에 '사람 서리', 곧 사람들의 사이 혹은 관계라고 한 데는 다 이유가 있는 것이다.

　그런데 이런 말을 정색을 하고 하는 것을 보니 나도 꼰대가 분명하다. 어느 해 대통령 선거에서 유력 후보의 하나가 "꼰대들 '늙은 투표'에 인생을 걸지 말라"는 말을 해서 더욱 유명해진 이 꼰대라는 말은 학생들의 은어로, 선생先生, 아버지, 늙은이를 이르는 말이다. 아직 늙은이는 아니지만 곧 그렇게 될 모양이니, 선생이자 아버지이자 중늙은이인 나는 꼰대 맞다.

궁궐 문에 들어갈 때는 국궁鞠躬하듯이, 마치 문이 자신을 받아들일 수 없는 것처럼 한다. 문 가운데 서지 않고 문지방을 밟지 않고 지나간다. 여러 신하가 있는 곳을 지나갈 때에는 금방 표정을 바꾸었고 발걸음을 빨리 옮기셨다. 의상의 앞자락을 추켜들고 대청에 오를 때는 국궁하는 것처럼 했고, 마치 숨을 쉬지 않는 것처럼 숨소리가 나지 않게 하셨다. 나와 한 계단을 내려온 다음에 안색이 풀어졌고 기쁘고 만족하신 모습이셨다. 계단을 다 내려온 다음에는 달려가되 조심조심하셨다. 제자리로 돌아와서는 공손하고 불안한 모습이셨다.

> 入公門, 鞠躬如也, 如不容. 立不中門, 行不履閾. 過位, 色勃如也, 足躩
> 如也. 其言似不足者. 攝齊升堂, 鞠躬如也, 屛氣似不息者. 出, 降一等,
> 逞顏色, 怡怡如也. 沒階, 趨進, 翼如也. 復其位, 踧踖如也.

❈

"국궁하듯이"는 머리를 숙이고 허리를 굽힌 모양이다. 이 상황은, 첫 번째는 먼저 궁궐에 들어가는 것을, 나중에는 나오는 것을 설명한 것이고, 두 번째는 먼저 올라가는 것을, 나중에 내려오는 것을 설명한 것이다. 정리하면 다음과 같다. ① 제후의 궁궐 문에 들어갈 때는 머리를 숙이고 허리를 굽혀 마치 문이 몹시 작아서 자기를 받아들이지 않을 것처럼 해야 한다. ② 문지방을 지나갈 때에는 문지방에 서 있어도 안 되고 문지방을 밟고 지나가도 안 되며, 문 오른쪽에 붙어서 문지방을 넘어서 안으로 들어간다. ③ 자기가 서 있던 위치를 떠날 때는 중간에 나 있는 통로를 따라 많은 신하가 서 있는 행렬을 통과하며, 얼굴 표정은 늠름해야 하고 걸음걸이는 빠르게 해야 하며, 말을 할 때는 말하고 싶어서 참기 어려운 모습을 지어야 한다. ④ 대청에 올라 임금을 배알할 때는 의상의 아래 앞자락을 추켜들고 머리를 숙이고 허리를 굽히며 큰 숨소리가 감히 나지 않도록 해야 한다. ⑤ 대청을 내려와 밖으로 걸어갈 때 계단 한 층을 내려올 때마다 얼굴 표정에 변화가 있어야 한다. 즉 점점 풀어지고 기품과 만족의 모습을 띠어야 한다. ⑥ 계단을 다 내려와서는 빠르게 걷되 조심조심한다. ⑦ 원래 서 있던 자리로 돌아와서는 어색하고 불안한 모습을 짓는다.

❧

내가 보기에, 오늘날 이런 예의범절을 그대로 지키면 견디기 어려울 것이다. 나처럼 미욱한 사람은 그냥 생긴 대로 사는 것이 오히려 예의라고 생각하며 속편하게 산다. 좀 다른 이야기지만, 우리 어릴 적에는 '문지방에 서면 복 나간다'고 꾸지람을 들었는데, 그 출전이 바로『논어』임을 알겠다. 『논어』가 우리 삶에 얼마나 깊이 침투해 있는지 놀랍다. 이렇듯 마치 우리 고유의 것인 양 선전하는 전통의 근거는 많은 부분 다른 데 있다. 아무리 하나의 지역에서 공동의 문화를 향유하는 중세였다지만, 그 소종래와 영향 관계 등은 분명히 밝혀두는 것이 좋다. 중화민족주의자들이 동북공정을 하듯이 하자는 것은 물론 아니다.

❧

이 구절을 읽다 보니 연암의『양반전』이 떠오른다. 다음은 거기에 나오는, 양반이 해야 하고 해서는 안 되는 일을 열거한 양반매매 증서의 일부이다. "야비한 일을 딱 끊고, 옛것을 본받고 뜻을 고상하게 할 것이며, 늘 오경五更만 되면 일어나 유황에다 불을 당겨 등잔을 켜고서 눈은 가만히 코끝을 보고 발꿈치를 궁둥이에 모으고 앉아 『동래박의東萊博義』를 얼음 위에 박 밀 듯 왼다. 주림을 참고 추위를 견뎌, 입으로 구차스러움을 남에게 말하지 아니하되, 고치·탄뇌叩齒彈腦를 하며, 입안에서 침을 가늘게 내뿜어 연진嚥津을 한다. 소맷자락으로 모자를 쓸어서 먼지를 털어 물결무늬가 생겨나게 하고, 세수할 때 주먹을 비비지 말고, 양치질을 지나치게 하지 말고, 소리를 길게 뽑아서 여종을 부르며, 걸음을 느릿느릿 옮겨 신발을 땅에 끈다. 『고문진보古文眞寶』와 『당시품휘唐詩品彙』를 깨알 같이 베껴 쓰되 한 줄에 백 자를 쓰며, 손에 돈을 만지지 말고, 쌀값을 묻지 말고, 더워도 버선을 벗지 말고, 밥을 먹을 때 맨상투로 밥상에 앉지 말고, 국을 먼저 훌쩍 떠먹지 말고, 무엇을 후루루 마시지 말고, 젓가락으로 방아를 찧지 말고, 생파를 먹지 말고, 막걸리를 들이켠 다음 수염을 쭈욱 빨지 말고, 담배를 피울 때 볼에 우물이 파이게 하지 말고, 화난다고 처를 두들기지 말고, 성내서 그릇을 내던지지 말고, 아이들에게 주먹질을 말고, 노복奴僕들을 야단쳐 죽이지 말고, 마소를 꾸짖되 그것을 판 주인까지 욕하지 말고, 아파도 무당을 부르지 말고, 제사 지낼 때 중을 청해 재齋를 드리지 말고, 추워도 화로에 불을 쬐지 말고, 말할 때 이 사이로 침을 흘리지 말고, 소 잡는 일을 말고, 돈을 가지고 놀음을 말 것이다." 이것을 보고도 양반을 사는 자는 제 정신이 아닐 것이다.

마지막으로 이것 하나는 분명히 짚어두는 것이 좋겠다. 전통 예절을 팔아먹는 짓 따위는 하지 말아야 한다는 것이다. 세월이 바뀌었으니 그 변화에 맞춰 오늘의 전통을 만들어가야 할 시점에서, 케케묵은 것을 긴요한 지식인 양 팔아먹는 유상儒商이 너무도 많다. 이렇게 말하면 또 발끈들 하겠지만, 우리가 지금 전통 예절이라고 하는 것이 과연 어느 시대, 어느 계층이 행하던 것이었는지, 그리고 그것이 우리 모두를 대표하는 것인지 솔직하게 되물어야 한다. 18세기 연암은 「초정집서楚亭集序」에서 이렇게 말했다. "소위 법고옛것을 무작정 모방함한다는 사람은 옛 자취에만 얽매이는 것이 병통이고, 창신근거 없이 새롭게 만들어 냄한다는 사람은 상도常道에서 벗어나는 것이 문제다. 진실로 옛것을 본받으면서도 시대에 맞게 변통할 줄 알고, 새로운 것을 만들어내면서도 전통에 근거를 둔다면, 요즈음의 글이 옛글이 되는 것이다."

규를 들고 있을 때는 국궁하는 것 같았고, 마치 감당할 수 없는 것처럼 하셨다. 위로 올릴 때는 읍을 하듯 했고, 아래로 내릴 때는 물건을 주는 것처럼 하셨다. 얼굴은 전전긍긍하는 표정으로 바꾸었고, 발걸음은 작게 떼면서 마치 앞사람을 따라가는 것처럼 하셨다. 향례를 거행할 때는 몹시 기쁜 표정을 지으셨다. 사적으로 만날 때는 매우 즐거운 것처럼 하셨다.

執圭, 鞠躬如也, 如不勝. 上如揖, 下如授. 勃如戰色, 足蹜蹜如有循. 享禮, 有容色. 私覿, 愉愉如也.

---

国궁鞠躬을 할 때의 손 모양은 두 종류다. 하나는 위로 잡는 것으로 손 위치는 읍하는 위치와 같이 명치 위쪽에 두는 것이고, 하나는 아래로 잡는 것으로 손 위치는 물건을 다른 사람에게 건네는 위치로 명치 아래쪽에 두는 것이다.

다음으로 얼굴 표정과 길을 걷는 모양이다. 작게 떼면서 마치 앞사람을 따라가는 것 같은 걸음걸이는, 경극京劇에서 무대 위를 걷거나 원형의 무대를 뛰어다닐 때 발가락이 땅에서 떨어지게 하고 발뒤꿈치는 땅에서 떨어지지 않게 하며, 발가락이 발뒤꿈치를 끌어당기듯 발을 질질 끌면서 이동하는 것과 비슷하다.

향례享禮는 외국 사절이 내방하여 빙례를 거행한 다음 손님이 예물을 대청 아래 내려놓는 의식이다. 유용색有容色은 매우 기쁜 표정을 드러내는 것이다. 마치 오늘날 서양인이 선물을 받을 때 반드시 그 자리에서 열어보고 놀랍고도 기쁜 표정을 짓는 것과 같다.

───※───

내가 보기에, 규圭에 대한 설명이 필요할 듯하다. 규는 옥으로 만든 20~30cm 정도의 기물로, 외교상 신표로 쓰였다. 오늘날 신임장에 해당한다. 홀笏이라는 것도 있었는데, 벼슬아치가 임금을 만날 때 조복朝服에 갖추어 손에 쥐던 패다. 1품부터 4품까지는 상아홀, 5품 이하는 목홀木笏을 썼다. 대개 조선 고유의 것인 양 알고 있지만 중국에서 들어온 제도이다.

───※───

전색戰色은 전전긍긍戰戰兢兢, 곧 매우 두려워하여 벌벌 떨며 조심한다는 뜻이다. 이 말은 『시경詩經』 「소아小雅」 '소민小旻'이라는 시 마지막 구절에 나오는데, 그 시 내용은 모신謀臣이 군주의 측근에 있으면서 옛 법을 무시하는 정치를 하고 있음을 개탄한 것이다. 살얼음을 밟는 듯한다는 여리박빙如履薄氷의 출전이기도 하다. "감히 맨손으로 범을 잡지 못하고不敢暴虎 / 감히 걸어서 강을 건너지 못한다不敢憑河 // 사람들은 그 하나는 알고 있지만人知其一 / 두려워서 벌벌 떨며 조심하기를戰戰兢兢 // 마치 깊은 연못에 임하듯 하고如臨深淵 / 살얼음을 밟고 가듯 해야 하네如履薄氷."

군자는 감색과 흑적색 천으로 옷을 장식하지 않고, 붉은색과 자주색으로 일상복을 만들지 않는다. 여름에는 거칠거나 가는 갈포로 만든 홑겹의 옷을 입고, 반드시 겉옷을 입고서 외출한다. 검은색 옷은 양가죽과 어울리고, 흰색 옷은 사슴 옷과 어울리며, 노란색 옷은 여우 가죽옷과 어울린다. 일상생활에서 입는 가죽옷은 길고, 오른쪽 소매는 짧다. 잠옷은 반드시 기보다 한 배 반 길어야 한다. 두텁게 털이 나 있는 여우나 담비 가죽 방석을 깔고 앉는다. 상복을 벗고 나면 어떤 패물이든 착용하지 못할 것이 없다. 예복이 아니면 반드시 크기를 줄인다. 검은 옷을 입거나 검은 관을 쓰고서는 조문하지 않는다. 초하루에는 반드시 조복을 입고 조회에 참여하며, 재계할 때는 반드시 명의를 입는데, 베로 만든다.

> 君子不以紺緅飾, 紅紫不以為褻服. 當暑, 袗絺綌, 必表而出之. 緇衣,
> 羔裘. 素衣, 麑裘, 黃衣, 狐裘. 褻裘長, 短右袂. 必有寢衣, 長一身有半.
> 狐貉之厚以居. 去喪, 無所不佩. 非帷裳, 必殺之. 羔裘玄冠不以弔. 吉
> 月, 必朝服而朝. 齊, 必有明衣, 布.

❀

① 군자의 의복에서 금기로 여기는 것은 자주색과 붉은색이다. 설복褻服은 평소 집에서 입는 옷이다. ② 여름에는 갈포옷을 입지만, 그것을 입고 외출하지는 않는다. 치격絺綌은 곱고 거친 갈포이다. ③ 겨울에 껴입는 옷 색깔은 가죽옷 색깔과 어울려야 한다. 검은색은 양가죽옷과, 흰색은 사슴 가죽옷, 노란색은 여우가죽옷과 어울린다. 구裘는 모피 털이 있는 가죽옷이

고, 고羔는 검은 양이며, 예麑는 작은 사슴이다. ④ 집에서 입는 긴 가죽옷의 오른쪽 소매는 왼쪽보다 짧다. 일하는 데 편리하기 때문이다. ⑤ 잠옷寢衣은 이불이다. 큰 이불을 금衾, 작은 이불을 피被라 했다. ⑥ 방석은 두터운 여우나 담비 가죽으로 만든다. ⑦ 복상 때만 옥을 차지 않는다. ⑧ 입궐과 제사 때 입는 큰 예복이 가장 큰데, 그것을 유상帷裳이라 한다. 이외의 것은 점차로 줄여간다. ⑨ 조문할 때는 흰옷을 입는다. 검은 옷은 좋은 일이 있을 때 입는다. ⑩ 고월告月은 음력 초하루에 사당에서 선조에게 알리는 예禮다. ⑪ 명의明衣는 목욕복이다. 고대에 재계하려면 반드시 목욕을 해야 하는데, 목욕이 끝나면 목욕옷을 입어야 한다. 목욕옷은 베나 갈포로 만든다.

❧

내가 보기에, 이 구절은 전공자가 아니면 깊이 생각할 필요가 없는 말들이다. 다만, 특별 난 색깔의 옷은 피하고, 옷감과 색은 잘 맞추어 입으며, 외출할 때는 외투를 걸치고, 조문을 하러 갈 때는 검소하게 입는다는 정도만 기억하면 좋겠다. 조문할 때, 검은색 옷을 입는 것은 양복의 영향인데, 예전에는 좋은 일이 있을 때 검은 옷을 입었다. 그러나 지금은 크게 개의치 않아도 좋다. 외려 초상 때 여자들이 소복을 입는 것보다 검은색 한복을 입는 것이 나는 더 나아 보인다.

❧

군자는 붉은색과 자주색으로 일상복을 만들지 않는다고 했다. 왜 그럴까? 붉은색과 자주색은 정색正色이 아니라 간색間色이기 때문이다. 자주색紫과 붉은색紅의 정색은 주색朱色이다. 『삼국유사』「신주神呪」의 밀본이 사악한 귀신을 물리친다는 의미를 지닌 '밀본최사密本摧邪'에서는 이야기를 마무리하면서 "붉은색과 자주색이 어지러이 주색에 섞이니"라고 노래했다.

#### ⁂

잠옷은 요즘 파자마라고 하는데, 나는 여름 이외에는 파자마를 꼭 입고 잔다. 특별한 이유가 있는 것은 아니다. 그저 습관에 불과하다. 어디 가서 파자마가 없으면, 좀 이상하고 어색하다. 예절이란 결국 그런 것인지 모른다. '차가운 불'처럼 형용모순이겠지만, 오늘날 예절은 우선 편해야 한다. 그래서 나는 차례와 제사에서도 가가례家家禮를 좋아한다. 근무하는 학교의 특성상 나에게 특히 제례에 대해 많이들 물어본다. 잘 모르기도 하지만, 굳이 그럴 것 없다고 하면서 늘 가가례, 곧 집안마다 사정에 맞게 정성껏 치루면 된다고 말한다. 물론 듣는 사람은 의심의 눈초리로 바라본다. '고전을 공부하고 가르친다는 작자가…….'

재계할 때는 반드시 음식을 바꾸었고, 앉는 곳도 반드시 바꿔 앉으셨다. 곡식은 고은 것을 싫어하지 않았고, 회는 가느다란 것을 싫어하지 않으셨다. 음식이 습기가 차고 쉰내가 나거나 생선이 상했거나 고기가 부패한 것은 드시지 않았다. 색깔이 좋지 않은 것은 드시지 않았다. 냄새가 나쁜 것은 드시지 않았다. 덜 익은 것은 드시지 않았다. 정해진 식사 때가 아니면 드시지 않았다. 바르게 자르지 않은 것은 드시지 않았다. 요리에 맞는 장이 아니면 드시지 않았다. 고기가 비록 많더라도 곡기를 이기도록 하지는 않으셨다. 술만은 양을 한정하지 않았으나, 술주정하는데까지는 이르시지 않았다. 밖에서 산 술과 밖에서 산 육포는 드시지 않았다. 생강은 상에서 치우지 않고 드셨으나, 많이 드시지는 않았다.

> 齊必變食, 居必遷坐. 食不厭精, 膾不厭細. 食饐而餲, 魚餒而肉敗, 不食. 色惡, 不食. 臭惡, 不食. 失飪, 不食. 不時, 不食. 割不正, 不食. 不得其醬, 不食. 肉雖多, 不使勝食氣. 唯酒無量, 不及亂. 沽酒市脯不食. 不撤薑食, 不多食.

이것은 먹고 마시는 것에 대하여 설명한 것이다. 중국인이 먹고 마시는 데 신경 쓰는 것은 장점이 많다. 그러나 오늘날 무절제하게 먹고 마시는 것, 술자리에서 '가위, 바위, 보'를 통해 벌주를 마시게 하는 것, 돌아가면서 술을 권하는 것, 술기운을 빌려 주정을 하는 것, 소란을 피우지 않으면 밥을 먹은 것으로 치지 않는 것 등은 좋지 않다.

내가 보기에, 공자의 입맛은 까탈스러웠던 것 같다. 오늘날 한국에서는 아무거나 잘 먹는 사람이 성격도 좋다고 한다. '시방 때가 어느 때인데 먹는 걸 가리냐? 배가 부르구나. 입 닥치고 먹으라'는 소리로 들릴 때도 있다. 그러나 식성과 성격 사이에 필연적인 연관은 없다.

술은 양을 한정하지 않았다고 한 데서 공자의 인간미를 느꼈다면 자의적이고 임의적일까? 그런데 술주정하는 데까지는 이르지 않았다고 했으니, 역시 공자는 보통사람은 아닌 모양이다. 그런데 술주정의 수준과 양상은 사람마다 달라 일률적으로 재단하기 어렵다. 다만 술을 많이 마시고도 멀쩡한 사람을 보면, 술맛이 달아난다. 모두들 취했는데 혼자서 입바른 소리를 해대면, 그이 하고는 다시는 마시고 싶지 않다. 좀 풀어지고 늘어지고 해이해지자고 마시는 것이 술 아닌가. 물론 혼자서만 줄곧 떠들고, 한 말을 또 하며, 울고불고, 너무 시끄러운 것은 딱 질색이다. 우리 모두 '즐겁게 주정하여, 명랑사회 건설하자!'

재미 삼아 한 마디. "술만은 양을 한정하시지 않았으나, 술주정하는 데까지는 이르시지 않았다唯酒無量, 不及亂"를 유주무량, 불급, 난唯酒無量, 不及, 亂으로 끊어 읽으면, '술만은 양을 한정하시지 않았으나, (술이 성에) 차지 않으면 난동을 부리셨다'가 된다.

임금이 주관하는 제사에서 고기는 하룻밤을 묵혀서는 안 된다. 제사 고기는 3일을 넘겨서는 안 된다. 3일을 넘기면 드시지 않았다.

祭於公, 不宿肉. 祭肉不出三日, 不食之矣.

하룻밤을 묵혀서는 안 된다는 말은 임금이 거행하는 제사에 참여해 제사가 끝난 후 제육祭肉을 받아와서는 절대로 밤을 넘겨서는 안 된다는 뜻이다. 3일을 넘기면 드시지 않았다는 말은, 제사를 맡은 유사有司, 여기서는 공자는 3일째 되는 날 비로소 제사 고기를 나누어 받는데, 그때는 이미 신선치 않았기 때문이다.

전혀 다른 맥락이지만, 옛날에 잡은 생선을 이고 와서 상하지 않을 곳까지가 하나의 시장권이었다는 말을 들은 적이 있다. 내가 있는 부여는 서해안에서 잡은 생선을 이고 와 팔 때 상하지 않을 정도의 거리에 있다고 한다. 그 이상을 지나게 되면 염장을 해야 한다. 간고등어가 유명한 안동을 생각하면 되겠다.

먹을 때는 말씀을 하지 않았고, 잠잘 때도 말씀을 하시지 않았다.

食不語, 寢不言.

＊

밥 먹을 때와 잠을 잘 때 (침상에서) 말하지 말라는 것이다.

＊

밥상머리에서 혼자서 말없이 밥을 먹는 것은 참으로 쓸쓸한 일이다. 일본에서 시작되었다는 음식점의 일인용 식탁이 늘어나는 현실이 서글퍼 보이는 것은 나이 탓만은 아닐 것이다. 잠자리에서 심각한 정치 얘기 같은 것을 하는 것은 서로에게 좋을 것이 없지만, 사랑을 위한 수다는 많을수록 좋지 않을까? 식당에서 중국 사람들처럼 죽자고 떠드는 것도, 섹스리스 부부처럼 등을 돌리고 자는 것도 나는 싫다.

비록 거친 밥과 채소국일망정 참외 꼭지로 제사를 지냈으며, 반드시 엄숙한 태도로 임하셨다.

雖疏食菜羹, 瓜祭, 必齊如也.

✦

제사상에 안 좋은 음식을 올리더라도 반드시 엄숙한 표정을 지어야 한다는 것이다.

✦

내가 보기에, 이 구절에 대해서는 보충 설명할 말이 별로 없다. 물론 과제瓜祭를 참외 꼭지로 지내는 제사라고 해야 하느냐, 오규 소라이처럼 "雖疏食菜羹瓜, 祭, 必齊如也"로 끊어 읽어 "비록 거친 밥과 나물국과 외라 할지라도 제사를 지내되, 반드시 마음을 가다듬었다"라고 해야 하느냐 하는 논란이 없는 것은 아니다.

자리가 올바르지 않으면 앉지 않으셨다.

席不正, 不坐.

✾

자리에 앉을 때는 똑바로 앉아야 한다는 점을 강조한 것이다.

---

마을 사람과 함께 술을 마실 때, 어른이 나가면 곧 뒤따라 나가셨다.

鄕人飮酒, 杖者出, 斯出矣.

✾

향음주례鄕飮酒禮에 대해 말한 것이다. 장자杖者는 지팡이를 짚은 노인으로 장인丈人이라 불렀다.

## 향당鄕黨 10-12

마을 사람이 잡귀를 쫓는 제사를 거행하면 조복을 입고 계단에 서 계셨다.

鄕人儺, 朝服而立於阼階.

---

※

잡귀를 쫓는 제사에 대해 이야기한 것이다. 나儺는 동네에서 사기邪氣를 물리치기 위해 거행하는 의식이다.

※

내가 보기에, 이 세 구절도 앞의 네 구절처럼 보충 설명할 말이 별로 없어 보인다.

※

앉을 때 바로 앉는다는 것은 말처럼 쉬운 것이 아니다. 나는 의자에 앉을 때, 나도 모르게 거의 엉덩이만 살짝만 걸터앉는 버릇이 있다. 몰두할수록 더욱 위태로워진다. 진중치 못한 것이다. '앉는다'고 하면 역시 김수영의 「거대한 뿌리」의 첫 구절이 생각난다. "나는 아직도 앉는 법을 모른다 / 어쩌다 셋이서 술을 마신다 둘은 한 발을 무릎 위에 얹고 도사리지 않는다 / 나는 어느새 남쪽식으로 / 도사리고 앉았다 그럴 때는 이 둘은 반드시 / 이북친구들이기 때문에 나는 나의 앉음새를 고친다 / 8 · 15 이후 김병욱이란 시인은 두 발을 뒤로 꼬고 / 언제나 일본여자처럼 앉아서 변론을 일삼았지만 / 그는 일본대학에 다니면서 4년 동안을 제철회사에서 / 노동을 한 강자다.”

✿

    요즘은 어른과 술을 마시면 어른이 일찍 자리를 피해주는 것이 ‘예절 바른’ 행동이 되었다. 나는 아직 시퍼렇게 젊어서 ‘너희는 아직 우습다’고 자만할 때도 있지만, ‘선생님, 피곤하실 텐데 어서 들어가시죠’ 하는 눈치를 받을 때가 있다. 돈이나 내놓고 얼른 자리를 피해주어야 할 나이가 된 것이다. 모른 척 노래방까지 따라 갔다가는, 아예 자기들끼리 노느라, 선생은 안중에도 없다.

✿

    나儺라고 하면 낯설어도 나례儺禮라고 하면 대개는 안다. 궁중 나례를 특히 구나驅儺라고 했다. 이에 대해서는, 어려운 내용이지만, 조선 초 성현成俔, 1439~1504의 『용재총화慵齋叢話』가 상세하다. “나儺는 관상감觀象監이 주관하는 것인데, 섣달그믐 전날 밤에 창덕궁과 창경궁의 뜰에서 한다. 붉은 옷에 가면을 쓴 악공 한 사람이 창수唱帥가 되고, 황금빛 네 눈의 곰 껍질을 쓴 방상인方相人 네 사람은 창을 잡고 서로 친다. 지군指軍 5명은 붉은 옷과 가면에 화립畵笠을 쓰며 판관判官 5명은 푸른 옷과 가면에 화립을 쓴다. 조왕신 4명은 푸른 도포·복두·나무 홀笏에 가면을 쓰고, 소매小梅 몇 사람은 여삼女衫을 입고 가면을 쓰고 저고리 치마를 모두 홍록으로 하고, 손에 간 장대를 잡는다. 12신은 모두 귀신의 가면을 쓰는데, 예를 들어 자신子神은 쥐 모양의 가면을 쓰고, 축신丑神은 소 모양의 가면을 쓴다. 또 악공 10여 명은 복숭아나무 가지를 들고 이를 따른다. 아이들 수십 명을 뽑아서 붉은 옷과 붉은 두건으로 가면을 씌워 초라니[倀子]로 삼는다. 창수가 큰 소리로 외치면, 진자가 '예'하고 머리를 조아리며 죄를 고하는데 여러 사람이 '북과 징을 치라'고 하면서 이들을 쫓아낸다."[권1] / "섣달 그믐날에 어린애 수십 명을 모아 진자로 삼아 붉은 옷을 입히고 붉은 두건을 씌워 궁중으로 들여보내면 관상감이 북과 피리를 갖추고 새벽이 되면 방상씨[方相氏]가 그들을 쫓아낸다. 민간에서도 또한 이 일을 모방하되 비록 진자는 없더라도 녹색 댓잎, 붉은 가시나무 가지, 익모초 줄기, 도동지[桃東枝]를 한데 합하여 빗자루를 만들어 펴고 대문을 마구 두드리고 북과 방울을 울리면서 문 밖으로 몰아내는 흉내를 내는데, 이를 방매귀[放枚鬼]라고 한다."[권2]

---

사람을 다른 나라에 사신으로 보낼 때는 두 번 절한 다음에 보낸다.

> 問人於他鄕, 再拜而送之.

---

※

문問은 어떤 나라에 가거나 어떤 나라를 방문한 것을 말한다.

---

계강자가 약을 내리자 절을 하고 받았다. 그리고 다음과 같이 말씀하셨다. "저는 아직 명확하게 알지 못해서 감히 먹을 수 없습니다."

> 康子饋藥, 拜而受之. 曰, 丘未達, 不敢嘗.

---

※

이것은 거물급 인사가 주는 선물을 받은 것에 대해 이야기한 것이다. 거물급 인사가 먹을 것을 주면 반드시 먼저 맛을 본다. 그러나 약을 내릴 경우에는 금방 맛을 볼 수가 없다. 자기 몸이 어떤 상태인지 짐작해야 하고, 보내온 약성이 어떤지 연구해 보아야 했기 때문에 "아직 명확하게 알지 못해서 먹을 수 없다"라고 한 것이다. 공자는 이런 종류의 선물을 받지 않는 것은 옳지 않고, 함부로 맛을 보는 것도 옳지 않으며, 정확한 방법은 우선 받아두고 맛을 보지 않는 것이라 생각했다. 이것은 예의에 부합하고, 또 상대방의 체면을 세워주는 방법이다.

🦋

내가 보기에, 이 두 구절은 모두 공자가 반드시 전례前例를 따랐음을 말한다. 첫 번째 구절을 단순히 외국에 사신을 보낼 때 예와 정성을 다했다고 보는 것, 말하자면 주희가 "친히 만나보는 것처럼 공경한 것"이라고 한 풀이는 문제가 있다. 사신을 보낼 때, 두 번 절한다는 것은 이미 『의례주소儀禮注疏』「빙례聘禮」에 나와 있다. 문問을 다음 구절의 약藥과 관련해서 병문안으로 해석하는 것은 말할 나위 없이 잘못된 것이다.

🦋

두 번째 구절과 관련해서는 리링의 설명이 뭔가 자연스럽지 않았는데, 오규 소라이의 설명을 들으니 그럴 듯하다. "『논어주소論語注疏』에서는 미달未達을 (과거에) 그러한 예가 있었는지 모른다고 풀이하면서 이렇게 설명했다. 음식은 선물로 보내지만 약을 보내는 사례가 이전에는 없었다는 것이다. 그런데 공자 당시에는 예가 실추되고 풍속이 변화되어 귀한 사람이 질병이 걸렸다는 소리를 들으면 혹 그에게 약을 주기도 하고 그것을 맛보기도 했다. 이것은 음식을 보내주는 예를 따른 것이기는 하지만 모두 올바른 예는 아니다. 계강자가 약을 보내오자 공자는 예가 아니라 생각했지만, 물리치는 것도 공손하지 않은 것이고, 공손하지 않은 것 역시 예가 아니라고 생각했다. 그러므로 '나는 그러한 예가 있었는지 모르겠다'고 한 것이니, '그러한 예가 있었겠지만 나는 아직 들어보지 못했다'고 한 것이다. 그래서 당시 사람들이 보통 맛을 보았지만 공자는 감히 맛보지 않은 것이다. 그 예가 아님을 배척하지 않으면서 자기가 아직 배우지 못했다고 겸손하게 말해서 상대의 마음을 상하게 하지 않았으니, 이 역시 예가 아닌 것을 실천하지 않은 것이다."

오규 소라이의 해설 중에서 나는 '상대의 선의를 물리치지 않으면서, 자기가 아직 배우지 못했다고 겸손하게 말함으로써 상대의 마음을 상하게 하지 않게 했다'는 표현이 마음에 와 닿는다. 요즘 우리는 상대방을 배려하는 이 마음 자세를 배워야 할 것이다. 이것은 상대방을 배려하는 데서 더 나아가 자신의 말로 인해 생겨날 사회적 파장, 곧 위험 부담을 덜게 하면서도 자기가 하려고 하는 바를 곡진하게 펼치는 좋은 전술이기도 하다. 『서포만필西浦漫筆』에서 김만중이 이야기하는 방식이 그것이다. 김만중은, 『중용』에서 이미 허령虛靈과 지각知覺은 하나라고 했기 때문에 그에 근거해서 볼 때, 인심人心과 도심道心은 별개가 아니라는 주장을 폈다. 이것은 당시로서는 상당히 혐의를 받을 만한 발언이다. 결국 그는 "인심은 도심의 명命을 받는다는 말을 나는 해독하기 어렵다"라고 하면서 결론을 맺는데, 자신이 비판하고자 하는 논리가 잘못이라고 곧바로 말하지 않고, 자신의 능력이 부족해서 이해하기 어렵다고 한 것이다.

마구간에 불이 났다. 스승님께서 퇴조하시고 말씀하셨다. "사람이 다쳤느냐?" 그러나 말에 대해서는 묻지 않으셨다.

廐焚, 子退朝, 曰, 傷人乎. 不問馬.

꿩

간단해 보이는 이 구절을 둘러싸고 논쟁이 많았다. 하나는 구廐가 나라의 마구간이냐 개인의 마구간이냐 하는 것이고, 다른 하나는 주희의 "사람을 귀하게 여기고 가축을 천하게 여겼기 때문에 당연히 이렇게 해야 한다"라는 풀이를 둘러싼 논쟁이다. 대표적으로 청수더는 "성인이 사람을 사랑하고 만물을 아끼는데, 비록 선후와 친소의 구별이 있을망정 귀천의 구분은 없다"라고 했다. 소나 말이 사람을 위해 봉사하는 것은 틀림없으나, 결코 그렇게만 되어야 한다고 운명이 정해진 것은 아니다. 청수더는 모기가 사람을 물고 호랑이와 이리가 고기를 먹는다고 해서, 하늘이 결코 모기를 위해 인간을 만들고 호랑이와 이리를 위해 고기를 만든 것이 아니라고 한 『열자列子』를 인용했다. 그 이후 다음과 같은 구두句讀와 해석이 제출되었다. ① 당대唐代 육덕명陸德明의 "상인호傷人乎. 불문마不問馬"를 "상인호불傷人乎不, 문마問馬"로, 곧 '다친 사람이 있는가 없는가를 먼저 물어보고 나중에 말에 대해 물었다.' ② 청대淸代 무억武億의 "상인호傷人乎. 불不, 문마問馬"로, 곧 "공자가 묻자, 상대방이 아니라고 대답하였고, 그 다음에 말에 대해 물었다."

내가 보기에, 이 논쟁은 참여해 볼 만하고, 대단히 흥미로운 것이기도 하지만, 리링의 말대로 "그 점에 대해 깊이 탐구해 봤자, 공자가 도대체 어떻게 생각했는지는 귀신도 알 수 없다." 지나치게 천착하면 오히려 실상에서 멀어지거나 사실을 왜곡할는지 모른다.

　　"사람을 귀히 여기고 가축을 천히 여기는 것은 도리가 마땅히 이와 같이 하여야 하는 것이다"라고 한 주희의 해석은 받아들이기 어렵다. 그런데 반주자反朱子의 기치를 내건 오규 소라이도 주희의 풀이가 "참으로 그러한 것 같다"라고 했다. 오규 소라이에 따르면, "불을 끄는 사람이 어찌 단지 마구간의 불만 끄고 말은 구하지 않았겠는가. 그래서 굳이 물을 필요가 없었던 것이다." 그렇다면 이것은 주희의 풀이와는 좀 다르지 않은가? 만일 말이 천한 것이라면, 그러한 화급한 순간에 굳이 위험을 무릅쓰고 말을 구할 필요는 없지 않은가? 배병삼은 "말의 안부를 묻지 않았다는 뜻이 아니라, 사람의 생명은 근심하되 재산상의 손실은 언급하지 않았다고 읽는 것이 옳다"라고 했는데, 아무런 근거도 없는 추측에 불과하다.

　　『맹자』에서는 천착穿鑿을 유학자가 결코 해서는 안 되는 공부 방법이라 했다. 고자告子의 심각한 반론에 봉착하기는 하지만, 맹자는 인간의 본성은 본래 선한 것임을 주장한 사람이다. 맹자에게 성선性善은, 오늘날 헌법에서 보장하는 기본권적 자유나 권리에 대해서는 더 따지지 않아야 한다는 합의처럼, 거의 신조信條와도 같은 것이다. 그에게 남은 것은 그 성선의 소리요구를 잘 듣고 그대로 따라하는 것이다. 그때, '이것이 과연 옳은가' 하고 궁리하는 것은 성선을 회의하는 것과 마찬가지다. 그러한 불필요한 궁리, 그것이 바로 천착이라는 것이다. 그런데 반대로 오늘날은 너무 천착을 하지 않아서 문제다. 천착하지 않겠다는 것은 도그마를 받아들이겠다는 것과 통하기도 한다. 천착해 볼 문제다.

임금이 음식을 하사하면 반드시 자리에 똑바로 앉아서 맛보셨다. 임금이 날 생선을 하사하면 반드시 익혀서 조상에게 바치셨다. 임금이 살아 있는 것을 하사하면 반드시 키우셨다. 임금을 모시고 식사를 하실 때, 임금이 제사를 올리면 먼저 맛을 보셨다.

君賜食, 必正席先嘗之. 君賜腥, 必熟而薦之. 君賜生, 必畜之. 侍食於君, 君祭, 先飯.

---

마지막 구절은 임금을 모시고 식사를 할 때 임금이 제사를 올리기에 앞서 임금을 위해 먼저 맛을 보는 것을 말한 것이다. 임금이 제사를 올리는 것은 선식先食, 곧 음식을 발명한 신에게 올리는 것을 말한다. 유사한 신으로 선농先農, 선잠先蠶, 선목先牧, 선주先酒 등이 있다.

내가 보기에, 이 구절에는 심오한 사상이 들어 있는 것 같지는 않지만 지식으로 알아두면 좋을 만한 정보가 많다. 주희는 임금이 내려준 음식을 공자가 먼저 먹은 것을, 그것이 준여餕餘, 곧 제사를 지내고 제사상에서 물려낸 음식인가 두려워 조상께 올리지 않은 것이라고 하면서 "먼저 맛본다고 말했으니, 나머지는 마땅히 나누어 주는 것"이라 했다. 마지막 "임금이 제사를 올리면 먼저 맛을 보았다"라는 것에 대해서는 "(공자가) 감히 (임금이 맞이한) 손님의 예를 감당하지 못해서이다"라고 덧붙였다. 주희도『예기禮記』에 근거해 풀이한 것이지만,『예기』의 다른 곳에서는 "대체로 감히 순서를 뛰어넘어 방자하게 먹지 않고, 반드시 목구멍을 편하게 하고서 임금이 먹기를 기다린다"라고 풀이하고 있기도 하다.

⚜

오규 소라이는, "임금이 살아 있는 것을 하사하면 반드시 기른" 이유는 그것을 나중에 희생으로 삼으려는 것이라고 풀었다. "희생이 있는 것을 제사祭라 하고, 희생이 없는 것을 천薦이라 한다." 그래서 날고기로는 제사지내지 않고 익혀참고로 '식(食)'은 익힌 음식이다 조상에게 올렸다. 이것을 "임금의 은혜"라고 한 주희를 비판하면서, 오규 소라이는 "예가 아닌데도 죽이는 것을 경계"한 것으로 주희에게 불교의 자비慈悲가 "허파와 창자에 사무쳐 있다"라고 힐난했다.

병이 나시자 임금께서 방문하셨는데, 머리를 동쪽으로 하고 누워 조복을
덮고 허리띠를 늘어뜨려 놓으셨다.

疾, 君視之, 東首, 加朝服, 拖紳.

『예기禮記』「옥조玉藻」에 "군자는 가만있을 때는 항상 문 쪽을 바라보며
있고, 잠을 잘 때는 항상 머리를 동쪽으로 향하게 한다"라고 했다.

임금이 부르면 말에 수레를 얹는 것이 끝나기를 기다리지 않고 가셨다.

君命召, 不俟駕行矣.

임금이 부르면 꾸물거려서는 안 되고, 마구馬具가 다 갖추어질 때까지
기다리지 않고 밖으로 뛰어나갔다.

태묘에 들어가서는 모든 일에 대해 물으셨다.

入太廟, 每事問.

❧

앞의 「팔일八佾」편 3-15과 중복된다.

❧

내가 보기에, 머리를 동쪽으로 둔다는 것을 생기를 받으려고 해서라고 한 주희의 풀이는 문제가 좀 있다. 주희가 해석한 원문은 동수東首, 이수생기야以受生氣也인데, 『예기』「옥조」의 침항동수寢恒東首, 곧 잘 때는 머리를 동쪽으로 한다를 부회한 것이다. 오규 소라이의 지적대로 임금의 문병을 받는 것과 생기를 받는 것 사이에는 아무런 연관이 없다. 둘 사이에 필연적 연관이 없는데, 연관이 있는 듯 말하고 쓰는 억지는 우리 주위에서 의외로 많이 발견된다.

❧

근래, 임금이 부르면 곧장 달려간다는 것을 몸으로 실천해 보인 유력 정치인이 있었다. 그가 어느 정권에서 위세를 부릴 때인데, TV에 나와 "당신을 향한 나의 사랑은 무조건~ 무조건이야~ 당신을 향한 나의 사랑은 특급 사랑이야~~ 태평양을 건너 대서양을 건너 인도양을 건너서라도 당신이 부르면 달려갈 거야 무조건 달려갈 거야"라는 트로트를 부르는 것을 보았다. 아무리 장난이라 해도 TV에 나와서 21세기, 그것도 진보를 표방하는 인사가 공공연하게 연군戀君 혹은 역군은亦君恩을 떠들어대는 것은 꼴불견이자 한국 정치를 봉건적으로 퇴보시키는 작태다. 그렇지만 이 가요를 히트시킨 공로는 가수협회에서 인정해서 시상해야 마땅하다.

친구가 죽었을 때, 의지할 사람이 없자 "내가 장사 지내 주겠다"라고 말씀하셨다.

> 朋友死, 無所歸, 曰, 於我殯.

❦

아무도 장사를 지내 줄 사람이 없자 자신이 나서서 처리하겠다고 했다.

---

친구가 주는 선물에 대해서는 비록 수레나 말이라 하더라도 제육祭肉이 아니면 절하시지 않았다.

> 朋友之饋, 雖車馬, 非祭肉, 不拜.

❦

친구가 주는 선물이 아무리 값싼 것이라도 절하고 고맙게 받았다. 제육은 수레나 말하고 비교할 수 없다.

❦

내가 보기에, 이 구절에 대한 해석 중에는 받아들이기 참으로 곤란한 것이 있다. "친구 사이의 선물은 아무리 값비싸고 귀한 것일지라도 고맙다는 인사를 하지 않는다"라고 하면서 "진정한 벗은 나와 같은 '또 다른 벗이기 때문이다'"라는 것이다. 고전에는 아무리 다양하게 해석할 여지가 남아 있다 하더라도, 근거 없이 주장하는 것은 늘 경계해야 마땅하다.

잠잘 때는 죽은 사람처럼 하지 않았고, 평상시에는 손님을 맞이할 때처럼 하지 않으셨다.

寢不尸, 居不容.

---

잠잘 때 하늘 쪽으로 얼굴을 향하고 똑바로 꼿꼿하게 마치 죽은 사람처럼 눕지 말라는 말이다. 오늘날 의사들 역시 와불臥佛처럼 오른쪽으로 눕는 것이 좋다고 한다. 거불용居不容은 많은 본에서 거불객居不客으로 되어 있는 것으로 보아, 용容은 객客이라 해야 적절하다. 평상시 집에서는, 제사를 지내거나 손님을 맞이하듯 하지 말고 편안하게 있어도 좋다는 말이다.

내가 보기에, 침불시寢不尸도 논란이 될 만한 구절이다. 오규 소라이는 "(부인이 거처하는) 내침內寢에 앉아 있을 때에는 시동尸童처럼 똑바로 하지 않았다"라고 풀었다. 시동은 제사 때 신위神位 대신으로 앉혀 놓던 어린아이다. 『곡례曲禮』에 "앉는 것은 시동과 같이 하라"라고 했는데, 정현鄭玄은 "시선이 똑바른 것이다"라고 주석을 달았다.

거불용居不容을 "집에서는 모양을 내지 않았다"라고 본 주희의 해석은 받아들일 만하다. 앞의 「술이述而」 편 7-4에서 본 신신요요申申夭夭, 곧 "공자께서 한가로이 계실 때에는 태연자약하셨고, 낯빛은 편안하여 기쁨이 가득한 모습이셨다"라는 것이다.

상복을 입은 사람을 보면 비록 아주 가까운 사이라 할지라도 반드시 얼굴 표정을 바꾸셨다. 예모를 쓴 사람과 장님을 보면 비록 자주 만나는 사람이라 하더라도 반드시 예의를 차리셨다. 상복을 입은 사람을 만나면 수레의 횡목에 손을 짚고 몸을 구부려 조의를 표시하셨고, 물건을 등에 지고 가는 사람에 대해서도 수레의 횡목에 손을 짚고 몸을 구부려 인사하셨다. 성대한 연회에서는 반드시 얼굴을 바꾸고 일어나셨다. 갑자기 천둥이 치고 바람이 매섭게 불면 반드시 얼굴 표정을 바꾸셨다.

見齊衰者, 雖狎必變. 見冕者與瞽者, 雖褻必以貌. 凶服者式之. 式負版者. 有盛饌, 必變色而作. 迅雷風烈必變.

어떤 상황에서도 반드시 얼굴 표정과 모습을 바꾸어야 한다는 것을 이야기한 것이다.

내가 보기에, 이 구절에서는 상황에 맞는 예, 곧 그것이 얼굴빛이든 말이든 태도든, 직면한 상황에 적절한 예의를 표하는 것이 좋다는 정도로 이해하면 되겠다. 이에 대해 지나치게 과장하는 경우를 간혹 보게 되는데, 그것은 예가 아니다. 지나친 공손過恭은 예를 빙자해서 상대를 이용하는 것이다.

식式은 수레의 횡목横木에 손을 짚고 몸을 구부려 하는 인사인 식례式禮를 말한다. 수레의 횡목 같은 것은 그림으로 보면 이해가 빠를 것이다. 참고할 만한 도감이 있으면 좋겠다. 전통문화를 공부하는 사람으로서 대학 같은 연구 혹은 교육 기관에서는 가장 기초적인 데이터들을 다양하게 정리, 해설하는 작업을 해야 한다고 생각한다. 그 중 대표적인 것이 사전事典/辭典과 도감圖鑑이다. 특히 도감은 많은 것이 희미해져가고, 말이나 글자로 이어져 오면서 일어나는 여러 혼란을 일목요연하게 해결해 줄 수 있다. 건축, 조경, 민속 등 여러 주요 분야에서 각자 도감을 만들어, 나중에 『한국학도감』 같은 것으로 묶어내는 일은 국가가 나서서 맡아주어야 한다. 이훈종 선생이 1970년 일조각에서 펴낸 『국학도감』은 자그마한 책이지만, 앞으로의 작업에 참조가 될 수 있을 것이다.

수레에 오를 때는 반드시 똑바로 서서 손잡이를 잡으셨다. 수레 안에서는 내부를 이리저리 돌아보지 않았고, 빠르게 말씀하지 않았으며, 직접 이것저것 가리키지 않으셨다.

升車, 必正立, 執綏. 車中不內顧, 不疾言, 不親指.

🍂

수레를 탈 때 지켜야 할 예절을 말한 것이다.

얼굴 표정이 변하자 날아올라간 뒤 다시 내려와 앉았다. "산골짜기 나무다리 암꿩은 시기를 아는구나, 시기를 아는구나!" 자로는 그물을 펴놓았지만, 꿩은 세 번 냄새를 맡아보다 말고 날아가 버렸다.

色斯擧矣, 翔而後集. 曰, 山梁雌雉, 時哉時哉. 子路共之, 三嗅而作.

🍂

영문을 알 수 없는 이 장에 대해 어떤 이는, 위나 아래에 빠진 글이 있을 것이라 했고, 누구는 이 문장은 앞뒤가 도치되었다고 했는데, 꼭 그렇지는 않다. "얼굴 표정이 변하자 날아올라간 뒤 다시 내려와 앉았다"라는 것은, 암꿩이 사람의 안색이나 표정이 좋지 않은 것을 보고서는 자신을 잡으려

한다는 것을 눈치 채고 곧장 날아가지만, 한 바퀴 날아서는 다시 내려온다는 것을 말한다. "산골짜기 나무다리 암꿩은 시기를 아는구나, 시기를 아는구나!"에서 왈曰의 주체가 누구인가 분명치는 않으나 대개 공자의 말이고, 그가 사람이 새만도 못한 것을 한탄한 것이라 생각한다.

✵

이 장을 축자 번역하면 다음과 같다. 자로가 공자를 모시고 산속을 걷다가 산골짜기에 놓인 나무다리 위에서 암컷으로 보이는 산새 한 마리를 보았다. 산새는 하늘로 날아올랐다가 한 바퀴 돌고 내려왔다. 공자는 '이 산새는 정말 시기를 포착할 줄 아는구나'라고 감탄했다. 자로는 그물을 펴놓고 미끼를 뿌려놓았다. 그러나 산새는 몇 번 냄새를 맡아보고는 날개를 퍼덕이며 날아갔다.

✵

이 구절은, 공자가 정치에 투신하고 싶어서 줄곧 기회를 엿보면서도, 그 속에 빠지지나 않을까 두려워하는 마음을 암시하는 것 같다. 이는 마치 조조曹操가 "나무 위를 세 바퀴 돌아보았지만 어느 가지에 앉을지 찾지 못했다"라고 했던 것과 같다. 그렇다면 이 말이 놓인 위치가 『논어』 전반부의 끝부분이라서 오히려 은은한 여운이 남겨주는 맛이 있다.

✵

내가 보기에, "빠진 글자가 있으면 억지로 주석을 달 수 없다. 우선 들은 바를 기록하여 후에 아는 사람을 기다리는 것이 좋다"라고 한 『집주』의 입장은 높이 살 만하다. 뚜렷한 묘안이 없을 때 후학을 기다리며 비워두는 것이 낫다는 말이다. 그러나 가능한 한 일관성 있게 풀이하고자 한 리링의 안목은 더욱 놀랍다.